企業不祥事事典 II

ケーススタディ
2007-2017

結城 智里 監修

日外アソシエーツ

Corporate Scandals

—A study of 100 cases
2007-2017

Supervised by

Chisato Yuki

Compiled by

Nichigai Associates, Inc.

●

©2018 Nichigai Associates, Inc.

Printed in Japan

装丁：クリエイティブ・コンセプト

監修に寄せて

機械振興協会経済研究所

結城 智里

　本書は2007年に刊行された「企業不祥事事典─ケーススタディ150」の続編にあたる。同書は1945年から2007年1月までに起きた主な〔企業〕の不祥事についての記録と解説したものであった。本書は2007年2月から2018年1月までの主だった企業の不祥事の記録である。

　「企業不祥事事典─ケーススタディ150」の対象期間が50年という長いスパンであったのに比べ本書は10年の記録であり、単純に比較することはできない。特に戦後から2007年までは、激動といってよい経過をたどった時代である。とはいえこの10年間はなんといってもリーマンショックを含めての世界金融危機が起こっており、企業の不祥事にも大きな影響を与えている。期間の長短は差し引いてこの2冊を比べてみると、企業の不祥事の傾向が変化しているのが見て取れる。

　本書では前書においてほとんど見受けられなかった福祉事業にまつわる不祥事が目立つ。これは高齢化社会の進展と、生活環境の変化によるところが大きいのであろう。この10年でこの分野の市場が形成されてきたことの皮肉な結果といえるかもしれない。またデータ改ざんやシステムトラブルの増加は、一気に加速した情報化社会を反映しているといえる。

　前書の時代に見受けられた国をも巻き込むような疑獄事件や、大惨事が減っているのは、過去の教訓を生かしているということであれば喜ばしいことであるかもしれない。他方、製造物責任の場において偽装や消費期限

の改ざんなど、数字に表れる被害はさほど大きくないものの、これはまさしく消費者を'あざむく"裏切る'といった行為である。また、プロ意識の欠如とも見える医療ミスも目立つ。品質や技術に関して裏切られるというのは消費者にとっては金銭面での裏切りよりも困ったことである。

　不祥事が起きた時は盛んに報道され世間も注目するが、結論が出るころには大方関心を持っていないことが多い。しかし、事件の端緒から結末まできっちり見据えて検証を行うということが重要であることが、一連のケーススタディに目を通すと見えてくると思う。消費者が厳しい目を持つことが企業の不祥事を防ぐことの一端を担うのではないだろうか。

2018年3月

目　次

監修に寄せて　　　　　　　　　　　　　　　　　　　　　　　　　　　　　結城智里

ガバナンス―経営者関与

CASE001	コムスン、介護事業所指定不正取得	002
CASE002	NOVA 経営破綻、受講費未返還問題	004
CASE003	ミートホープ食肉偽装工作事件	008
CASE004	L&G 独自通貨"円天"問題	012
CASE005	山田洋行横領事件	016
CASE006	グッドウィル二重派遣問題	022
CASE007	コシ・トラスト詐欺事件	027
CASE008	三笠フーズ、事故米を不正転売	031
CASE009	大和生命債務超過で経営破綻	034
CASE010	西松建設、裏金事件	038
CASE011	漢字検定協会、流用問題	042
CASE012	JR 福知山線脱線事故漏えい事件	044
CASE013	富士バイオメディックス粉飾決算	046
CASE014	大王製紙、背任事件	048
CASE015	オリンパス巨額損失隠し	052
CASE016	AIJ 投資顧問「消えた年金」事件	058
CASE017	福山ホテルプリンス火災で 7 人死亡	060
CASE018	JR 北海道、データ改ざん問題	062
CASE019	みずほ銀行暴力団融資事件	064
CASE020	東芝、不適切会計問題	069
CASE021	化血研血液製剤不正製造	073
CASE022	東芝歴代社長ら、不正取引関与	077
CASE023	みのりフーズ、CoCo 壱番屋廃棄カツ不正転売	080
CASE024	保育施設キッズスクウェアうつぶせ死事件	083
CASE025	三井不動産、子会社利益水増し会計	085
CASE026	DeNA "まとめサイト"問題	087
CASE027	東芝米原発事業巨額損失	089
CASE028	格安旅行てるみくらぶ破産	095
CASE029	「わんずまざー保育園」定員超、初の認定取消し	097
CASE030	PEZY、スパコン助成金詐欺事件	100

(0001) 大気社が粉飾決算／*(0002)* 西原環境テクノロジーが所得隠し／*(0003)* 三洋電機、粉飾決算／*(0004)* 高島屋が申告漏れ／*(0005)* 平成電電、巨額詐欺事件／*(0006)* 井関農機が不適切会計／*(0007)* スポーツ「ヒマラヤ」が売上げ水増し／*(0008)* 三菱東京 UFJ 銀行、投資信託販売で行政処分／*(0009)* ニチアス、建材の耐火性偽装／*(0010)* 東横イン松江駅前、硫化水素発生／*(0011)*

東京国際展示場、エスカレーター事故／*(0012)* 和牛商法「ふるさと牧場」詐欺事件／*(0013)* 春日電機元社長、特別背任／*(0014)* ローソン子会社が不正流用／*(0015)* 岡本ホテル、巨額詐欺事件／*(0016)* 仮想通貨取引所「マウントゴックス」破綻／*(0017)* はれのひ、成人式当日に振袖用意できず

ガバナンス—従業員関与

CASE031	獣医師国家試験漏えい事件	109
CASE032	加ト吉、循環取引問題	111
CASE033	りそな銀行、顧客情報大量紛失	113
CASE034	東芝社員が架空リース詐欺	115
CASE035	日銀松江支店から情報流出	117
CASE036	野村証券社員がインサイダー取引	120
CASE037	百十四銀行、不正融資	127
CASE038	東洋ゴム工業ゴム製品データ改ざん	129
CASE039	日本年金機構、不正アクセスで個人情報流出	133
CASE040	Sアミーユ川崎幸町、入居者転落死	135
CASE041	神鋼鋼線、強度データ改ざん	137
CASE042	三菱電機子会社社員、架空発注で着服	140
CASE043	三井住友銀行行員、外貨預金取引システム悪用	142
CASE044	富士ゼロックス、不正会計	144
CASE045	ニチイホーム鷺ノ宮、職員が入居者を殺人	147
CASE046	東レハイブリッドコード検査データ改ざん	149

(0018) コマツ、インサイダー取引で課徴金／*(0019)* 大日本印刷、顧客情報流出問題／*(0020)* 群馬大病院、医療ミス／*(0021)* 大阪エキスポランド、コースター死亡事故／*(0022)*NEC、裏金22億円 幹部がリベート授受／*(0023)* 鉄道トラブル、架線切れ停電／*(0024)* アラーム気づかず、心肺停止／*(0025)* 神戸新聞、夕刊が3時間遅れる／*(0026)* 尼崎病院で誤投薬／*(0027)* 関西国際空港、滑走路誤進入／*(0028)* 栗本鐵工所、高速道橋材の強度偽装／*(0029)* 院内感染でC型肝炎／*(0030)*NHK記者、インサイダー取引／*(0031)* 人工呼吸器放置で死亡／*(0032)* 体内にガーゼ忘れ、8年間／*(0033)* 長谷工子会社、役員が5億円着服／*(0034)* 医療ミスで後遺症／*(0035)* 体内にタオル置き忘れ／*(0036)* 作り置き点滴で院内感染／*(0037)* 眼部位間違いのまま手術／*(0038)* 栄養チューブを気管支に誤挿入／*(0039)* 呼吸状態管理不十分で死亡／*(0040)* 新銀行東京、不正融資詐欺事件／*(0041)* 誤って筋弛緩剤を投与、患者死亡／*(0042)* 全日空遅れ、機長の飲酒検知／*(0043)* 誤った血液を輸血、患者死亡／*(0044)* 管誤装着で患者死亡／*(0045)* 血液サンプルを取り違え／*(0046)* 管制ミス、点検車両まで300メートル／*(0047)* 幻冬舎、社員が預金横領／*(0048)* 看護師国家試験問題で漏えい／*(0049)* 過剰放射で歩行障害／*(0050)* イー・マーケティング未公開株詐欺／*(0051)* 抗凝固剤を過剰投与／*(0052)* カテーテルを動脈に誤挿入、患者死亡／*(0053)* 気管チューブに電気メス引火／*(0054)* 近鉄子会社、社員が資金詐取／*(0055)* 器具故障、点検を怠り患者死亡／*(0056)* 別の患者に降圧剤投与、死亡／*(0057)* 小糸工業、航空機座席の安全試験改ざん／*(0058)* 東北大病院、患者取り違え／*(0059)* コクヨ、フロア資材の品質性能偽装／*(0060)* カテーテルから空気が入り患者死亡／*(0061)* 確認ミス、保護材を体内に忘れる／*(0062)* チューブに空気が混入、患者死亡／*(0063)* 小林メディカル、医療器具でデータ改ざん／*(0064)* ドリル先端が折れ、骨に埋没／*(0065)* 機長が滑走路を写真撮影／*(0066)* 夢大陸、外国債投資詐欺事件／*(0067)* 酸素と間違え二酸化炭素を吸入／*(0068)* 九州電力、原発耐震評価でミス／*(0069)* 全日空、副操縦士が誤操作／*(0070)* 航空トラブル、管制官居眠り／*(0071)* 腹腔鏡手術で医療ミス／

目 次

(0072) 腎臓摘出手術でミス／(0073) 蘇生用バッグの組み立てミス／(0074) ワンダーランド、コースター転落事故／(0075) ガン切除後にミス判明／(0076) 大塚製薬の利尿剤服用後死亡／(0077) 秋田書店、プレゼント当選者を水増し／(0078) 抗生物質を過剰投与、指を壊死／(0079) 患者検体取り違えで誤認／(0080) 抗がん剤副作用で死亡／(0081) 造血幹細胞を別患者に移植／(0082) 生理痛薬副作用で死亡／(0083) X線検査で禁止造影剤注入／(0084) アラームに気付かず72分間放置／(0085) ピーチ機、海面異常接近／(0086) 日航システム障害、欠航／(0087) カテーテルを血管外に挿入／(0088) 不二サッシ、違法排水／(0089) 鎮痛薬を過剰投与／(0090) 神戸国際フロンティアメディカルセンター、生体肝移植問題／(0091) 聖マリアンナ医大病院、資格を不正取得／(0092) 佐川印刷資金流用事件／(0093) 東京医科大、手術中出火／(0094) ボート乗船の男児が指骨折／(0095) ファイザー、副作用報告遅れ／(0096) NHK子会社社員が着服／(0097) 羽田空港滑走路工事でデータ改ざん／(0098) 日本製紙、ボイラー操業で法令違反／(0099) ジブラルタ生命保険、保険料詐取／(0100) チェック怠りインスリン過剰投与／(0101) 指定外医師が中絶手術

製造物責任・事故・商品サービス瑕疵

CASE047	リンナイ湯沸かし器一酸化炭素中毒死事故	177
CASE048	大手損保会社保険料過徴収問題	180
CASE049	温泉施設 SHIESPA 爆発事故	184
CASE050	柏崎刈羽原発、中越沖地震影響で停止	187
CASE051	三洋電機製扇風機火災事故	189
CASE052	船場吉兆消費期限改ざん	192
CASE053	中国製冷凍ギョーザ農薬混入事件	195
CASE054	マンナンライフ、こんにゃくゼリーで窒息死	198
CASE055	タカタ製エアバッグ問題	201
CASE056	トヨタ自動車大規模リコール	204
CASE057	帝京大病院、多剤耐性菌で院内感染死亡	209
CASE058	グルーポン、おせち販売でトラブル	211
CASE059	東京電力福島第一原発事故	214
CASE060	みずほ銀行大規模システム障害	217
CASE061	焼肉酒家えびす生肉集団食中毒事件	220
CASE062	ソニー・コンピュータエンタテインメント個人情報流出事件	223
CASE063	茶のしずく石鹸でアレルギー症状、自主回収	226
CASE064	大学入試での不祥事	229
CASE065	倉敷海底トンネル掘削事故	232
CASE066	岩井食品、漬物で食中毒死亡事件	235
CASE067	ボ社製航空機バッテリートラブル、緊急着陸	237
CASE068	ノバルティスファーマ、降圧剤臨床論文撤回（ディオバン事件）	242
CASE069	カネボウ、美白化粧品で白斑被害	245
CASE070	アクリフーズ製冷凍食品から農薬検出	248
CASE071	東京女子医大病院、幼児へ鎮静剤投与	250
CASE072	千葉県がんセンター、手術後に9人死亡	252
CASE073	ベネッセコーポレーション顧客情報流出事件	255

(7)

CASE074	マクドナルド、期限切れ鶏肉使用で販売中止	259
CASE075	群馬大学病院、手術後8人死亡	262
CASE076	ホクトきのこセンター火災死亡事故	264
CASE077	三井不動産レジデンシャル、傾斜マンション問題	266
CASE078	ファミリーマート、不当減額処理	269
CASE079	商工中金、不正融資問題	271
CASE080	学校で集団食中毒、海苔からノロウィルス	273
CASE081	アスクル埼玉倉庫大規模火災	276
CASE082	JAEA 大洗研究開発センター被ばく事故	279
CASE083	日産、スバルで無資格完成検査	281
CASE084	新幹線台車に亀裂、重大インシデントに	283
CASE085	コインチェック、仮想通貨大量流出事件	287

(0102) TOTO、温水洗浄便座一体型便器をリコール／*(0103)* エレベーター点検問題多発／*(0104)* ヤマハ発動機、電動自転車をリコール／*(0105)* ベビーカー挟み電車発車／*(0106)* 松下電器製電気コンロで発火事故／*(0107)* ノーリツ、給湯器から発火／*(0108)*「白い恋人」賞味期限改ざん／*(0109)* 携帯電話向け電池が異常発熱／*(0110)* 三波食品、塩辛で食中毒／*(0111)* 伊勢土産「赤福」が消費期限虚偽表示／*(0112)*「比内鶏」が比内地鶏偽装表示／*(0113)*「御福餅」でも表示偽装／*(0114)* マクドナルドが調理日を改ざん／*(0115)* オリジン弁当、期限切れ材料使用／*(0116)* 居酒屋チェーンが霜降肉偽装／*(0117)* 三菱化学工場火災／*(0118)* 東証、システム障害／*(0119)* JR 東海で駅弁偽装／*(0120)* 吉野家、米国産牛肉で危険部位混入／*(0121)* 中国産ウナギ産地偽装／*(0122)*「飛騨牛」ブランド偽装問題／*(0123)* 北九州・新日鉄工場火災／*(0124)* コロナ、灯油漏れ火災事故／*(0125)* 伊藤ハム、トルエン検出／*(0126)* キャセイ食品、産地偽装問題／*(0127)* タケノコ水煮産地偽造／*(0128)* JR 東日本、新幹線システム障害／*(0129)* 南日本造船、タラップ落下で死傷者／*(0130)* 東電柏崎刈羽原発で火災／*(0131)* 九州電力川内原発で火災／*(0132)* 住友化学愛媛工場火災／*(0133)* ブリヂストン、幼児座席に不具合／*(0134)*「もんじゅ」問題／*(0135)* 大東化成工場、火災／*(0136)* ガスト、赤痢で営業自粛／*(0137)* ソニー、液晶テレビ発火恐れ／*(0138)* 住友金属工業鹿島製鉄所で火災／*(0139)* 日本触媒姫路製造所、火災／*(0140)* グループホーム火災、原因は TDK リコール加湿器／*(0141)* JR 北海道、特急火災事故／*(0142)* はごろもフーズ、ツナ缶にヒスタミンで回収／*(0143)* 百貨店系列ホテルで食品偽装相次ぐ／*(0144)* トヨタ、制御プログラムに不具合／*(0145)* 金属加工会社工場、火災／*(0146)* パナソニック、電気給湯器破損事故／*(0147)* 木曽路、松阪牛をメニュー偽装／*(0148)* アイスからカビ検出／*(0149)* カゴメ、乳酸菌不足で自主回収／*(0150)* 山手線、不通トラブル／*(0151)* ホーチキ、火災報知機に不具合／*(0152)* 日鉄住金鋼管火災／*(0153)* ルルアタック FX、有効成分含有量不備／*(0154)* カンロ、あめに異物混入／*(0155)* SIS、両手圧力鍋でやけど／*(0156)* イオン、PB ランドセルを無料交換／*(0157)* 鳥貴族、消毒アルコールで酎ハイ／*(0158)* 市場ずし、外国人客にわさび大盛り／*(0159)* 東京で大規模停電／*(0160)* タケフーズ、冷凍メンチで O157 検出／*(0161)* 成城石井、チョコレート自主回収

日本型企業風土

CASE086	阪急トラベルサポート、添乗員みなし労働	308
CASE087	JR 東日本、信濃川発電所不正取水	310
CASE088	空自事務用品 11 社が官製談合	313
CASE089	トイザらス、外資初の公取委立入り	315

目 次

CASE090 九州電力、「やらせ」メール問題 ························· 317
CASE091 ベアリング 4 社価格カルテル ························· 322
CASE092 ワタミ、過労自殺労災認定・訴訟 ························· 324
CASE093 電通、過労自殺に労災認定 ························· 326
CASE094 大手ゼネコン各社、リニア建設工事談合 ························· 328

(0162) コナカ、残業代不払／(0163)NHK、局長がセクハラ／(0164) ガス管工事で談合／(0165) ガス管でカルテル／(0166) マクドナルド、残業代不払／(0167)SHOP99、残業代不払／(0168) グッドウィル、残業代未払／(0169) メッキ鋼板製造販売で価格カルテル／(0170) 明治安田生命、パワハラで労災認定／(0171) フジテレビアナウンサー、セクハラ降格／(0172) 川崎市下水工事で談合／(0173) 大和ハウス工業子会社、独禁法違反／(0174) 電線ケーブルで価格カルテル／(0175) 味覚糖など、派遣社員セクハラ訴訟／(0176) 葛飾赤十字産院、パワハラ労災認定／(0177) タクシー運賃でカルテル／(0178) 車用の電線でカルテル／(0179) 国際自動車、タクシー運転手残業代未払／(0180) 段ボールで価格カルテル／(0181) 防衛医大病院、粉ミルクで談合／(0182) 貨物船運搬で海運カルテル／(0183) 送電線工事で談合、50 社に立ち入り／(0184) 柔道女子日本代表パワハラ問題／(0185) 北陸新幹線、融雪設備談合／(0186) 穀物貯蔵庫設備で談合／(0187) ヤマダ電機、長時間労働で労災／(0188) 住友生命、パワーハラスメントで労災認定／(0189) メイコウアドヴァンス、パワハラ自殺／(0190) ホテル阪神、長時間労働で死亡／(0191) すき家、従業員の過重労働／(0192) たかの友梨ビューティークリニック社員が保護申告／(0193) 広島中央保健生活協同組合、マタハラ／(0194) 川崎市公園整備で官製談合／(0195) 積水ハウス、残業代未払／(0196) 日本 IBM、不当解雇で賠償／(0197)JAL、客室乗務員にマタハラ／(0198) ABC マート、長時間労働／(0199) 滋賀積水樹脂、過労自殺／(0200) 日本語学校で留学生に違法長時間労働／(0201) 震災復旧談合で告発／(0202) 仁和寺、長時間労働／(0203)J リーグ理事がセクハラで辞任／(0204)NHK 記者が過労死、労災認定

マスコミ・その他

CASE095 関西テレビ、情報番組でねつ造 ························· 349
CASE096 大相撲、時津風部屋暴行死事件 ························· 351
CASE097 大相撲、賭博・八百長問題 ························· 355
CASE098 NHK 報道番組で放送倫理違反 ························· 360
CASE099 検定中教科書閲覧問題 ························· 363
CASE100 大相撲、横綱暴行事件 ························· 367

(0205) 朝日新聞、記事盗用／(0206) 新聞各社、記事盗用／(0207) 毎日記者、録音記録流出／(0208) フジテレビ、2 億円所得隠し、前報道局長着服／(0209) 週刊新潮、誤報道／(0210)NHK 記者、捜査情報漏えい／(0211)「吉田調書」「慰安婦」問題／(0212) テレビ朝日報道番組、倫理違反／(0213) 東愛知新聞、復興広告料未送金／(0214) 朝日新聞記者、中傷ツイート／(0215) 阪大、入試ミスで追加合格

事項名索引 ························· 374

凡　例

1．本書の内容

　　本書は、わが国の 2007 年以降 2018 年 1 月までの主だった企業不祥事 100 件と、関連する不祥事 215 件の記録・解説である。

2．本書の構成

　　企業不祥事の内容に即して、
　　　　・ガバナンス―経営者関与
　　　　・ガバナンス―従業員関与
　　　　・製造物責任・事故・商品サービス瑕疵
　　　　・日本型企業風土
　　　　・マスコミ・その他
　　の 5 つに分類して構成した。
　　主だった不祥事 100 件については、事件の背景、発端、経緯・経過、企業等の対応、警察・検察の動き、裁判等を時系列で記述した。
　　「事件の発端」は、企業発表や報道がなされた日、またはなされた頃を主な基準として記述している。なお、係争中の事案も含まれる。

3．参考資料

　　主だった企業不祥事 100 件については、記事の末尾に参考資料を付した。web サイトの参照時期は、いずれも 2018 年 3 月である。
　　また、関連する不祥事 215 件については、主に以下の資料等を参考にして作成した。

　　　　朝日新聞縮刷版
　　　　日本経済新聞縮刷版
　　　　毎日新聞縮刷版
　　　　読売年鑑
　　　　官公庁ホームページ
　　　　各企業ホームページ　　など

4．事項名索引

　　巻末に、キーワードから引ける事項名索引を付した。

5．執筆協力者

　　本書を製作するにあたり、以下の 2 名にご協力いただいた。
　　　　加藤秋人（かとうあきと　東京大学大学院博士後期課程）
　　　　志村衛（しむらまもる　国士舘大学大学院生）

ケーススタディ　2007-2017

・ガバナンス―経営者関与
・ガバナンス―従業員関与
・製造物責任・事故・商品サービス瑕疵
・日本型企業風土
・マスコミ・その他

category ガバナンス ―経営者関与

CASE 001 コムスン、介護事業所 指定不正取得

date	2007年（平成19年）6月
commercial name	株式会社コムスン
scandal type	介護報酬不正請求

事件の背景

2000年に導入された介護保険法によって、民間企業も指定を受けることによって介護保険制度に基づくサービスを提供することができるようになった。政府は「事業者間の競争が高まり、質の向上につながる」と説明してきたが、「営利化」を認めたことによって「ニーズよりも売上が大事」という空気が強まり不正の温床となったという指摘もある。

事件の発端

2007年6月、東京都の監査によって訪問介護大手のコムスンが、実際には勤務していないヘルパーを常勤として届け出る、介護事業所の指定を不正に取得していたことが明るみに出た。

事件の経過

2007年6月6日、厚生労働省は株式会社コムスンの全国8カ所の訪問介護事業所において、実際には勤務していないヘルパーを常勤として届け出るなど指定取消処分相当の事実が確認されたとして、指定の許可・更新を行わないよう都道府県に通知した。しかしながら各都道府県の監査でそうした事実が判明すると、コムスンは8事業所すべてで処分前に廃止届を提出。これは処分逃れではないかという厳しい批判を受けた。結果、有料老人ホームなどの居住系介護サービスはニチイ学館に、在宅介護事業などの在宅系サービスはジャパンケアサービスなどにに譲渡されることとなり、親会社のグッドウィル・グループ（折口雅博会長）は介護事業からの撤退を余儀なくされた。

事件のその後

コムスンは2009年12月31日に会社解散となり、2011年9月16日に清算が終了した。ベンチャービジネスの旗手として一次はマスコミ等でもてはやさ

002

CASE 001 コムスン、介護事業所指定不正取得

れたグッドウィル・グループの折口雅博会長は2008年3月11日に辞任した。コムスン問題に関しては「介護保険制度」を含めた社会保障制度のサービス提供に、営利化を許したことが問題の本質との指摘が起きた。また介護保険業者の劣悪な労働実態が明らかとなった。

参考文献

webサイト

◆「株式会社コムスンの不正事案に係る経緯について」
http://www.mhlw.go.jp/shingi/2007/07/dl/s0719-7c.pdf
◆曽我千春「コムスン問題」から考える日本の介護保障についての一考察」（金沢星稜大学　人間科学研究　創刊号　平成20年3月）
http://www.seiryo-u.ac.jp/u/education/gakkai/h_ronsyu_pdf/1_1/p27_soga.pdf

雑誌記事

◆「コムスン問題だけではない もはや四面楚歌「折口帝国落日」」
『週刊東洋経済』2007

など

ガバナンス—経営者関与

ガバナンス—従業員関与

製造物責任・事故・商品サービス瑕疵

日本型企業風土

マスコミ・その他

003

| category | ガバナンス 一経営者関与 |

CASE 002 NOVA経営破綻、受講費未返還問題

date	2007年（平成19年）6月13日
commercial name	株式会社NOVA（ノヴァ）
scandal type	特定商取引法違反，経営破綻，業務上横領

事件の背景

1981年8月、猿橋望が英会話学校「NOVA（ノヴァ）」の前身にあたる有限会社ノヴァ企画を創業した。1996年11月に株式を店頭公開（後のジャスダック上場）し、その収益を投入して、テレビ電話を使って自宅で24時間レッスンを受けられる「お茶の間留学」システムを開発。「駅前留学」のキャッチコピーや「NOVAうさぎ」のコマーシャルで知名度を高めるとともに、低価格や受講の手軽さを売りに拡大路線を推し進めて業界最大手に成長。ピーク時には教室数1,000ケ所弱、受講生は約50万人に達した。

しかし、急成長の一方で講師の数が不足するようになり、契約者との間で事前説明と違い受講予約が取れない、中途解約時に返還される受講料が不当に少ないなどのトラブルが多発。全国の国民生活センターなどへの苦情や相談は2001

年に583件、2005年には1,000件を超え、2006年には1,955件に達した。また、受講料の返還を求めて訴訟を起こす動きが広まっていった。

講師不足に加え、1999年の特定商取引法改正も、トラブルを引き起こす一因となった。契約期間が長期にわたり、サービスの効果に不確実さを伴う特定継続的役務提供契約（語学教室、エステティックサロン、家庭教師、学習塾、パソコン教室、結婚相手紹介サービス）について、理由のいかんを問わず利用者に中途解約の権利が認められたことで、語学学校で中途解約が増加したのである。

事件の発端

2007年2月14日、経済産業省は、東京都と合同でNOVAの本部などへ特定商取引法に基づく立ち入り検査を実施した。

4月3日、最高裁は、中途解約した受講者が受講料の返還を求めた訴訟で、

NOVAの定めた清算方法は特定商取引法に反するとして、1・2審同様に請求額全額の返還を命じ、同社の上告を棄却した。同社では事前に購入したポイントを使用することで授業が受けられ、ポイントの購入量が多いほど単価が安くなるシステムになっていた。しかし、中途解約する際には、使用済みポイントの単価を購入時の単価より高額で計算し、返還される受講料から差し引いていた。本訴訟の場合、訴人は600ポイントを単価1,200円で購入し、386ポイントを使用した後に解約。同社は使用済みポイントについて、300ポイントを購入した場合に相当する単価1,750円で計算し、返還金から差し引いていた。これに対し、訴人は購入時と同額の単価1,200円で計算するべきだとして、差額の返還を求めていた。判決では、同社の清算方法は特定継続的役務提供契約の中途解約権を必要以上に制限しているとして、使用済みポイントは購入時の単価を用いて計算するべきとの判断が示された。

4月13日、経産省は、4月3日の最高裁判決を受けて、特定商取引法の通達を改正。特定継続的役務提供契約を中途解約する場合、業者は契約時の単価を上限として計算しなければならなくなった。従来は、契約時より高い単価で計算することを、合理性がないとはいえないとして容認していた。

6月13日、経産省は、NOVAに特定商取引法違反行為があったとして、1年を超えるコースおよび授業時間数が70時間を越えるコースの新規契約について、6ケ月間の業務停止を命令した。2月に行われた立ち入り検査の結果、曜日や時間帯によっては予約が取りにくいにも関わらず、勧誘の際にいつでも予約が取れるかのように説明した(不実告知)、年間を通じて入学金全額免除を実施していたのに、期間中は入学金免除とするキャンペーンを実施した(誇大広告)など、18件の違反行為が認定された。語学学校に対して同法に基づく業務停止命令が出たのは初めて。同日、東京都も消費生活条例に基づく業務改善勧告を行った。

事件の経過

最高裁判決や経産省による行政処分の影響で、中途解約が急増するとともに、新規契約が激減。資金繰りが悪化し、7月に日本人従業員の給与(夏のボーナスおよび給料)が、9月には外国人講師の給与が遅配となった。

8月、NOVAが2007年4〜6月期決算を発表した。売上高は前年同期比3割以上減少し、税引き後利益は24億円の赤字。同期間の中途解約は7,880件、返金額は計16億2,200万円で、1年分として引き当てていた金額を上回った。

ガバナンス—経営者関与

ガバナンス—従業員関与

製造物責任・事故・商品サービス瑕疵

日本型企業風土

マスコミ・その他

9月末、合理化の一環として、約50教室が閉鎖された。

10月26日未明、猿橋社長不在のままNOVAの臨時取締役会が開かれ、会社更生法の適用を申請することが決定し、同社長が前日付で代表取締役を解任された。創業以来、ワンマン経営で同社を急成長させてきたが、会社への思い入れが強すぎてスポンサー探しに失敗。たびたび連絡がつかなくなったり、遅配について十分な説明がなかったことなどもあり、社内での不満が高まっていた。

10月26日、NOVAが大阪地裁に会社更生法の適用を申請し、全教室を閉鎖。同日、申請が受理され、ただちに保全管理命令が出された。負債総額は7月末時点で439億円。

11月6日、NOVAは、学習塾などを全国展開している「ジー・エデュケーション」に一括して営業譲渡することで同社と合意した。11月14日、ジー・エデュケーションが「ジーコムNOVA」のブランドで教室を再開。2010年10月にはブランドが「NOVA」に戻された。

11月15日、営業譲渡に伴い事業の実態がなくなることから、会社更生手続きを棄却。11月26日、大阪地裁が破産手続開始を決定した。

11月27日、NOVAの負債総額が855億円に達することが明らかになった。内訳は未消化分の前払い受講料570億円、労働債務（未払いの給与）40億円、金融債務45億円など。その後、前払い受講料を含む一般債権者への配当はほとんど行われなかった。

事件のその後

2008年6月24日、大阪府警は、NOVAの社員互助組織の積立金約3億2,000万円を不正に流用したとして、猿橋元社長を業務上横領の容疑で逮捕した。逮捕容疑は、2007年7月20日に互助組織「社友会」の預金口座に積み立てられた3億2,000万円を横領し、同社の倒産を防止するため、受講料の返金にあてた疑い。7月15日、大阪地検が元社長を業務上横領罪で起訴。2009年8月26日、大阪地裁は、業務上横領の罪で、元社長に対して懲役3年6ヶ月（求刑・懲役5年）の実刑判決を言い渡した。9月2日、弁護側が控訴。2010年12月2日、大阪高裁は、横領金は全て受講者への返金にあてられ、個人的な利得はなかったとして、一審判決を破棄。猿橋元社長に懲役2年の実刑判決を言い渡した。その後、弁護側が上告。2012年11月19日、最高裁は、元社長の上告を棄却。懲役2年の実刑判決が確定した。

CASE 002　NOVA経営破綻、受講費未返還問題

参考文献

webサイト

◆経済産業省「特定継続的役務における中途解約時の清算に係る考え方について―最高裁判所の判決を受けた特定商取引法の通達の改正」
http://www.meti.go.jp/policy/economy/consumer/pdf/tuutatsukaisei.pdf

◆同上「特定商取引法違反の特定継続的役務提供事業者（外国語会話教室）に対する行政処分について」
http://juku.life.coocan.jp/News/Pdf/070613nova.pdf

新聞記事

◆毎日新聞（2008.6.25 朝刊）
「NOVA:元社長を逮捕 積立金流用時、数億円の資産保有」
◆毎日新聞縮刷版　2007～2008年
◆読売年鑑 2008年版

など

ガバナンス―経営者関与

ガバナンス―従業員関与

製造物責任・事故・商品サービス瑕疵

日本型企業風土

マスコミ・その他

category	ガバナンス ―経営者関与

CASE 003 ミートホープ食肉偽装工作事件

date	2007年（平成19年）6月20日
commercial name	ミートホープ株式会社
scandal type	不正競争防止法違反（虚偽表示）

事件の背景

　1976年のミートホープ創業当初は焼き肉店を主な取引先としており、肉の加工でくず肉が多く出たことから、牛肉に豚肉や羊肉を混入したものを牛肉100%の「牛ミンチ」と偽って販売するようになった。偽装は創業後間もなく始まり、1996年頃には常態化していたとされる。2002年以降、同社元幹部らが告発を始めたが、行政やマスメディアの反応は鈍く、偽装が表面化しないまま数年間が過ぎた。

事件の発端

　2007年6月20日、朝日新聞が、ミートホープが食品大手加ト吉の連結子会社である北海道加ト吉に豚肉を混入した挽肉を「牛ミンチ」として出荷していたことを報じた。豚肉の混入が判明したのは北海道加ト吉が製造し日本生活協同組合連合会のブランドで全国販売されている

「CO・OP 牛肉コロッケ」で、売り上げは年間約100万パック。ミートホープの元幹部らの告発を知った朝日新聞社が4月から5月にかけて北海道と東京で計4品を購入してDNA鑑定した結果、いずれも豚肉だけか、豚肉が大半を占めていた。元幹部らによると、腐臭を発するような肉を仕入れて殺菌処理し、牛肉に見せかけるために家畜の血液で赤く着色して使用したこともあったという。同社の田中稔社長は誤って豚肉を混入したとして、意図的な偽装を否定した。北海道加ト吉は豚肉が混入していた事実を認識していなかったという。

　6月22日から24日にかけて、農林水産省北海道農政事務所が同社に対し、JAS法に基づく立ち入り検査を実施。24日、北海道警と苫小牧署は不正競争防止法違反（虚偽表示）容疑で同社本社など10ケ所の家宅捜索を行った。 6月24日、同社社長が「確かにうちのしたことは悪いが、冷凍食品の半額セールを

CASE 003　ミートホープ 食肉偽装工作事件

する販売店も悪いし、喜んで買う消費者にも問題がある」と発言した。

事件の経過

報道があった直後から、「牛ミンチ」を使用した商品から豚肉が検出される例が続発し、大豆関連製品大手の旭松食品が全国販売している介護食の冷凍食品「やわらか百菜」シリーズ、日本たばこ産業（JT）の子会社ジェイティフーズが販売する業務用コロッケの「ひとくち牛肉コロッケ」、流通大手のイオンが販売する「牛コロッケ」など、販売休止や商品の自主回収が相次いだ。また、ダスキンが運営するファストフード大手のミスタードーナツが、ミートホープ製のベーコンが使われていたことを理由に人気商品である「豆と野菜のミルクチャウダー」の販売を中止するなど、「牛ミンチ」以外にも同様の動きが広がった。

当初は過失と主張していた田中社長は、後に自ら指示して不正を行っていた事実を認め謝罪した。明らかになった不正は「牛ミンチ」に豚・鶏・鴨肉・パンの切れ端などを混入して水増しした他、肉の色味を良く見せるために他の動物の血液を混入した、味を調整するためにうま味調味料を混入した、腐りかけて悪臭を放つ肉を細切れにして混入した、期限切れの冷凍食品の賞味期限を改ざんした、ブラジル産鶏肉を国産鶏肉と偽装した

など多岐にわたった。

7月17日、同社が札幌地裁苫小牧支部に破産手続開始を申し立てた。負債総額は6億7,000万円。

9月7日、農林水産省が追跡調査の結果を発表した。同社が過去1年間に出荷した牛挽肉は368トン、牛粗挽肉は49トンで、直接取引があったのは製造業者25社（道内16社、他県9社）。販売業者や中間流通業者を経由して最終的に全国の約300社がこれらの肉に関与し、1万トン弱（一般消費者向け4,300トン、業務用向け5,504トン、特定施設向け34トン）の冷凍食品・レトルト食品・総菜・外食などに加工された。22道府県では同社の肉を使用した商品が学校給食にも使われていた。同日、農林省から厳重注意文書が発出された。

本事件を巡っては、農林水産省の対応にも多くの批判が寄せられた。

（1）2006年2月6日に北海道農政事務所が管内の別の食品製造企業からミートホープの不正に関する情報を入手し、3月24日に北海道庁へ回付したが、動きが遅すぎたのではないか。

（2）農水省は道庁への回付の際に道庁側担当者に文書を渡し、ミートホープが道内業者だとして道庁に調査を依頼したと主張したが、道庁側はそのような事実はなく、

ガバナンス――経営者関与

ガバナンス――従業員関与

製造物責任・事故・商品サービス瑕疵

日本型企業風土

マスコミ・その他

009

そもそもミートホープは国の管轄だったと反論。両者の意思疎通を欠いていたのではないか。なお、日本農林規格（JAS）法は複数の都道府県で営業する業者の管轄は国、同一地域内の業者は都道府県と定めているが、同社は2005年7月に東京オフィスを開設しており、国の管轄だったと考えられる。

（3）2006年3月1日以降数回にわたり、北海道農政事務所がミートホープおよび系列販売関連会社バルスミートに牛肉トレーサビリティ法に基づく立ち入り検査を行っていたが、その際に不正を見抜くことが可能だったのではないか。

（4）2006年4月と5月、同社の元役員が2度にわたり北海道農政事務所に豚肉の混じった「牛ミンチ」を持ち込んで不正を告発したが、職員が取り合わず肉も受け取らなかったとの報道がなされたが、これは事実なのかなど。

これを受けて、農水省は本省および北海道農政事務所に検証チームを設置し、事実関係の調査と今後の改善方策を検討。7月6日、検証チームが調査報告書を提出し、最初の情報提供を受けてから道庁へ回付するまでに時間がかかったこと、道庁への回付が適切に行われていなかったことなどを認めた。また、同社元役員が「牛ミンチ」を持ち込んだとの報道に関しては、2006年3月24日にミートホープ常務と名乗る人物が訪れ、挽肉に家畜の血液などを混合して販売しているとの情報提供があったが、肉を持ち込んだとの事実は確認されなかった。この件について、情報提供を受けた際に作成するべき受付カード記録が残されていなかった。また、4月から5月に肉を持ち込んだとされる人物の存在は確認されなかったとの調査結果を明らかにした。

事件のその後

10月24日、北海道警は、豚肉などを混ぜて作ったミンチを「牛ミンチ」と偽り食品会社に販売した疑いがあるとして、不正競争防止法違反（虚偽表示）容疑で田中元社長、三男の田中恵人元専務、同社汐見工場の元工場長、元現場責任者の4名を逮捕した。11月7日、北海道警は「牛ミンチ」を販売して食品会社から代金をだまし取った疑いで、田中元社長ら4名を詐欺容疑で札幌地検に追送検した。検察側は資料で確実に立証できる2006年5月以降の1年間に絞って起訴。2008年3月19日、札幌地裁で田中元社長の判決公判が開かれ、懲役4年（求刑・懲役6年）の実刑判決が言い渡された。田中元社長は控訴せず、判決が確定した。

CASE 003　ミートホープ 食肉偽装工作事件

参考文献

webサイト

◆東京商工リサーチ「ミートホープ 倒産速報」
　http://www.tsr-net.co.jp/news/flash/1197632_1588.html
◆農林水産省ミートホープ問題に関する検証チーム「「牛ミンチ」事案の事実関係及び
　今後の改善策に関する調査報告書」
　http://www.maff.go.jp/j/press/2007/pdf/20070706press_7c.pdf
◆農林水産省「牛ミンチ事案に係る牛挽肉等の追跡調査及び今後の対応について」
　http://www.maff.go.jp/j/jas/kaigi/pdf/070907_siryou3.pdf

新聞記事

◆毎日新聞縮刷版　2008
◆読売年鑑 2008年版

など

ガバナンス－経営者関与

ガバナンス－従業員関与

製造物責任・事故・商品サービス瑕疵

日本型企業風土

マスコミ・その他

category	ガバナンス ―経営者関与

CASE 004 L&G独自通貨"円天"問題

date	2007年（平成19年）10月3日
commercial name	エル・アンド・ジー（L&G）
scandal type	組織犯罪処罰法違反（組織的詐欺）,出資法違反（預かり金の禁止）

事件の背景

本事件は1987年の豊田商事事件、2002年の八葉グループ事件に次いで、詐欺事件としては当時3番目に被害金額が大きかった事件である。また、波和二は日本最初のマルチ商法といわれる1960年代から1970年代にかけてのAPOジャパン、1970年代の麦飯石マルチの首謀者で、2度にわたり詐欺罪で実刑判決を受けていた人物である。

同氏が「エル・アンド・ジー（L&G）」を設立したのは1987年8月。商号は「Ladies & Gentlemen」を略したもの。当初は健康寝具や健康食品などを販売していたが、2001年11月に「L&Gあかり」を設立し、「協力金」名目での出資の募集を開始。2005年5月頃には電子マネーと称する疑似通貨「円天」の発行を開始した。

その手法は、協力金100万円を預ければ3ケ月ごとに9万円の配当を支払い（年利36％）、満期（1年）には元本を返金する。「使っても減らないお金」である「円天受取保証金」10万円以上を預けて「あかり」会員になると、1年ごとに預けた金額と同額の円天を携帯電話に振り込む（年利100％）というもの。円天はインターネット上のサイト「円天市場」、東京・銀座に開設された販売オフィス「円天市場」、全国の一流ホテルなどを巡回するバザー形式の「円天市場」で、電子マネーとして利用することが可能とされていた。一定の会員や出資金を獲得すると上級会員に昇格し、毎月手当や紹介料を受け取れる仕組みもあった。

また、同社では知名度を高め、出資者を集めるため、芸能人を広告塔に起用して頻繁に無料コンサートを開催したり、商品の宣伝に大学教授らの名前を活用したりしていた。

同社は、こうした手口で高齢者や主婦を中心に約3万7,000名から約1,260億円を集めたとされている。

CASE 004　L&G独自通貨"円天"問題

しかし、円天に対応した店舗は一般的な電子マネーに比べて極端に少なく、使用方法は非常に限定されていた。また、バザーへの出品者が会員から受け取った円天を換金する際に、同社からは円天額面の25％しか支払われなかった。このため、多くの出品者は円天での販売価格を現金と比べて4倍以上高く設定していたという。

出資者に約束した巨額の配当を捻出するための事業収益も存在していなかった。このため、新規加入者がねずみ算式に増えなければ破綻は避けられず、2006年頃には同社の資金繰りは極めて悪化していた。

■ 事件の発端・経過

2007年2月、L&Gは、会員に対し、協力金の配当を現金から円天に切り替えることを通知したが9月には円天による協力金の配当支払いも停止した。

3月1日、解約の受付を停止。解約をする会員には、9月まで返金に応じられないと説明した。しかし、9月26日には、解約を求める会員らに対し、資金がないので9月中の返金に応じられないと説明した。

7月頃、銀座の円天市場が閉鎖され、巡回形式の円天市場も開催されなくなった。9月に銀座で円天市場が再開されたが、円天は使用できなくなった。10月2日、銀座の円天市場が再び閉鎖された。

9月20日、L&Gは、経費節減のため約60名いた従業員の大半を解雇した。

10月1日、東京都は、東京都消費生活条例に基づき、L&Gに対する立ち入り調査を実施した。同社は会員に取引の仕組みに関する重要な情報を提供せずに資金を集めていたとされ、同条例が禁止する「不当勧誘」の疑いがもたれていた。

同日、東北、関東、中部、九州など全国各地の会員約60名が、L&Gに解約と返金を求める訴訟を起こしていることが報じられた。一方、訴訟の動きが広がり始めた同年春頃、同社が会員に対して「騒ぎ立てなければ、元金は保証されている」との、脅しとも取れる文書を配布していたという。

10月3日、警視庁および宮城・福島両県警による合同捜査本部は、出資法違反（預かり金の禁止）容疑でL&G本社、会長や役員の自宅など全国60ケ所を家宅捜索した。

10月31日、被害者弁護団は、L&Gと波和二会長について、東京地裁に破産手続開始および保全管理命令を申し立てた。11月2日、東京地裁が同社に対して破産法に基づく保全管理命令を出し、同社の事業が事実上停止した。11月26日、同社の破産手続開始決定。負債総額は約880億円。2008年1月10日、波会長の破産手続開始が決定された。

013

事件のその後

2009年2月3日、警視庁は、組織犯罪処罰法違反（組織的詐欺）の疑いで波会長ら容疑者22名の逮捕状を請求。2月5日、同会長を逮捕した。容疑内容は、経営が行き詰まった2006年以降にも、6名から計約1億2,000万円をだまし取った疑い。2月26日、同会長ら22名が、組織犯罪処罰法違反（組織的詐欺）で再逮捕された。容疑内容は、2006年7月から2007年1月にかけて、26名から計2億2,800万円をだまし取った疑い。

2010年3月18日、東京地裁は、組織犯罪処罰法違反（組織的詐欺）の罪で、波被告に対し求刑通り懲役18年の実刑判決を言い渡した。判決では、同会長が2006年から2007年にかけて、年36%の利息と元本を保証するなどと虚偽の説明をし、31名から計約3億2,700万円をだまし取ったと認定された。同会長を除く21名の被告には、既に一審で有罪が言い渡されていた。弁護側は即日控訴した。

2010年10月27日、被害者計108名が、L&G元役員、元社員、勧誘者の

計79名を相手取り、計約6億2,000万円の損害賠償を求める提訴を東京地裁に起こした。

2011年2月23日、東京高裁は一審判決を支持し、被告側の控訴を棄却した。弁護側は最高裁に上告。2012年1月10日、最高裁は一審・二審の判決を支持し、弁護側の上告を棄却。懲役18年の実刑判決が確定した。

2015年3月30日、東京地裁は、被害者計62名がL&Gの元役員らに損害賠償を求めた訴訟で、原告側の請求をほぼ認め、元役員、元従業員、勧誘者に計3億3,000万円余りを支払うよう命じた。勧誘者24名についても、事業が行き詰まると分かっていたのに勧誘を続けたとして、約1億5,000万円を支払う義務があると認定した。

原告側代理人によると、被害者は全国で約3万1,000名、被害総額は約540億円。

CASE 004　L&G独自通貨"円天"問題

参考文献

webサイト

◆消費者庁「破産手続が開始された近年の詐欺的な大型消費者被害について」
http://www.caa.go.jp/policies/policy/consumer_system/other/method_for_
property_damege/study_group/pdf/0515siryou4hosei.pdf

新聞記事

◆毎日新聞（2007.9.30 朝刊）
　「L&G:1000億円集め返金延期「円天」支給会社、出資法違反の疑い」
◆同上（2009.2.5 夕刊）
　「L&G出資法違反:「円天」詐欺容疑、会長ら逮捕 1260億円集める--警視庁」
◆同上（2012.1.12 朝刊）
　「L&G詐欺:波被告の実刑確定へ」
◆同上（2015.3.31 夕刊）
　「「円天」詐欺:勧誘者の責任認める 東京地裁判決」
◆毎日新聞縮刷版　2007〜2015年
◆読売年鑑 2008年版

など

ガバナンス──経営者関与

ガバナンス──従業員関与

製造物責任・事故・商品サービス瑕疵

日本型企業風土

マスコミ・その他

015

category	ガバナンス —経営者関与

CASE 005
山田洋行横領事件

date	2007年（平成19年）11月8日
commercial name	株式会社山田洋行
scandal type	横領

事件の背景

　防衛専門商社「山田洋行」が設立されたのは1969年3月。1993年に同社設立メンバーである宮崎元伸が代表取締役専務に就任した後、米国メーカーとの販売代理店契約を次々と獲得し、専門商社としてはトップクラス、大手メーカーや大手総合商社と肩を並べるまでに売上を伸ばした。しかし、宮崎専務は創業者との対立から2006年6月に社員約150名のうち約40名を引き連れて同社を退職し、同年9月に「日本ミライズ」を設立。社員引き抜きや航空自衛隊次期輸送機（CX）エンジンの販売代理店契約をめぐり、両社間の訴訟合戦となった。2007年7月、米国メーカー「ゼネラル・エレクトリック（GE）」はCXエンジンの販売代理店を山田洋行から日本ミライズに変更した。

　一方、守屋武昌が防衛省（当時は防衛庁）に入省したのは1971年。官房長や

防衛局長などを歴任した後、2003年8月から2007年8月31日まで、4年間という異例の長期間にわたり防衛事務次官を務め、「防衛省の天皇」と呼ばれるほどの絶大な力を振るった。

　また、社団法人「日米平和・文化交流協会」は1947年に「日米文化振興会」として設立され、1968年に外務省所管の特例社団法人として認可。安全保障分野での日米交流を目的に、日米安全保障戦略会議の開催、国会議員や防衛省職員の訪米事業などを行っていた。歴代理事には額賀福志郎元財務相、久間章生元防衛相、石破茂元防衛相、福田康夫元首相、前原誠司元民主党副代表（肩書はいずれも当時）らが名を連ねて、宮崎元専務も一時理事を務めていた。

事件の発端・経過

1）各関係者とのつながり

　2007年2月、東京地検特捜部が山田洋行と日本ミライズの対立に着目して捜

CASE 005　山田洋行横領事件

査を開始し、ゴルフや飲食などの接待をはじめ、守屋元次官と宮崎元専務の親密な関係が浮上した。なお、2000年4月施行の自衛隊員倫理規程では利害関係者から供応接待を受けること、利害関係者と共に遊技またはゴルフをすること、利害関係者と共に旅行をすることなどが禁じられている。

10月19日、守屋元次官が2001年から2005年にかけて、宮崎元専務とともに多い年で30回以上ゴルフをしていたことが各紙で報じられた。

その後、10月から12月にかけて、ゴルフ接待が1998年から2007年4月末まで500回以上を数え、次官在任時だけで約140回に達すること、ほとんどの場合は守屋元次官の妻も同伴していたこと、プレイ代は全額宮崎元専務側が負担していたこと、倫理規定施行後は偽名でプレイしていたこと、日帰りだけでなく宮崎元専務側が費用を出してゴルフ旅行に行っていたこと、賭け麻雀や飲食の接待を受けていたこと、ゴルフセット・ネクタイ・バッグなどの物品を受領していたこと、還暦祝いなどの名目で現金を受け取っていたこと、次官や妻が会食などをした際の飲食費を宮崎元専務側に肩代わりさせていたことなどが発覚した。

また、守屋元次官がCXエンジンに関してや、2001年3月に山田洋行が防衛庁へ約1億8,000万円の水増し請求を

していたことが発覚した際に、宮崎元専務側に便宜を図っていた疑惑が浮上。

さらに、山田洋行が1995年から2007年にかけて、政治団体への寄付やパーティー券購入の形で国会議員14名に計1,482万円を提供していたことが判明した。内訳は小沢一郎元民主党代表が600万円、田村秀昭元参議院議員が300万円、額賀元財務相が220万円、久間元防衛相が10万円など（肩書はいずれも当時）。また、2005年に山田洋行のオーナー一族が結婚した際には、久間元防衛相が十数万円、額賀財務相が約20万円の車代を同社から受け取っていた。

このほか、宮崎元専務側が防衛省幹部ＯＢの天下りを積極的に受け入れていたこと、同省の多数の職員に歳暮や中元を贈っていたことなども明らかになった。

この間、10月29日に衆議院テロ防止・イラク支援特別委員会で証人喚問が行われ、守屋元次官は接待を受けていたことは認めたが、1回につき1万円のプレイ代を支払っていたなどと証言するとともに、宮崎元専務側への便宜供与は否定した。

11月8日、東京地検特捜部は、山田洋行の米国子会社「ヤマダインターナショナルコーポレーション」の資金100万ドル（約1億1,745万円）を着服して日本ミライズの設立・運営資金に

ガバナンス─経営者関与

ガバナンス─従業員関与

製造物責任・事故・商品サービス瑕疵

日本型企業風土

マスコミ・その他

017

あてたとして、宮崎元専務を業務上横領の疑いで逮捕した。11月13日には、宮崎元専務の側近で米国子会社元社長の男を同容疑で逮捕した。

11月15日、参議院外交防衛委員会で証人喚問が行われ、守屋元次官は便宜供与を改めて否定する一方、宮崎元専務との宴席に久間元防衛相や額賀元財務相が同席していたと証言した。

11月22日、防衛省は、山田洋行による新たな水増し請求が2件計370万円発覚したことを発表した。その後も新たな水増しが次々と発覚し、水増し額は2010年10月25日までに計約25億7,102万円、延滞金は7億9,180万円に達した。2011年9月、同社が解散した。

11月28日、東京地検特捜部は、2003年8月から2006年5月にかけて、計12回約389万円相当のゴルフ旅行接待を受けた見返りに防衛装備品の納入で便宜を図った疑いがあるとして、守屋元次官と妻を収賄容疑で逮捕し、宮崎元専務を贈賄容疑で再逮捕した。

2）日米平和・文化交流協会の疑惑発覚

12月18日、宮崎元専務が日米平和・文化交流協会の秋山直紀専務理事に約1億円を提供していた疑惑が発覚した。苅田港（福岡県京都郡苅田町）で発見された旧日本陸軍の毒ガス弾を無害化する事業について、2003年に下請受注などにからむ事業協力費名目で、山田洋行が、同専務理事が顧問を務める米国法人「アドバック・インターナショナル・コーポレーション」に1億円を送金していた。同事業では、毒ガス弾の処理方法を決めるための調査業務を同協会が落札し、山田洋行は「神戸製鋼」が落札した処理業務に下請として参加していた。

同日、東京地検特捜部は、2004年5月から6月にかけて、防衛装備品の納入で便宜を図る見返りに守屋元次官の妻名義の口座と次女名義の口座に計3万2,000ドル（約364万円）を振り込ませた疑いがあるとして、守屋元次官を収賄容疑で、宮崎元専務と米国子会社元社長を贈賄容疑で再逮捕した。また、守屋元次官と宮崎元専務をゴルフ旅行接待についての贈収賄罪で起訴し、妻を処分保留で釈放した。

12月30日、山田洋行が秋山専務理事に対し、GEや「ノースロップ・グラマン」との販売代理店契約を日本ミライズに奪われないよう、久間元防衛相への働きかけを依頼。見返りとして、協力費名目で約3,000万円を提供していた疑惑が報じられた。

2008年1月8日、参議院外交防衛委員会の参考人質疑で、秋山専務理事が山田洋行からの1億円と3,000万円の資金提供疑惑について、いずれも否定した。

CASE 005　山田洋行横領事件

同日、東京地検特捜部は、山田洋行から現金約364万円のわいろを受け取ったとして守屋元次官を収賄罪で、宮崎元専務と米国子会社社長を贈賄罪で追起訴した。

1月22日、東京地検特捜部は、守屋元次官を、2003年8月から2007年4月にかけて宮崎元専務らから108回（約497万円相当）の日帰りゴルフ接待を受けたとして、収賄罪で追起訴した。また、国会の証人喚問で、ゴルフ接待の際に1回1万円のプレイ代を支払っていたなどと虚偽の証言をしたとして、議院証言法違反（偽証）で追起訴した。

5月22日、参議院外交防衛委員会の証人喚問で、宮崎元専務が秋山専務理事に約1億4,400万円を提供したと証言した。秋山専務理事が1月の参考人招致で否定した1億円のほか、アドバック・インターナショナル・コーポレーションや秋山専務理事が理事を務めていたこともある米国の非営利法人「カウンシルフォーナショナルセキュリティー」に、2003年から2006年までコンサルタント料や寄付と称して毎年10万ドル（計40万ドル、約4,400万円）を送金したという。

7月24日、東京地検特捜部は、所得税約7,400万円を脱税したとして、秋山専務理事を所得税法違反（脱税）容疑で逮捕した。逮捕容疑は、2003年から2005年にかけて、山田洋行など防衛関連企業から受け取ったコンサルタント料約2億3,200万円をアドバック・インターナショナル・コーポレーションなど米国3法人の口座に入金し、個人所得として申告しなかった疑い。

8月13日、東京地検特捜部は、2006年にも山田洋行から提供されたコンサルタント料約7,300万円を同様の手口で隠匿し、所得税約2,600万円を脱税したとして、秋山専務理事を所得税法違反の疑いで再逮捕した。また、山田洋行事件とは別の2つの事件について、有印私文書偽造・同行使罪と電磁的公正証書原本不実記録・同併用罪で再逮捕した。同日、2003年から2005年にかけて約7,400万円を脱税したとして、所得税法違反（脱税）容疑で秋山専務理事を起訴した。

8月30日、東京地検特捜部は、2006年に所得税約2,600万円を脱税したなどとして、所得税法違反（脱税）容疑などで秋山専務理事を追起訴した。

事件のその後

2008年、山田洋行は、防衛省に納入したCXエンジンなどの代金の一部が未払いになっているとして、国に約7億9,500万円の支払いを求める訴訟を東京地裁に起こした。訴状などによると、同社は防衛省に2007年度にCXエンジ

ガバナンス──経営者関与

ガバナンス──従業員関与

製造物責任・事故・商品サービス瑕疵

日本型企業風土

マスコミ・その他

019

ン2基とミサイル警報装置を納入し、代金約14億2,000万円を受け取る契約を交わした。しかし、同省は過去の防衛装備品納入で発覚した水増し請求による過払い額を差し引いた分だけを支払っていた。5月26日、第1回口頭弁論があった。2009年12月2日、東京地裁は、山田洋行が総額約10億円の支払いを国に求めた訴訟で、同社の請求を棄却した。判決では、同社と防衛省が2006年から2007年にかけて締結したCXエンジンなど防衛装備品5件の納入契約について、同社が水増し請求していたことを認定し、未払い代金と国の損害の相殺を認めた。

守屋元次官の裁判では、2008年11月5日に東京地裁が、収賄と議院証言法違反（偽証）の罪で懲役2年6ケ月、追徴金約1,250万円（求刑・懲役3年6ケ月、追徴金約1,250万円）を言い渡した。判決では、守屋被告は山田洋行に便宜を図る見返りに、2003年8月から2007年4月にかけて、宮崎被告らから日帰りゴルフ接待108回（約497万円相当）、ゴルフ旅行接待12回（約389万円相当）、妻と次女名義口座への送金（約364万円）の、計約1,250万円相当のわいろを受けた。また、2007年の国会証人喚問では、ゴルフプレー代を毎回1万円負担したなどと偽証したと認定した。2009年12月22日、東京高裁

は1審の実刑判決を支持し、弁護側の控訴を棄却した。弁護側は即日上告したが、2010年8月27日に上告を取り下げ、1・2審の実刑判決が確定した。

宮崎元専務らの裁判では、2008年11月5日に東京地裁が、宮崎被告に贈賄罪や業務上横領罪などで懲役2年（求刑・懲役3年）の実刑判決、米国子会社元社長に同罪などで懲役1年6ケ月・執行猶予3年（同2年）の判決を言い渡した。2009年10月15日、東京高裁は宮崎被告の控訴審で、懲役2年とした東京地裁判決を破棄し、改めて懲役1年6月の実刑判決を言い渡した。判決では、2005年から2007年にかけて、装備品受注で便宜を図ってもらうため、守屋元次官に対し、68回のゴルフ接待（約310万円相当）、5回のゴルフ旅行接待（約169万円相当）、次女名義の口座への送金（約145万円）を行ったことを認定。その一方、1審判決後に山田洋行に7,000万円を支払うなどの示談が成立したことを理由に減刑した。2011年11月28日、最高裁は弁護側の上告を棄却し、2審の実刑判決が確定した。

秋山専務理事の裁判では、2010年3月29日に東京地裁が、秋山被告に所得税法違反（脱税）などの罪で懲役3年・執行猶予5年、罰金2,700万円（求刑・懲役3年、罰金3,000万円）の判決を言い渡した。判決では、秋山元専務理事

CASE 005　山田洋行横領事件

が2003年から2006年にかけて、山田洋行、神戸製鋼、日立製作所の防衛関連企業3社からコンサルタント料名目で受け取った個人所得計約3億1,400万円を実体のない米国法人の口座に入金して隠匿し、所得税約9,950万円を脱税したと認定。一方で、個人的使途でなく安全保障問題に関する活動費に使われた所得もあるなどとして、執行猶予を付けた。また、山田洋行事件とは別の2つの事件についても、それぞれ有印私文書偽造・同行使罪と電磁的公正証書原本不実記録・同併用罪で有罪とした。2010年11月22日、東京高裁は1審判決を支持し、弁護側の控訴を棄却。2011年10月11日、最高裁は弁護側の上告を棄却し、1・2審判決が確定した。

参考文献
雑誌・新聞記事
◆世界の潮「山田洋行事件」とは何か　『世界』(773)、2008-01
◆毎日新聞（2007.10.19 夕刊）
「守屋前防衛次官:受注業者とゴルフ 倫理規程に違反--01〜05年」
◆同上（2007.11.9 朝刊）
「クローズアップ2007:山田洋行・元専務ら逮捕「空白の1日」に着手」
◆同上（2008.1.8 夕刊）
「防衛汚職:秋山専務理事、1億円の受領否定 旧防衛庁の便宜認める--参考人質疑」
◆同上（2010.3.29 夕刊）
「防衛汚職:秋山被告に有罪判決「巧妙で悪質な犯行」--東京地裁」
◆読売年鑑 2008年版,2009年版

など

ガバナンス—経営者関与

ガバナンス—従業員関与

製造物責任・事故・商品サービス瑕疵

日本型企業風土

マスコミ・その他

category	ガバナンス 一経営者関与

CASE 006 グッドウィル 二重派遣問題

date	2008年（平成20年）1月11日
commercial name	株式会社グッドウィル
scandal type	二重派遣による労働派遣法違反，職業安定法（労働者供給事業の禁止）違反

事件の背景

　1985年、労働者派遣法が制定され、専門性の高い13業務に限り、労働者派遣が認められることになった。その後、1999年の改正で建設、港湾運送、製造など一部業務を除き、派遣が原則自由化され、2003年の改正では製造業も解禁された。経済界の強い要望を受けて規制緩和が進められた結果、2007年には派遣労働者が384万人に達し、派遣労働市場は5兆円を超えた。

　派遣労働者の増加に伴い急成長したのが、労働者派遣事業、いわゆる人材派遣だった。派遣先企業は仕事の量に応じて1月単位や1日単位で人員を調整できるため、人件費を低く抑えることができ、派遣元は派遣先からマージンを得ることができる。

　その一方、派遣される労働者にとっては、契約期間の短期化により雇用が不安定化し、マージンを取られるため収入も

低く抑えられることになる。その典型である日雇い労働者の1ケ月の平均労働日数は14日、平均月収は13万3,000円。さらに、危険であるとして禁止されている建設や港湾労働への派遣、安全管理など雇用者の責任が曖昧になることやマージンの二重取りで賃金が低くなることから禁止されている二重派遣、給与からの不当な天引き、労働災害の隠ぺいなども横行。ワーキングプアを生む温床として、日雇い派遣労働という雇用形態への批判が高まっていた。

　日雇い派遣業界の最大手だったのが、「グッドウィル・グループ」の100%子会社である「グッドウィル」。同社の2007年6月期の売上高は1,384億円。同年11月末時点の登録労働者は290万人で、派遣する労働者は1日平均3万4,000人。市場拡大の波に乗り大きな収益を上げる一方、同社は2005年6月30日に、労働者派遣法で禁じられている建設業務への違法派遣を行っていたこ

CASE 006　グッドウィル 二重派遣問題

と、同社と建設業者が請負契約を結んでいたにも関わらず、実際は派遣先の建設業者が作業員を指揮する偽装請負だったことから、事業改善命令を受けていた。その後も「データ装備費」名目での給与天引き、休業手当の不払い、派遣労働者の労災隠しなど、違法行為が次々と発覚。また、2007年6月には同じグッドウィル・グループ子会社で訪問介護最大手の「コムスン」が事業停止命令処分を受け、12月に介護事業から撤退。相次ぐ不祥事を受けて、年末から2008年の年初にかけてグッドウィル・グループの株価は5営業日連続のストップ安を記録し、ほぼ半値にまで急落する事態に陥っていた。

事件の発端

　2008年1月11日、厚生労働省東京労働局は、グッドウィルが2004年から2007年にかけて港湾運送業務への労働者派遣や二重派遣などの違法行為を繰り返していたとして、同社に対して労働者派遣法に基づく事業停止命令と事業改善命令を出した。事業停止期間は、全708支店のうち悪質だった67支店は4ケ月、その他の641支店は2ケ月。また、同社から受け入れた労働者を二重派遣していたとして、東京労働局が佐川急便グループの「佐川グローバルロジスティクス」に、千葉労働局が「グローバルサポート」に、労働者派遣法に基づく事業改善命令を出した。二重派遣による事業改善命令は初めて。

　また、東京労働局は、グッドウィルから受け入れた労働者を二重派遣していたとして、港湾運送関連会社「東和リース」を職業安定法（労働者供給禁止）違反で警視庁に告発した。同社は労働者派遣事業の許可を得ていないにも関わらず、2004年10月から2007年6月にかけて、日雇い労働者を別の会社の港湾倉庫に派遣して働かせていた。また、2007年2月には、派遣された労働者の1名が作業中に荷崩れに巻き込まれ、左ひざ骨折の重傷を負う事故も起きていた。

事件の経過

　1月23日、人材派遣会社で構成する「日本人材派遣協会」は、事業停止命令を受けたグッドウィルを6ケ月間の会員資格停止処分とすることを決定した。資格停止は除名に次ぐ重い処分である。

　1月31日、グッドウィル・グループの株価が急落し、ストップ安となる前日終値比1,000円安の5,240円を記録。3日連続で上場来安値を更新した。

　5月18日、グッドウィルがほぼ全事業所で営業を再開した。同社は事業停止命令を受けたことで派遣者が激減し、1月中旬時点で全国約770ケ所あった事業所を約400ケ所に削減。1日に派遣す

ガバナンス─経営者関与

ガバナンス─従業員関与

製造物責任・事故・商品サービス・瑕疵

日本型企業風土

マスコミ・その他

023

る労働者は事業停止前の3万4,000人から1万人前後に減少した。

5月19日、同グループがグッドウィルの売却を検討していることが明らかになった。同グループは急速に経営状況が悪化しており、米国大手ファンドなどの支援を受けて経営再建に乗り出していた。

6月3日、警視庁保安課は、労働者を二重派遣したとして、グッドウィル元北関東エリアマネジャーで企画管理部事業戦略課長、同社新宿第五オフィス責任者、同サブマネジャーの3名を職業安定法（労働者供給事業の禁止）違反のほう助容疑などで、東和リース元常務を職業安定法（労働者供給事業の禁止）違反容疑で逮捕した。逮捕容疑は、グッドウィルの3名は2006年5月から2007年6月にかけて、東和リースが別の派遣先に二重派遣することを知りながら、同社に計27回延べ27名の労働者を派遣した疑い。元常務はグッドウィルから派遣された労働者を港湾荷役会社など2社に派遣するなどした疑い。労働者の派遣1人につき、グッドウィルは東和リースから5,000円、東和リースは港湾荷役会社から2,000円のリベートを受け取っていた。

6月24日、東京地検は、職業安定法（労働者供給事業の禁止）違反のほう助などの罪で、前述のグッドウィル社員3名

と、法人としてのグッドウィルを略式起訴。3名はそれぞれ罰金100万～50万円を、同社は罰金100万円を納付した。起訴状によると、上村被告らは2006年5月から2007年6月にかけて、東和リースが二重派遣を行うことを知りながら、労働者延べ51名を同社に派遣していた。労働者派遣法に基づき、同社は近く派遣事業の許可を取り消される見通しとなった。

6月25日、グッドウィル・グループは、グッドウィルの廃業を決定した。前日の略式起訴により、事業継続や売却が事実上不可能となり、廃業に追い込まれた。この時点で、同社が1日に派遣する労働者は約7,000人まで減少していた。同日、同グループの株価が、ストップ安となる前日終値比1,000円安の6,610円を記録した。

7月31日、グッドウィルは、残務整理を除いて廃業。その後、2009年12月31日に解散して清算会社となり、2013年11月22日に清算結了した。

9月12日、同グループは、2008年6月期連結決算を発表した。グッドウィル廃業に伴う損失などの影響で、最終損益は274億円の赤字となり、26億円の債務超過に陥った。

10月1日、グッドウィル・グループは、社名を「ラディアホールディングス」に変更した。コムスンやグッドウィルによ

CASE 006　グッドウィル 二重派遣問題

る一連の不祥事で悪化したイメージの刷新を狙っての措置。

10月3日、日雇い派遣業界第2位の「フルキャスト」は、2009年9月までに日雇い派遣から撤退することを発表した。同社は2007年8月3日に違法派遣により1ケ月から2ケ月の事業停止命令を受けたが、事業停止期間中に新規の派遣業務を行っていたことが発覚。この日、2度目となる事業停止命令（1ケ月）を受けていた。

2009年6月23日、ラディアホールディングスは、私的整理手続きの一種である事業再生ADRの利用を申請。抜本的な事業再生を図ることになった。

事件のその後

2008年7月28日、厚生労働省の諮問機関「今後の労働者派遣制度の在り方に関する研究会」は、労働者保護の観点から日雇い派遣を原則禁止することなどを盛り込んだ報告書を、厚労省に答申した。11月4日、政府が労働者派遣法改正案を第170回国会に提出した。12月25日、国会が閉会し、労働者派遣法改正案は継続審議となった。2009年7月21日、第171回国会が解散し、与野党双方が提出していた労働者派遣法改正案は廃案となった。

2010年4月6日、政府が労働者派遣法改正案を第174回国会に提出した。継続審議を繰り返した後、2012年3月28日、第180回国会（通常国会）で改正労働者派遣法が成立。日雇い派遣が原則禁止となった。4月6日、公布。10月1日、施行。

ガバナンス―経営者関与

ガバナンス―従業員関与

製造物責任・事故・商品サービス瑕疵

日本型企業風土

マスコミ・その他

025

参考文献

webサイト

◆厚生労働省東京労働局「一般労働者派遣事業主に対する労働者派遣事業停止命令及び労働者派遣事業改善命令について」
https://jsite.mhlw.go.jp/tokyo-roudoukyoku/news_topics/houdou/2008/20081112-jigyouteishi.html

◆日本法令索引（国立国会図書館）「労働者派遣事業の適正な運営の確保及び派遣労働者の就業条件の整備等に関する法律等の一部を改正する法律案」
http://hourei.ndl.go.jp/SearchSys/viewShingi.do;jsessionid=D0B6150C59866315EF411658BBF92859?i=117401060

新聞記事

◆毎日新聞（2008.1.7 夕刊）
「二重派遣:佐川子会社、グッドウィルの1万1000人を 改善命令へ」

◆同上（2008.1.12 朝刊）
「グッドウィル:違法派遣で事業停止 厚労省が命令」

◆毎日新聞縮刷版　2008年〜2010年

◆読売年鑑 2009年版

など

category ガバナンス ―経営者関与

CASE 007 コシ・トラスト詐欺事件

date	2008年(平成20年)3月13日
commercial name	コシ・トラスト
scandal type	詐欺

事件の背景

本事件では、2002年頃からメガバンクなどが中小企業向け融資の拡大策として取り組んできた無担保融資が悪用された。無担保融資は決算書や納税証明書などを用いた簡易な審査で融資の可否や上限額を決める制度で、審査にかかるコストが少なく、申し込みから融資決定までにかかる時間が短いという利点がある。その一方で、融資先企業から偽造した書類が提出される危険や、審査項目が少ないことがずさんな融資につながる懸念が指摘されていた。

2007年3月期の無担保融資実績はメガバンク4行が計2兆5,300億円、地域金融機関が計2兆4,425億円。メガバンクの一角を占める三井住友銀行は1兆2,194億円で、無担保融資に積極的なことで知られていた。

事件の発端

2008年3月13日、読三井住友銀行が不動産会社「コシ・トラスト」からの紹介で行った融資約170億円のうち、100億円以上が回収不能になっていることが報じられた。融資は2003年11月から2005年秋にかけて、中小企業約60社に行われた。融資先企業が偽造した決算書などを提出した事例が多く、融資先にはペーパー・カンパニーも含まれていた。

事件の経過

その後、三井住友銀行による融資がより長期間・多額であること、三菱東京UFJ銀行や千葉銀行もコシ・トラストの紹介を通じて企業に融資していたことが判明した。三井住友銀行は約80社に約612億円を融資し、約164億円が回収不能。融資金のうち約114億円が無担保融資だった。三菱東京UFJ銀行

は恵比寿支社が約80億円を融資し、数十億円が回収不能。千葉銀行は14億円を融資し、7億円が回収不能。融資金は同社の資金繰りなどに使われた。また、2005年9月から2007年3月まで暴力団員が同社役員に就任していたなど、同社と暴力団の繋がりが指摘されており、一部は暴力団に流れたとみられる。

コシ・トラストは中林明久社長が2007年7月に設立し、2003年頃から外資系不動産ファンドの参入で都心の地価が高騰する中、オフィス・ビルの転売ビジネスなどで巨額の利益を得ていた。転売ビジネスに必要な多額の資金を調達するため、2003年秋頃から無担保融資などを利用して三井住友銀行高円寺法人営業部から融資を受けていた。コ社は同営業部の行員である堀真文らと共謀し、戸建てや小型商業ビルの取得などを名目に、偽造した決算書などを用いて融資を申請。不正は決算書の偽造、融資の受け皿となる企業の調達など役割を分担し、組織的に行われていた。

共犯者である堀は見返りとして、コ社からマンションの一室を通常の半額の賃料で借りる、中林明久社長とクルーザーで東京湾に繰り出す、風俗店や高級クラブで接待を受ける、宿泊したホテルの代金を同社に付け回すなどしていた。堀が鶴見法人営業部に転勤した後、高円寺法人営業部の後任の行員やその上司も同様

の接待を受け、不正に協力していたという。こうして、鶴見法人営業部、高円寺法人営業部、上司が転勤した新宿法人営業第2部が中心となり、同社から紹介された企業への融資が行われた。

コシ・トラストらは同様の手口で三菱東京UFJ銀行や千葉銀行からも融資を引き出していたが、融資の返済期限が迫ると商工ローンのSFCG（旧商工ファンド）から不動産を担保に返済資金を借り入れており、SFCGからの融資総額は約110億に達した。このため銀行への返済が滞ることはなく、銀行は不正に気付かずに融資を続けていた。なお、SFCGは2007年1月にコ社が従業員を大量解雇するとの情報を入手し、担保不動産を売却するなどして融資金のほぼ全額を回収していた。

三井住友銀行では2006年秋に取引先への融資金がコ社に還流していることなどを把握したが、その後も2007年3月まで、少なくとも約22億円の融資が行われていた。

コシ・トラストは2006年6月期には125億円を売り上げたが、その後業績が悪化。2007年9月に全従業員を解雇して休眠状態となった。

事件のその後

2009年5月21日、警視庁はコシ・トラストの中林明久社長、建物検査会

CASE 007　コシ・トラスト詐欺事件

社「日本検査」の園内正己社長ら6容疑者を詐欺容疑で逮捕した。逮捕容疑は、2006年12月、日本検査の売り上げを水増しした決算書類を三井住友銀行に提出し、会社の運転資金として約1億円の無担保融資を引き出したというもの。6月11日、東京地検は中林容疑者と園内容疑者ら4名を詐欺罪で起訴した。同容疑で逮捕された他の2名については、関与の程度が軽いとして、処分保留のまま釈放した。

9月9日、警視庁は詐欺容疑で三井住友銀行元行員の堀真文ら6容疑者を逮捕し、中林社長ら2名を再逮捕した。逮捕容疑は、2003年10月下旬、中林社長が譲り受けた休眠中の雑貨卸会社「鳩企画」の売上高を約10億円と偽造した決算書などを三井住友銀行高円寺法人営業部に提出し、融資金1億5,000万円をだまし取ったというもの。

9月24日、東京地裁で、三井住友銀行が融資金1億円をだまし取られたとされる事件の初公判が開かれた。中林社長は起訴内容を認め、園内社長は無罪を主張した。

9月30日、警視庁は、三井住友銀行が融資金1億5,000万円をだまし取られたとされる事件に関連して、中林社長ら4名を詐欺容疑で再逮捕した。逮捕容疑は、2004年2月と6月の2回にわたり、鳩企画の売上高を偽造した決算書な

どを同行に提出し、融資金計約3億円をだまし取ったというもの。

2010年3月16日、東京地裁で、三井住友銀行から融資金計5億5,000万円をだまし取ったとして詐欺罪に問われた中林社長の判決公判が開かれ、懲役4年（求刑・懲役7年）の実刑判決が言い渡された。判決理由では職業的かつ常習的に行われた組織的犯行であり、手口は巧妙かつ悪質と指弾する一方、銀行側の融資審査もずさんだったと指摘した。中林社長は即日控訴した。2010年7月15日、東京地裁で、三井住友銀行から融資金計4億5,000万円をだまし取ったとして詐欺罪などに問われた三井住友銀行行員だった堀の判決公判が開かれ、懲役3年6月（求刑懲役5年）の実刑判決が言い渡された。判決理由では営業成績を上げるため、決算書の偽造・提出に主導的に関与したことが認定された。

この間の2009年6月19日、三井住友銀行は融資担当だった行員2名を懲戒解雇した。

参考文献

webサイト

◆東洋経済オンライン「焦げ付く「無担保融資」の惨状　融資事故と倒産多発で残高圧縮、手法見直しへ」2008.5.10
http://toyokeizai.net/articles/-/1425

◆日経電子版「コシ社による詐欺事件　社長に実刑判決　東京地裁」2010.3.16付
https://www.nikkei.com/article/DGXNASDG1603N_W0A310C1CC1000/

雑誌・新聞記事

◆「財界レポート みずほ・三井住友などを騙した詐欺会社」『財界にっぽん』2008-01

◆毎日新聞縮刷版　2008〜2010年

◆読売年鑑 2009年版

◆毎日新聞（2009.1.5 朝刊）
「迂回融資:三井住友行員が1億円 審査の決算書を改ざん」

◆同上（2009.5.21 夕刊）
「詐欺:不動産会社社長、逮捕へ 三井住友銀から1億円詐取、容疑の幹部らも取り調べ」

◆同上（2009.9.10 朝刊）
「三井住友銀融資金詐取:元行員ら8人を逮捕 融資金詐欺容疑で」

◆同上（2009.9.25 朝刊）
「三井住友銀融資金詐取:コシ社の社長、起訴内容認める--東京地裁初公判」

◆同上（2008.3.14 夕刊）
「三井住友銀:融資100億円が回収不能 不動産会社が60社紹介」

◆同上（2010.3.17 朝刊）
「三井住友銀融資金詐取:コシ社長に実刑--東京地裁判決」

など

| category | ガバナンス ―経営者関与 |

CASE 008 三笠フーズ、事故米を不正転売

date	2008年（平成20年）9月5日
commercial name	三笠フーズ株式会社
scandal type	不正競争防止法違反（虚偽表示），食品衛生法違反（規格基準外食品の販売）

事件の背景

　事故米とは保管中にかびの発生や水濡れなどの被害を受け、または基準値を超える残留農薬などが検出され、食用として不適切と判断された米で、非食用米として飼料用や工業用などに用途を限定して売却される。政府が買い上げた国産米、世界貿易機関（WTO）のミニマムアクセス（最低輸入機会保証）ルールに基づき政府が買い上げた外国産米、民間業者が輸入した外国産の非政府米のいずれでも発生するが、本事件では主にミニマムアクセスで輸入された外国産米が問題となった。

事件の発端

　2003年度から2008年度にかけて、大阪市北区梅田の米穀加工販売業者「三笠フーズ」が、農薬のメタミドホスが残留した中国産もち精米や、かびから生じる発がん性物質のアフラトキシンB1

を含むベトナム産うるち米などの事故米1,800トン弱を購入。2008年8月28日から、農林水産省近畿農政局および九州農政局が同社に売却した事故米の処理状況について立ち入り調査を実施した際、同社が工業用糊の原料として購入した事故米を、食用と偽って転売していたことが確認された。9月5日、農林水産省は、三笠フーズが事故米を食用に転用していたこと、同省の要請を受けて同社が事故米およびその加工品の自主回収を決定したことを公表した。

事件の経過

　三笠フーズは事故米を工業用糊の原料として、大手商社から福岡県の米穀販売会社を通じて購入。佐賀県の米穀仲介会社「マルモ商事」、宮崎一雄三笠フーズ元顧問が設立したペーパー会社「サン商事」、三笠フーズ関連会社「辰之巳」の順に伝票上だけの取引で転売。その過程で価格を釣り上げるとともに食用に偽装

031

し、正規の食用米とブレンドした上で九州の酒造会社などに販売していた。

その後、三笠フーズとは別に愛知県の接着剤製造業者「浅井」、肥料製造業者「太田産業」、新潟県のでんぷん製造販売業者「島田化学工業」の3社が、事故米を用いた不正を行っていたことが発覚した。浅井は合板や集成材を製造するための木材用接着剤の原料として購入した事故米を、「ノノガキ穀販」を経由するなどして食用米として転売。太田産業は届け出た原料以外に事故米を使用して肥料を製造・販売。島田化学工業は事故米を混入した原料を用いてでんぷんを製造・販売していた。

一連の不正では、中間流通業者などを経由して、確認されただけでも全国500以上の製造・販売業者に事故米やその加工品が転売され、焼酎・和菓子・卵製品・学校や病院の給食・医薬品などに使用されたことが明らかになっている。また、農林水産省が用途を限って販売を許可したと説明している点について、一部の報道機関により、国内では工業用糊の原料にはタピオカやコーンスターチなどが、木材用接着剤の原料には小麦などが使われており、米を使用することは殆どないとの指摘がなされた。

9月19日、太田誠一農林水産大臣が引責辞任し、白須敏朗事務次官が更迭された。10月3日に同省が政府が保管する事故米穀の焼却処分を開始し、10日には新たに作成した「政府所有米穀の流通に関する検査マニュアル」を公開した。

事件発覚後、不正を行った各社の経営は困難となり、10月17日に島田化学工業が廃業を発表。10月、浅井が2度の不渡り手形を出して倒産。11月21日、三笠フーズが大阪地裁へ破産手続開始の申立てを行った。2009年4月1日、名古屋地方裁判所が浅井の破産手続開始を決定した。

事件のその後

2009年になると刑事責任の追及も本格化した。2月10日、大阪・福岡・熊本の3府県警合同捜査本部は、三笠フーズ冬木三男社長、同社の宮崎一雄元顧問、同社の古谷幸作元社長秘書、宮崎一雄元顧問の長男で宮崎雄三辰之巳元営業課長、マルモ商事丸山茂夫社長の容疑者5名を不正競争防止法違反（虚偽表示）容疑で逮捕した。次いで6月12日に浅井の浅井利憲社長が、6月18日にノノガキ穀販の野々垣勝元社長が、それぞれ食品衛生法違反（規格基準外食品の販売）容疑で逮捕された。

10月16日、大阪地裁で三笠フーズ関連の判決公判が開かれ、冬木三男三笠フーズ元社長に懲役2年および罰金400万円（求刑・懲役4年、罰金500万円）、丸山茂夫マルモ商事社長に懲役

CASE 008　三笠フーズ、事故米を不正転売

2年・執行猶予4年および罰金150万円（求刑・懲役2年、罰金150万円）、法人としての三笠フーズに罰金800万円（求刑・罰金1,000万円）、辰之巳に罰金500万円（求刑・罰金700万円）、マルモ商事に罰金300万円（求刑・罰金350万円）などの判決が言い渡された。11月5日、名古屋地裁でノノガキ穀販に関する判決公判が開かれ、野々垣勝元社長に懲役1年2ケ月・執行猶予3年および罰金100万円（求刑・懲役1年6月、罰金150万円）、同社に罰金100

万円が言い渡された。2010年1月13日、名古屋地裁で浅井に関する判決公判が開かれ、浅井利憲元社長に懲役2年・執行猶予5年および罰金150万円（求刑・懲役2年、罰金150万円）、同社に求刑通り罰金150万円が言い渡された。

なお、2009年2月12日、自民党岡山県衆議院選挙区第二支部（支部長・萩原誠司衆院議員（当時））が、2005年8月に三笠フーズと辰之巳から計20万円の政治献金を受けていたことが報じられた。萩原事務所によると、事件発覚後に献金を返還したという。

参考文献

webサイト

◆農林水産省「事故米穀の不正規流通事案に関する対応策緊急取りまとめ」
　http://www.maff.go.jp/j/press/shokusan/syoryu/pdf/080922-03.pdf
◆同上「事故米穀の不正規流通事案に関する対応策緊急とりまとめ」について
　http://www.maff.go.jp/j/press/shokusan/syoryu/080922.html
◆民主党「太田誠一農林水産大臣の辞任について（談話）」
　http://www2.dpj.or.jp/news/?num=14093

新聞記事

◆毎日新聞縮刷版　2009
◆読売年鑑 2010年版
◆毎日新聞（2009.2.12 朝刊）
　「事故米食用転売:三笠フーズ、岡山の自民支部に献金 事件発覚後に返還」

など

ガバナンス—経営者関与

ガバナンス—従業員関与

製造物責任・事故・商品サービス瑕疵

日本型企業風土

マスコミ・その他

| category | ガバナンス —経営者関与 |

CASE 009 大和生命債務超過で経営破綻

date	2008年(平成20年)10月10日
commercial name	大和生命保険株式会社
scandal type	経営破綻

事件の背景

バブル崩壊後の超低金利により、生命保険会社各社では運用利回りが予定利率を下回る「逆ざや」が発生。1997年4月に「日産生命保険」が生保会社として戦後初めて破綻し、2001年3月の「東京生命保険」まで計7社が相次いで破綻するに至った。その後、金利が上向くとともに株価も上昇し、各社の財務内容も改善されていった。こうした中、独立系の中堅生保会社である「大和生命保険」は2002年に「旧・大正生命保険」（2000年に破綻）を買収し、2005年6月に「日興コーディアル証券」の中園武雄副社長を社長に招聘する異例の人事を行うなど、事業拡大を推進していった。しかし、2007年夏のサブプライムローン問題を発端に世界金融危機が発生し、資産が大きく毀損することになった。

事件の発端

2008年10月10日、大和生命保険は東京地裁に対し、会社更生法および更生特例法に基づく会社更生手続開始の申し立てを行った。負債総額は2,695億0,600万円。同社の2008年3月期の保有契約高は1兆0,746億円、保険料等収入は356億円で、契約者は約18万人。総資産は2,832億円で「かんぽ生命」を除く生保会社40社中32位。経営の健全性を示すソルベンシーマージン比率は08年3月期で555.4％と、健全の目安とされる200％を上回っていた。

大和生命では2007年夏以降、米国のサブプライムローン関連金融商品などで多額の損失を計上。さらに2008年9月15日以降のリーマンショックで保有する有価証券の価値が急落。9月中間決算で115億円の債務超過に陥ることから、自力再建を断念した。米国の金融危機が原因で日本の金融機関が破綻したのはこ

CASE 009 大和生命債務超過で 経営破綻

れが初めて。

ただし、破綻に至った背景には、他の生保会社にはみられない大和生命独自の事情もあった。同社は経営規模が小さいが、販売手法は大手と同様に営業職員に頼っていたため人件費負担が重かった。また、平均予定利率（契約者に約束した運用利回り）が3.35％と高いこともあり、事業費率（事業費/保険料収入）が25.4％（他の独立系9社の平均は12.7％）に達していた。このため、高収益が見込める一方でリスクも高い株式や外国証券などに積極的に投資していた。証券会社出身である中園武雄社長の存在もこうしたハイリスク・ハイリターンな経営方針が採られる大きな要因になったと指摘されている。その結果、2005年度頃から資産全体に占める株式と外国証券の割合が約4割と同業他社に比べて突出して高くなり、その含み益が急速に拡大した。しかし、2007年度には大幅な含み損に転じ、自らの首を絞めることになった。

■ 事件の経過

10月10日、大和生命の破綻を受け、日経平均株価が暴落。戦後3番目の下げ率を記録した。

10月11日、ワシントンでG7が開かれ、世界金融危機へ対処するため、金融機関への公的資金注入などを行う方針が

示された。

10月14日、暴落していた株価が急騰に転じ、日経平均株価が過去最大の上昇となる1,171円高を記録した。

10月28日、金融庁が「大和生命の経営破綻について」を公表。高コストの保険事業を高利回りの有価証券運用で補填するという特異な収益構造が破綻の主因であり、他の生保会社とは状況が異なるとの認識を示した。

同日、大和生命は、旧経営陣の責任を調べる経営責任調査委員会を設置したことを発表した。

11月20日、大和生命の再建支援企業（スポンサー）を選ぶ1次入札が実施された。スポンサーには保険会社2社とファンド7社の計9社が関心を示していたが、米国の大手生保会社「プルデンシャル生命保険」や投資ファンドなど2～3社に候補が絞り込まれた。

2009年2月16日、経営責任調査委員会が報告書を管財人に提出。リスク管理体制に不完全な面が認められるものの、一応のリスク把握がなされていたと指摘。道義的責任は否定できないが、賠償請求など法的責任を問うことは難しいと結論づけた。同日、中園武雄前社長ら破綻時の役員9名全員が退職金を辞退し、中園前社長が2,000万円の私財を提供したことが明らかにされた。

2月20日、大和生命のスポンサーを

ガバナンス─経営者関与

ガバナンス─従業員関与

製造物責任・事故・商品サービス瑕疵

日本型企業風土

マスコミ・その他

035

選ぶ最終入札が実施された。3月2日、同社の更生管財人がプルデンシャル生命とスポンサー契約を締結したことを発表した。

3月19日、生命保険業界で組織する生命保険契約者保護機構は、大和生命の債務超過を穴埋めするため、同社に278億円を資金援助することを発表した。同社の債務超過額は破綻時には114億円だったが、金融危機の深刻化で保有する有価証券の損失が膨らみ、最終的に643億円に達していた。

3月23日、大和生命の更生管財人が更生計画案を東京地裁に提出した。計画案によると、プルデンシャル生命傘下の「ジブラルタ生命保険」から約69億円の出資を受けて子会社となり、銀行窓口や代理店での販売を専門とする「プルデンシャル ファイナンシャル ジャパン生命保険」として事業を再開する。プルデンシャル生命による買収額は32億円で、643億円の債務超過は生命保険契約者保護機構からの援助278億円と保険金削減による333億円で穴埋めする。こ

のため、責任準備金（契約者が積み立てた保険金の支払い原資）は10%削減され、平均予定利率は3.35%から1%に引き下げられる。破綻生保会社の処理としては、旧大正生命保険や第百生命保険と並んで契約者の負担が厳しい内容で、貯蓄性の高い年金保険や終身保険では給付金が大幅に減額された。また、旧大正生命に加入していた契約者にとっては2回目の破綻処理となり、特に大きな損失を被ることになった。

事件のその後

4月30日、東京地裁が大和生命の更生計画案を認可決定。5月26日、更生計画認可決定が確定した。

6月1日、東京地裁が更生手続終結を決定。旧大和生命保険はプルデンシャル ファイナンシャル ジャパン生命保険として、新契約販売を除く業務を再開した。

2010年4月1日、「プルデンシャル ジブラルタ ファイナンシャル生命保険株式会社」に商号を変更。

8月20日、定型金融機関を通じた新契約販売を開始した。

CASE 009　大和生命債務超過で 経営破綻

★参考文献

webサイト

◆金融庁「大和生命の経営破綻について」
　http://www.fsa.go.jp/singi/singi_kinyu/dai2/siryou/20081027/01.pdf

雑誌・新聞記事

◆「大和生命の経営破綻と生保の株式会社化」『生命保険論集』生命保険論集　2010-09
◆毎日新聞縮刷版　2008〜2009年
◆読売年鑑 2009年版
◆毎日新聞（2008.10.11 朝刊）
　「社説:大和生命破綻 日本も直撃した金融危機」
　「大和生命破綻:高リスク投資引き金 保険金、死亡保障は大半保護」
◆同上（2008.10.29 朝刊）
　「けいざいフラッシュ:大和生命、責任調査委を設置」

など

ガバナンス─経営者関与

ガバナンス─従業員関与

製造物責任・事故・商品サービス瑕疵

日本型企業風土

マスコミ・その他

037

category	ガバナンス ―経営者関与

CASE 010
西松建設、裏金事件

date	2009年（平成21年）1月14日
commercial name	西松建設
scandal type	外国貿易法（外為法）違反，政治資金規正法違反

事件の背景

　2008年、東京地検特捜部が、準大手ゼネコン「西松建設」関係者が海外で捻出した裏金約1億円を国内に不正に持ち込んだ外国為替及び外国貿易法（外為法）違反事件や、同社の別の裏金に関する業務上横領事件の捜査を開始。同社が国内では15年以上前から、海外でも約10年前から裏金作りを行っていたことを突きとめた。海外では、東南アジアなどで受注した工事の経費を実際より高く見せかけるなどして約10億円を捻出し、国内に持ち込んだり、海外での受注工作資金にあてたりしていた。それらの裏金作りは本社の中枢部門である管理本部が統括しており、1995年から2003年まで同本部長を務めた国沢幹雄と後任の本部長だった藤巻恵次は、それぞれ後に社長と海外担当副社長に就任した。

　また、同社は1995年と1998年に、それぞれ同社OBを代表とする政治団体「新政治問題研究会」「未来産業研究会」を設立。自社名義を避け両団体名義で、与野党の国会議員や地方自治体首長ら多数の政治家への献金やパーティー券購入を行っていた。両団体は同社の部課長級以上の社員が納める会費を収入源としていたが、同社では賞与に上乗せする形で会費を補填していた。

　特に関係が深かったのは小沢一郎民主党代表（当時）で、2つのダミー団体や下請企業を通して、小沢氏の資金管理団体「陸山会」、同氏が代表を務める民主党岩手県第4区総支部、民主党岩手県総支部連合会あてに、10年以上にわたり計2億円以上を献金していた。また、ダミー団体が2004年から2006年にかけて、自民党二階派の政治団体「新しい波」から838万円のパーティー券を購入していたほか、二階俊博元経済産業相（当時）が代表を務める自民党和歌山県第3選挙区支部が2006年から2008年にかけて、同社社員ら名義の個人献金を

CASE 010　西松建設、裏金事件

装った900万円の献金を受けていた。

　これらの献金は地元岩手をはじめ東北地方の公共工事受注に大きな影響力を持つ小沢氏や、地元和歌山県や大阪府に影響力を持つ二階氏と良好な関係を築くことが目的だったとされる。東北地方では過去10年間に351億円、和歌山県と大阪府では1999年以降に317億円を受注しており、合算すると同社が同期間中に受注した公共工事総額の四分の一を占めていた。

事件の発端

　2009年1月14日、東京地検特捜部は、外為法違反の疑いで西松建設の藤巻元副社長ら4名を逮捕した。逮捕容疑は、2006年2月から2007年8月にかけて、裏金計7,000万円を税関に無届けで日本に持ち込んだ疑い。2月3日、藤巻容疑者ら2名が起訴された。

事件の経過

　3月3日、東京地検特捜部は、政治資金規正法違反の疑いで陸山会の会計責任者で小沢氏の公設第1秘書、西松建設の国沢前社長、同社元総務部長の3名を逮捕した。3月24日、大久保秘書と国沢前社長を起訴した。

　同日、民主党が緊急の役員会と常任幹事会を開催。小沢氏は、3月10日の党役員会と常任幹事会に続き、この日も代表続投の意思を示した。3月27日、民主党が参議院議員総会と代議士会を開き、同氏の続投を了承した。

　4月30日、大阪市の市民団体「政治資金オンブズマン」が、政治資金規正法違反の疑いで新しい波の当時の会計責任者らと国沢前社長を東京地検に告発した。

　5月11日、小沢氏が民主党代表を辞任した。

　5月15日、西松建設は、内部調査の報告書を公表。政治資金規正法で禁じられた政治家個人への企業献金を行う目的で2つの政治団体を設立したこと、2004年度から2008年度までの税務当局への使途秘匿金が約26億円であること、2つのダミー団体の資金として約5億9,100万円を捻出し、政治献金やパーティー券購入に約4億7,800万円を支出したことを認めた。

　6月1日、東京地検特捜部は、新しい波が西松建設からパーティー券代受け取っていた問題で、新しい波の元会計責任者らを嫌疑不十分として不起訴処分に、国沢前社長を起訴猶予とした。6月4日、市民団体のメンバーらは、東京地検の処分を不服として、東京検察審査会に審査を申し立てた。6月16日、東京第3検察審議会は、国沢前社長を起訴相当、新しい波の元会計責任者らを不起訴不当と議決。6月26日、東京地検特捜

ガバナンス ― 経営者関与

ガバナンス ― 従業員関与

製造物責任・事故・商品サービス瑕疵

日本型企業風土

マスコミ・その他

039

部は、国沢前社長を政治資金規正法違反で追起訴した。

7月14日、東京地裁は、藤巻元副社長に外為法違反で懲役4ケ月・執行猶予2年（求刑・懲役6ケ月）を言い渡した。

7月17日、東京地裁は、政治資金規正法（第三者名義の寄付禁止、企業献金の禁止）違反と外為法違反で、国沢前社長に禁固1年4ケ月・執行猶予3年（求刑・禁固1年6ケ月）を言い渡した。判決では、2006年2月から2007年8月にかけて、裏金計7,000万円を税関の許可なく海外から国内に持ち込んだこと。2006年10月から11月にかけて、2つのダミー団体名義で陸山会、民主党岩手県第4区総支部、民主党岩手県総支部連合会に、計500万円を献金したこと。このうち陸山会への献金100万円は、個人の資金管理団体への企業献金を禁じた規定に違反すること。2006年6月から7月にかけて、2つのダミー団体名義で、新しい波のパーティー券計340万円分を購入したことを事実と認定。ただし、献金は特定の公共工事受注の見返りではないなどとして、執行猶予付き処分とした。検察側、被告側、いずれも控訴せず、有罪判決が確定した。

12月9日、東京地検特捜部は、政治資金規正法違反（虚偽記載、他人名義の寄付受領）で二階氏の政策秘書を略式起訴した。起訴状によると、2006年か

ら2008年にかけて、西松建設から計900万円の企業献金を受けたが、政治資金収支報告書に個人からの献金と記載したという。同日、東京簡裁が里田秘書に罰金100万円の略式命令を出した。

12月15日、二階氏が自民党選挙対策局長と党幹事長代理を辞任した。

2011年9月26日、東京地裁は、政治資金規正法違反（虚偽記載）で大久保被告に禁錮3年・執行猶予5年（求刑・禁錮3年6月）を言い渡した。判決では、大久保秘書を、東北地方の公共工事に決定的な影響力を持っていた小沢事務所で「天の声」を出す役割だったと指摘。2003年から2006年にかけて、陸山会と民主党岩手県第4区総支部が西松建設から受けた計3,500万円の献金を、ダミー2団体からの寄付だとの虚偽の記載をしたと認定した。なお、同判決では、2004年に陸山会が小沢元代表から借り入れた4億円を元手に土地を購入しながら、政治資金収支報告書に虚偽の記載をしたとされる陸山会事件についても同秘書に有罪を言い渡した。

2013年3月13日、東京高裁は、大久保被告を有罪とした1審判決を支持し、被告側の控訴を棄却した。被告側は上告を断念し、有罪が確定した。

事件のその後：民事訴訟

2009年10月1日、西松建設が、違

CASE 010　西松建設、裏金事件

法な政治献金で会社に損害を与えたとして、国沢前社長と藤巻元副社長に総額約11億8,000万円の損害賠償を求める訴訟を東京地裁に提訴。2013年1月、和解が成立した。

また、2009年12月19日には、西松建設の株主の男性が、違法な献金で会社に巨額の損害を与えたとして、同社旧経営陣に約6億9,000万円の返還を求める株主代表訴訟を東京地裁に起こした。2014年9月25日、東京地裁が旧経営陣6名に約6億7,000万円を返還するよ

う命じたが、原告側、被告側、いずれも控訴。2016年9月9日、東京高裁で、旧経営陣9名が同社に和解金1億5,000万円を支払うほか、同社が和解金のうち1,000万円を政治資金収支報告書を公開する団体である一般財団法人「政治資金センター」に寄付するとの内容で、和解が成立した。

参考文献

書籍・新聞記事

◆毎日新聞（2008.6.6 朝刊）
　「外為法違反:裏金1億、国内に 容疑で西松建設を捜索」
◆同上（2009.1.15 朝刊）
　「西松建設:元副社長ら逮捕 外為法違反容疑、裏金7000万円持ち込む」
◆同上（2009.5.2 朝刊）
　「西松建設献金事件:二階氏団体を告発--全国の36人」
◆同上（2009.7.17 夕刊）
　「西松建設献金事件:元社長に有罪判決 献金と受注、関係否定--東京地裁」
◆同上（2014.9.26 朝刊）
　「西松建設違法献金:6億7000万円返還命じる 元役員6人に 東京地裁」
◆読売年鑑 2010年版

など

ガバナンス―経営者関与

ガバナンス―従業員関与

製造物責任・事故・商品サービス瑕疵

日本型企業風土

マスコミ・その他

category | ガバナンス —経営者関与

CASE 011 漢字検定協会、流用問題

date	2009年（平成21年）2月9日
commercial name	（財）日本漢字能力検定協会
scandal type	背任

事件の背景

　日本漢字能力検定協会は大久保昇・元理事長が1975年に設立。1991年に財団法人化。95年にその年を表す漢字1字を公募し、京都・清水寺で貫主に墨書してもらうイベント「今年の漢字」を始めた。検定ブームの先駆けとして2008年度には受験者数約270万人に上っていた。

　2009年1月、日本漢字能力検定協会で前年までの2年間に公益事業の日本漢字能力検定で約15億円もの利益を上げていることが判った。実際の費用は受検者1人当たり約2100円なのに、協会は1級の検定料を6000円としていた。文部科学省がこれについて「儲けすぎ」と指摘し臨時の検査に入った。また理事長が代表を務める広告会社に2006年度〜2008年度計8億円の業務委託をしていたなど、協会を私物化しているのではないかとの疑惑が湧き起こった。

事件の発端・経過

　2009年2月9日、公益法人としては不適切な多額の利益をあげていたとして問題になっていた日本漢字能力検定協会に対し、所管する文部科学省が2004、05、07年度に続き公認会計士を同行し、この5年間で4度目となる異例の検査を実施した。この結果、理事長らの関連会社に2006〜08年度の3年間で、従来報告の5倍近い計66億円を支出していたことが分かった。不明瞭な利益誘導ではないかと是正を求められた。また協会は2003年7月、京都市左京区の住宅街にある延べ1348平方メートルの日本家屋付き土地3969平方メートルを約6億7000万円で購入していた。協会は「漢字資料館として使うため」と説明しているが、この邸宅はほぼ空き家状態のまま一般公開もしておらず（後に売却）、公益性が疑われた。協会は大久保昇理事長と長男の大久保浩副理事長の

CASE 011　漢字検定協会、流用問題

ほか6人の理事が運営し評議員がそれを
チェックする仕組みになっていたが、年
2回の評議員会では、理事長らの説明を
追認するだけだったという。文部科学省
は、協会がチェック機能不全に陥ってい
た可能性があるとみている。評議員を務
めていた野間佐和子・講談社社長、明石
康・元国連事務次長は評議員を辞任した。

　また日本漢字能力検定協会の業務委託
先で、大久保昇理事長の長男・大久保
浩副理事長が代表を務める情報処理会社
「日本統計事務センター」が、レーシン
グチームのメーンスポンサーになってい
たことが分かった。漢検の収益がレース
に投入された可能性が指摘された。

　2009年4月、文部科学省から改善を
指導された協会は大久保昇理事長が代表
を務める関連会社2社との取引解消を決
めた。

　2009年4月10日、大久保昇理事長

が退任し元日弁連会長が後任に就いた。
大久保理事長は当初理事残留とみられて
いたが理事も辞任した。

事件のその後

　2009年4月24日、文部科学省から
協会に対し、大久保前理事長らが代表
を務めるファミリー企業との取引解消
や、過去の取引に対する損害賠償請求の
検討などを求める追加の指導通知が出さ
れた。2009年5月、大久保親子は協会
に約2億8700万円の損害を与えたとし
て背任罪の容疑で逮捕された（後有罪確
定）。また協会から出されていた損害計
25億円余りの賠償を求めた訴訟につい
て京都地裁は2017年1月12日、約24
億6700万円の支払いを命じた。この
判決を不服として、協会側と元理事長側
の双方がそれぞれ大阪高裁に控訴してい
る。

参考文献
新聞記事

◆毎日新聞　（2009.12.3）
　「漢字検定:2年で15億円「もうけすぎ」文科省、臨時検査へ」
◆同上　（2009.2.7）
　「漢検協会:5年間で4度目、検査へ--文科省方針」
◆同上　（2017.1.12）
　「元理事長らに24億6700万円支払い命令」

など

ガバナンス―経営者関与

ガバナンス―従業員関与

製造物責任・事故・
商品サービス瑕疵

日本型企業風土

マスコミ・その他

043

category ガバナンス —経営者関与

CASE 012 JR福知山線 脱線事故調漏えい事件

date	2009年(平成21年)9月25日
commercial name	西日本旅客鉄道株式会社(JR西日本)
scandal type	漏えい

事件の背景

2005年4月にJR西日本福知山線で脱線事故が発生。乗客106人と運転士が死亡した。この事故に対し航空・鉄道事故調査委員会（2008年10月に運輸安全委員会に改組）は2007年6月に運転士がブレーキ操作を誤り、制限速度を約46キロ超過して現場カーブに進入したことが原因とする最終報告書を国交相に提出した。また現場カーブにATSが設置されていれば、事故は回避できたと結論付け、「優先的に整備すべきだった」と指摘。運転士への懲罰的な日勤教育など、JR西の企業体質が事故に影響した可能性が高いとも指摘していた。がこの報告書案が事前に委員から、当時の社長に漏れていたことが発覚した。後に結成された外部有識者によるコンプライアンス特別委員会は漏えい問題の背景に「被害者や社会の目より、組織防衛の意識が優先する企業風土があった」と総括した。

事件の発端

2009年9月25日、運輸安全委員会はJR西日本福知山線脱線事故に関して、事故原因を調査した当時の元委員が、JR西日本の山崎正夫前社長に働きかけられ、調査状況の情報や報告書案を伝えていたと発表した。

事件の経過

JR西日本山崎前社長からの「後出しじゃんけんだ」との要求に応じ、運輸安全委員会の元委員は委員会で「現場カーブにATS（自動列車停止装置）があれば事故は回避できた」などとの記述を「後出しじゃんけんなのでいかがなものか」と発言していた。前原誠司国土交通相(当時)は25日の閣議後の会見で「亡くなった方々やご遺族に心からおわびを申し上げる」と、運輸安全委員会の後藤昇弘委員長は「国民のみなさま、被害に遭われた方々に不快の念を与え、残念で申し訳

044

ない」と陳謝した。山崎前社長は事故現場を現在の急カーブに付け替えた当時、安全対策全般を統括する常務鉄道本部長だった。山口委員は国鉄出身で2001年に非常勤の事故調委員に任命され、2007年まで務めた。山崎前社長は元委員に飲食の接待のほか、お菓子や新幹線の模型などを手土産として渡していた。またこれとは別にJR西日本の幹部が国土交通省航空・鉄道事故調査委員会（現・運輸安全委員会）の委員に情報漏えいを働きかけていたことが判明した。当時取締役で審議室のトップだったJR西日本の土屋隆一郎副社長は9月26日、「事故に適切に対応したいと思った」として情報収集のための面会を指示したことを認めた。前原国交相は28日、JR西日本の佐々木隆之社長に対し、事実関係の調査

と調査結果に基づく改善策を報告するよう命じた。

事件のその後

2009年10月23日、前社長の山崎正夫取締役と、土屋隆一郎副社長が辞任した。11月18日、JR西日本は福知山線脱線事故の調査報告書案漏えい問題で、外部有識者によるコンプライアンス特別委員会と社内調査の最終報告書を前原誠司国土交通相に提出した。コンプライアンス委員会は組織防衛の意識が強すぎる企業風土を原因と指摘し、更に「自分たちがプロという自負があり、事故調に対する認識が形成されていなかった」とし、JR西が航空・鉄道事故調査委員会の能力を疑っていたことを挙げた。

参考文献

webサイト

◆国土交通省「Ⅰ JR西日本による事故調委員等への接触・働きかけ」
　www.mlit.go.jp/jtsb/fukuchiyama/kensyou/fu04-finalreport-part1-1.pdf
◆国土交通省「Ⅱ 事故調委員による情報の漏えい - 国土交通省」
　www.mlit.go.jp/jtsb/fukuchiyama/kensyou/fu04-finalreport-part1-2.pdf

新聞記事

◆毎日新聞（2009.9.25）
　「JR福知山線脱線：事故調報告案、漏らす 元委員、JR西前社長の要求で」
◆同上（2009.9.26）
　「JR福知山線脱線：事故調漏えい 別の元委員も面会 JR西幹部が要請」
◆同上（2009.11.19）
　「JR福知山線脱線：事故調漏えい 外部委報告「組織防衛を優先」元社長ら35人処分」など

category	ガバナンス ―経営者関与

CASE 013 富士バイオメディックス 粉飾決算

date	2011年（平成23年）5月10日
commercial name	株式会社富士バイオメディックス
scandal type	旧証券取引法（現金融商品取引法）違反（有価証券報告書の虚偽記載）

事件の背景

　1984年10月、医薬品開発支援ベンチャーの「富士バイオメディックス」が設立された。1998年5月、調剤薬局運営事業に参入。2005年8月に名証セントレックスに上場、2006年にはアンチエイジング事業に本格的に進出し、新会社設立とM&A（企業買収・合併）で急速に事業を拡大した。しかし、M&A資金などの有利子負債が150億円に達したほか、52億3,300万円の未収金が回収不能となり、資金繰りが悪化。2008年10月14日、東京地裁に民事再生法の適用を申請した。負債総額は約218億3,000万円。11月15日上場廃止。

事件の発端・経過

　2011年1月末、富士バイオメディックスの鈴木晃元社長ら旧経営陣に旧証券取引法（現金融商品取引法）違反（有価証券報告書の虚偽記載）の疑いがあると

して、証券取引等監視委員会が強制調査に乗り出していたことが判明した。同社側から経営コンサルタントに依頼し、2007年5月期の有価証券報告書で数十億円規模の粉飾をし、赤字の決算を黒字に見せかけていたとみられる。また、同社では2005年8月に上場する数年前から不正経理が常態化していたという。

　2011年5月10日、東京地検特捜部は、旧証券取引法（現金融商品取引法）違反（有価証券報告書の虚偽記載）の疑いで富士バイオメディックスの鈴木晃元社長、佐々木正元取締役管理本部長、吉富太可士元管理本部副本部長、粉飾方法を指南していたとされる経営コンサルタントの馬上弘直の4容疑者を逮捕した。

　また、証券取引等監視委員会と合同で同社本社など関係先を家宅捜索した。逮捕容疑は、2007年5月期に、複数の企業と架空取引を繰り返す「循環取引」などの手口で実際は約166億9,600万円だった売上高を約182億1,500万円に

CASE 013　富士バイオメディックス粉飾決算

水増しし、約5億1,400万円の赤字だった経常損益を約8億3,400万円の黒字と記載した虚偽の連結損益計算書を作成。また、医療法人のM&Aに絡み架空の出資金約19億円を計上し、出資金合計額を約19億1,100万円とするとともに、短期借入金合計額を約40億円計上せず、約39億2,700万円と記載した連結貸借対照表を作成。これらを掲載した虚偽の有価証券報告書を8月31日に関東財務局に提出した疑い。

　馬上コンサルタントは不正経理の実行には関わっておらず、報酬も受け取っていないとして、関与を一部否認。同コンサルタントは市場関係者の間では、不振企業に粉飾の手口をアドバイスして報酬を受け取る「粉飾アレンジャー」として知られていた。

事件のその後

　2011年5月27日に証券取引等監視委員会が鈴木容疑者ら4名を東京地検に刑事告発し、5月30日に東京地検特捜部が東京地裁に起訴。2012年3月8日、東京地裁で判決公判が開かれ、旧証券取引法（現金融商品取引法）違反（有価証券報告書の虚偽記載）の罪で、鈴木元社長に懲役2年（求刑懲役4年）、馬上コンサルタントに懲役3年・執行猶予5年、罰金800万円（求刑懲役3年、罰金1,000万円）が言い渡された。元取締役管理本部長と、元管理本部副部長は執行猶予3～4年の有罪となった。

　なお、本事件では最高検察庁が導入した「総括審査検察官」が初めて指名され、主任検事として公判を担当した。また、取り調べの様子の一部を録音・録画する措置も取られた。

参考文献

webサイト

◆証券取引等監視委員会「株式会社富士バイオメディックスに係る虚偽有価証券報告書等提出事件の告発について」
http://www.fsa.go.jp/sesc/news/c_2011/2011/20110527-2.htm
◆薬事日報「富士バイオメディックスが民事再生法を申請 負債総額は218億円」
https://www.yakuji.co.jp/entry8268.html

書籍・新聞記事

◆読売年鑑 2012年版
◆毎日新聞（2011.5.10 朝刊）
「富士バイオメディックス：粉飾容疑、旧経営陣ら4人を立件へ--東京地検」　　など

ガバナンス―経営者関与

ガバナンス―従業員関与

製造物責任・事故・商品サービス瑕疵

日本型企業風土

マスコミ・その他

category	ガバナンス —経営者関与

CASE 014 大王製紙、背任事件

date	2011年(平成23年)9月7日
commercial name	大王製紙株式会社
scandal type	会社法違反(特別背任)

事件の背景

大手製紙会社、大王製紙の井川意高元代表取締役会長は創業者の孫であり、2007年に同社の社長に、2011年6月には同会長に就任した。元会長は2011年9月までにグループ会社7社から総額106億8,000万円を無担保で個人的に借り入れていた。

同社はティッシュペーパーなどで価格競争を仕掛けるなど、攻撃的な経営姿勢を貫くことができ、それが企業としての成長にもつながっていた。しかしその反面で、オーナー企業の創業家ということから元会長に貸し出しを行ってたグループ会社の7社側も、多くの事例において借り入れの際に取締役会等での決議や貸借契約書を取り交わすなどの必要な手続きをせずに貸し出していたなど、企業統治姿勢の甘さとして露呈した。同社の佐光正義社長も、社内に不正を見抜ける人材が不足していたと述べている。

事件の発端

2011年9月7日、グループ会社からのメールによる内部告発を受けた同社社長が調査を指示、同16日に個人借り入れが発覚したことで、元会長は同社の会長と、兼務していたグループ会社の取締役をすべて辞任した。この時点で元会長の借入金は約84億円とされており、このうち約30億円を返済していたものの、50億円以上の借入残高が残っていた。また、特別調査委員会による聞き取り調査には応じず、使途については明らかにしなかった。

この事態に対し、東京地検特捜部は会社法違反(特別背任)容疑で捜査に動き出し、同11月22日に子会社4社から無担保で計32億円を振り込ませて4社に損害を与えたとし、元会長を同容疑で逮捕した。検察は捜査の中で、元会長が借入金の大半をマカオとシンガポールのカジノでの遊興に使っていたことを確認し

048

CASE 014　大王製紙、背任事件

ている。また、特捜部は貸し出しをした4社の子会社の社長らも、創業家出身のトップの意向に従ったとして、立件は見送られたものの共謀関係にあったことを認定しており、グループぐるみの不正であったことを断定。同12月14日、特捜部は元会長が別の子会社3社から無担保で計23億3,000万円を不正に借り入れたとして同容疑で再逮捕しており、立件対象となった不正借入総額は55億3,000万円となった。

また、有価証券報告書等での財務状況開示が義務付けられた連結子会社ではないグループ企業から、少なくとも5億3,000万円の融資を受けていたことも判明している。これについて特捜部は、監査法人や他の株主に察知されずに資金を引き出そうと考え、非連結のグループ企業を利用したとみている。

事件の経過

この問題を受け、2011年10月28日、大王製紙は社内処分を発表し、創業家の関係者では逮捕された元会長の父で社長・会長を歴任し、事件当時は顧問だった井川高雄氏を解職としたほか、元会長の実弟の井川高博取締役について、同4月に元会長から直接借入の事実を聞いていたにもかかわらず、同社役員や監査役にその事実を伝え事態の拡大を防止しなかったとして辞任を勧告。それに応じなかっ

たため特命担当兼関連事業担当を解任し無任所とした。このほか、経理担当の常務取締役が27日付で辞任し、社長ら11人の取締役の報酬を最大50%減額する（同10月からの3ケ月間）ほか、監査役5人も報酬を一部返上することとした。

同12月14日には再発防止策として、社外取締役を選任や内部通報窓口の外部移管、監査役の機能強化などを発表した。同社の取締役会はこれまで社内の関係者のみで構成されていたが、今後は外部の有識者による経営監視を進め、企業統治の透明化を図った。また事件の背景として創業家の影響力が強すぎたことを挙げ、創業家が持つ子会社の株式を買い取り、その影響力を弱めることも目指された。この時点で同社の国内連結子会社35社のうち同社が株式の過半を保有する企業は3社に留まっていた。そこで創業家やそのファミリー企業が株式の過半を握る残りの32社すべてについて、同社が過半の株式を保有することとし、同業家との交渉を始め、2012年3月までの妥結に向けて動き始めた。

一方、同社は元会長による不正借入が、決算に影響を及ぼすか、また過去の有価証券報告書の記載内容を訂正する必要があるかについて精査した。その結果、11月10日には同年4～9月期決算への影響を精査する作業が続いているため、4～9月期の四半期報告書を、法定提出

049

期限である同14日までに提出できないことを発表した。これを受け、東京証券取引所は同社株を「監理銘柄」に指定する措置を取った。

その後、同12月12日、2007年3月期から2011年4〜6月期まで5年分強の有価証券報告書や決算短信を訂正した。本件を受け過去の決算を精査する中で、本件とは無関係の決算処理の誤り5項目が監査法人に指摘され、最終的に2011年3月期の連結純資産は、従来の開示額より140億円少ない1,155億円となった。

事件のその後

東京地検特捜部は2011年12月14日に最初の逮捕容疑となった子会社4社からの計32億円の不正借入で元会長を起訴し、また同22日には再逮捕容疑となった子会社3社からの計23億3,000万円の不正借入で同氏を追起訴した。同氏は同22日に東京地検より保釈を認める決定を受け、保釈保証金の3億円を即日納付して保釈された。

2012年3月1日に東京地裁で行われた初公判では、約55億3,000万円を無担保で借り入れ損害を与えたとする会社法違反（特別背任）罪について、元会長は起訴内容を全面的に認めた。検察側は借入金の内約43億8,000万円をマカオなどのカジノで使ったと主張した。同

10月10日に行われた判決公判では、元会長に懲役4年を言い渡した。元会長側は後述するように2012年8月までに借入金全額を返済したことや、社会的制裁も受けている執行猶予付き判決を求めていたことから、判決を不服として即日控訴した。

2013年2月28日、控訴審で東京高裁は「公私混同が甚だしく、非難は免れない」として一審の判決を支持し、控訴を棄却した。元会長は上告したものの、2013年6月26日付で最高裁は上告棄却を決定し、懲役4年の実刑が確定した。

一方、逮捕された元会長の父である元同社顧問は、2011年10月28日に大王製紙側から顧問を解職されたものの、顧問としての職責を果たすことが自身の役目であるとし、その後も「顧問」の肩書を名乗り、経営に参画し会社の信頼回復などに取り組む意向を示した。元顧問は多くのグループ会社において株式の過半を保有しているうえ、大王製紙の筆頭株主である資産管理会社の代表取締役も務める人物である。

同社は創業家が持つ関連会社株式の買い取りを進める方針であったが、元顧問は同社が提示した株式の評価額が創業家の算出した評価額よりも極めて低かったことなどから買い取り交渉を拒否した。こうしたこともあり、同社は実質的に自社の支配下に無いと判断した連結子会社

CASE 014　大王製紙、背任事件

を持分法適用会社扱いに変更したため、2012年1月27日までに連結子会社は8社にまで減少した。

その後、同2月3月に創業家の持ち株比率が高く連結子会社から外れた企業の内11社について、グループ内での株式融通によって再び連結子会社に戻したことを発表した。しかし、これについて創業家側は無効と主張し法的措置に出る方針を示すなど、大王製紙と創業家の内紛は泥沼化の一途を辿った。そうした中で、同3月6日までには同社の関連会社8社で臨時株主総会が行われ、そのうち7社は創業家が経営権を握った。

同3月29日には創業家が同社の株式買い取り交渉に応じないことから、同社は創業家から関連会社の株式を買い取る

方針を撤回し、交渉を打ち切った。これにより連結子会社数は事件前の37社から19社の体制へと縮小することとなった。その後、6月26日には、創業家が保有していた大王製紙の発行済み株式数の約2割と関連会社の株式を北越紀州製紙に売却し、北越紀州製紙が大王製紙の筆頭株主となり、両社が提携することで合意した。これにより、連結子会社から外れていた18社についても連結子会社に復帰し、経営が正常化した。

なお、元会長側は2012年8月15日付で未払いだった元金と利息の合計約54億円を返済し、全額返済を果たしているが、その資金にはこの株式売却によって得られた資金をあてられたものとみられている。

参考文献

webサイト

◆大王製紙公式「大王製紙株式会社元会長への貸付金問題に関する特別調査委員会「調査報告書」(2011.10.27)
　https://www.daio-paper.co.jp/news/2011/pdf/n231020a.pdf

新聞記事

◆毎日新聞 (2011.9.17 朝刊)
　「大王製紙:会長、辞任 創業者の孫、80億円借り入れで」
◆日本経済新聞 (2011.9.17 朝刊)
　「大王製紙会長、84億円個人借り入れ辞任、系列企業から、会社側、刑事告訴も」
◆同上 (2011.12.23 朝刊)
　「巨額借り入れ、井川被告保釈、東京地裁」
◆同上 (2013.6.28 朝刊)
　「大王製紙前会長実刑確定へ、特別背任事件、最高裁が上告棄却」
◆日経産業新聞 (2012.6.27)
　「北越紀州が筆頭株主に、大王製紙、経営正常化へ、関連18社、子会社に戻す」など

ガバナンス ―経営者関与

ガバナンス ―従業員関与

製造物責任・事故・商品サービス瑕疵

日本型企業風土

マスコミ・その他

category	ガバナンス ―経営者関与

CASE 015 オリンパス、巨額損失隠し

date	2011年（平成23年）11月8日
commercial name	オリンパス株式会社
scandal type	金融商品取引法違反（有価証券報告書の虚偽記載）

■ 事件の背景

　1984年1月、下山敏郎氏が光学機器・電子機器メーカー「オリンパス光学工業」の社長に就任。1985年頃から、同社はバブルの波に乗り金融資産の積極的な運用を開始した。1993年6月、岸本正寿氏が社長に就任。2001年6月、菊川剛氏が代表取締役社長に就任。「1兆円企業」を目標に掲げ、10年間で売上高を倍増させるという事業拡大路線を打ち出した。2003年10月1日に「オリンパス」へ社名を変更し、2007年度には売上高が約1兆618億円に達して1兆円企業を実現。こうした実績と人事権を背景に、社内では強権的に振る舞い、周囲にイエスマンばかりが集まるようになっていった。2011年4月1日、菊川社長が代表取締役会長兼最高経営責任者（CEO）に就任し、英国人で「オリンパス・ヨーロッパ・ホールディング」社長のマイケル・ウッドフォード執行役員を新社長兼最高執行責任者（COO）に抜擢した。しかし、社内の実権はCEOである菊川会長が握り続けていた。

■ 事件の発端

　2011年7月、雑誌「月刊FACT」2011年8月号が、「オリンパス『無謀M&A』巨額損失の怪」と題した記事を掲載し、同社が過去の企業買収において不透明な取引と会計処理を行っていたことを報じた。これを受けて、ウッドフォード社長が当該案件の調査を開始。10月、企業買収において不明朗な資金の動きがあり、会社と株主の利益が損なわれたとして、菊川会長と森久志副社長に辞任を要求した。

　10月13日、菊川会長はウッドフォード社長以外の取締役を集め、社長解任の根回しを行った。10月14日、臨時取締役会が開催され、独断的な経営を行ったとして、ウッドフォード社長が本人を除く取締役の全員一致で解任された。後任

CASE 015　オリンパス、巨額損失隠し

の社長は菊川会長の兼任となった。

　10月15日にウッドフォード氏が海外のメディアに対し解任に至る経緯を公表し、10月17日には現経営陣側がウッドフォード氏が内部情報を漏えいしたと批判するとともに、買収は適切だったと反論。経営の混乱は同社の株価の急落を招き、10月13日の2,482円から10月20日には1,321円へと、1週間で半減した。その後も株価は下落し続け、10月26日に菊川氏が一連の報道と株価急落の責任を取り会長兼社長を辞任し、代表権も返上した。

　11月1日、オリンパスは弁護士と公認会計士から構成される第三者委員会を設置。11月8日、オリンパスは、1990年代から有価証券投資などで生じた巨額の損失を隠ぺいしていたこと、問題の企業買収を利用して損失を補填していたことを認め、森副社長を解任した。

事件の経過

　オリンパスは1990年代のバブル崩壊以降、約1,000億円の金融商品の含み損を抱えていた。会計ビッグバンにより2001年3月期から時価会計制度が導入され、有価証券の含み損益の計上が義務付けられることになると、同社は含み損の計上先送りを画策。1998年頃から損失の受け皿となるファンドを海外に設立し、含み損を抱えた金融商品を受け皿ファンドに買い取らせて損失を社外に移す、いわゆる「飛ばし」を開始した。そのうえで、2000年3月期に含み損のうち170億円だけを特別損失として計上した。

　2003年には含み損は1,177億円に拡大。同社は市況の回復による含み損の解消や新たな投資で得た収益による損失の補填は不可能と判断し、企業買収を利用して補填費用を捻出することを決定した。具体的には、2008年に英国の医療機器メーカー「ジャイラス」を2,150億円で買収した際、投資助言会社「アクシーズ・アメリカ」とケイマン諸島の投資ファンド「AXAMインベストメント」に買収資金の三分の一に当たる計687億円の報酬を支払った。また、2006年から2008年にかけて、投資助言会社「グローバル・カンパニー」を通じて、資源リサイクル会社「アルティス」、化粧品・健康食品販売会社「ヒューマラボ」、電子レンジ調理容器製造会社「ニューズシェフ」の国内3社（いずれも買収年の年間売上高は2億円未満）を計734億円で買収。2009年3月期決算で3社について約557億円の減損処理を実施した。このようにして捻出した資金を用いて、2008年3月期から2011年3月期にかけて損失を解消した。その費用はファンド運営費や各種手数料なども含め、1,348億円に達した。

ガバナンス――経営者関与

ガバナンス――従業員関与

製造物責任・事故・商品サービス瑕疵

日本型企業風土

マスコミ・その他

053

なお、企業買収による損失補填を主導したのは菊川社長、森副社長、山田秀雄常勤監査役氏の3名だが、損失計上の先送りは歴代社長や総務担当役員から引き継がれた方針だった。

事件のその後

11月10日、オリンパスは、2011年上半期中間（7〜9月期）決算書を、金融商品取引法で定められた期限である11月14日までに提出できないことを発表した。12月14日までに提出できない場合、あるいは提出しても損失隠しが重大な虚偽と認定された場合は上場廃止になるため、東京証券取引所は、同社を上場廃止の可能性があることを投資家に周知する「監理銘柄」に指定した。

11月11日、オリンパスの株価が最安値となる424円まで下落。

11月24日付で、菊川前会長兼社長と森前副社長が取締役を辞任し、山田秀雄常勤監査役も辞任した。

12月14日、オリンパスは上半期中間決算を発表した。

12月21日、東京地検、警視庁、証券取引等監視委員会は、旧経営陣が金融商品の含み損などを隠し、決算を粉飾した疑いが強まったとして、金融商品取引法違反（有価証券報告書の虚偽記載）容疑でオリンパス本社や、菊川前会長、森前副社長、山田前常勤監査役の自宅など、

約20ケ所を一斉捜索した。

2012年1月10日、オリンパスは、取締役責任調査委員会の調査報告書を発表。歴代経営陣計19名が一連の不正に責任を負っていること、不正により同社が被った損害は違法な配当や損失隠しに関わるファンド運営費・金利手数料など計859億円にのぼることを認定した。

同日、オリンパスは、損失隠しで会社に損害を与えたとして、歴代の経営陣に対して上限で計36億1,000万円の損害賠償を求める訴訟を、東京地裁に起こしたことを発表。訴えられたのは、損失隠しを主導した菊川前社長、森前副社長、山田前監査役のほか、計画を了承していたとされる下山元社長、岸本元社長、不正を見抜けなかったとされる高山修一社長ら計19名。損害額は計859億円だが、支払い能力などを考慮して請求額を絞り込んだという。

1月17日、オリンパスは、損失隠しを見逃して会社に損害を与えたとして、歴代監査役5名に計10億円の損害賠償を求める訴訟を東京地裁に起こした。

同日、ウッドフォード元社長を解任して損失隠しの隠ぺいを図り、会社に損害を与えたとして、奈良県に住む株主の男性がオリンパス歴代経営陣14名に対して、計約13億4,000万円の損害賠償を同社に支払うよう求める株主代表訴訟を東京地裁に起こした。

CASE 015　オリンパス、巨額損失隠し

1月20日、東京証券取引所は、オリンパス株の上場維持を決定した。また、21日付で監理銘柄指定を解除し、内部管理体制に問題があるとして投資家に注意を促す「特設注意市場銘柄」に指定すること、投資家の信頼を損ねたとして1,000万円の上場契約違約金を科すことも決定した。

2月16日、巨額の含み損を隠して粉飾決算をした疑いが強まったとして、東京地検特捜部がオリンパスの菊川前社長、森前副社長、山田前常勤監査役、粉飾の指南役とされる「アクシーズ・ジャパン証券」の中川昭夫元取締役の4容疑者を、警視庁捜査二課がやはり指南役とされる投資コンサルタント会社「グローバル・カンパニー」の横尾宣政代表取締役、羽田拓役員、小野裕史元役員の3容疑者を、それぞれ金融商品取引法違反（有価証券報告書の虚偽記載罪）容疑で逮捕した。

4月13日、証券取引等監視委員会は、オリンパスが虚偽の有価証券報告書を関東財務局に提出したとして、金融商品取引法違反（有価証券報告書の虚偽記載）の疑いで同社に課徴金1億9,181万円を科すよう金融庁に勧告した。7月11日、金融庁が課徴金の納付命令を出した。

6月8日、オリンパスは、ウッドフォード元社長との間の訴訟で、1,000万ポンド（約12億4,500万円）の支払いで和解したことを発表した。同氏は損失隠しを追求して不当に解任されたとして、損害賠償を求めて同社をロンドンの雇用審判所に訴えていた。

7月6日、金融庁は、2009年3月期までオリンパスの会計監査を担当していた「あずさ監査法人」、その後を引き継いだ「新日本監査法人」に対して、公認会計士法に基づく業務改善命令を出した。監査法人への業務改善命令は2008年に導入された制度で、大手監査法人への発令は初めてのこと。

2013年7月3日、東京地裁は、金融商品取引法違反（有価証券報告書の虚偽記載）の罪で、菊川前社長に懲役3年・執行猶予5年（求刑・懲役5年）、山田前常勤監査役に懲役3年・執行猶予5年（求刑・懲役4年6ケ月）、森前副社長に懲役2年6ケ月・執行猶予4年（求刑・懲役4年）、オリンパスに罰金7億円（求刑・罰金10億円）を言い渡した。控訴はされず、判決が確定した。

2014年12月8日、東京地裁は、金融商品取引法違反（有価証券報告書の虚偽記載）の罪に問われた中川元アクシーズ・ジャパン証券取締役に、虚偽記載のほう助罪を適用し、懲役1年6ケ月・執行猶予3年、罰金700万円（求刑・懲役3年、罰金1,000万円）を言い渡した。

2015年7月1日、東京地裁は、金融商品取引法違反（有価証券報告書の虚

偽記載）などの罪に問われた横尾グローバル・カンパニー元代表取締役に懲役4年、罰金1,000万円（求刑・懲役6年、罰金1,200万円）、羽田元役員に懲役3年、罰金600万円（同・懲役5年、罰金800万円）、小野元役員に懲役2年・執行猶予4年、罰金400万円（同・懲役3年、罰金600万円）を言い渡し、3被告に追徴金計8億8,399万円を科した。判決では、金融商品取引法違反ではなく虚偽記載のほう助罪を適用。また、3被告について組織犯罪処罰法違反、小野被告を除く2被告について詐欺罪を認定した。被告側が控訴。

2016年3月24日、オリンパスは、歴代経営陣19名に賠償を求めた訴訟に関して、高山前社長ら13名と解決金計7,197万0,600円を支払うことで和解したことを発表した。

4月1日、東京地裁は、損失隠しを指南したとしてオリンパスが横尾グローバル・カンパニー元代表取締役と羽田元役員に損害賠償計5億円を求めた訴訟について、両被告に全額を支払うよう命じた。

9月29日、東京高裁は、金融商品取引法違反ほう助などに問われた横尾、羽田、小野の3被告について、全員を有罪とした東京地裁判決を支持し、被告側の

控訴を棄却した。

11月28日、オリンパスは、歴代監査役5名に損害賠償10億円を請求した訴訟について、計3,400万円を支払うことで全員との和解が成立したことを発表した。

2017年4月27日、東京地裁は、オリンパスと株主の男性1名が損失隠しで会社に損害を与えたとして旧経営陣16名に損害賠償計897億円を求めた訴訟について、6名の責任を認定し、計約590億円を支払うよう命じた。賠償を命じられたのは菊川元社長、森元副社長、山田元常勤監査役ら5名と、提訴後に死亡した下山元社長の相続遺族3名。判決は2012年1月8日にオリンパスが起こした訴訟と、1月17日に男性が起こした株主代表訴訟の判決を合わせて言い渡したもの。判決理由では、違法な配当自社株取得による約587億円のほか、ウッドワード元社長を解任して同社の信用を毀損したこと、刑事事件で同社が科せられた罰金の一部を損害として認定し、金利手数料などは認めなかった。残る元取締役10名については、損失隠しに関与せず事情も知らなかったと指摘し、取締役の義務を怠ったとはいえないとして請求を退けた。

CASE 015　オリンパス、巨額損失隠し

参考文献

webサイト

◆NHKクローズアップ現代「オリンパス損失隠し 問われる日本企業」
　http://www.nhk.or.jp/gendai/articles/3120/1.html

雑誌・書籍・新聞記事

◆柴田英樹「オリンパスの粉飾は何故、発見されなかったか」『人文社会論叢』
　社会科学篇（27）2012（弘前大学）
◆樋口晴彦「オリンパス不正会計事件の事例研究」千葉商大論叢 51, 2014
◆毎日新聞縮刷版　2012〜2016年
◆読売年鑑 2012年版
◆毎日新聞（2012.1.10 夕刊）
　「オリンパス:損失隠し 賠償請求、計36億円 提訴正式発表、現旧経営陣19人に」
◆同上（2016.4.1 朝刊）
　「オリンパス損失隠し:5億円賠償命令」
◆同上（2016.11.29 朝刊）
　「オリンパス損失隠し:歴代の監査役と和解」

など

ガバナンス――経営者関与

ガバナンス――従業員関与

製造物責任・事故・商品サービス瑕疵

日本型企業風土

マスコミ・その他

057

category	ガバナンス —経営者関与

CASE 016

AIJ投資顧問
「消えた年金」事件

date	2012年（平成24年）2月24日
commercial name	AIJ投資顧問
scandal type	詐欺，金融商品取引法違反（契約の偽計）

事件の背景

　厚生年金基金は国から厚生年金の積立金の一部（代行部分）を預かり、企業が社員のためにお金を出して上乗せする企業年金とともに運用している。バブル崩壊後の不況で運用利回りの低下、高齢化により年金受給者が増加する一方で現役社員の加入者が減少するなど、大企業の基金では代行部分を国に返上し、企業年金だけに移行する傾向が強まっていた。このため、1966年に発足したこの制度は、96年度末の1883基金をピークに急速に減少し2010年度末には588基金となっていた。残った基金の母体企業は中小企業が多く基金への拠出能力は高くなかった。こうした中、厚生省（現・厚生労働省）が厚生年金保険法改正によって企業年金の予定利率の弾力化に踏み切り、5.5%という高水準に据え置かれていた予定率が引き下げられた。これによって、年金資産運用へのプレッ

シャーが増し悪徳業者が付け入るすきができた。厚年基金で広がる一発逆転狙いの高リスク投資は少し前から問題視され始めていた。

事件の発端

　2012年2月24日、AIJ投資顧問が全国の企業年金基金などから預かった資産の運用に失敗しほとんどを消失させたのではないかという疑いが発覚。AIJは94の基金などから預かった計約1460億円（昨年12月時点）の運用に失敗しながら、成功しているように見せかけるうその報告書をつくっていた。消失した資産の多くは全国の中小企業群が加盟した厚生年金基金に積み立てられていたもので、中小企業に勤める勤労者にとって、大切な老後資金として蓄えられてきた年金原資であった。

事件の経過

　2013年12月18日、東京地裁は詐

欺と金融商品取引法違反（契約の偽計）の罪に問われた浅川和彦元社長に対し、求刑通り懲役15年を言い渡した。元社長は即日、控訴した。この時点で回収済みの年金資産は85億円にとどまり、運用資産1458億円の約6%。1300億円以上の消失は確実な状況で、加入者は、見込んでいた年金を受給できない事態に陥った。

事件のその後

事件後、金融庁はAIJのような投資顧問業者の営業を監視するため、資産を管理する信託銀行の規制を強化し基金側の助言役として被害を防ぐような正しい情報を調査し基金に知らせることを義務付けた。厚労省によると、約530存在する基金のうち、すでに解散方針を固めた基金は123で残りのほとんども10年程度で解散する見通し。しかしながら基金が解散すれば、企業年金部分の支給は止まり、将来、年金を受給できると思っていた現役世代の加入者は給付を受けられなくなってしまう。

参考文献

書籍・新聞記事

◆「問われる受託者責任とガバナンス-揺らぐ企業年金」『週刊東洋経済』2012.5
◆朝日新聞（2012.2.24 夕刊）
　「企業年金2100億円ほぼ消失　AIJ投資顧問120社から受託」
◆同上（2012.2.25 朝刊）
　「資産半減の基金も　年金運用週明け一斉調査へ」
　「年金運用ずさん運用　AIJ、高い実績装う　中小企業穴埋め多難」
◆同上（2013.12.19 朝刊）
　「AIJ前社長有罪判決　奪われた老後の頼み　基金解散、被害回復なし」

など

category ガバナンス —経営者関与

CASE 017 福山ホテルプリンス 火災で7人死亡

date	2012年（平成24年）5月13日
commercial name	ホテルプリンス
scandal type	業務上過失致死傷

事件の背景

消防庁では44人が死亡した2001年の歌舞伎町雑居ビル火災を教訓に、査察で法令違反が見つかった場合、改修計画を報告させるなど、是正されるまで指導を徹底するよう求めている。一方、今回の火災事故でホテルを管轄する福山地区消防組合は、2003年の査察でこのホテルの不備を指摘しながら、改善されたかどうか一度も確認していなかった。ホテル経営者の防災意識の欠如が犠牲を大きくした最大の要因であるが、ホテルを管轄する福山地区消防組合がホテルの不備を放置した事も背景にあったのではないかという指摘を受けた。

事件の発端

2012年5月13日午前7時ごろ、広島県福山市の「ホテルプリンス」から出火、4階建て延べ約1360平方メートルが全焼した。広島県警によると、宿泊客

13人のうち、男性3人と女性4人が死亡し、女性2人が重傷を負った。

事件の経過

5月13日午前7時ごろ出火。4階建て延べ約1360平方メートルが全焼した。1階事務室と2階の燃え方が激しかった。宿泊客9人のうち、客室で救急隊に発見された7人が死亡。7人は3階1室の男女2人、2階3室の男女5人だった。死因は一酸化炭素中毒とみられている。女性1人は飛び降りてホテルから脱出し肋骨を折った。別に重症を負った女性1人が亡くなった7人同様客室で発見された。ホテルに非常階段や避難用はしごはなかった。客室の窓は全てベニヤ板で覆われており客室に煙がこもった原因になり、またこれが原因で消火・救助活動の妨げとなり、鎮火に約3時間要した。ホテルは鉄筋コンクリート（4階）と木造（2階）が結合した構造で、木造部分は1960年に建築され、68年に鉄筋部分

CASE 017　福山ホテルプリンス 火災で7人死亡

が増築されたものであった。

事件のその後

　2012年5月15日、福山市はホテルの建物について、鉄筋部分と木造部分が接合された段階で違法建築に当たるのに、1987年から5回実施した防災査察で見落としていたと発表した。違法建築であれば建物の使用禁止命令など強制力を行使できたという。福山市建築部長は会見で「市のミス。建物が改善されていれば、今回のような被害が出なかったのではないか」と話した。5月21日、広島県警はホテル経営会社の楠妙子社長の自宅を業務上過失致死傷の疑いで家宅捜索し、ホテルの経営に関連する資料など

を押収した。2017年1月25日、広島地裁は、防火設備の不備で宿泊客ら11人を死傷させたとして業務上過失致死傷罪に問われたホテル運営会社の元社長に「重要な注意義務に違反した」として禁錮3年、執行猶予5年（求刑・禁錮3年）の判決を言い渡した。判決によると、元社長は防火管理全般の業務をする立場にありながら、建築基準法に適合しない防火構造を放置し、火災報知設備の適切な設置や避難誘導に関する従業員の指導などをせずに営業を継続。火災時に被害拡大や逃げ遅れを招き、急性一酸化炭素中毒で宿泊客7人を死亡させ、宿泊客と従業員計4人に重傷を負わせたとされている。

参考文献
新聞記事
◆毎日新聞（2012.5.14） 　「ホテル火災：7人死亡、3人重傷 建築基準不適合ーー広島・福山」 ◆同上　（2012.5.15） 　「広島・福山のホテル火災：不備の改善、確認せず 地区消防組合、03年の査察以降」 ◆同上　（2012.11.13） 　「広島・福山のホテル火災：改築報告せず、保険「解除」賠償金不足も」 　　　　　　　　　　　　　　　　　　　　　　　　　　　　　　　　　　　　など

ガバナンス―経営者関与

ガバナンス―従業員関与

製造物責任・事故・商品サービス瑕疵

日本型企業風土

マスコミ・その他

061

category	ガバナンス —経営者関与

CASE 018
JR北海道、データ改ざん問題

date	2013年（平成25年）9月19日
commercial name	北海道旅客鉄道株式会社（JR北海道）
scandal type	鉄道事業法違反（虚偽報告・陳述、検査忌避）と運輸安全委員会設置法違反（虚偽報告）

事件の背景

　1987年、国鉄が分割、民営化されJR北海道が誕生。しかし同社は他のJR各社に比べ①厳しい気象条件②不採算路線の多さ③長い保線距離④積雪のためにかさむ補修費用といった多くのハンデを抱えていた。2011年5月の石勝線トンネル脱線火災事故では、乗員・乗客79人が煙を吸うなどの軽傷を負い、当時の社長が自殺に追い込まれる結果となった。トラブルが相次ぐ中、組織の風通しの悪さに対する指摘が相次ぎ、人員削減や外部委託などで、保守管理のノウハウが若手にきちんと継承されていないという危惧の声もあがっていた。元来、JR北海道の作業員は過酷な条件下でも作業を遂行し鉄道業界でも一目置かれる存在であったが、厳しい経営環境下で疲弊していた。

事件の発端・経過

　2013年9月19日18:05ごろJR函館線大沼駅（北海道七飯町）で副本線（待避線）から本線に向かっていた18両編成の貨物列車が脱線する事故が発生した。同日20:00〜22:00ごろ大沼保線管理室と上部組織の函館保線所の社員らが、直近の検査で現場のレール幅の広がりが39ミリであったのに対し25ミリと改ざん、レールも右方向に最大70ミリずれていたがJR北海道本社工務部の幹部がずれ幅の小さなデータを国交省などに報告させていた。JR北海道はこのレール幅の広がりを1年前に把握していたにもかかわらず放置していた。12月25日〜26日、国交省の特別保安監査が入る前に、データが基準内に収まるよう架空の数値に書き換えていた。

　この事故とは別にJR北海道では、2011年5月、車両の整備不良で石勝線トンネル脱線火災事故が起きていた

062

CASE 018　JR北海道、データ改ざん問題

（2012年7月に発表された運輸省（現国土交通省）調査委員会による調査結果）。また2012年11月には鉄道車両の定期検査（交番検査）を行った延べ3926両のうち、2302両において検査を基準どおり行っていなかったことが会計検査院の調査でわかった。また自動列車停止装置（ATS）の動作確認試験を3回に1回しか行わず、残りの2回は目視で済ませていたというずさんな例があった。その他にも270カ所ものレール異常の放置、運転士の覚せい剤使用と逮捕、列車のATS破壊などが起きていた。

■ 事件のその後

　2015年12月22日、北海道警はJR北海道幹部を含む社員19人とJR北海道を鉄道事業法違反（虚偽報告、検査忌避、虚偽陳述）と運輸安全委員会設置法違反（虚偽報告）の疑いで札幌地検に書類送検した。また脱線につながるレールの異常を放置したとして、現場の保線を担当していた大沼保線管理室の当時の助役を業務上過失往来危険容疑で函館地検に書類送検した。同日、JR北海道の島田修社長は「極めて厳粛に受け止めます。捜査に最大限協力し、日々の輸送の安全を確保して鉄道の再生に全力で取り組みます」とのコメントを発表した。

参考文献

webサイト

◆JR北海道公式「当社が発生させた一連の事故・事象等について」
　https://www.jrhokkaido.co.jp/corporate/company/pdf/brochure2017_03_04.pdf

雑誌・新聞記事

◆「レール異常放置したJR北海道の病弊」『週刊東洋経済』2013.10
◆毎日新聞（2015.12.22）
　「函館線記録改ざんと脱線　法人と20人書類送検」

など

ガバナンス─経営者関与 | ガバナンス─従業員関与 | 製造物責任・事故・商品サービス瑕疵 | 日本型企業風土 | マスコミ・その他

category	ガバナンス ―経営者関与

CASE 019 みずほ銀行 暴力団融資事件

date	2013年(平成25年)9月27日
commercial name	みずほ銀行，オリエントコーポレーション，新生銀行
scandal type	反社会的勢力との関係，銀行法に基づく業務改善命令

事件の背景

　2007年6月19日に政府の犯罪対策閣僚会議幹事会申し合せとして「企業が反社会的勢力による被害を防止するための指針」が発出され、金融庁が2007年3月に金融コングロマリット監督指針を制定、2010年3月26日には「主要行等向けの総合的な監督指針」を改正するなど、政府は金融機関からの反社会的勢力の排除に取り組んできた。

　なお、本事件で問題となった提携ローンは、1997年に旧第一勧銀がオリエントコーポレーション（オリコ）と提携して開始したサービスで、消費者が自動車などの商品をローンで購入する際に利用される。事前審査をオリコが行い、みずほ銀行が消費者に融資する。また、オリコが信用保証を行い、返済が滞った場合は、オリコが肩代わりしてみずほ銀行に返済する。このため、消費者にとってはオリコより低利で、みずほ銀行より審査が簡単かつ迅速。オリコにとっては少ない手元資金で保証委託手数料を稼ぐことができる。みずほ銀行にとっては集客や審査の手間をかけずに個人融資を拡大でき、貸し倒れのリスクも小さい。このように三者いずれにとってもメリットのある仕組みになっており、2004年3月に411億円だった提携ローンの残高は、2013年3月には7,753億円まで拡大していた。

事件の発端

　2013年9月27日、金融庁は、反社会的勢力への融資について対応を怠っていたとして、みずほ銀行に対し銀行法に基づく業務改善命令を出した。金融庁への報告によると、遅くとも2010年12月にはみずほ銀行内で問題が発覚していたが、情報は担当役員止まりで、頭取が委員長を務める社内のコンプライアンス委員会への報告はなかったという。

　また、対応策は新規契約を断るだけに

CASE 019　みずほ銀行 暴力団融資事件

留まり、既存の契約を解除したのは金融庁の指摘を受けた後で、再発防止に向けた抜本的な取り組みもなかった。金融庁は、みずほ銀行の内部管理や法令順守態勢に大きな問題があると指摘。経営責任の明確化や法令順守の確立に向けた対策をまとめ、業務改善計画を10月28日までに提出するよう求めた。

2010年7月から12月にかけて、みずほ銀行はオリコとの提携ローン108万件について、自行による精査を実施した。オリコが9月にみずほ銀行の持ち株会社であるみずほフィナンシャルグループ（FG）傘下に入ることを受けての措置だったが、その過程で暴力団員など反社会的勢力への融資があったことを把握した。件数は乗用車購入目的を中心とする228件、金額は計2億円強。

2012年12月から2013年3月にかけて、金融庁検査が行われ、その間の2月に同庁が反社会的勢力への融資を把握。6月には検査結果がみずほ銀行に通知されていた。

事件の経過

2013年9月30日、みずほ銀行は、法令順守担当役員を交代させた。同役員は2012年4月からみずほ銀行とみずほFGで法令順守担当を兼任していた。みずほ銀行では岡部俊胤副頭取、みずほFGでは副社長が法令順守を担当することになった。

10月4日、みずほ銀行の岡部副頭取が、業務改善命令発令後初めての記者会見を開いた。同行では業務改善命令を受けてから1週間の間、記者会見を開かず、プレスリリースも出しておらず、説明責任を果たしていないとして批判を浴びていた。記者会見では、同行が問題を把握した2010年12月以降、当時の副頭取を含む5名の役員が法令順守担当を務めたが、問題を放置していたことを明らかにした。

10月8日、みずほ銀行の佐藤康博頭取（みずほFG社長を兼任）が業務改善命令後初の記者会見を行い、金融庁への説明と異なる事実が判明したことを発表した。それまで、問題の融資に関する情報は担当役員レベルで止まっていたとしていたが、実際には2010年7月には当時の西堀利頭取に報告が上がっていた。

また、2011年2月から2012年1月にかけて、みずほFGとみずほ銀行で各4回開かれたコンプライアンス委員会や取締役会の会議で、問題の融資に関する資料が配布されていた。問題の融資を知り得る立場にいた役員は数十名にのぼり、佐藤頭取自身も2011年7月の取締役会などに出席していた。同日、みずほ銀行は第三者委員会を設置した。後日、西堀元頭取に報告があったのは2010年7月でなく、2011年1月であったこ

065

とが判明した。

　10月16日、オリコは経済産業相に融資の経緯や再発防止策に関する報告書を提出。問題の融資のうち147件、約1億8,000万円について、みずほ銀行の要請を受けてオリコが代位弁済したこと、このうち契約解消を要求したのは1件だけであることを公表した。また、2010年以降、社長を含む経営陣が報告を受けていたが、追加融資をしない措置を講じただけで、抜本的な対策を怠っていたことも明らかになった。

　10月28日、みずほ銀行が設置した第三者委員会が調査報告書を公表。報告書では、役職員の間で組織として反社会的勢力との関係を断とうとする意識が不足しており、管理体制に欠陥があったと指弾。その上で、オリコを通じた取引のため、自行による融資であるとの当事者意識が希薄だった。法令順守担当部署が2011年3月に発生したシステム障害への対応に忙殺され、問題融資への対応が先送りにされた。同年6月に西堀元頭取がシステム障害問題で引責辞任する際、後任の塚本隆史前頭取（現・会長兼みずほFG会長）へ問題融資に関する引き継ぎが行われず、放置されることになった。金融庁に対し、報告は担当役員止まりと報告したのは、担当者による事実確認が不十分だったためで、意図的な隠ぺいではない。会議に提出したとされる問題融資に関する情報は、資料の片隅に記載されていただけで、担当役員による口頭での説明は行われず、会議で議論が行われた形跡はない。そのため、佐藤頭取と塚本会長は問題融資を認識していなかったが、管理・監督責任は免れない。みずほ銀行と特定の反社会的勢力との癒着はないとした。

　同日午後、みずほ銀行は、再発防止策をまとめた業務改善計画を金融庁に提出。また、OBを含めて54名に対する社内処分を公表した。塚本会長が辞任（みずほFG会長は続投）したほか、佐藤頭取が半年間無報酬、常務執行役員以上の全役員は減給となった。

　10月31日、新生銀行は、子会社である新生信託銀行の提携ローンで、反社会的勢力との取引が十数件見つかったことを発表した。11月には、三菱UFJ、三井住友の両メガバンクのほか、農林中央金庫、地方銀行、信販会社などで、提携ローンを中心に反社会的勢力への融資が次々と発覚した。

　11月5日、金融庁は、三菱UFJ、みずほ、三井住友の3大メガバンクグループに対し、反社会的勢力に対処するための法令順守態勢などについて、一斉検査を開始。

　11月13日に衆院財務金融委員会が、11月21日には参院財政金融委員会が、佐藤康博頭取らを参考人として招致し、

CASE 019　みずほ銀行 暴力団融資事件

集中審議を行った。

11月22日、オリコが追加報告書を経産省に提出。また、記者会見を開き、斎藤雅之社長と西田宜会長が報酬を半年間返上し、役員17名を減俸3ケ月とする処分を発表した。また、肩代わりした問題融資147件のうち、警察情報で取引相手が反社会的勢力であると確認できたのは3件で、うち1件を全額回収し、2件は返済を請求中であることを明らかにした。

11月26日、金融庁は、みずほ銀行に対し、提携ローンについて1ケ月間の業務停止命令を出した。また、事実と異なる報告書を提出したことについて、みずほ銀行とみずほFGに対し、グループ全体の企業統治体制見直しを求める業務改善命令を出した。

同日、みずほFGは、塚本会長が2014年3月末日をもって引責辞任することを発表した。10月28日に発表された処分では、みずほ銀行会長を退いた後も、みずほFG会長に留まるとされていた。

2014年1月17日、経済産業省は、オリコに対して割賦販売法に基づく業務改善命令を出した。

1月17日、みずほFGが金融庁に業務改善計画を提出。社外取締役の権限が強い委員会設置会社へ移行する方針を明らかにした。

1月23日、みずほ銀行は、これまで続投の意思を示してきた佐藤康博頭取が、4月1日付で辞任することを発表した。みずほ銀行には代表権のない取締役として留まり、みずほFG社長に専念するという。

■ 事件のその後

3月28日、みずほFGの株主の男性が、反社会的勢力への融資を防止する義務を怠り、企業価値を損なったとして、佐藤社長ら歴代役員14名に対して約17億7,000万円の損害賠償を求める株主代表訴訟を東京地裁に起こした。男性は2013年12月に、みずほFGに対し役員らへの損害賠償請求訴訟を起こすよう提訴要求。みずほFGは2月21日付で、役員らの違法行為を否定し、提訴する考えがない旨の回答をしていた。

6月24日、みずほFGの株主総会が開かれ、委員会設置会社への移行案が賛成多数で可決された。

参考文献

webサイト

◆株主の権利弁護団「みずほ銀行株主代表訴訟事件」
　http://kabunushinokenri.com/7427/
◆wedge「みずほ銀行 暴力団融資問題 メディアも理解に苦しむお粗末な対応」
　2013.10.22
　http://wedge.ismedia.jp/articles/-/3268

書籍・新聞記事

◆毎日新聞（2013.9.28 朝刊）
　「みずほ銀:組員に融資 計2億円 金融庁、改善命令」
◆同上（2013.10.11 大阪 朝刊）
　「みずほ銀:暴力団融資問題 西堀元頭取「報告受けた」問題把握、直後の11年1月に」
◆同上（2013.11.13 夕刊）
　「みずほ銀:暴力団融資問題 頭取が陳謝「関係遮断が不十分」--衆院財金委」
◆毎日新聞縮刷版　2013〜2014年
◆読売年鑑 2014年版

など

category	ガバナンス —経営者関与

CASE 020 東芝、不適切会計問題

date	2015年(平成27年)2月12日
commercial name	株式会社東芝
scandal type	金融商品取引法違反(有価証券報告書などの虚偽記載)

事件の背景

東芝は2003年に他社に先駆けて委員会設置会社に移行するなど、「企業統治改革の優等生」として知られていた。また、2006年頃から「集中と選択」路線を推し進めて半導体事業と原子力事業に集中的な投資を行い、2007年度には売上高7.6兆円を記録した。しかし、2008年のリーマン・ショックを端緒に世界金融危機が発生し、東芝も2008年度に過去最大となる3,435億円の赤字を計上した。2011年には東京電力福島第一原発事故が発生し、世界的に原子力市場が低迷。2012年度には売上高が5.8兆円まで低下した。業績が悪化する中、歴代社長が当期利益至上主義に基づき四半期毎の予算達成を強く要求した結果、「優等生」であるはずの東芝で前代未聞の大規模かつ長期的な利益水増しが行われることになった。

事件の発端

2015年2月12日、証券取引等監視委員会が、不正な会計処理が行われているとの東芝関係者からの内部通報に基づき、同社に帳簿などの開示検査を実施した。

4月3日、東芝は、インフラ関連工事の会計処理について調査すべき事項が見つかったとして、室町正志会長が委員長を務める特別調査委員会を設置したことを発表した。

5月8日、原子力・水力などの電力システム、送配電設備などの社会インフラシステム、エレベーターやビル管理などのコミュニティ・ソリューションの、社内カンパニー3社で不適切な会計処理があったとして、5月中旬に予定されていた2014年度(2015年3月期)の決算発表を6月に延期した。また、発表済みの同期業績予想を取り消して未定とし、5年振りに期末配当を無配とした。

2013年度決算も修正の必要があると
した上で、第三者委員会を設置して全容
を解明する方針を示した。

事件の経過

5月13日、2011年度から2013年
度までの3期の決算で、営業利益が計
500億円強かさ上げされていたことを
発表した。内訳は電力システム社が4件・
約60億円、社会インフラシステム社が
4件・約300億円、コミュニティ・ソ
リューションが1件・約140億円。

5月15日、田中久雄社長が問題発覚
後初めて記者会見を開き、第三者委員会
を設置したこと、全取締役・執行役員の
報酬を5月から減額する方針であること
を発表した。

5月22日、第三者委員会の調査対象
をインフラ関連工事に加え、テレビ、半
導体、パソコンの3事業に拡大すること
を発表した。

5月27日、社外取締役を除いた役員
41名が月額報酬の一部を返上する処分
を発表した。内訳は社長が50%、副社
長4名が30%、会長、副会長、執行役
32名が20%、それ以外の取締役2名が
10%。期間は5月から配当が再開され
るまでとした。

7月20日、第三者委員会が調査報告
書を公表。調査対象は西田厚聰、佐々木
則夫、田中の歴代3社長が在任していた

2008年4月から2014年12月までで、
この間に計1,518億円（税引き前損益
ベース）の利益が水増しされていた。内
訳はインフラ事業における工事進行基準
477億円、映像事業の経費計上88億円、
半導体事業の在庫評価360億円、パソ
コン事業の部品取引592億円。委員会
による調査の対象外で、東芝の自主点検
により発覚した分を含めると、計1,562
億円。インフラ事業には、米国の原子力
関連子会社「ウェスチングハウス・エレ
クトリック・カンパニー（WEC）」が建
設中の原発について、2013年度第2四
半期に同社が3億8,500万ドルの追加
コストを見積もったにも関わらず、東芝
が6,900万ドルとして処理した案件も
含まれていた。

報告書では、経営トップが意図的な当
期利益のかさ上げを行い、利益の水増し
が経営判断として行われた。歴代3社長
が各事業部門に対し、「チャレンジ」と
称して過大な収益目標の達成を要求し
た。「社長月例」と呼ばれる会議や電話・
メールなどで強いプレッシャーにさらさ
れた各事業部門が、目標達成のため組織
的に利益水増しを行うよう追い込まれ
た。歴代社長は不正を認識しながら、中
止や是正を指示しなかった。不正の背景
には、利益のためなら何をしても許され
る、上司の意向には逆らえないなどの企
業風土がある。監査委員会による内部統

CASE 020　東芝、不適切会計問題

制、「新日本監査法人」による外部監査が機能していなかったなどと認定した。

7月21日、田中社長、佐々木元社長（現副会長、経団連副会長）、西田元社長（現相談役）の歴代3社長、それ以外の全取締役14名のうち6名が引責辞任。8月に新体制が発足するまで、室町会長が暫定的に社長を兼務することになった。

7月29日、不正会計問題について新たに17名の社内処分を発表した。不正に関与したとされる執行役1名が辞任。室町会長兼社長が月額報酬の90％を返上するほか、社内取締役3名、社外取締役4名、執行役8名も報酬を一部返上。また、再発防止策の一環として、チャレンジ要求の場となっていた社長月例を廃止することも明らかにした。

同日、再発防止策を検討するため、社外取締役と外部の専門家で構成される「経営刷新委員会」を発足させた。

8月18日、新経営体制が発表された。室町会長兼社長が会長を辞任して社長専任となるほか、取締役会の人数を16名（うち社外取締役4名）から11名（うち社外取締役7名）に削減。社外取締役中心の構成とし、監督機能の強化を図る。

8月31日、複数の子会社で新たな不正会計が発覚したことを受け、この日に予定されていた2014年度決算の発表が再延期された。

9月7日、2014年度決算が発表され

た。水増しした利益は2008年度から2014年度までの7年間で計2,248億円（税引き前損益ベース）。同期間の最終損益は計1,552億円下方修正され、過去最大だった2008年度の最終赤字は553億円増加して3,989億円となる。2014年度の最終損益は不正発覚前の1,200億円の黒字予想から一転して378億円の赤字となり、5年振りに赤字転落。不正会計による利益水増しがなくなったことで、主力事業も含め業績不振が明白になった。東芝はこの後、主力であるエネルギーや半導体に続く成長分野に位置付けていた医療分野を含む複数の事業売却や1万人を越える人員削減など、大規模なリストラを余儀なくされることになった。

9月14日、東京証券取引所は、東芝株を、内部管理体制に改善の必要性が高いとして投資家に注意を促す「特設注意市場銘柄」に指定した。

11月7日、東芝は、田中、佐々木、西田の歴代3社長および元社長2名の計5名を相手取り、善管注意義務に違反して会社に損害を与えたとして3億円の損害賠償を求める訴訟を東京地裁に起こしたことを発表した。2016年1月には、課徴金73億円を科せられたことを受け、請求額を32億円に引き上げた。

12月22日、金融庁は、東芝の会計監査を担当した新日本監査法人に対し、公

ガバナンス──経営者関与

ガバナンス──従業員関与

製造物責任・事故・商品サービス瑕疵

日本型企業風土

マスコミ・その他

071

認会計士法に基づき課徴金21億1,100万円の納付や新規契約業務の3ヶ月停止などを命じた。監査法人に対する課徴金納付命令は、2008年の制度導入以来初めて。

12月24日、金融庁は、東芝に対し、金融商品取引法違反（有価証券報告書などの虚偽記載）により、虚偽記載としては過去最高となる課徴金73億7,350万円の納付を命じた。

■ 事件のその後

2016年5月12日、東芝は2015年度決算を発表した。営業損益は日本の事業会社として過去最悪の7,087億円の赤字。最終損益は東芝として過去最悪となる4,600億円の赤字。

6月22日、東芝の会計監査人が新日本監査法人からPwCあらた監査法人に変更された。

12月27日、東芝は、WECで数千億円規模の損失が出る見込みであることを発表した。WEC関連の損失は最終的に1兆3,942億円に拡大し、2017年8月1日に東芝株が東証二部に降格。8月10日に発表された2016年度決算では最終損益は9,657億円の赤字で、5,529億円の債務超過に陥った。

参考文献

webサイト

◆東芝公式「2014年度決算概要」
　https://www.toshiba.co.jp/about/ir/jp/library/er/er2014/q4/ter2014q4.pdf
◆東芝公式「2015年度連結決算」
　https://www.toshiba.co.jp/about/ir/jp/pr/pdf/tpr2015q4_ca.pdf

雑誌・書籍・新聞記事

◆「企業不祥事の事例分析：東芝不正会計問題」『月刊監査役』(656)，2016-07
◆毎日新聞縮刷版（2015）
◆読売年鑑 2016年版
◆毎日新聞（2015.5.9 朝刊）
　「東芝:決算発表延期 不適切会計、配当見送り」
◆同上（2015.9.7 夕刊）
　「東芝:15年3月期、最終赤字378億円 修正総額2248億円」
◆同上（2015.11.8 朝刊）
　「東芝:不正会計問題 賠償請求3億円 歴代3社長らに」
◆同上（2015.12.26 朝刊）
　「東芝:不正会計問題 金融庁、73億円の課徴金納付を命令」

など

category ガバナンス —経営者関与

CASE 021 化血研血液製剤 不正製造

date 2015年（平成27年）5月28日

commercial name （一財）化学及血清療法研究所

scandal type 医薬品医療機器法に基づく行政処分

事件の背景

　医薬品メーカーの一般財団法人「化学及血清療法研究所」（化血研）は旧熊本医科大の実験医学研究所を母体として、1945年に熊本市に設立された。2014年度の売上高の59%をワクチン、28%を血液製剤が占めていた。血液製剤の国内シェアは第2位。ワクチンの国内シェアはA型肝炎が100%、B型肝炎が80%、インフルエンザが29%、日本脳炎が36%、ポリオが64%など。なお、化血研は薬害エイズ事件の民事訴訟で提訴されており、1996年3月に原告との和解が成立した際には確約書に「医薬品による悲惨な事故を再び発生させないよう最大の努力をする」と記していた。

事件の発端

　2015年5月28日から29日にかけて、独立行政法人医薬品医療機器総合機構（PMDA）が事前通告なしに立ち入

り調査を行い、化血研が血液製剤を国の承認書と異なる方法で製造していたことが明らかになった。立ち入り調査は厚生労働省への内部告発に基づき行われ、化血研が製造販売する国内献血由来の血液製剤12製品の全てで計31工程の不正が確認された。不正の内容は承認書にない添加剤を添加する、添加剤の量を変更する、加熱時間を変更するなどで、製造の効率化などを目的としていた。厚生労働省によると、重大な健康被害を招く可能性は低いという。

事件の経過

　6月5日、厚労省は、化血研が製造販売する血液製剤のうち12製品26品目について、出荷を自粛し、承認内容変更の申請など必要な対応を行うよう指導を行った。ただし、出荷停止製品のうち代替製品がない、または代替製品に切り替えると患者の生命に影響を及ぼす品目については、安全性を確認した上で、例外

ガバナンス —経営者関与

ガバナンス —従業員関与

製造物責任・事故・商品サービス瑕疵

日本型企業風土

マスコミ・その他

073

的に出荷が認められた。その後、ワクチンなど17製品も国の承認していない方法で製造していたとして、9月18日付で出荷を自粛するよう要請。供給不足を防ぐため、安全性が確認された製品は順次要請が解除され、2016年2月26日までにほとんどの製品の出荷が再開された。

2015年11月25日、化血研が設置した第三者委員会が調査結果報告書を取りまとめた。12月2日には厚労省に提出され、化血研の不正が40年以上前に始まったこと、組織的な隠蔽工作が20年以上前から行われていたことなどが明らかになった。報告書によると不正の多くは1980年代から行われ、一部は1974年に始まっていた。ただし、製品による重大な副作用の報告はないという。また、遅くとも1995年頃から、国の定期調査で過去の製造記録を要求されると虚偽の記録を作成し、紙を古く見せかけるために紫外線を浴びせて変色させるなどの「常軌を逸した隠ぺい」が、経営トップの指示ないし承認のもと行われていた。報告書では一連の不正や隠ぺいの原因として、専門家である自分たちの方が当局よりも血液製剤のことを熟知している、製造方法を改善しているのだから当局をごまかしても大きな問題はないといった「研究者としてのおごり」、先人達が始めた不正や隠ぺいを当局に報告

することも改善することもできず、自らも手を染めてしまうという「違法行為による呪縛」が指摘された。同日、化血研の全理事9名が辞任または辞職した。内訳は宮本誠二理事長、常務理事1名、理事5名が辞任、副理事長、常務理事1名が辞職（理事に降格）。また、前理事長である船津昭信名誉理事長・所長も名誉職を辞任した。

12月9日、農林水産省が化血研の立ち入り検査を実施し、家畜など動物用のワクチンおよび病気の診断薬29種類が未承認の方法で製造されていたことを確認した。医薬品に細菌が入っていないことを確認する検査を一部省略する、行うべき加熱処理をしないなどの不正が、遅くとも1985年頃から行われていた。

2016年1月8日、厚労省は医薬品医療機器法に基づき、化血研に過去最長となる110日間の業務停止命令を出した。対象は第一種医薬品製造販売業および医薬品製造業だが、血液製剤8製品、ワクチン8製品、抗悪性腫瘍剤1製品は除外された。また「本来は医薬品製造販売許可の取消処分とすべき事案」として、事業譲渡も視野に経営の刷新を求めた。

1月19日、農水省は医薬品医療機器法に基づき、化血研に30日間の業務停止命令を出した。化血研が製造する44製品の動物用医薬品のうち34製品が対象で、代替品がなく品不足を招くと懸念

CASE 021 化血研血液製剤 不正製造

される10製品は除外された。ただし、検査の結果、不正に製造されたワクチンなどの安全性に問題はなかったという。

1月21日、化血研が日本製薬工業協会からの除名処分を受けた。

2月、化血研はPMDAに問題点の解消を終えたことを報告した。

4月7日、化血研がアステラス製薬との間で事業譲渡に向けた交渉を開始。しかし、9月5日に化血研が厚労省に対し、事業譲渡は難しいとして存続を検討する意向を伝え、9月6日に塩崎恭久厚労相が記者会見で化血研の譲渡を求める方針を改めて表明するなど、両社の対立が深刻化。10月19日にはアステラス製薬が事業譲渡交渉の打ち切りを発表した。

10月4日、厚生労働省は、化血研が製造する日本脳炎ワクチン「エンセバック」について不正が見つかったことを発表し、医薬品医療機器法に基づき行政処分を行った。処分の内容は

（1）不正が行われた経緯、不正が発覚ないし認識に至った経緯、認識後の対応、それらへ各役員がどう関与したか、および全製品（56品目）について承認書と製造実態の齟齬の有無について調査して報告するよう命じた。

（2）業務改善命令を出すため、弁明の機会の付与として弁明通知書を発出したなど。

また、報告命令の中で化血研に「この

ような事態が続く場合には、医薬品製造販売業許可の取消処分に発展する可能性がある」と伝えている。不正の内容は承認書で定められたウィルスの不活化処理の一部が行われていない原材料を使っていたというもの。製造されたワクチンの品質と安全性は確保されていたとして、製造販売は認められた。化血研は2月に問題点を解消したとPMDAに報告していたが、9月6日から7日にかけて医薬品医療機器法に基づき無通告で立ち入り検査を行った結果、事実が確認されたという。10月18日、化血研が報告書および弁明書を厚労省に提出。製造方法は承認書の内容通りだとして、エンセバック製造における不正を否定した。問題の原材料については2011年に同ワクチンの製造販売が承認された際に、特例として在庫の原材料の使用が認められていたと主張した。製薬企業が監督官庁である厚労省の処分通知に反論するのは極めて異例のこと。

事件のその後

2017年5月に明治製菓（現・Meiji Seika ファルマ）出身の木下統晴が化血研の理事長に就任。明治ホールディングスとの間で事業譲渡交渉が開始された。

12月12日、化血研は臨時の評議員会と理事会を開催し、明治ホールディ

ガバナンス──経営者関与

ガバナンス──従業員関与

製造物責任・事故・商品サービス瑕疵

日本型企業風土

マスコミ・その他

ングスと地場企業連合が出資する新会社へ500億円で事業譲渡することを決定した。製薬会社を傘下に持つ明治ホールディングスが49%の議決権を持つ筆頭株主となる。

また、肥後銀行や地元民放などによる地場企業連合が49%、熊本県が2%を出資。両社が議決権の51%を確保することで、雇用の維持や本拠地の移転防止をはかるという。

参考文献

webサイト

◆厚生労働省「一般財団法人化学及血清療法研究所に対する報告命令等を行いました」
http://www.mhlw.go.jp/stf/houdou/0000138755.html
◆化学及血清療法研究所公式「第三者委員会の調査結果報告書」
http://www.kaketsuken.or.jp/images/stories/press/credibility/all-Investigativereport.pdf
◆同上「厚生労働省の報告命令等に対する対応について」
http://www.kaketsuken.or.jp/kaketsuken-press/1048.html
◆同上「化学及血清療法研究所（化血研）の製造するワクチン製剤の安全性について」
http://www.kaketsuken.or.jp/images/stories/V160226.pdf

など

category ガバナンス —経営者関与

CASE 022 東芝歴代社長ら、不正取引関与

date	2015年（平成27年）12月3日
commercial name	株式会社東芝
scandal type	不正取引

事件の背景

2015年7月20日、同年に発覚した東芝の不適切会計問題について、第三者委員会が調査報告書を公開した。報告書では、パソコン事業において「Buy-Sell（バイセル）取引」を利用した利益操作が行われたこと、この利益操作に西田厚聡元社長、佐々木則夫元社長、田中久雄前社長の歴代3社長が深く関与した疑いがあることが指摘された。

バイセル取引は「有償支給取引」とも呼ばれ、メーカーが自社製品の製造を他社に委託する際に、必要な部品を製造委託先に販売し、完成品を買い戻す取引手法を指す。通常、製造委託先はメーカーより経営規模が小さいため、メーカーがスケールメリットを活かして部品を安価に調達。調達価格を競合他社に知られると不利になるため、製造委託先へは調達価格に一定金額を上乗せした金額（マスキング価格）で部品を販売する。調達価格とマスキング価格の差額により、部品販売時に一時的な利益が発生するが、完成した製品を買い戻すことで、その利益は相殺される。こうした取引はパソコン、スマートフォン、自動車など様々な製品で広く用いられており、適切な会計処理が行われている限りは問題ない。東芝も、台湾のメーカーにパソコンの組立を委託し、買い戻した完成品をユーザーに販売していた。

しかし、東芝は四半期ごとの決算月である3、6、9、12月に、マスキング価格を大幅につり上げて製造委託先に販売し、利益を計上。期をまたいで完成品を買い戻し、利益を相殺する会計処理を行っていた。マスキング価格は、2012年度以降は調達価格の5.2倍に達した。さらに、製造委託先に生産計画を上回る大量の部品を売却する「押し込み」を行い、利益を水増ししていた。「押し込み」で製造委託先の経営が圧迫されることを防ぐため、部品購入の債務は納入

ガバナンス —経営者関与

ガバナンス —従業員関与

製造物責任・事故・商品サービス瑕疵

日本型企業風土

マスコミ・その他

077

時点でなく、製品の製造に消費された時点で発生するものとし、余剰部品は東芝が引き取る約束をしていた。こうした不正により、営業利益は四半期末ごとに急増し、翌期に入ると急減する動きが常態化。2012年9月期以降、決算月には営業利益が売上高を上回るようになっていた。

契機となったのは、2007年のサブプライムローン問題だった。東芝は1985年に世界初のノートパソコンを発売した業界の先駆者で、2007年度にはパソコン事業が過去最高益を記録したものの、サブプライムローン問題やリーマンショックなどで世界的にパソコン需要が減少。業績の急激な悪化を余儀なくされた。

さらに、歴代社長から「チャレンジ」と称して過大な収益目標の達成を要求されたことが追い打ちとなった。東芝では、「社長月例」と呼ばれる報告会が毎月開かれていたが、その席上や電話・メールなどで社長が各事業部門に対しチャレンジを要求。その内容は決算期末までの残り3日間で損益を120億円改善しろなど、実現不可能なものであることも多かった。強いプレッシャーにさらされた各事業部門は、目標を達成するため、来期の利益の先取りや、当期の費用や損失の先送りなど、利益の水増しに追い込まれていった。歴代社長は不正を認識しな

がら、中止や是正を指示しなかったという。

こうして、各四半期期ごとの当期利益をかさ上げするため粉飾が繰り返され、パソコン事業で不正に計上された利益は2008年度第2四半期から2014年度第3四半期までの約7年間で計600億円近くに達した。この額は東芝全体の水増し額2,248億円の実に4分の1を占めている。

事件の発端

2015年12月3日、証券取引等監視委員会（SESC）が、東芝の歴代社長3名がバイセル取引を利用したパソコン事業の利益水増しを主導した疑いがあるとして、金融商品取引法違反（有価証券報告書の虚偽記載）での刑事告発を視野に調査していることが報じられた。

事件の経過

2016年7月7日、東京地検特捜部は、SESCに対し、歴代社長3名の立件は困難だとの見解を伝えた。特捜部では、製造委託先との間で実際に部品のやりとりがあり、架空取引とはいえない。また、部品販売と完成品購入は別々の取引で、部品販売の時点で一時的に利益として計上する会計処理について、これを禁止する明確な会計基準はなく、違法とは断定できないと結論付けた。

CASE 022 東芝歴代社長ら、不正取引関与

SESCは、製造委託先が高額で部品を購入したのは、完成品の買い戻しや余剰部品の引き取りが前提になっていたからで、実態を見れば取引が一体であることは明白などと反論。立件に向けて調査を継続した。

10月、SESCは、歴代3社長を任意で事情聴取した。

12月、SESCが1年間にわたる調査をほぼ終了し、歴代社長3名の金融商品取引法違反を立証可能との結論に達したことが報じられた。

告発の対象となるのは2012年3月期から2014年3月期までの3年間で、不正に計上された利益は300億円規模。

この間、社長を務めていた佐々木氏と田中氏、会長だった西田氏が不正を主導した疑いがあるとしている。

しかし、検察側は訴追に否定的な姿勢を崩しておらず、立件が実現するかは不透明な状態となっている。

事件のその後

2015年11月、東芝は、西田氏、佐々木氏ら5名に対し合計3億円を請求する損害賠償請求訴訟を東京地裁に提訴した。2016年1月27日、金融庁から命じられた課徴金が過去最高となったことなどを鑑み、同社は当初の金額から132億円の請求をすると発表した。

参考文献

webサイト

◆清和監査法人「東芝不適切会計と部品有償支給」Seiiwa Newslletttter Sep.. 2015 (Vol.3)
　http://www.seiwa-audit.or.jp/newsletter/1509_SeiwaNewsletter.pdf
◆「検察と証券監視委が対立 東芝元社長ら刑事責任追及で」法と経済のジャーナル (2016.7.19)
　http://judiciary.asahi.com/jiken/2016071600001.html
◆富田頌子「東芝、歴代社長らへの請求は32億で収まらず」東洋経済オンライン (2016.1.29)
　http://toyokeizai.net/articles/-/102646

など

category	ガバナンス —経営者関与

CASE 023
みのりフーズ、CoCo壱番屋 廃棄カツ不正転売

date	2016年(平成28年)1月13日
commercial name	みのりフーズ, ダイコー
scandal type	廃棄物処理法違反, 不正転売

事件の背景

　食品の賞味期限・消費期限が切れた、あるいは何か異物が混入していたことが発覚した場合、それは廃棄されることになる。しかしながら、そうした廃棄されるべき食品が、不正に転売され、販売されていた事件がある。しかも、今回の事件は食品の廃棄を請け負った企業が、その廃棄されるべき商品を小売店に転売し、その商品が店頭で販売されていた。

　事件の概要としては、廃棄を依頼したカレーチェーン店「カレーハウスCoCo壱番屋」(以降、「Coco壱」)が、産業廃棄物業者「ダイコー」に食品廃棄を依頼し、「みのりフーズ」および「ジャパン総研株式会社」がその廃棄物を再転売し、最終的には「Aマートアブヤス神守店」で、廃棄されたはずの食品が販売された。

事件の発端

　事件の発端は、Coco壱で勤務していたパート従業員が、地元スーパー「Aマートアブヤス神守店」にて同社のビーフカツが販売されていたことに気づき、それを本部社員に報告したことから始まる。1月13日、壱番屋は自社工場にて製造した「ビーフカツ」の廃棄したものが一般流通していることが発覚したと公表。地元スーパーでは、「ココイチのカツ」として販売されていたが、Coco壱ではビーフカツを一般の小売店で販売していない。パート従業員からの報告を受けた本部社員が地元スーパーに訪れ、製造コードを確認した。その結果、地元スーパーで販売されていたビーフカツは、廃棄商品として処理していたものであったことが明らかとなった。

　これを受けて、Coco壱は2016年1月13日に愛知県および愛知県警に通報した。愛知県は同日に廃棄物処理法にも

CASE 023　みのりフーズ、CoCo壱番屋廃棄カツ不正転売

とづいて「ダイコー」に立ち入り調査を
実施した。また、2016年1月15日に
岐阜県は廃棄物を販売したとして「みの
りフーズ」に立ち入り調査を実施した。

事件の経過

　愛知県津島市で販売されたビーフカツ
は、2015年9月に製造されたものであ
る。製造中に最大8㎜の合成樹脂が混入
していることが判明したため、2015
年10月には約4万枚を廃棄することと
なった。その廃棄を請け負ったのが、ダ
イコーであった。同社はCoco壱に対し
ては「堆肥化した」との報告をおこなっ
ていたが、これは虚偽であった。「Aマー
トアブヤス神守店」では、「Coco壱番
屋のビーフカツ」との広告をつけ、1袋
5枚入り398円で販売されていた。「A
マートアブヤス春日店」においても同様
に販売され、計5400枚余りが販売され
ていることが明らかとなった。

　「みのりフーズ」では、岐阜県の立ち
入り検査によれば冷凍チキンカツ（162
枚）,ロースカツ（139枚）,メンチカツ
（82枚）,マグロのスライス（49箱）を
購入しており、そのほとんどを愛知県春
日井市の業者に横流ししていた。これら
の廃棄されるべき食品はいずれもダイ
コーから仕入れていた。

　ダイコーでは、廃棄処理を請け負った
商品を「転売」することが常態化してい

たといわれている。また、ダイコーは廃
棄商品を横流しした際に、「帳簿に残す
な」等の指示をしたともいわれており、
証拠隠滅を図っていた。Coco壱はダイ
コーに対して2014年および2015年
に廃棄処理をした品を発表し、ビーフカ
ツ以外にもナポリタンソースなどの計6
種類が横流しされた可能性があることが
明らかになった。その内訳は、下記のと
おりである。①チキンカツ（約24万枚）、
②ロースカツ（約15万枚）、③メンチカ
ツ（約10万枚）、④ビーフカツ（9万枚）、
⑤ナポリタンソース（約680袋）、⑥ラー
メンスープ（約240袋）である。しかし
ながら、ダイコーが不正な転売をした
量については、現時点ではわかっていな
い。

　また、みのりフーズはジャパン総研株
式会社とともに、転売されたビーフカ
ツに「みのりフーズOM」とのラベルを
貼付し、愛知県・岐阜県・三重県および
静岡県の食品卸売業者や小売店等の計
118業者に販売していたことが明らか
となった。

事件のその後

　この事件を受けて、環境省は「食品廃
棄物の不適正な転売事案の再発防止のた
めの対応についてのポイント」（環境省、
2016）を作成し、再発防止策を強化し
ている。また、Coco壱では、「ダイコー

ガバナンス──経営者関与

ガバナンス──従業員関与

製造物責任・事故・商品サービス瑕疵

日本型企業風土

マスコミ・その他

081

株式会社による当社廃棄食品の不正転売問題を受け手の再発防止策について」（株式会社壱番屋、2016）を発表し、廃棄処理を徹底するよう努めている。具体的には、①食品の形を残したまま廃棄することはせず、堆肥の原料に混ぜて処理すること、②食品の形のまま廃棄する場合は、工場から排出された段階から最終処理までを「Coco壱」社員が必ず立ち会ってもくし確認することを徹底することとなった。当然のことながら、ダイコーとの取引は事件発覚後即刻停止としている。

事件発覚後、ダイコーは愛知県産業廃棄物協会から除名処分となり、環境省およ農林水産省も同社の事業者登録を取り消す処分をおこなった。また三重県と岐阜県も同社の産廃収集運搬許可を取り消し、愛知県も同様に取り消しを決定した。

事件にかかわったダイコーの会長およびみのりフーズの実質的経営者は食品衛生法違反の疑いで、また、みのりフーズの実質的経営者は詐欺の疑いで、みのりフーズとともに不正転売を共同でおこなったジャパン総研株式会社の元幹部は詐欺の疑いで、いずれも逮捕された。現在では、それぞれの容疑者に実刑判決がくだっている。

参考文献

webサイト

◆壱番屋公式「「産業廃棄物処理業者による、当社製品（ビーフカツ）不正転売のお知らせ」
http://www.ichibanya.co.jp/comp/whatsnew/sangyouhaikibutusyorigyousyaniyoru%2Ctousyaseihin%28bi-fukatu%29fuseitenbainoosirase.pdf
◆同上「ダイコー株式会社による当社廃棄食品の不正転売問題を受け手の再発防止策について」
http://www.ichibanya.co.jp/comp/whatsnew/20160119daiko-kabusikikaisyaniyorutousyahaikisyokuhinnofuseitenbaimonndaiwouketenosaihatubousisakunituite.pdf
◆消費者庁「不正流通されたカツ等食品について」
http://www.caa.go.jp/policies/policy/consumer_safety/caution/caution_002/
◆環境省「食品廃棄物の不適正な転売事案の再発防止のための対応についてのポイント」
http://www.env.go.jp/press/102227.html

新聞記事

◆毎日新聞（2016.1.14 朝刊）
「カツ転売:CoCo壱番屋が廃棄依頼の産廃業者」

など

category ガバナンス —経営者関与

CASE 024 保育施設キッズスクウェア うつぶせ死事件

date 2016年（平成28年）4月12日

commercial name キッズ・スクウェア

scandal type 保育事故

■ 事件の背景

　内閣府の集計によると、2015年に保育施設で発生した死亡事故は14件で、このうち10件は事業所内保育施設を含む認可外施設で起こっていた。また、睡眠中の事故は10件で、このうち6件がうつぶせ寝だった。

　なお、待機児童問題が深刻化する中、2016年度に内閣府が「企業主導型保育事業」という制度を新設するなど、政府は認可外施設の整備を推進しているが、認可保育所に比べて行政のチェックが機能しにくい一面もある。また、施設の数だけが増えても保育士の供給が追いつかず、人員配置など安全面の対策が追いつかなくなる危険もある。

■ 事件の発端、経過

　2016年4月12日、東京都は、同年3月11日に東京都中央区日本橋の認可外保育施設「キッズスクウェア日本橋室町」でうつぶせに寝かせられた1歳2ケ月の男児が心肺停止状態となり、搬送先の病院で死亡が確認されていたことを発表した。施設は近隣の7企業の従業員が利用する事業所内託児所で、全国で保育所・託児所・ベビーシッター事業などを展開するアルファコーポレーションが運営していた。

　事故当時は乳幼児20人を預かっており、午前11時30分頃に子どもたちに昼寝をさせる際に男児が泣いたため、1人だけ別室に移され、うつぶせに寝かされた。職員は男児が寝入ったのを確認してそばを離れたが、2時間以上たっても起きないことを不審に思い様子を見たところ、息をしていなかったという。昼寝をさせる際は通常は10分に1回程度の頻度で呼吸や顔色などを確認するが、施設では男児の状態を一度も確認していなかった。事故当時の職員数は施設長を含む保育士4人と無資格の非常勤職員2人の計6人で国の最低基準を上回っていた

ガバナンス —経営者関与

ガバナンス —従業員関与

製造物責任・事故・商品サービス瑕疵

日本型企業風土

マスコミ・その他

083

が、施設長は現場経験1年3ケ月で着任しており、他の保育士も保育経験が1～4年で、全体的に経験不足だった。

都は乳幼児突然死症候群（SIDS）の予防措置が不十分だったとして、運営会社に対して文書で是正を指導した。

事件のその後

2016年度に開始された「保育事故の検証制度」により、保育施設で死亡事故が発生した場合は再発防止のため、自治体が保育や医療の専門家ら第三者による検証委員会を設置することが義務付けられており、5月に都が検証委員会を設置。6月29日、死亡した男児の母親が検証委員会に出席し、施設の担当者から「勉強不足で現場の認識が甘かった」と説明を受けたことを明らかにし、若手の保育士しかおらず安全管理に問題があったと証言した。

参考文献

雑誌・書籍・新聞記事

◆毎日新聞縮刷版　2016年
◆毎日新聞（2016.4.13 朝刊）
　「1歳男児死亡:うつぶせで昼寝 事業所内施設」

など

category ガバナンス ―経営者関与

CASE 025 三井不動産、子会社利益水増し会計

date 2016年（平成28年）7月25日

commercial name 三井不動産、三井ホーム、三井不動産リフォーム

scandal type 不正会計

■ 事件の背景

「三井不動産リフォーム」は不動産会社最大手である「三井不動産」の子会社で、株主構成は三井不動産が70%、三井不動産の子会社である「三井ホーム」が30%。

また、三井ホームは東証1部に上場しており、筆頭株主の三井ホームが株式の56.26%を保有している。

事件の経過（1）
三井ホームによる利益水増し

2016年7月25日、三井ホームは、リフォーム事業部門が過去2年間に営業利益を約6,000万円水増ししていたことを発表した。不正が行われたのは2014年度（2015年3月期）および2015年度（2016年3月期）。未完成工事の売り上げを決算期をまたいで前倒しで計上したり、資材購入費や協力会社への支払いなどの経費の計上を次年度に

先送りしていた。決算作業の過程で不正が発覚。収益目標を達成するために水増しを行ったという。不正に関わっていた社員6名が懲戒処分となったほか、経営責任を明確にするため市川俊英社長が報酬の20%を2ケ月、取締役2名が報酬の10%を1ケ月返上した。

事件の経過（2）
三井不動産リフォームによる利益水増し

2017年5月17日、三井不動産リフォームが過去2年間に営業利益を約10億3,000万円水増ししていたことが報じられた。未完成工事の売り上げを決算期をまたいで前倒しで計上したり、下請業者に支払う費用の計上を次年度に先送りすることで、営業利益ベースで2014年度（2015年3月期）に約3億6,000万円、2015年度（2016年3月期）に約6億7,000万円を水増し。本来は赤字だったが、2014年度は約1,400万円の黒字、2015年度は約3,200万

ガバナンス ―経営者関与

ガバナンス ―従業員関与

製造物責任・事故・商品サービス・瑕疵

日本型企業風土

マスコミ・その他

085

円の黒字を装っていた。2017年3月に三井不動産に内部告発があり、同社の調査により不正が発覚。収益目標を達成するために水増しを行ったといい、目的も手口も前年に発覚した三井ホームの利益水増しと酷似していた。不正に関与した三井不動産リフォームの役員や従業員は処分されが、三井不動産は関与していなかったとして、同社幹部に対する処分はなかった。なお、同社は5月12日に決算発表を行っていたが、その際には三井不動産リフォームの不正を公表していなかった。

事件のその後

2017年5月18日付で、三井不動産は「当社子会社における不適切な会計処理について」を発表。同文書中で、同社はコンプライアンスの徹底、再発防止策の策定、実行を指導すると述べている。

参考文献

webサイト

◆三井不動産公式「過年度の決算における不適切な会計処理の判明と過年度の有価証券報告書等及び決算短信等の訂正予定並びに平成29 年3月期第1四半期決算発表の延期に関するお知らせ」
http://www.mitsuihome.co.jp/company/ir/pdf/20160725.pdf
◆同上「当社子会社における不適切な会計処理について」
http://www.mitsuifudosan.co.jp/corporate/ir/library/news/2017/pdf/news_170518.pdf

など

category ガバナンス―経営者関与

CASE 026
DeNA "まとめサイト"問題

date	2016年(平成28年)11月29日
commercial name	DeNA
scandal type	著作権侵害，薬事法・医療法・健康増進法違反

■ 事件の背景

　ネット業界ではSEO（検索エンジン最適化。グーグルなどの検索サービスで自社サイトが上位に位置するように対策を講じること）が盛んに行われている。コンテンツの量が評価基準であった時には、大量にコピーしたコンテンツを作成することがあった。しかし2013年頃から機械的でなく人手で大量のコンテンツを生み出すことが有効となってきていた。こういった流れの中で広まったのがキュレーションである。一方、IT大手DeNAは主流事業のモバイルゲームの将来性に危惧を抱いておりキュレーション事業（インターネット上の情報をテーマごとにまとめ、記事形式で配信するメディア）に注力する動きが活発になっていた。2016年の経営会議では同事業に対し「2020年度までに営業利益200億円、時価総額5000億円」という目標が掲げられていた。しかし、コピー＆ペー

ストや偽装を指示するかのようなマニュアルの存在や、編集担当者の少なさ、外部業者への作業の丸投げなど、それを実現するための社員教育、投資、コンプライアンスへの意識が十分でなかった。

■ 事件の発端

　2016年11月29日、ディー・エヌ・エー（DeNA）はキュレーションサイト「WELQ」内の全記事を非公開とした。同サイトに関しては薬事法に抵触する疑いのある記事が掲載されておりネット上で問題が指摘されていた。

　12月5日、同社子会社運営のファッションサイト「MERY（メリー）」も7日から非公開となった。結局、同社が運営する10サイトが閉鎖に追いこまれた。

■ 事件のその後

　2017年3月13日、DeNAはキュレーションサイト問題について、第三者委

ガバナンス―経営者関与

ガバナンス―従業員関与

製造物責任・事故・商品サービス瑕疵

日本型企業風土

マスコミ・その他

087

員会の調査報告書を公開した。報告書は277ページにのぼり、問題点、背景、各サイトの事情などがまとめられていた。その中で法令上の問題として、著作権侵害の可能性がある記事が最大で2万件、画像で最大75万個。薬機法、医療法または健康増進法違反の可能性がある記事が19本と報告された。また「肩こりの原因は霊」「日焼けには濡れタオルが有効」など荒唐無稽の記事を作っていたことは法律的・倫理的にも問題があると指摘している。更にはSEO至上主義ともいえる経営陣からの1日当たりの閲覧ユーザー数の設定があり、これが問題のあるコンテンツの量産につながったともの指摘もあった。

参考文献

雑誌・新聞記事

◆毎日新聞（2016.12.1）
「医療情報サイト：ウェルク公開中止 DeNA運営、医師知らぬ間に「改変」」
◆同上 （2016.12.19）
「DeNA問題:1文字0.5円で量産 ライター経験者「他人の記事書き換えるしか」」
◆「大手企業も躓（つまず）いた キュレーションの泥沼」
『週刊東洋経済』2017.4.15号
◆「企業不祥事の事例分析：DeNAキュレーション事業問題」『月刊監査役』2017.7
など

category	ガバナンス ―経営者関与

CASE 027 東芝米原発事業巨額損失

date	2016年(平成28年)12月27日
commercial name	株式会社東芝
scandal type	金融商品取引法違反(有価証券報告書の虚偽記載)

■ 事件の背景

　2005年、英国核燃料会社が、子会社である米国の原子力関連企業「ウェスチングハウス・エレクトリック・カンパニー(WEC)」を18億ドルで売却することを計画。2006年、競売の結果、当時国内のみで原子力事業を手掛けていた東芝が54億ドル(約6,370億円)でWECを買収した。東芝はこの買収により加圧水型原子炉の技術を入手し、買収額と実際の資産額の差である「のれん代」として約3,500億円を資産計上。この買収を契機に海外に進出し、2015年度までに原子力事業の売上高を2,000億円から1兆円まで増加させるとの目標を提示した。しかし、WECは商業用として初の加圧水型原子炉を建設した名門企業だが、1979年のスリーマイル島原発事故以降、米国内では原発建設を行っていなかった。

　2008年、WECは米国ジョージア州のボーグル原子力発電所とサウスカロライナ州のV.C.サマー原子力発電所で計4基の原発建設契約を締結し、自社が開発した最新鋭原子炉「AP1000」建設を開始。建設作業は原子力関連企業「ストーン・アンド・ウェブスター(S&W)」が担当していたが、工事の遅延や2011年の東京電力福島第一原発事故を受けての規制強化により、大幅なコスト超過を招くことになった。WECは超過コストの負担をめぐり、S&Wの親会社である建設会社「シカゴ・ブリッジ・アンド・アイアン(CB&I)」と係争になったが、2015年12月にCB&IからS&Wを買収し、訴訟も和解に至った。東芝やWECには、この買収によりプロジェクト管理を一元化させ、遅れている原発建設を促進する意図があった。

　2015年11月12日、「日経ビジネス」が、WECが13億ドル以上ののれんの減損処理を行ったにも関わらず、東芝がその事実を公表していないことを報じた。

089

WECは単体決算で2012年度に9億3,000万ドル（約762億円）、2013年度に3億9,000万ドル（約394億円）を減損処理し、2年連続で赤字となっていた。これに対し、東芝はWECが減損処理したことを認める一方、WEC単体決算と自社連結決算ではのれんの減損テストの方法が異なることを指摘。保守点検などのサービス事業や燃料の生産販売事業が好調で、原子力事業全体としては収益性が確保されているとした上で、自社連結決算には影響がなく、会計ルール上も問題がないと反論した。しかし、福島事故以降、世界的に原子力事業が冷え込む中で、WEC買収によるのれんを減損処理しない東芝の姿勢を疑問視する声も聞かれた。11月16日、東京証券取引所は、東芝に対し、WECが2012年に実施した損失計上を公表しなかったことは、東証が定める適時開示義務に違反していると指摘した。

2016年4月、東芝はS&Wの資産価値が22億ドル水増しされていたとして、CB&Iに対して再交渉を要求。CB&Iは契約不履行で東芝を提訴した。

5月12日に発表された2015年度（2016年3月期）決算では、WECの事業価値を切り下げて2,467億円ののれん減損損失を計上した。

事件の発端

2016年12月27日、東芝はS&Wにからみ数千億円規模の減損損失が発生する見込みであることを発表した。正確な金額は明らかにされなかったが、報道などでは損失額は7,000億円規模とされ、2016年第3四半期（4〜12月期）には一時的に債務超過に陥ることが予想された。

2017年1月、買収したS&Wの資産と負債を評価する過程で、東芝とWECの「内部統制に不備」があったとの内部告発がなされた。一部経営者が損失を低減するため、従業員に「不適切なプレッシャー」を加えていたという。この問題をめぐり東芝と会計監査を担当する「PwCあらた監査法人（PwC）」の意見が対立し、決算報告の発表延期が繰り返される一因となった。

2月14日、東芝は、PwCの承認が得られなかったため、この日に予定されていた第3四半期連結決算とS&Wの減損損失の確定金額の発表を急遽延期した。PwCは、東芝とWECの内部統制に疑義を抱いており、東芝が2016年10月以降に認識したと主張するS&W買収に伴う損失について、遅くとも2016年3月までに、相当程度か全てを認識できたはずだとして、2015年度決算の訂正を求めていた。

CASE 027　東芝米原発事業 巨額損失

同日、東芝は現時点でのS&Wののれん減損額は61億ドル（7,125億円）で、2017年3月末時点で1,500億円の債務超過になる見通しであることを発表。上場廃止基準である2年連続の債務超過を回避するため、最有望の成長事業であるメモリ事業など、複数の事業を売却して経営再建を目指すことになった。

2月15日、東芝の原子力事業を統括してきた志賀重範会長が引責辞任した。

事件の経過

3月14日、東芝は、いまだS&Wの損失についてPwCの承認を得られていないため、予定していた第三四半期決算の発表を4月11日へ再延期した。3月15日、東証と名古屋証券取引所が、上場廃止の恐れがあるとして東芝株を「監理銘柄」に指定した。

3月24日、東芝は、WECについて、日本の民事再生法に相当する米国連邦倒産法第11章（チャプター11）適用を申請することを公表した。3月29日、WECがチャプター11の適用をニューヨーク州連邦裁判所に申請。負債総額は98億1,100万ドルで、その大半は米国内での4基の原発建設に起因するものだった。同日、東芝は、チャプター11申請により、2016年度（2017年3月期）連結決算の赤字が1兆0,100億円に、債務超過額は6,200億円に、それ

ぞれ拡大する見通しであることを発表した。また、WECは2016年度通期決算から東芝の連結対象でなくなり、海外原子力事業のリスクは遮断されたと説明した。

3月30日、東芝の臨時株主総会が開催され、メモリ事業を分社化し、新会社「東芝メモリ」を設立することが可決された。4月1日、東芝メモリを設立。

4月11日、東芝は、第3四半期決算を発表した。PwCは、疑義について実施した調査の評価を継続中であるなどとして「結論不表明」とした。このため、東証一部上場企業としては異例の、監査法人の承認を受けないままの決算発表となった。WECののれん減損で7,166億円の損失を計上して最終損益は5,325億円の赤字となり、2,256億円の債務超過に陥った。WECのチャプター11申請の影響が確定できないとして、それまで1兆100億円と見込んできた2016年度の最終赤字は未定とされた。また、東芝経営陣は、WECの一部経営者から「不適切なプレッシャー」とみなされた言動があったことを認めたが、決算への影響はなかったとして、内部統制は有効に機能していると主張した。

5月15日、東芝は予定されていた2016年度決算の発表を延期し、監査法人の意見がつかない「2016年度通期業績見通し」を公表した。延期の理由

ガバナンス―経営者関与

ガバナンス―従業員関与

製造物責任・事故・商品サービス・瑕疵

日本型企業風土

マスコミ・その他

091

は、S&Wの損失計上のタイミングをめぐり、2015年度には損失を認識していたはずとするPwCと、認識するべきだった証拠はないとする東芝の対立が解消せず、PwCの承認を得られなかったため。見通しによると、最終損益は9,500億円の赤字で、5,400億円の債務超過。東芝株は東証二部に降格する事になった。WEC関連では、営業損益が8,700億円の赤字（2016年度のれん減損7,166億円、2016年度無形資産減損約1,100億円）、営業外損益が約4,900億円の赤字（連結除外損益が1兆1,000億円の黒字、親会社保証と貸倒引当金が9,800億円、投資勘定減損が約5,900億円）。3月29日にWECがチャプター11を申請した際、東芝は海外原子力事業のリスクは遮断したと説明していたが、貸倒引当金が1,500億円増加した。

同日、メモリ事業の合弁パートナーである米国の「ウエスタン・デジタル（WD）」が、東芝メモリの売却について、WDの同意なく第三者に事業を売却することは合弁契約に反しており無効だとして、国際仲裁裁判所に調停を申し立てた。6月28日、東芝は、東芝メモリの売却に反対しているWDを相手に、不正競争行為の差し止めを求める訴訟を東京地裁に起こした。

6月、東芝は、東芝メモリの売却につ

いて、官製ファンド「産業革新機構」、米国投資ファンド「ベイン・キャピタル」、韓国半導体大手「SKハイニックス」からなる日米韓連合に優先交渉権を与えた。半導体技術の海外流出を避けたい経済産業省などの意向もあっての決定だったが、当初は融資に留まるはずだったSKハイニックスが議決権を要求して産業革新機構と対立したり、売却代金の払い込み時期について、早期払い込みを求める東芝に対し、日米韓連合がWDとの係争解決後と主張するなど、交渉は難航。東芝は係争中のWDや台湾の「鴻海精密工業」とも交渉を開始し、8月にはWDを含む新日米連合と大筋合意に達した。しかし、大筋合意後にWDが東芝メモリの経営に強く関与することを示唆して東芝と対立するなど、事態は二転三転した。

7月28日、東芝とサウスカロライナ州のV.C.サマー原子力発電所におけるAP1000原子炉2基建設の発注元である「サウスカロライナ電力&ガス」は、親会社保証として21億6,800万ドル（2,450億円）を2022年9月までに分割で支払うことで合意した。

8月1日、東芝株が東証二部に降格し、東証株価指数、TOPIXなどの主要株価指数から除外された。

8月10日、東芝は2016年度決算を発表した。PwCはS&W買収による損失

CASE 027　東芝米原発事業 巨額損失

を2015年度に計上しなかったのは誤りだと指摘した上で、決算全体は概ね適正だとして「限定付き適正意見」を出した。監査意見を伴わない決算が東証に認められなければ即上場廃止になるところであったが、その危機はかろうじて回避された。最終損益は9,657億円の赤字で（前年度は4,600億円の赤字）、リーマン・ショック後の2008年度（2009年3月期）に「日立製作所」が計上した7,873億円を上回り、製造業としては過去最悪。債務超過額は5,529億円。WEC関連では、1兆3,942億円の赤字（のれん減損7,316億円、固定資産減損1,142億円、貸倒引当金2,421億円、親会社保証引当金6,877億円、その他の損失806億円、連結除益が4,620億円）となった。記者会見では、綱川智社長が東芝メモリの売却を2018年3月末までに終えることは容易ではないと語り、2期連続の債務超過に陥る可能性を初めて認めた。

9月28日、東芝は、ベイン・キャピタルを中心とする日米韓連合と東芝メモリの売却契約を締結したことを発表した。売却額は2兆円。2018年3月末までに売却を完了し、上場維持を目指す方針。出資額の内訳は、東芝自身が3,505億円（議決権40.2%）、光学機器大手「HOYA」が270億円（9.9%）、ベイン・キャピタルが2,120億円（49.9%）で、

日本勢が議決権の過半を確保。また、議決権を要求していたSKハイニックスは議決権を持たず、今後10年間に取得できる議決権も15%以下に制限される。この他、「アップル」「デル」など米国IT大手4社や取引銀行が、議決権のない優先株や転換社債など融資の形で資金を拠出。産業革新機構と日本政策投資銀行は、東芝とWDの訴訟が解決した後に資本参加する。

10月12日、東証および名証は、東芝株の特設注意市場銘柄および監理銘柄の指定を解除した。

10月19日、証券取引等監視委員会（SESC）が、S&Wに関する巨額損失をめぐり、金融商品取引法違反（有価証券報告書の虚偽記載）の疑いがあるとして東芝の調査を開始したことが明らかになった。同社は2016年度決算で約6,500億円の損失引当金を計上したが、SESCは、監査を担当したPwCと同様、このうち数千億円については2015年度に計上するべきで、利益の過大計上の可能性があるとみている。

12月5日、東芝は、海外機関投資家を対象に第三者割当増資を行った。調達した約6,000億円はWECについての親会社保証の早期弁済に用いるほか、資本金を約3,000億円増強する。

12月13日、東芝は、WDとの仲裁及び訴訟で和解したことを発表した。WD

は東芝メモリとの合弁事業を継続するとともに、その売却に同意した。

2018年1月12日、東芝は親会社保証21億6,800万ドル（2,450億円）の早期弁済を完了し、海外原子力事業からの撤退を完了した。

参考文献

webサイト

◆東芝公式「2016年度通期業績見通しに関するお知らせ」
https://www.toshiba.co.jp/about/ir/jp/news/20170515_1.pdf
◆同上「2016年度連結決算」
https://www.toshiba.co.jp/about/ir/jp/pr/pdf/tpr2016q4.pdf
◆同上「内部統制報告書」
https://www.toshiba.co.jp/about/ir/jp/library/sr/sr2016/tsr2016_ci.pdf
◆文春オンライン 2017.2.14
「ドキュメント東芝崩壊「半導体売却」を決めた「血のバレンタイン」」
http://bunshun.jp/articles/-/1423
「リアルタイム・ノンフィクション東芝崩壊 東芝を解体に追い込んだ三悪人の「言い分」」
http://bunshun.jp/articles/-/1405

新聞記事

◆毎日新聞（2015.11.14 朝刊）
「東芝:子会社損失 脱原発、経営直撃 先行き懸念高まる」
◆同上（2015.11.17 夕刊）
「東芝:子会社損失計上、開示義務に違反 東証が指摘」

など

category | ガバナンス —経営者関与

CASE 028 格安旅行てるみくらぶ破産

date | 2017年（平成29年）3月
commercial name | 株式会社てるみくらぶ
scandal type | 経営破綻，詐欺

事件の背景

　格安旅行会社のてるみくらぶは大型旅客機の空席を安価に仕入れインターネットを通じ販売する手法で急成長をとげた。特にハワイ、グアム、韓国、台湾などに強いとされ、格安を売りに旅行好きには知られた存在だった。しかし近年は航空会社が旅客機を小型化し余剰座席を減らすなど安価な仕入れがしづらい状況にあった。またネットで価格比較ができる検索サイトが広まり価格競争が激しさを増していた。資金繰りが悪化した後も「現金一括入金キャンペーン」とする広告を出したり、契約者に早期に旅行代金を支払うよう求めたりしており、結果被害を広げた。

事件の発端

　てるみくらぶの国際航空運送協会（IATA）への航空券購入代金に支払いが期日の3月23日までにできない事態が発生。同社から予約客に「発券済みの航空券は利用いただけるか確認できておりません」などと記載されたメールが届き、観光庁に相談が寄せられた。

事件の経過

　2017年3月27日、てるみくらぶは東京地裁に自己破産申請し破産手続き開始の決定を受けたと発表。同社は格安を売り物にインターネット予約を中心に売上をあげていた。151億円にのぼる負債額のうち約100億が、一般旅行者約3万6000人のもので、旅行先でホテルがキャンセルとなる、帰国便のチケットが確保できないなどの問題が発生した。記者会見した同社の山田千賀子社長によれば、2015年春から新聞などへの広告費がかさみ経営が悪化し国際航空運送協会（IATA）への航空券購入代金に支払いが期日の3月23日できなかったという。旅行代金を受け取った顧客数は8～9万人にのぼっていた。同社が加盟

095

する日本旅行業協会（JATA）の弁済業務保証金制度の対象となるが、限度額が約1億2千万円であり、返金されるのは、1%程度にとどまった。またこの時点で新卒内定者が50人もいるなど雇用面での倫理観のなさが問題となった。

事件のその後

2018年1月16日、同社の山田千賀子元社長が警視庁捜査2課に詐欺容疑で逮捕された。元社長は利益を水増しした決算書を偽造し銀行に提示し融資目的で1億5千万円をだましとった疑いをかけられている。元社長の逮捕はこれで3度目となった。

参考文献

雑誌・新聞記事

◆朝日新聞 （2017.3.28 朝刊）
「「てるみくらぶ」が破産手続き　旅行代金戻らぬ恐れ」
◆同上 （2017.3.29 朝刊）
「旅費弁済申請1万8000件越え　てるみくらぶの旅行客」
◆「検証 なぜこの会社は倒産したのか!?（第279回）（株）てるみくらぶ 格安旅行の裏にキックバックと前受金への依存経営『近代セールス』62(13),2017

など

category	ガバナンス 一経営者関与

CASE 029 「わんずまざー保育園」定員超、初の認定取消し

date	2017年（平成29年）3月19日
commercial name	わんずまざー保育園
scandal type	詐欺，子ども・子育て支援新制度違反

■ 事件の背景

　兵庫県姫路市にある私立の「わんずまざー保育園」は2003年11月に認可外保育施設として設立され、2015年3月には兵庫県の認定を受けた施設である。認定こども園となったことで、同4月から年間約5,000万円の補助金を受けて運営されていた。

　姫路市は2年に1回の定期監査を実施しており、その際に同園の保育士給与に関して不自然な減額が確認された。これに対する同園の小幡育子園長の説明が曖昧であったことから、杜撰な運営が疑われた。さらに兵庫県と姫路市は、同園が正規の受け入れ定員以上の園児を受け入れているとの情報受け、2017年2月23日に合同で同園に対して特別監査を実施した。

■ 事件の発端

　2017年3月19日、「わんずまざー保育園」で正規の受け入れ定員が46人であったにもかかわらず、保護者と直接契約することで22人を私的に受け入れ、68人の子供を保育していたことが発覚した。

　こども園の利用料は、市側が保護者の所得や園児の年齢に応じて徴収することとなっているが、私的に受け入れていた22人分の利用料は同園が園児1人につき2～4万円の料金を独自に設定し、徴収していた。また、給食については40食分前後しか用意しておらず、これを68人の園児全員で分けていたため、おかずがカレースプーン1杯分ほどの園児もいたなど、十分な量・栄養が提供されなかったとされた。さらに残った給食は冷凍・冷蔵で保存し、翌日以降の給食として供していたこともあったという。

　受け入れ定員の超過について同園の小

幡園長は、2015年に認定こども園と
なったときから定員超過となっていたこ
とを明らかにした。その上で、2017年
2月23日の特別監査の日には、私的に
受け入れていた園児を休ませ、定期監査
では定員通りの人数を記載した書類を提
出するなどしていた。また、保育士につ
いては人数を水増ししていたと見られて
おり、保育の安全性も問われる状態だっ
た。加えて、保育士たちは欠勤や遅刻を
した際に罰金を科されていたことや、
超過勤務手当を支払われなかったことな
ど、過酷な状況での勤務を強いていたこ
とも判明している。

　さらに、市への届け出をせずに同園の
保育士2人をベビーシッターとして家庭
に派遣していたこと、園内で学童保育事
業をしていたこと、園側が購入すべきト
イレットペーパーなどの生活衛生用品を
園児側に負担させたことなどが明らかに
なった。同園は、こうして集めた金に加
えて、認定こども園として公費から受け
取る運営費や、超過人数分の園児の保護
者から集めた給食費などもプール金とし
ていた。

　こうしたことから、兵庫県と姫路市は
2017年3月中にも認定を取り消すなど
の措置を取るとした。さらに、認定時か
ら交付してきた運営費の返還請求や詐欺
容疑での小幡園長の刑事告訴を行う動き
を見せた。

事件の経過

　2017年3月4日までに、同園の定員
を超過して受け入れられていた22人に
ついては全員が退園した。さらに同4月
から同園に入園することが決まっていた
46人は、事件発覚後の同3月23日まで
に入園を辞退した。その後、同28日に
は小幡園長の代理人である水田博敏弁護
士が、社会的イメージの悪化などを理由
に4月以降の園の運営を断念する意向を
明らかにした。

　兵庫県は同3月29日に、同園の認定
こども園の認定を取り消すことを決定
（4月1日付）し、公費受給資格も取り消
された。認定取り消しは2015年に認定
こども園の普及を進める「子ども・子育
て支援新制度」が開始されてから初めて
のケースである。

　その後、2017年10月18日までに
姫路市は2015年度と2016年度分の
給付金や補助金について、同園が不正に
受給していたとして、約4,700万円を
返還するよう請求した。これに対して小
幡園長は変換する意向を示した。一方、
姫路市は詐欺の疑いで同園長を刑事告訴
する方向で兵庫県警と協議している。

事件のその後

　同園では園児1人当たりの給食の供給
量が過少であったことが指摘されていた

CASE 029 「わんずまざー保育園」定員超、初の認定取消し

ことから、姫路市が同園に通っていた子供について健康状態を調査した。保護者へのアンケートに対して回答があった40人についての保健師による分析結果は2017年7月15日に公表され、発育に問題が無かったことが明らかになった。

同24日には兵庫県が県内の認定こども園400施設に対して運営実態の緊急調査を行い、25の施設で保育室の面積不足など認可基準に抵触していたことが判明した。認可基準に抵触していた要因は、保育所不足解消のために自治体の要請を受け、子供を受け入れたことなどがあったといい、兵庫県は該当する市町や施設に対して改善を要請した。

参考文献

webサイト

◆神戸新聞ネクスト「連載・特集 姫路市こども園問題」」
　https://www.kobe-np.co.jp/rentoku/himeji_kodomoen/

新聞記事

◆日本経済新聞 （2017.3.20 大阪朝刊）
　「こども園、定員超過隠し、姫路、県・市、認定取り消し検討」
◆同上（2017.3.22 大阪朝刊）
　「園長「認定時から定員超」、姫路のこども園、市、公費返還請求へ」
◆同上（2017.10.18 大阪夕刊）
　「こども園園長に4700万円返還請求、姫路市、不正受給で」

など

category	ガバナンス —経営者関与

CASE 030 PEZY、スパコン助成金詐欺事件

date	2017年（平成29年）12月5日
commercial name	PEZY Computing
scandal type	詐欺

事件の背景

東京地検特捜部に詐欺容疑で逮捕されたPEZYの斉藤元章社長は巨額の開発費を要するスパコンの分野で次々と新技術を開発する業界の有名人で注目を集めていた。またデフレ脱却や経済再生を議論する内閣府の有識者会議の委員も務め、政官界にも人脈を広げていた。報道によれば斉藤社長は容疑について認めているとのことであるが、ではなぜ例外的に巨額助成金が支払われていたのか、その背景は明らかになっていない。

事件の発端

2017年12月5日、経済産業省所管の国立研究開発法人「新エネルギー・産業技術総合開発機構」（NEDO）から助成金約4億3100万円をだまし取ったとして、詐欺容疑で、スーパーコンピューター開発会社「PEZY Computing ペジーコンピューティング」の斉藤元章社

長と、当時の鈴木大介事業開発部長が東京地検特捜部に逮捕された。

事件の経過

社長らはNEDOからの助成金をだまし取ろうと計画し、平成26年2～3月、約7億7300万円の費用がかかったと水増しした実績報告書を作成し、約4億3100万円を請求し、同額をだまし取ったとされている。報道によれば社長は容疑を認め、不正に得た助成金について「別事業の開発資金に使った」と供述しているという。NEDOは2010年度以降、ペジーコンピューティング社に計5事業で総額35億円の助成を決定していた。またグループ会社「ウルトラメモリ」にも16年度に約4億2千万円の助成金が渡っていた。NEDOの助成上限は「年間2億円程度」だったが、ペジーコンピューティング社にはそれを超える多額の助成金が渡っていた。これの理由について監督省庁の経産省は「捜査に関わる

100

CASE 030　PEZY、スパコン 助成金詐欺事件

ことなのでコメントは差し控えたい」としている。

事件のその後

2018年1月24日、斉藤社長は助成金を含む8億円超に上るペジーコンピューティング社の所得を隠し、2億円超を脱税したとして東京地検特捜部に法人税法違反容疑で再逮捕された。また2010年12月期から14年12月期までの5年間に、ウルトラメモリ社への架空外注費を計上するなどの手口で、ペジーコンピューティング社の所得計約8億5000万円を隠し、法人税計約2億3100万円を脱税した疑いもかけられている。

参考文献

webサイト

◆PEZY公式
「弊社代表取締役社長の起訴について」
「弊社代表取締役社長の追起訴及び再逮捕について」
http://pezy.jp/news/

新聞記事

◆産経新聞（2017.12.5）
「日の丸スパコン「暁光」開発、ベンチャー企業社長ら逮捕　4億詐取容疑　東京地検特捜部」

など

「ガバナンス―経営者関与」関連不祥事

(0001) 2007.2.2　大気社が粉飾決算

　　2月2日、空調設備大手の大気社が、不正な経費圧縮などで総額約26億円の連結経常利益を水増ししていたことが、告発文書を受けて設置された社内調査委員会により明らかとなった。同社は2006年3月期までの5期分について、有価証券報告書の訂正報告書を関東財務局に提出した。既に不適切な会計処理があったとして、1月1日付で当時の社長が引責辞任をしていた。

(0002) 2007.2.3　西原環境テクノロジーが所得隠し

　　2月3日、水処理事業の「西原環境テクノロジー」が、2006年3月期までの3年間で約3億9000万円の所得隠しを指摘されていたことが判明した。奈良県橿原市などの建設会社運営者の複数社に対してプラント工事受注で、地元対策費などの名目で約3億2000万を支払っていたが、国税局から、これが経費としてではなく課税対象となる交際費と認定されたという。

　　5日、北関東にある自治体の水道部門に在席していた元職員に対し、指摘された所得隠しのうち千数百万円が支払われていたことが判明。2005年夏に同自治体が発注した機械工事を、同社が2億1600万円で落札していた。同社は退職後の元職員に対し、工事の情報提供などの委託契約をし、報酬として千数百万円を支払ったとされるが、国税局は業務実態が契約に見合っていないと指摘。同社が元職員に支払ったリベートに当たるとし、交際費として課税対象としたとみられる。

(0003) 2007.2.23 三洋電機、粉飾決算

　　2月23日、経営再建中の三洋電機が、2004年3月期の単体決算で、損失処理を過少にし黒字を確保した疑いがあるとして証券取引等監査委員会の調査が判明した。当時の監査を担当したのが、カネボウの粉飾決算で監査体制に重大不備があるとして業務停止処分を受けていた旧中央青山監査法人（みすず監査法人）であったことも判明。27日、三洋電機は、同委員会からの指摘を受け、2001

年3月期から2004年3月期の4年間分の単独決算を自主的に訂正すると発表。3月19日、同社は野中ともよ会長の辞任を発表。また、28日、井植敏雅社長の辞任も発表した。

(0004) 2007.2.28　高島屋が申告漏れ

　　2月28日、大手老舗百貨店の高島屋が2006年2月期までの2年間で約16億円の申告漏れを指摘されたと発表。うち2億2000万円が国税局から所得隠しと認定され、約5億5000万円が追徴課税された。2005年に海外子会社「統一高島屋」精算の際に同子会社に預金残高があったことで、株式消却損を損金として処理したことが所得隠しと認定されたとみられる。

(0005) 2007.3.5　平成電電、巨額詐欺事件

　　3月5日、警視庁捜査2課は経営破綻したベンチャー系通信会社平成電電が通信機器購入の名目で集めた資金を詐取した疑いが強まったとして、同社の元社長ら5容疑者を詐欺容疑で逮捕。同社は「使用していないNTTの電話回線を借り固定電話サービスを割安に」として設立された。関連会社が運営する匿名組合が受皿となり、高利回りを謳い個人投資家から投資を募り約1万9千人から約487億を集めるも、格安の電話サービス契約件数が伸びず2005年10月民事再生法適用を申請（負債総額約1200億円）。2006年6月に破産手続きが開始。関連会社が通信機器を出資者から集めた投資金で購入して平成電電にリース、そのリース料から配当するシステムで、当初は10%ほどの高配当が支払われていたが同社の破綻で支払は停止していた。

　　2009年2月23日、協力会社の元社長に懲役6年（求刑・懲役10年）の実刑判決。6月1日、無罪を主張していた平成電電元社長に対し東京地裁は懲役10年（求刑・懲役12年）の判決を言い渡すも、元社長は控訴。2010年9月6日、東京高裁で行われた控訴審でも社会的被害は甚大で一審の量刑が不当とはいえないとして控訴を棄却、一審判決を支持。また、元社長は最高裁判所へ上告したが、2013年3月22日までに最高裁判所は上告を棄却する決定を行い、一、二審判決が確定した。

(0006) 2007.3.23　井関農機が不適切会計

　3月23日、農業機器メーカーの「井関農機」は、子会社3社が不適切な会計処理を行い、利益の過大計上を行っていたことを明らかにした。不正利益は約40億円と見られている。3月5日に連結製造子会社の井関熊本製造所にて仕掛品の過大計上などの不適切会計処理が行われていた旨の報告があったことを受け、同様の事業形態をとる他の製造子会社3社の松山・新潟・邦栄を調査したところ、井関松山製造所と井関邦栄製造所においても同様の会計処理が判明した。同社は3月29日付で外部委員会の設置について開示。5月24日、今件に関する対応方針報告を明らかにした。

(0007) 2007.5.1　スポーツ「ヒマラヤ」が売上げ水増し

　5月1日、スポーツ用品小売りの「ヒマラヤ」が、循環取引を行っていたことを公表。2005年12月から2006年4月の間に、インターネットショッピング子会社「eSPORTS」の在庫商品に対し伝票上だけでの取引が計5回行われており、約1億2600万円の売上高の水増しがあったという。

(0008) 2007.6.11　三菱東京UFJ銀行、投資信託販売で行政処分

　6月11日、金融庁が三菱東京UFJ銀行の海外業務および投資信託販売業務等に関し、銀行法第26条第1項に基づく行政処分（業務改善命令）を行ったことが同行より発表された。投資信託販売業務等についての法令等遵守態勢や内部管理態勢等の問題点などに改善を求められたものという。特に、投資信託販売業務において、発注ミスなど銀行側の過失に対し、謝罪や追認のみで損失補填を行わなかったことなどが問題視された。

(0009) 2007.10.30　ニチアス、建材の耐火性偽装

　10月30日、国土交通省は建材メーカー「ニチアス」が、建築基準法で特に耐火性があると認定された耐火用建材の性能試験において、3分の2の基準の耐火性しかないのに性能を偽り、不正に大臣認定を取得していたことを発表。ニチアスは、2006年9月に公正取引委員会により独禁法違反の疑いで立入検査を受けており、その反省からコンプライアンス徹底のため内部調査を実施。それにより不正取得が判明したが、報告を受けた会長や社長らは役員には知らせず、問題

104

「ガバナンス―経営者関与」関連不祥事

のある建材を出荷し続けたという。31日、同社から建材を調達している住宅メーカー各社は相次いで相談窓口を設置した。11月8日、同社は会長と社長、専務の引責辞任を発表。19日、国土交通省は4種の建材について耐火性能の再試験を行い、うち新たに2種類が性能不足で大臣認可を取り消したと発表した。

(0010) 2008.5.28　東横イン松江駅前、硫化水素発生

　　5月28日、松江市朝日町のホテル「東横イン松江駅前」付近で異臭が続き、周辺住民ら男女8人が気分が悪いなどと訴えて病院で治療を受けた。その後の調べで、ホテル玄関前の排水溝から硫化水素を検出、地下配管室では人間の致死量相当に達していた。地下配管室に中和剤を投入し、一時、ホテルと隣接ビルは立ち入り禁止、周辺道路も通行規制された。

　　10月29日、島根県警は創業者の前社長が、硫化水素の発生源となった建築廃材の投棄を指示したとして、廃棄物処理法違反（不法投棄）の疑いで逮捕した。同ホテルの新築工事をした際、内装工事にあたったグループ会社「東横システム電建」元副社長＝同法違反罪で起訴＝らに指示し、ホテル地下配管室に建築廃材を投棄した疑い。2009年3月10日、同元社長に対し、懲役2年4月、執行猶予3年、罰金150万円の有罪判決が下った。

(0011) 2008.8.3　東京国際展示場、エスカレーター事故

　　8月3日、東京国際展示場で、西ホールの上りエスカレーターが急停止の後下り方向に逆走し、10人が軽いけがをした。

　　2015年1月19日、国土交通省の社会資本整備審議会は、ボルトの緩みでモーターの位置がずれ、ステップを動かす歯車に動力が伝わりにくくなったことが原因とする報告書を公表した。事故当初は利用者が殺到したことによる重量オーバーが原因との見方もあったが、報告書は「乗っていた人数は積載荷重をやや上回る程度だった」と否定。メーカー側の安全管理に問題があったと結論付けた。

(0012) 2008.11.7　和牛商法「ふるさと牧場」詐欺事件

　　11月7日、警視庁生活経済課は和牛オーナーになり高配当を得るという架空の投資話を持ちかけ、いわゆる和牛預託商法で会員から預託契約金をだまし取ったとして「ふるさと牧場」の社長や幹部ら6人を詐欺容疑で逮捕。全国の会員ら

約1万4000人からおよそ387億円を詐取したという。会員に子牛を購入させ、飼育を引き受けた後数年後に買い戻し、出資額に応じて売却益から6～9%程度の利回りを還元するというシステムを採用していたが、2002年3月頃には福島県内の牧場と契約を解除。実際に牛は不在のまま勧誘をし続けていた。

28日、東京地検は元社長らを詐欺容疑で起訴。2009年7月22日、元幹部らに懲役3年6月（求刑・懲役5年）などの実刑判決。2010年1月27日、元社長に懲役12年（求刑・懲役15年）の判決を言い渡した。

(0013) 2009.4.2　春日電機元社長、特別背任

4月2日、産業機器メーカー「春日電機」が、前社長らが約2億8000万円をマーケティング会社「アインステラ」に貸付けた結果、損害を被ったとして警視庁三鷹署に特別背任容疑の告訴状を提出、この日同署が受理。2011年1月12日、警視庁は元社長ら3人を会社法違反（特別背任）容疑で逮捕。

2008年6～7月、事実上元社長が経営していたア社に対し、春日電機が無担保で資金を約5億5000万円貸し付け、約3億8000万円が焦げ付き、同社に損害を与えた。ア社は2009年6月に会社更生法の適用を申請、経営破綻している。

(0014) 2010.2.9　ローソン子会社が不正流用

2月9日、ローソンは連結子会社のローソンエンターメディア（LEM）の幹部らが独断で資金を不正流用していたことを発表。1月24日、親会社のローソンがLEMの専務から「企画会社へチケット代金を支払っているプレジール社が、資金流用のため資金難となり、支払が不可能」「取締役会の決議無しで、直接支援を行い、プ社に肩替わりしてチケット代金を支払っていた」と報告を受けた。調査の結果、2007年9月、販売したチケット代金が興行主に支払われるまでの期間にLEMで数ヶ月間プールされることを利用し、資金運用を画策するも、投資の失敗などから興行主への支払いが滞る事態に。

2010年3月、LEMは元専務らに対し特別背任容疑で告訴状を東京地検特捜部へ提出、5月には約144億円の損害賠償を求める訴訟を起こした。6月、特捜部は会社法違反（特別背任）容疑で元専務らを逮捕。2007年12月から2010年1月の間、約345億円をプレジール社の口座へ不正流用した。2011年3月25日、東京地裁は元専務に懲役8年（求刑・懲役10年）の判決を言い渡した。

「ガバナンス―経営者関与」関連不祥事

(0015) 2010.5.26　岡本ホテル、巨額詐欺事件

　5月26日、警視庁や兵庫県警などが、静岡県熱海市などで宿泊業を展開する「岡本ホテルグループ」を出資法違反容疑（預かり金の禁止）で家宅捜索。リゾートクラブの預託金を組織的に不正に集めたとして会員権管理会社「オー・エム・シー」や熱海市の「熱海岡本ホテル」などを強制捜査。

　6月10日、同管理会社が東京地裁で破産手続きの開始決定を受ける。負債総額は197億円。負債は会員8000人からの預託金がほとんどを占めている。警視庁などは2011年2月8日までに、同グループの元暴力団組員の元オーナーら10人を組織犯罪処罰法違反（組織的詐欺）容疑で逮捕。集めた金は200数十億とみられる。3月18日、元社長を起訴、実質的な権限があったとみられる元オーナーを追起訴。

　2013年5月30日、東京地裁は元オーナーに対し、オー・エム・シーが破綻状態にあると知りながら会員を募集し続けたと批判、懲役18年（求刑・懲役20年）の判決を言い渡した。

(0016) 2014.2.28　仮想通貨取引所「マウントゴックス」破綻

　2月28日、インターネット上の仮想通貨ビットコインの取引所「マウントゴックス」（運営:MTGOX）が東京地裁に民事再生法の適用を申請、同日受理。債務超過に陥っており、フランス国籍の同社社長（CEO）が記者会見で謝罪。不正アクセスにより消失した損失額は75万ビットコインと28億円の預り金で、金額は114億円程と発表したが、他取引所の取引価格では直近で約470億円前後。7月、大量のビットコインが消失し、約16億円に当たる約2万7000ビットコインが不正に引き出されていたことを受け、警視庁サイバー犯罪対策課が電子計算機仕様詐欺容疑で捜査を始めたことが判明。

　2015年8月1日、2013年2月米国内のサーバー内に開設された自分名義の口座データを改ざん、預金残高を水増ししたとして、警視庁は同社社長を私電磁的記録不正作出・同供用容疑で逮捕。顧客からの預かり金約3億円を着服したとして21日には再逮捕された。2017年7月11日、東京地裁で行われた初公判では同社社長が無罪を主張した。2018年2月19日、マウントゴックスを利用していた一部の債権者が、同社の破産管財人に対し合計約20万ビットコインの返還を求める訴えを東京地裁に起こした。

(0017) 2018.1.8　はれのひ、成人式当日に振袖用意できず

　　1月8日、振袖の販売・レンタルなどを行うはれのひが突如店舗を閉鎖し連絡が取れなくなる事態に。横浜市や八王子市などの成人式の会場では同社の振袖などが届かず、数百人の新成人が晴れ着を着ることができない事態となった。横浜市にあるはれのひ本社は、反応がなく、併設のスタジオも鍵がかかったままだった。神奈川県警には前日から同社に対する相談があり、当日も会場となったホテルなどから「着付け業者と連絡が取れない」「購入した着物が届かない」などの通報が相次いだ。同日、きものと宝飾社が「はれのひ株式会社被害者の会」を立ち上げ。9日、横浜市消費生活総合センターは「「はれのひ」特別相談窓口」を設置。また、ボランティアや有志企業により成人式のやりなおしや晴れ着の撮影会などが行われた。26日、横浜地裁は同社の破産手続き開始を決定。会社側は同日横浜市内で記者会見し、問題発覚後初めて同社社長が姿を見せ謝罪した。負債額は約6億3500万円。29日、同社が保管していた晴れ着について購入者への返却が開始。破産管財人の弁護士によると、購入者がはっきりしている数十着について返却するものの、レンタルした顧客については対応できないという。

category ガバナンス ―従業員関与

CASE 031 獣医師国家試験漏えい事件

date	2007年（平成19年）3月8日
commercial name	麻布大学
scandal type	漏えい

事件の背景

　農林水産省による獣医事審議会専門委員の任命過程において、専門委員の適格要件（その息女が国家試験の受験を予定しているか否かなど）が明らかでなかったこと、専門委員に課せられた守秘義務についての説明が十分でなかったことなどがあげられている。

事件の発端

　2007年3月8日に2006年度獣医師国家試験について「試験問題が漏れている」との匿名メールが農林水産省に届けられた。同省が調査したところ一部の学生の4つの問題に関する正解率が際立って高いのが判明した。

　翌日、同省は問題が事前に漏えいしていた疑いがあると発表した。

事件の経過

　2006年3月20日、農林省は試験作成の専門委員だった麻布大学の教授から試験問題の一部が漏れていたと明らかにした。報告によると試験の作成委員だった麻布大獣医学部A教授が同学部のB教授に生化学分野の問題の提供を依頼。B教授はその後、提供した問題10問を学生に口述筆記させた。B教授は「口述筆記させたことについて、学生たちに新しい問題を解かせたい意図があったと説明している。

　漏えいは同大の学生を通じ東京大学、日本獣医生命科学大学、東京農工大学の受験生にも漏えいした。漏えいは全300問のうち5問であった。麻布大の政岡俊夫学長と有嶋和義・獣医学部長はこの日、記者会見を行い「受験生や関係者に多大な迷惑をかけ、申し訳ない」と謝罪した。4月10日、農水省の調査検討委員会が調査結果を発表した。

事件のその後

2007年04月26日、麻布大学はA教

授とB教授を准教授への降格と出勤停止
1週間とする懲戒処分を発表した。政岡
俊夫学長も厳重注意処分とした。

参考文献

webサイト

◆獣医師国家試験漏えい問題調査検討委員会「第58回獣医師国家試験における問題漏えいの事実関係に関する調査報告書」
http://www.maff.go.jp/j/press/2007/pdf/20070410press_4b.pdf

雑誌・書籍・新聞記事

◆毎日新聞　（2007.3.10）
　「獣医師国家試験:問題漏えいか」
◆同上　（2007.3.21）
　「獣医師国家試験:麻布大教授が漏えい 問題・解答、講義で書き取らす」

など

| category | ガバナンス —従業員関与 |

CASE 032 加ト吉、循環取引問題

date	2007年（平成19年）4月24日
commercial name	株式会社加ト吉
scandal type	循環取引

事件の背景

加ト吉（現テーブルマーク）は創業者の加藤義和元会長兼社長が魚の行商から身を起こし、一代で四国随一の大手企業に育て上げた企業であった。加藤氏は1975年から16年間にわたって地元の観音寺市長も務め、地元テーマパークなどの再建にも手を差し伸べてきた。

また、同氏は大物投資家としても知られており、加ト吉が株式会社設立から増収を続ける企業として著名であった一方で、当時の同社は、ワンマン経営による風通しの悪さ、対前年比で1円でも売上を上げなければいけないといった売上至上主義に陥っていた。加藤氏引責辞任の記者会見の席上で後任の金森新社長（JT出身）は不祥事の背景として上記2点があったと挙げた。

事件の発端

2007年1月、循環取引に関わっていた香川県の貿易会社が、加ト吉の監査法人に通報。3月に「加ト吉とグループ各社の間に、業者間で同じ品物の転売を繰り返す「循環取引」があったのではないかという報道がなされた。4月24日、加ト吉はこの問題に関する外部有識者による社内調査の結果を公表した。それによると加ト吉の水産管理部と東京特販部、子会社の加ト吉水産について過去6年間で、合計約984億円分の売上高が水増しされていたと明らかにした。調査報告では循環取引は水産事業担当の高須稔常務が単独で行っていたとされた。

事件の経過

2001年から2006年の間に32の取引先との間で帳簿上の転売を繰り返し架空の売上を計上する循環取引が行われていた。その多くは高須常務と香川県の貿易会社が仕組んだものとされている。動機としては加ト吉だけでなく貿易会社の売上を水増しすることで、貿易会社

の経営破綻を避け事態の発覚を避けるためだったという。2007年4月24日の記者会見で金森哲治・新社長によって加藤義和会長兼社長の引責辞任が発表された。加藤氏は取締役でない相談役に退いたが6月に相談役の職も解かれた。実弟の義清氏も副社長を辞任した。半世紀にわたってトップに君臨した加藤義和・前会長兼社長は、心労が重なり2日前に緊急入院しており、この席には姿を現わさなかった。後継者に指名された金森新社長は、「本来は前会長自身がこの場に出て、謝罪すべきと思う」と謝罪した。「循環取引」問題で債権回収不能などの損失は総額約150億に達し2006年度の決算は赤字に転落した。

事件のその後

2008年4月、加ト吉はJTの完全子会社となり、2010年1月には商号がテーブルマークへと変わった。2010年6月30日、東京地裁は取引先の岡谷鋼機（名古屋）から出されていた商品の売却代金の賠償を求めた訴訟の判決で、約50億2千万円の支払いを命じた。また2010年12月には循環取引で約50億円の損害を与えたとして、特別背任や詐欺などの罪に問われた元常務、高須稔被告の懲役7年とした実刑判決が確定した。

参考文献

雑誌・新聞記事

◆ 「不正会計-刑事事件化が必至 創業社長辞任の加ト吉」『週刊東洋経済』2007.5
◆ 「加ト吉が創業者追放 開くか「パンドラの箱」」同上
◆朝日新聞2007年4月25日
  「加ト吉、売上高水増し 循環取引で984億円 創業社長辞任」
◆日本経済新聞2010年11月16日
  「加ト吉元常務の最高裁上告棄却 実刑確定へ」

など

category | ガバナンス —従業員関与

CASE 033 りそな銀行、顧客情報大量紛失

date	2007年（平成19年）7月9日
commercial name	株式会社りそな銀行
scandal type	情報紛失

事件の背景

りそな銀行で2005年6月30日に28店舗で約10万名の顧客情報を記録したコムフィッシュ（シート状の薄膜フィルムに情報をコンピュータ出力したマイクロフィルム）を紛失、2006年7月18日にも43店舗で17万1,612名分の顧客情報を記録したコムフィッシュを紛失したことが明らかになっていた。いずれも店舗統廃合の際に誤って廃棄されたものと考えられ、外部への情報流出は確認されなかったとみられた。

事件の発端、事件の経過

2007年7月9日、りそな銀行は東京、神奈川、千葉、大阪、京都、奈良、広島、愛知の8都府県にある27支店で顧客情報約98万件を紛失したことを発表した。銀行による顧客情報の紛失としては、2006年10月に三菱東京UFJ銀行で発覚した約96万件を上回り、過

去最大。紛失したのは1998年10月から2007年2月までの取引記録のうち、ATM利用時に出力される利用明細などが記録されたロール状の紙である「ATMジャーナル」18支店96万1,000件、税公金納付書の銀行控え5支店約1万2,000件、支払・入金伝票や支払い済みの小切手など窓口取引の伝票綴り5支店2,395件。記録されている情報はATMジャーナルが顧客氏名、口座番号、取引種類、金額など、税公金納付書が氏名、住所、金額など、伝票が氏名、住所、口座番号、取引種類、金額、取引日、届け印などで、預金口座からの引き出しに必要な暗証番号は含まれていない。

2006年末、顧客情報が記載された資料を集中保管するため、営業店で保管されていた資料を東京と大阪のセンターに移管する作業の際に紛失が発覚。全店舗を対象に、半年にわたり内部調査が行われた。同行によると、保管期間を過ぎた書類を処分する際に、誤ってこれらの取

113

引記録を廃棄したと考えられる。情報が外部に流出した可能性は極めて低く、紛失した資料に基づく外部からの不正請求や顧客からの照会は確認されていないという。

事件のその後

2009年7月22日、りそな銀行は全国の113支店で顧客情報約33万件を紛失したことを発表した。

紛失したのは伝票6万1,244件、ATMジャーナル13万3,680件、持出手形等記録用MO・マイクロフィルム12万8,500件、貸金庫関係書類3,402件、通帳・証書等喪失関係書類2,859件、非課税貯蓄申告書の銀行控え97件。

記録されている情報は顧客氏名、住所、電話番号、口座番号、取引種類、取引金額など。顧客情報が記載された資料の保管状況を調査した際に紛失が発覚。

今回も、保管期間を過ぎた書類を処分する際に誤って廃棄した可能性が高く、不正持出などで情報が外部に流出した可能性は低いという。

参考文献

webサイト

◆りそな銀行公式「お客さま情報の紛失について」平成18年7月18日
　http://resona-gr.co.jp/holdings/news/newsrelease/pdf/170630_3a.pdf
◆同上「お客さま情報の紛失について」平成18年7月18日
　http://resona-gr.co.jp/holdings/news/newsrelease/pdf/180718_1a.pdf
◆同上「お客さま情報の紛失について」平成19年7月9日
　http://www.resona-gr.co.jp/holdings/news/newsrelease/pdf/190709_1a.pdf
◆同上「お客さま情報の紛失について」平成21年7月22日
　http://resona-gr.co.jp/holdings/news/newsrelease/pdf/210722_1a.pdf

書籍・新聞記事

◆毎日新聞縮刷版　2007
◆読売年鑑 2008年版
◆毎日新聞（2007.1.30 朝刊）
　「個人情報:りそな銀、預金残高など276人分顧客情報紛失」
◆同上（2007.7.10 朝刊）
　「個人情報:りそな銀が顧客情報98万件紛失、氏名や口座番号記載」

category	ガバナンス —従業員関与

CASE 034
東芝社員が架空リース詐欺

date	2007年（平成19年）9月20日
commercial name	株式会社東芝
scandal type	詐欺，有印私文書偽造・同行使

■ 事件の背景

　2004年8〜9月、当時東芝のITプロジェクトチーム参事（課長級）であった同社の元社員Aが、ソフト開発会社社長Bらとともに、都内のリース会社に対し、東芝社内での製品開発において三次元設計のコンピュータソフト約250本をリースで使うとする虚偽の説明をし、導入予定のソフトを購入して東芝にリースしないかと持ち掛けた。Aはソフトなどの調達を行う部署には所属していなかったにもかかわらず、東芝の調達担当者だと偽り、実在する同社の情報システム部門の部長印を偽造し、契約書を作成してリース会社を信じ込ませ、同部長の名義で一括調達の契約を結んだ。その上で同年10月、契約したリース会社に、東芝へ納入するソフトの購入代金としてソフト販売会社社員Cの勤務先の口座に5億2,400万円を振り込ませていた。

■ 事件の発端

　2007年9月20日、警視庁捜査二課は先述の3人に加えソフト開発会社社長のDの、合わせて4人を詐欺と有印私文書偽造・同行使の疑いで逮捕した。

　同課によれば、同様の手口で他のリース会社3社からも現金をだまし取ったものとみており、2001年6月からの約5年間で合わせて120〜130億円を引き出していたとしている。詐取した金はBとDが経営する会社に流れ、そのうち約100億円は東芝からのリース料名目でリース会社に返し事件発覚を遅らせつつ、一部はコンサルタント料などの名目で各容疑者が受け取っていたとされる。

　Aは約7億円を手にしており、自身が実質的に経営するコンピューター関連の人材派遣会社の運転資金や女性との交際費に充てていたが、2005年3月に東芝から関連子会社に移動した際に不正が発覚し、翌2006年10月に解雇されていた。

115

事件の経過

逮捕された4人は、2007年10月10日に、同様にリース会社から現金約8億4,000万円を詐取した疑いで、当初の逮捕容疑と同じく詐欺と有印私文書偽造・同行使の疑いで再逮捕され、起訴されている。このうちAについては、2009年に詐欺罪などで懲役9年が確定している。

またこのほかに、2007年10月24日には、警視庁捜査二課などが口止め料としてAから約3,000万円を脅し取ったとして、恐喝と組織犯罪処罰法違反の疑いで東芝と取引のあったソフトウェア販売会社の元社員2人も逮捕されている。同課では、2人が「東芝やマスコミに告発文を発表する」と書いた脅迫文をAに郵送するなどして、2005年5月からの1年間で合わせて約1億円を脅し取ったとしている。

事件のその後

本件をめぐり、コンピュータソフト購入代金を詐取されたリース会社から損害賠償請求権を引き継いだ会社などは、東芝などを相手に合わせて約113億円の損害賠償を求めた訴訟を起こしている。この訴訟は2011年7月20日に判決公判が東京地裁で行われ、裁判長が東芝に対して約45億円の賠償を、また元社長が事件に関与したソフトウェア開発会社に約13億円の賠償をそれぞれ命じた。

裁判所は東芝と使用関係にある社員が、東芝業務の中で行われた架空取引であり、東芝は使用者責任を負うべきであると判断した。その一方で、契約書の交付が駅改札で行われたなどの不自然な点もあり、リース会社側にも被害拡大を防ぐことができた可能性があると指摘したため、一定の過失相殺を認めている。この判決に対し東芝は、元社員が業務と関係なく起こした事件であり、自社が責任を負うべきではないとして控訴している。

参考文献

新聞記事

◆日本経済新聞　2007.9.21 日本経済新聞 朝刊
　「偽リース契約、東芝元社員ら逮捕、5億円詐取容疑──120億円超引き出しか」
◆毎日新聞　2007.9.21 朝刊
　「契約書偽造:元東芝課長ら逮捕 5億円詐取、被害総額130億円か--警視庁」
◆読売新聞　2011.7.21　東京　朝刊
　「元社員巨額詐欺 東芝に45億円賠償命令 使用者責任認める 東京地裁」　　　　　　など

category	ガバナンス —従業員関与

CASE 035
日銀松江支店から情報流出

date	2008年（平成20年）3月22日
commercial name	日本銀行松江支店
scandal type	情報流出

事件の背景

　日本銀行の内部規定では、職員によるパソコンの持ち帰り、個人パソコンの持ち込みは認められておらず、記憶媒体でのデータの持ち出しも原則禁止されていた。しかし、同行松江支店の業務課に勤めていた男性社員は、ワープロソフトの「Word」や表計算ソフトの「Excel」で作成されたデータを記憶媒体に入れて無断で持ち帰り、2006年1月から2008年3月にかけて、自宅の私有パソコンで使用していた。

　同職員はデータ使用に用いた私有パソコンには、ファイル交換ソフトの「Winny」が入っていたことから、同ソフトの暴露ウィルスを通じて、内部資料が流出することとなった。

事件の発端

　2008年3月21日午前10時半ごろ、日銀に対して、同行松江支店のものと思われる資料がインターネット上に掲載されているという趣旨の匿名の電話で連絡があった。すぐに確認したところ、同支店管内である島根県や鳥取県の金融機関に対する検査計画、あるいは過去の検査成績などの情報を含んだ、同支店の内部資料であることが判明した。そのため、同日午後には同支店が、それらの情報が掲載されていたインターネット掲示板「2ちゃんねる」に対して情報削除を要請するなど、対応に追われた。当時、白川方明同行総裁代行には（総裁職は内部資料の流出が発覚する直前の20日より空席であった）、内部資料流出が発覚した21日の午後にはその情報が伝えられ、総裁代行は事実を公表するように指示した。そして翌22日に内部資料流出の事実が公表された。

　21日の内部資料流出発覚を受け、同支店は職員約40人のパソコンをチェックし、上述した業務課の男性職員からの流出が判明している。同職員が持ち帰っ

た資料は39件で、同行の内部規定では、内部資料の重要度が最も重い「機密」、中間の「要注意」、軽い「一般資料」の3種類に分けられているが、39件の資料の重要度は「要注意」と「一般資料」であった。このうち、内部資料流出が公表された22日時点で流出が確認されていた資料は5件で、「要注意」と「一般資料」の双方が含まれていた。流出した資料の中には、金融機関の決算見込みに関するもので、取引先企業3社を「要注意先」や「要管理先」から「破綻懸念先」へと扱いを変更していたことなど、企業の信用情報に直結する記述を有するものも含まれていた。

流出した資料は21日の削除要請により、一旦は削除されたことが確認されたが、翌22日には再び閲覧可能な状態となっていた。さらに、23日には新たに別の資料が閲覧可能な状態となっていることも確認された。その中では、鳥取県内の金融機関の取引先である5社が「破綻懸念先」と分類していたとする情報が流出するなどした。

事件の経過

内部資料の流出を受け、流出が発覚した2008年3月21日には、日銀松山支店の職員や、金融機関の役員などが、経営情報などの流出被害を受けた企業を訪問し事情説明するなどの対応に走った。

訪問を受けた企業の社長は、金融機関の役員から、「責任を持ってバックアップする」との言葉を受けたものの、うわさが広がることへの懸念を示すなど、動揺が広がった。

同4月15日、同行は機密情報を流出させた男性職員を停職1ケ月、流出発覚当時の松山支店長など上司6人を戒告とする処分を発表し、さらに男性職員は同日付で自主退職し、当時の支店長と前任の支店長は給与1ケ月分を10%自主返納した。男性職員はより完成度の高い資料を作りたいとして、規則違反と知りながら内部資料をほぼ毎日自宅に持ち帰り、私有パソコンにて資料作成を行い、同パソコン内にデータの保存もしていた。

また同行の発表では、持ち出されたデータ39件のうち5件については流出の可能性がないことが確認されたが、34件のファイル、ファイル容量にして計3MBについては流出したとしている。流出した内部資料の中で「破綻懸念先」などとされた企業は14社にのぼり、同行は被害企業に対して見舞金を支払うなどの対応を進めた。また、行内では職員に対して、記憶媒体の無許可持ち出しの禁止を徹底することや、全職員の私有パソコンを定期的に点検すること、データを外部に持ち出せないようにシステムを改良することなどの再発防止策を実施することも明らかにした。

CASE 035　日銀松江支店から 情報流出

参考文献

webサイト

◆「日本銀行、松江支店の情報流出問題について調査報告書を公表」
https://internet.watch.impress.co.jp/cda/news/2008/04/17/19264.html

雑誌・書籍・新聞記事

◆日本経済新聞 （2008.3.23 朝刊）
「日銀松江支店、内部資料、パソコン内に39種類──ネット流出、拡大のおそれ」
◆同上 （2008.4.16 朝刊）
「松江支店長ら7人処分、日銀、内部資料流出問題で──白川総裁「深くおわび」」

など

ガバナンス──経営者関与

ガバナンス──従業員関与

製造物責任・事故・商品サービス瑕疵

日本型企業風土

マスコミ・その他

category ガバナンス ─従業員関与

CASE 036 野村証券社員が インサイダー取引

date : 2008年(平成20年)4月22日～2012(平成24年)3月21日

commercial name : 野村証券株式会社

scandal type : 金融商品取引法違反(インサイダー取引)

事件の背景

金融庁は2007年に「金融・資本市場競争力強化プラン」を策定するなど、規制緩和を進めて金融市場の活性化を目指すとともに、市場の公正性を高めるためにインサイダー取引の摘発体制を強化してきた。そのような中で、業界最大手である野村証券で相次いで不正が発覚したことは、日本の証券市場への信頼性を揺るがせた。また、野村証券には1991年の顧客への巨額の損失補てん事件、1997年の総会屋への利益供与事件などの不祥事を繰り返してきた過去があり、利益のために不正行為をいとわない企業風土が厳しく指弾されることになった。

事件の発端

2008年4月22日、証券取引等監視委員会（SESC）は、野村証券社員ら3名がインサイダー取引を行っていた疑い

で、3名の自宅など関係先十数ケ所の強制調査に入り、野村証券中央本社などに任意の事情聴取を行った。インサイダー取引が疑われるのは野村証券社員だったＡ、その知人のＢと弟Ｃの兄弟。元社員Ａは2002年に京都大学を卒業後、2006年2月に野村証券に入社。企業買収・合併（M&A）や株式公開化付け（TOB）を担当する企業情報部に所属し、2007年12月下旬に香港の現地法人へ転勤していた。知人Ｂは元社員Ａと同時期に京都大学に留学しており、この時に知り合ったとみられる。調査容疑は、企業情報部でアドバイザー契約を結んでいた東証2部上場の電子部品メーカー「富士通デバイス」株に関する取引。2007年4月20日頃、元社員Ａは企業情報部の業務を通じ、富士通が株式交換により同社を完全子会社化するという情報を入手。5月8日から公開当日の24日にかけて、他の2名と共謀して同社株7,000株を1,170万円で購入。6月15

CASE 036　野村証券社員が インサイダー取引

日に全株を売却し、約500万円の利益を得たというもの。SESCは、3名がこれ以外にも、2006年5月から元社員Aが香港に転勤する直前の2007年末まで、M&A絡みの20銘柄でインサイダー取引を繰り返し、5,000万円弱の利益を得た疑いがあるとして、調査を続行。同日、SESCと連携して捜査を進めていた東京地検特捜部が容疑者3名を金融商品取引法違反容疑（インサイダー取引）で逮捕し、野村証券が元社員Aを解雇した。

また、この日には企業年金連合会が、再発防止策が明らかになるまでの間、野村証券への株式や債券の売買発注を停止したことを発表。その後、大和証券投資信託委託、三井住友アセットマネジメント、トヨタアセットマネジメント、朝日生命保険など、機関投資家の間に発注停止の動きが広がった。

4月28日、金融庁は証券会社各社に緊急通達を出し、M&A業務を手がけるなど機密情報を入手できる役職員全員の有価証券取引の実態調査、インサイダー取引を禁じた社内規則の実効性の点検、役職員らの法令順守徹底に向けた研修の実施など、インサイダー取引防止の徹底を要請した。

その後、インサイダー取引が行われた21銘柄の多くは元社員Aの担当案件でなかったことが判明し、野村証券の情報

管理体制に不備があった疑いが強まった。野村証券によると、企業情報部は1〜7課で構成されており、M&A案件に関する資料は社内パソコンで作成され、同じ課の社員でも担当案件以外の資料を閲覧できないシステムになっているという。しかし、新人だった元社員Aは職場内訓練（OJT）の一環として、複数の課が担当するM&A案件に関する資料の作成に携わっていた。また、元社員A自身が担当を努めたり、OJTで資料作成を依頼されるなどしたのは10件前後で、それ以外については各課に設置された掲示板に書かれた同僚の訪問先企業名を見たり、同僚の会話を立ち聞きするなどして、銘柄を推測していた。各課のスペースはパーティションで仕切られているだけで、自由に行き来できたという。

5月12日、東京地検特捜部は、臨床検査薬メーカー三光純薬株でもインサイダー取引があったとして、元社員Aと蘇春光容疑者を証券取引法違反容疑で再逮捕した。逮捕容疑は元社員Aが大手製薬会社エーザイによる三光純薬の完全子会社化の情報を入手し、知人Bが公表前の2007年3月に計8,000株を259万2,000円で購入。公表後に売却して約140万円の利益を得たというもの。

5月30日、SESCは、不正が裏付けられた4件について、元社員Aと知人Bの両者を証券取引法違反容疑で東京地検

特捜部に告発。6月2日、同特捜部は、2名を証券取引法違反で起訴した。起訴状によると、2名は2007年3月から12月にかけて、元社員が業務の過程で入手したM&A情報を基に三光純薬、医療関連会社「サイトサポート・インスティテュート」の株を購入。また、知人Bは単独で富士通デバイス、飲料メーカー「アサヒ飲料」、三光純薬の株を買い付けた。購入した株は計6万7,500株・約4,175万円で、売却益は約1,369万円。うち元社員A被告が関与した取引の利益は約185万円で、残りは知人Bが元社員Aに取引を知らせずに独占した。掲示板の記述や同僚の会話などを基に買い付けた17銘柄については、「職務上知り得た重要事実」とは断定できないとして立件を見送った。また、知人Bの弟Cは名義を貸しただけとして起訴猶予になった。

6月6日、社外取締役と弁護士で構成される野村証券の特別調査委員会が報告書を発表。社内ルールが故意の違反者の存在を想定していなかったとして、情報管理や社員研修の不備を指摘した。同日、野村証券は、渡部賢一社長と古賀信行会長の減俸処分と、今後実施する再発防止策を発表した。主な内容は情報管理態勢の強化策として企業情報部への監視カメラ設置、課ごとの仕切りの設置、個別案件の打ち合わせでの会議室利用の徹底、顧客企業の実名の使用禁止・暗号化の徹

底など。人事管理・研修の強化策として採用時に倫理観のチェックや適性テストを実施など。

7月3日、金融庁は野村証券に対し、金融商品取引法に基づく業務改善命令を出した。同社のインサイダー取引対策が法令違反とまではいかないまでも不十分だったとして、情報管理体制の強化を求める内容。

12月25日、東京地裁は元社員Aに懲役2年6ケ月・執行猶予4年6月、罰金100万円（求刑・懲役2年6ケ月、罰金100万円）、知人Bに懲役2年6ケ月・執行猶予4年、罰金100万円（求刑・懲役2年6ケ月、罰金300万円）を言い渡し、両被告に求刑通り追徴金計約5,500万円を科した。判決では、2人が2007年3月から12月にかけて、三光純薬、サイトサポート・インスティテュートの2銘柄計1万株を計449万9,600円で購入。蘇被告は単独でも富士通デバイス、アサヒ飲料、三光純薬の3銘柄計5万7,500株を計3,724万7,000円で購入。買い付けた株は全て売却し、計約1,200万円の利益を得たと認定した。

2010年7月、日本証券業協会は、本事件や2009年に発覚しカブドットコム証券のインサイダー取引を受けて、業務で入手した法人情報の管理に関する自主規則を導入した。主な内容は社内に情報管理部門を設置する、法人担当部門を

122

CASE 036　野村証券社員が インサイダー取引

他の部門から物理的に隔離する、法人関係の書類を他部門から隔離して管理する、法人情報が入った電子ファイルを容易に閲覧できないようにするなど。

事件の経過・その後

2009年から2010年にかけて、上場企業による公募増資がかつてない規模で行われたが、増資が公表される直前に大量の空売りが発生し、株価が不自然に急落する事例が続発。内外の投資家からインサイダー取引を疑う指摘が相次ぎ、証券取引等監視委員会（SESC）が主幹事証券会社などの調査に乗り出した。

2012年3月21日、SESCは、東証1部上場の「国際石油開発帝石（INPEX）」（東京都）が2010年に実施した公募増資に関してインサイダー取引を行ったとして、金融商品取引法違反（インサイダー取引）の疑いで旧中央三井アセット信託銀行（現三井住友信託銀行）（東京都）に課徴金を科すよう金融庁に勧告した。同行のファンドマネジャーである男性社員が、2010年6月30日に公募増資の主幹事4社のうちの1社である野村証券の女性営業員から大型公募増資の情報を入手。7月1日と7日の2度にわたり、同行が運用するファンドでINPEXの現物90株と空売り120株の計1億0,124万円分を売却。7月8日の公表後に買い戻し、1,455万円の利益を得ていた。ただし、課徴金の額は不正利益でなく運用報酬に基づき算定されるため、わずか5万5,000円だった。本件では社員が業務の一環として不正を行ったことから、信託銀行としては初めてインサイダー取引で課徴金処分を受けることになった。また、証券会社が営業活動として外部に未公表情報を漏えいしていたことが確認されたのは日本市場では初という。

4月13日、SESCは、2010年に三井住友フィナンシャルグループと相鉄ホールディングスが実施した公募増資に関して、顧客情報の管理が不適切だったとして、金融商品取引法違反（信用失墜行為）などの疑いでSMBC日興証券に行政処分を科すよう金融庁に勧告した。同社は両案件で主幹事を務めていたが、営業部門に情報が漏えい。この情報をもとに営業部門は顧客に三井住友フィナンシャルグループ株や相鉄ホールディングスの購入を勧めていた。

5月29日、SESCは、2010年の「みずほフィナンシャルグループ」の公募増資に関してインサイダー取引を行ったとして旧中央三井アセット信託銀行に、同年の「日本板硝子」の公募増資に関してインサイダー取引を行ったとしてヘッジファンド「あすかアセットマネジメント」（東京都）に、それぞれ金融商品取引法違反（インサイダー取引）の疑いで課徴金を科すよう金融庁に勧告した。旧

123

中央三井アセットでは男性ファンドマネ
ジャーが増資の主幹事だった野村証券の
営業員から情報を入手し、公表前日の6
月24日にみずほFG株117万8,600株
を売却。増資公表後に株価が暴落したが、
2,023万円の損失を回避した。課徴金
は8万円。あすかアセットは、やはり増
資の幹事会社であるJPモルガン証券の
営業員から事前に情報を入手。8月5日
から公表前日の23日にかけ計215万株
を空売りし、発表後に買い戻して6,051
万円の利益を得ていた。課徴金は13万
円。また、SESCは、野村証券が業務の
一環として情報の漏えいを繰り返してい
たとして、金融商品取引法違反（信用失
墜行為など）の疑いで行政処分を科すよ
う金融庁に勧告する方針を固めた。

　6月8日、SESCは、2010年の東京
電力の公募増資に関してインサイダー
取引を行ったとして、金融商品取引法違
反（インサイダー取引）の疑いで米国
の「ファーストニューヨーク証券」に
1,468万円の課徴金を科すよう金融庁
に勧告した。FN証券は東京都内のコン
サルティング会社を通じて、主幹事会社
である野村証券の男性営業社員から情
報を入手。公表前日の10月28日に東
電株3万5,000株を売却額8,051万円
で空売りし、720万円の利益を得てい
た。顧客の資金を運用していた中央三井
アセット信託銀行と異なり、FN証券は

自己資金を運用していたため、課徴金は
不正利益に基づいて算出された。同日、
野村証券は3件の公募増資に絡むインサ
イダー取引について、自社の営業員4名
が情報を漏えいしていたことを初めて認
め、謝罪した。現行法では情報提供者を
インサイダー取引容疑で処分できないた
め、SESCは情報を漏えいしていた企業
を「公募増資の主幹事証券会社」と説明
していたが、東電の公募増資の主幹事会
社は野村証券1社だけだった。

　6月29日、野村証券の親会社の野村
ホールディングスが社内調査結果を発表
し、未公開の増資に関する情報が担当部
門から営業部門に恒常的に漏れていたこ
とを認めた。また、渡部賢一グループ最
高経営責任者（CEO）ら経営陣の減俸、
情報漏れに関与した「機関投資家営業部」
の1週間程度の営業自粛などの処分を発
表した。

　同日、SESCは、「日本板硝子」（東京
都）が2010年に実施した公募増資に関
してインサイダー取引を行ったとして、
金融商品取引法違反（インサイダー取引）
の疑いで米国の投資助言会社「ジャパン・
アドバイザリー合同会社」に課徴金を科
すよう金融庁に勧告した。外国籍のファ
ンドマネジャーの男性が10年8月20日
に大和証券の外国籍の男性営業員から情
報を入手。同日中に265万3,000株分
5億4,178万円を空売りし、公表当日

CASE 036　野村証券社員が インサイダー取引

の24日に買い戻して1,600万円の利益を上げていた。課徴金は37万円。これで、2010年に実施された公募増資にからんで、野村・大和・日光の3大証券会社全てが不正に関与していたことが明らかになった。

7月3日、金融庁が、大手証券会社12社に対し、情報管理体制などを調査・報告するよう命令。8月7日、証券会社12社が調査結果を金融庁に報告。また、業界を挙げて情報管理体制を強化していく方針を明らかにした。

7月3日、日本政策投資銀行は、発行を予定している財投機関債の主幹事会社3社から野村証券を解任したことを発表した。その後、同社は日本航空が計画する東証1部への再上場で主幹事7社の中で中核的役割を担うグローバルコーディネーターを解任され、日本たばこ産業（JT）の政府保有株売り出しの主幹事に落選するなど、市場で「野村外し」が拡大した。

7月26日、野村ホールディングスが、渡部賢一最高経営責任者（CEO）と柴田拓美最高執行責任者（COO）が7月31日付で引責辞任することを発表するとともに、機関投資家営業部の再編、機関投資家向け営業員への通話録音機能付き携帯電話の使用義務付けなどの再発防止策を明らかにした。6月に減俸処分を発表した際には辞任の意思はないとして

いたが、批判が殺到したことや野村外しの広がりを受け、一転して辞任に追い込まれた。

7月31日、SESCは、収益至上主義の企業風土を背景に顧客への情報漏えいが常態化しており、経営陣の管理監督が不十分だったとして、野村証券に対する行政処分を勧告。8月3日、金融庁は、情報管理体制や社員教育に不備があったとして、野村証券に金融商品取引法に基づく業務改善命令を出した。

8月24日、日本証券業協会が東京証券取引所と共同で緊急会合を開催。参加した全国の証券会社約50社に対し、情報管理体制を自主点検し、結果を報告するよう求めた。

10月16日、日本証券業協会が、31日には東京、大阪、名古屋の各証券取引所が、情報管理体制に不備があったことを理由に野村証券に対して過怠金を科すことを発表。金額は日証協が3億円で過去最高額、東証が2億円で過去最高額、大証が1,600万円、名証が800万円。

12月25日、金融庁は公募増資インサイダー取引の罰則強化策をとりまとめた。機関投資家への課徴金を大幅に引き上げ、証券会社など情報提供者への処罰を可能とする内容。2013年4月16日、「金融商品取引法等の一部を改正する法律案」が国会に提出され、6月12日に成立した。

ガバナンス ─ 経営者関与

ガバナンス ─ 従業員関与

製造物責任・事故・商品サービス瑕疵

日本型企業風土

マスコミ・その他

125

参考文献

webサイト

◆「増資インサイダー事件後の規制改革」知的資産創造　2013.8
http://www.nri.com/〜/media/PDF/jp/opinion/teiki/chitekishisan/2013/cs20130806.pdf
◆ロイター「東京地検、元野村証の中国人社員らをインサイダーで逮捕」2008.4.23
https://jp.reuters.com/article/idJPJAPAN-31453920080422
◆野村HD公式「証券取引等監視委員会による勧告事案に関する調査委員会の報告および当社としての改善策について」
http://www.nomuraholdings.com/jp/news/nr/holdings/20120629/20120629_b.pdf

雑誌・書籍・新聞記事

◆「INSIDE REPORT 倫理観を欠いた経営が産み落とした野村證券のインサイダー事件」『財政金融ジャーナル』48（6）2008-06
◆毎日新聞縮刷版（2008年、2012年）
◆読売年鑑 2009年版
◆毎日新聞（2008.4.22 夕刊）
　「インサイダー取引:容疑で野村証券社員ら逮捕へ--東京地検特捜部」
◆同上　（2008.4.23 朝刊）
　「野村証券社員インサイダー:企業年金連合会、野村と取引停止」

など

category ガバナンス ―従業員関与

CASE 037 百十四銀行、不正融資

date	2009年（平成21年）2月24日
commercial name	株式会社百十四銀行
scandal type	不正融資、特別背任

事件の発端

2月24日、回収見込みがないのに不正に融資をしたとして大阪府警は百十四銀行九条支店や不動産会社「ダイキハウジング」など関係先二十数箇所を会社法の特別背任容疑で家宅捜索。同支店は2007～2008年、元暴力団組員が実質的に経営していた不動産会社に対し、18回に渡り約10億5000万円を融資、同行に損害を与えたとされる。当時の支店長らの判断で行われており、大半が焦げ付き返済されていなかった。

事件の経過

6月10日、四国財務局は同行に対し銀行法に基づく業務改善命令を発動。経営陣が審査過程で相互規制が機能していないこと、コンプライアンス責任者自らが内部規定に違反していること、支店長だけでなく他の行員も融資先から接待等を受けているなど法令等の遵守意識が欠

如していること、反社会的勢力における情報を積極的に収集分析していないこと、その他業務において相互規制が機能しておらず、体制が構築されていないことなどが指摘された。

11月16日、大阪府警は元支店長ら3人を会社法の特別背任容疑で逮捕した。

事件のその後

2011年2月8日、元支店長の部下に懲役3年、執行猶予4年（求刑・懲役3年）の実刑判決が下された。

2012年5月1日、会社法違反（特別背任）の罪に問われた元支店長らに対し、大阪地裁は元支店長に懲役4年（求刑・懲役6年）、元暴力団組員に懲役3年6月（求刑・懲役5年）の実刑判決を言い渡した。

両被告は控訴するが、控訴審判決で大阪高裁は、ある程度被害回復が進んでいることを考慮、「一審判決の量刑は現時点ではやや重い」として2013年2月

ガバナンス ―経営者関与

ガバナンス ―従業員関与

製造物責任・事故・商品サービス瑕疵

日本型企業風土

マスコミ・その他

127

14日までに元支店長を懲役4年、元暴力団組員を懲役3年6月とした一審の大阪地裁判決を破棄し、それぞれ懲役3年10月と懲役3年2月を言い渡した。

参考文献

webサイト

◆四国財務局「株式会社百十四銀行に対する行政処分について」
http://shikoku.mof.go.jp/content/000034160.pdf

書籍・新聞記事

◆毎日新聞縮刷版　2009〜2012年
◆毎日新聞（2009.2.24 夕刊）
　「不正融資:百十四銀支店に疑い、大阪府警捜査」
◆同上（2009.11.16 夕刊）
　「百十四銀支店不正融資:特別背任容疑、元支店長ら3人逮捕」
◆同上（2012.5.2 夕刊）
　「百十四銀支店不正融資:元支店長ら実刑--大阪地裁判決」　　　　など

category	ガバナンス —従業員関与

CASE 038 東洋ゴム工業 ゴム製品データ改ざん

date	2015年(平成27年)3月13日〜2017年(平成29年)2月7日
commercial name	東洋ゴム工業株式会社
scandal type	不正競争防止法違反(虚偽表示)

■ 事件の背景

東洋ゴム工業では、2007年11月5日に建築用断熱パネル（硬質ウレタン製断熱パネル）の耐火性能を改ざんして国土交通大臣認定を不正取得していたことが発覚し、当時の社長が引責辞任する事件が起きていた。改ざんは性能試験を受ける際のサンプルに燃えにくい物質を混入して耐火性能を上げるという手口で、実際の製品の性能は認定基準の3分の1程度だった。不正は1992年から歴代の担当者により行われ、問題の製品が使われた建物は学校など176棟を数えた。この事件を受けて、同社では社長直属の監査室を新設するなどして不正防止に努めてきたが、相次いで不正が発覚。同社のコンプライアンス管理が問われる事態となった。

■ 事件の経過・その後（1） 免震ゴムのデータ改ざん事件

2015年3月13日、東洋ゴム工業は、子会社の東洋ゴム化工品明石工場が製造・販売した免震ゴムの一部が、国土交通省の認定する性能評価基準を満たしていなかったことを公表した。問題があったのは1996年4月から2015年2月にかけて製造・出荷された製品3種。同日、国交省は、問題の免震ゴムが使われた18都府県の計55棟について、耐震性を確認するよう指示した。

免震ゴムは地震の揺れを吸収し、揺れを建物に伝わりにくくするため、建物の基礎部分に使われる。製造会社が申告した基準値に基づき、国交省の定めた指定性能評価機関が性能評価を行い、国交大臣の認定を受ける制度になっている。製造過程で性能にばらつきが出ることから、基準値より10%性能が低い製品までは使用が認められている。問題の製品

129

では評価担当者が、大臣認定を取得する際、製品出荷時の性能検査の際、および顧客に交付する検査成績書を作成する際に数値データを改ざん。最大で基準値より50％性能が低い不適合製品を、基準を満たしているように見せかけていた。試算によると、震度6強～7の地震があった場合、10％の性能低下では1階部分が約27センチ動くのに対し、50％では約34センチ動くという。ただし、問題の製品が使われた建物の安全性について、危険は確認されていない。

断熱パネル不正が発覚した2007年以後、東洋ゴム工業では不正防止策として担当者を定期的に交代させる体制をとってきたが、問題の担当者は10年間にわたり1人だけで免震ゴムの評価を行っていた。これについて会社側は、高度な専門性を求められる仕事のため交代要員を確保できなかったと釈明。また、上司は何度か交代しているが、いずれも製品に関する専門知識が不足しており、改ざんを見抜けなかったという。

担当者が交代した後の2013年2月に改ざんが発覚、2014年5月12日に東洋ゴム工業の幹部が不正の可能性を認識し、2014年7月17日に同社経営陣へ報告された。しかし、国交省への報告が行われたのは2015年2月9日で、それまで出荷が続けられたことで被害が拡大した。

2015年6月22日、東洋ゴム工業が設置した社外調査チームが調査結果を公表。問題の免震ゴムがマンション・病院・自治体庁舎など154棟に納品され、このうち重要文化財1棟を除く153棟が建築基準法上の違反建築物となり、うち工事中の16棟が完了検査を受けられない状態となった。

その後、東洋ゴム工業では山本卓司社長ら取締役5名が引責辞任し、製品補償引当金繰入額（343億円）および製品補償対策費（52億円）として計395億円の特別損失を計上した。

本事件では東洋ゴム工業の品質管理体制のずさんさが批判を浴びたが、性能評価試験が書類でのみ行われ、サンプルチェックが実施されないことなどに対して、行政の責任を問う識者もいた。

2017年3月31日、大阪府警が、2014年9月に枚方寝屋川消防組合の新庁舎建設工事に問題の免震ゴム19基を出荷した件について、不正競争防止法違反（虚偽表示）の疑いで東洋ゴム工業の山本前社長、東洋ゴム化工品の藤巻勝己元社長ら2014年9月当時の両社幹部・担当者18名および法人としての両社を書類送検した。

7月27日、大阪地検特捜部が同法違反罪で東洋ゴム化工品を起訴。東洋ゴム工業と同社元幹部ら8名は嫌疑不十分で不起訴、東洋ゴム化工品の元幹部ら10

CASE 038　東洋ゴム工業 ゴム製品データ改ざん

名は起訴猶予となった。2017年12月12日、枚方簡裁で判決公判が開かれ、求刑通り罰金1,000万円が言い渡された。判決理由では、会社上層部が問題を認識した後も出荷を停止せず、偽装を継続していたことが「会社ぐるみの犯行」と批判された。

事件の経過・その後（2）防振ゴムのデータ改ざん事件

2015年10月14日、東洋ゴムは、東洋ゴム化工品明石工場が製造・販売した防振ゴムに性能偽装があったことを公表した。不正が確認されたのは1999年末から2015年8月までに19社に納品された83種4万7,330個。うち船舶用が9社63種1万6,642個、鉄道用が11社9種2万8,256個、一般用が3社11種2,432個。1995年末までは防振ゴムは埼玉工場で製造されており、この頃から不正が行われていた可能性が高いことも判明したが、具体的な内容の特定には至らなかった。

材料試験を担当する品質保証課が、試験を行わずに過去のデータを検査成績書に転記する、納入先に確約した規格値に満たない試験結果が出た場合に数値を改ざんする、納入先から指定された抜き取り検査数（頻度）を満たさずに検査成績を記入するといった不正を行っていた。品質保証課の業務が過多であったこと、

検査成績書の作成期間が短く、期限について他部門からのプレッシャーがあったこと、業務引継ぎが不十分であったことなどが不正の原因とされる。

東洋ゴム工業では、当初は2015年8月20日に社員からの通報で不正が発覚したと説明していたが、後に2013年12月に同社の複数の取締役が不正の事実を認識していたことが判明した。2015年9月8日に顧客への情報開示を開始し、9月28日に国交省・経済産業省へ報告した。

防振ゴムの売り上げは10年間の累計で200億円で、問題の製品の交換などにかかる費用も多くはないとされる。同社の企業規模からすると巨額とはいえないが、不正が相次いだことが厳しく指弾され、他部門への影響を懸念する声も上がった。

事件の経過・その後（3）シートリングのデータ改ざん事件

2017年2月7日、東洋ゴム工業は、東洋ゴム化工品明石工場が製造する産業用ゴム製品に性能偽装があったことを公表した。不正があったのは船舶向けバルブの部品で、「シートリング」と呼ばれる製品。

検査員の1人が、納入先に提示した回数（頻度）の測定検査を行わず、過去の検査データを検査成績表に転記して

ガバナンス─経営者関与

ガバナンス─従業員関与

製造物責任・事故・商品サービス瑕疵

日本型企業風土

マスコミ・その他

131

いた。問題の検査員が担当した製品は2009年3月から2017年1月にかけて出荷された144種12万9,015個で、納入先は1社。納入先が完成品のバルブの全数検査を行っており、性能面の問題はないという。

問題の検査員は「測定が面倒だった」と話しており、個人的動機に基づく不正とみられるが、基本的に検査員1名で測定検査を行なっていた、数値入力作業において過去データへのアクセスが可能だった、上長による日常的な業務観察が疎かになっていたなど、不正を誘発しやすい作業環境だったことも明らかになっている。

参考文献

webサイト

◆東洋ゴム工業公式
　http://www.toyo-rubber.co.jp/special/menshin/support/overview/（概要）
　http://www.toyo-rubber.co.jp/special/menshin/support/cause/（原因）
◆同上「当社製免震ゴム問題に関する外部調査チームによる調査報告書の開示について」
　http://www.toyo-rubber.co.jp/pdf/news/2015/150622.pdf
◆同上 特別損失の発生及び業績予想の修正に関するお知らせ
　http://www.toyo-rubber.co.jp/uploads/2015/11/20151109.pdf
◆同上 当社製防振ゴム問題の原因究明について 2015年12月25日
　http://www.toyo-rubber.co.jp/uploads/2015/12/20151225_1.pdf
◆同上 再発防止策の取り組みの中で判明したコンプライアンス事案について
　http://www.toyo-rubber.co.jp/uploads/2017/02/20170207.pdf
　http://toyokeizai.net/articles/-/88609 防振ゴムでも不正

書籍・新聞記事

◆毎日新聞縮刷版　2015
◆読売年鑑 2008年版,2016年版
◆毎日新聞（2015.3.14 朝刊）
　「東洋ゴム:免震装置改ざん 数値操作、全国55棟に使用」　　　　　など

category ガバナンス ―従業員関与

CASE 039 日本年金機構、不正アクセスで個人情報流出

date	2015年(平成27年)6月1日
commercial name	日本年金機構
scandal type	不正アクセス

事件の背景

2015年8月20日付けで公開されたサイバーセキュリティ戦略本部による『日本年金機構における個人情報流出事案に関する原因究明調査結果』の中で述べられているように、特定の政府機関、企業を狙ったいわゆる「標的型攻撃」は年々増加している。

しかしその様な状況の中にありながら、機構のセキュリティ対策、発覚後の対応は十分と言えず、そのことが被害の拡大を招いた。

事件の発端

2015年6月1日、日本年金機構が、職員がウイルスメールを開封したことにより約125万件の年金情報が外部に流出したと発表した。

事件の経過

2015年5月8日、日本年金機構で職員が使用するPC端末でウイルス感染しているものが見つかる。18日までに他の職員の端末にも感染していることが確認され、19日に警視庁に相談し、28日警視庁からの連絡で年金記録を管理するため一人一人に割り当てられている基礎年金番号と氏名の計約125万件が流出してたことがわかった。このうち約116万7千件に生年月日、約5万2千件には住所と生年月日が含まれていた。学術機関の職員を装った電子メールに、セミナーの案内状と称したウイルス付きの文書ファイルが添付されており、これを開封した少なくとも2人の職員の端末が感染した。LANシステム内のファイル共有サーバーに保管されていた基礎年金番号や氏名などの情報が、ファイルごと抜き取られたとみられている。ただし年金受給額などを管理する社会保険オン

133

ラインシステムとLANシステムはつながっていなかった。

日本年金機構は年金加入者に対し文書で個人情報が流出した旨の連絡を行い、流出が確定した加入者に関しては基礎年金番号の変更が行われ、不審な電話などに関する問い合わせ窓口が設置された。公的機関としては史上最大の流出事件（当時）であり、「管理がずさんすぎる」「セキュリティーが甘すぎる」という批判の声が上がった。

事件のその後

2016年12月16日、会計検査院は事件によって。国民年金未納者への徴収対策ができなかったことなどによる影響額が120億円以上に上るとの試算結果を公表した。

参考文献

webサイト

◆サイバーセキュリティ戦略本部「日本年金機構における個人情報流出事案に関する 原因究明調査結果」
https://www.nisc.go.jp/active/kihon/pdf/incident_report.pdf

新聞記事

◆日本経済新聞（2015.6.1）
「不正アクセスで125万件の個人年金情報流出 日本年金機構」
◆読売新聞（2015.6.5）
「年金機構流出：3度の判断ミスで流出拡大」
◆毎日新聞（2016.12.16）
「年金機構 情報流出の影響額は120億円以上 検査院試算」

など

| category | ガバナンス —従業員関与 |

CASE 040 Sアミーユ川崎幸町、入居者転落死

date	2015年(平成27年)9月6日
commercial name	Sアミーユ川崎幸町
scandal type	転落死

事件の背景

この事件が報じられた当時、過酷な介護職員の労働実態や低賃金、日常的に発生している介護職員による入居者への暴言、虐待などが問題になった。

事件の発端

2015年9月6日、川崎市幸区の有料老人ホーム「Sアミーユ川崎幸町」(現・そんぽの家川崎幸町)で2014年の11～12月にかけて入所者の男女3人が相次いでベランダから転落して死亡していたとの報道がなされた。施設側は事故として川崎市に報告を行った。

事件の経過

2014年11月4日、同ホームに入所中の男性(当時85才)が4階ベランダから転落、同年12月9日には女性(当時86才)が同じく4階ベランダから、同年同月31日には女性(当時96才)が6階ベランダからそれぞれ転落した。転落は午前1時50分から4時17分までの未明の時間帯に起きており、消防が市内の病院に救急搬送したが、死亡が確認されていた。この施設では通常未明の時間帯には当直勤務の職員を原則として3人置き、職員は施設内を見回り、入所者の介助などをしているという。ベランダには高さ約120cmの手すりがあり、3人はいずれも個室暮らしで遺書は見つかっていない。認知症の人も含まれていたという。

2015年11月13日、川崎市は、同ホームを運営する積和サポートシステム(現・SOMPOケアメッセージ)に対し、介護保険法に基づいて市への介護報酬の請求を来年2月から3カ月間、停止する行政処分を科した。同社が運営する「Sアミーユ川崎幸町」は2011年秋に開所したもので、建物は鉄筋コンクリート造り6階建てで80室、介護保険を利用する高齢者が暮らしている。この施設では

男女3人が転落死したほか、2015年3月に入浴中の男性が死亡。5月には入所者の高齢女性が職員4人から頭をたたかれるなどの虐待を受けていたことが明らかになった。ほかに男性職員が入所者の金品を盗む事件も連続して起きていた。2016年2月15日、神奈川県警が男女3人が転落死したうち男性（当時85才）をベランダから転落死させたとして、元職員を殺人の容疑で逮捕。その後、転落死した2人についても元職員は逮捕、起訴された。

■ 事件のその後

2018年3月1日、3件の殺人罪に問われた元職員の裁判員裁判の論告公判が横浜地裁であり、検察側は「非力で高齢な入居者の介護職員への信頼を利用した、冷酷、卑劣で残虐な連続殺人だ」と述べ、死刑を求刑した。元職員は逮捕前の任意の取り調べでは殺害を認めていたが、逮捕後に黙秘に転じ、1月23日の初公判では何もやっていないと起訴内容を否認している。弁護側は「被害者らを転落させたという客観的な証拠はなく、事故や自殺の可能性がないとはいえない」などと述べ無罪を主張している。また弁護側は、被告は生まれつき自閉スペクトラム症と知的障害があり、幼少期から見過ごされてきたと指摘し、「責任能力について検察側には立証責任がある」と主張。

3月22日、横浜地裁は元職員に対し求刑通り死刑判決を下した。取り調べでの自白が信用できるかが争点となったが犯行を自供する動画などが信用性が認められた。弁護側は即日控訴した。

参考文献

新聞記事

◆朝日新聞（2015.9.6）
「川崎の老人ホーム、入所者3人連続転落死 市が指導」
◆同上（2015.11.12）
「3人転落死の老人ホーム、川崎市が行政処分へ」
◆同上（2018.3.23 朝刊）
「3人転落死 元職員死刑 川崎の老人ホーム 自白「自発的」」

など

category	ガバナンス —従業員関与

CASE 041 神鋼鋼線、強度データ改ざん

date	2016年（平成28年）6月9日
commercial name	神戸製鋼所，神鋼鋼線工業，神鋼鋼線ステンレス
scandal type	不正検査

■ 事件の背景

神戸製鋼所では、2008年にも子会社の日本高周波鋼業が日本工業規格（JIS）で定められた試験を行わずに鋼材を出荷する事件が発生している。それ以来グループ全体で品質保証体制強化活動を推進してきたというが、相次いで不正が発覚したことで、法令順守の体制が問われる事態となった。

■ 事件の発端・経過

2016年6月9日、神戸製鋼所は、関連会社「神鋼鋼線工業」の100%子会社「神鋼鋼線ステンレス」が製造・販売するステンレス鋼線に性能偽装があったことを公表した。不正があったのは日用品やOA機器など幅広い製品に使われるばねの材料となる鋼線。不良品を減らすため、引張強度の試験値を改ざんしてJISを満たしているように見せかけ、規格外品にJISマークを付けて出荷してい

た。強度は規格上の下限値の96%以上を確保しており、リスクは極めて小さく、製品の不具合などは報告されていないという。

不正が確認されたのは検査記録がある2007年4月から2016年5月にかけて出荷した7,400トンのうち、0.75%にあたる55.6トン。納入先のばねメーカーは64社で、家電・家庭用品等向け79%、給湯器等のガス設備向け12%、自動車向け5%、用途未判明が4%。この他、2001年頃から改ざんが行われていた可能性が確認されたが、検査記録が残っていないため事実関係は特定できなかった。

問題が発覚したのは2016年4月。検査証明書への試験値の入力が手作業で行われていたため改ざんが容易で、同じ現場担当者が製造と品質保証を兼務していたため発覚が遅れたという。

6月10日、神戸製鋼が調査委員会を設置し、神戸製鋼グループの全製品を

対象に、品質に関する法令や各種品質規格などの遵守状況について一斉点検を開始。その結果、新たな不正は発見されなかった。

事件のその後

2017年10月8日、神戸製鋼は、グループ会社のコベルコマテリアル銅管を含むアルミ・銅事業部門において、製品の性能偽装があったことを発表した。不正が確認されたのは2016年9月1日から2017年8月31日にかけて出荷された製品で、アルミ製品（板、押出品）約1万9,300トン、銅製品（板条、管）約2,200トン、アルミの鋳造品および鍛造品約1万9,400個。問題の製品は自動車・鉄道・航空機・防衛産業など幅広い分野で使用されていた。強度試験などのデータを改ざんして顧客と取り交わした仕様を満たしているように装い、不適合品を出荷していた。改ざんは組織的に行われており、2017年8月末に現場の管理職からアルミ部門幹部への報告により発覚し、8月30日に経営陣に報告された。神戸製鋼は9月に社内に品質問題調査委員会を設置し、グループ全社を対象に事業部門による自主点検および本社部門による緊急監査、外部法律事務所による事実関係の調査を行っていた。

10月11日神戸製鋼の鉄鋼事業部門が製造する粉末冶金（焼結）用の鉄粉製品や、子会社のコベルコ科研（神戸市）が製造するターゲット材でも検査データの改ざんが行われていたことが公表された。

鉄粉製品は2016年度に出荷した2,500トンのうち140トンが該当し、納入先は1社。液晶材料などに使われるターゲット材は2011年11月以降に出荷した6,611枚が該当し、納入先は70社。顧客と交わした仕様に不適合な製品の検査データを改ざんした他、ターゲット材では顧客に約束した検査を行わずに出荷する不正も発見された。アルミ・銅事業部門で発覚した不正と異なり、いずれも個人による不正行為の可能性が高いという。

10月13日、海外を含むグループ会社9社による検査データの改ざんや検査の未実施が明らかにされた。内訳は国内4社、中国3社、マレーシアとタイが各1社。該当製品は電機・製鉄機械向けの銅合金管モールド、空調端子向けの銅管・銅板条・アルミ線材、軸受け・ばね向けの鋼線・ステンレス線。このうちステンレス鋼線は2016年6月に改ざんが発覚した神鋼鋼線ステンレスによる検査データ改ざんで、2007年4月から2016年5月にかけて1社に出荷した約553トンで新たに不正が判明した。

10月20日、新たにグループ会社1社で厚板加工品に関する不正が判明。

138

CASE 041　神鋼鋼線、強度データ 改ざん

10月26日、神戸製鋼が品質問題調査委員会による自主点検・緊急監査・事実関係の調査を概ね終えたことを発表。データ改ざんは累計で神戸製鋼の2事業部門およびグループ12社（うち海外5社）におよび、納入先は525社に達した。

参考文献

webサイト

◆神戸製鋼所公式「神鋼鋼線工業株式会社の子会社におけるJIS規格に関わる不適合事象について」
　http://www.kobelco.co.jp/releases/1194893_15541.html
◆同上「神鋼鋼線ステンレス（株）におけるJIS法違反に関する調査状況と当社グループの製品の品質に関する法令等の遵守状況についての一斉点検の結果について」
　http://www.kobelco.co.jp/releases/1194947_15541.html
◆同上「当社が製造したアルミ・銅製品の一部に関する不適切な行為について」
　http://www.kobelco.co.jp/releases/1197805_15541.html
◆同上「今回の不適切行為に関するご報告について（鉄粉及び検査会社事例）」
　http://www.kobelco.co.jp/releases/1197818_15541.html
◆同上「当社及び当社グループ会社における不適切行為に関するご報告について」
　http://www.kobelco.co.jp/releases/1197833_15541.html
◆同上「当社グループにおける不適切行為について（「安全性の検証状況」と「外部調査委員会の設置について」のご報告）」
　http://www.kobelco.co.jp/releases/1197904_15541.html
◆産経WEST 2017.10.12 18:22
　http://www.sankei.com/west/news/171012/wst1710120068-n1.html

書籍・新聞記事

◆毎日新聞縮刷版　2016
◆読売年鑑2016年版

など

ガバナンス─経営者関与

ガバナンス─従業員関与

製造物責任・事故・商品サービス・瑕疵

日本型企業風土

マスコミ・その他

139

category	ガバナンス —従業員関与

CASE 042
三菱電機子会社社員、架空発注で着服

date	2016年(平成28年)6月28日
commercial name	三菱電機, 三菱電機インフォメーションテクノロジー
scandal type	着服, 詐欺

事件の背景

事件は容疑者達の個人的動機から起こされており、組織ぐるみなどの疑いは起きていない。しかし着服は数年にわたり繰り返し行われており、しかも東京国税庁の税務調査から判明した。事件を見抜けなかった三菱電機に対しては、ガバナンスの甘さを指摘する声も上がっている。

事件の発端

2016年6月28日、架空発注を繰り返して三菱電機から現金をだまし取ったとして、警視庁捜査2課によって三菱電機子会社の三菱電機インフォメーションテクノロジー元社長Aと三菱電機元社員Bが詐欺容疑で逮捕された。

事件の経過

元社長Aと元社員Bは、2009年5月～10年5月ごろ、三菱電機元社員C（後に逮捕）を通じ、横浜市のコンピューター関連会社に三菱電機が東海道・山陽新幹線のインターネット指定席予約システムの保守業務を発注したように繰り返し装うなどをして三菱電機から約4億6000万円を着服したとされている。

2013年東京国税局の税務調査で架空請求の疑いを指摘された三菱電機が内部調査を進め、警視庁に告訴した。詐取した金は遊興費などに充てていたとみられている。システムはJR東海・西日本が共同で運営する「エクスプレス予約」で、JR東海の子会社が三菱電機に業務を発注していた。

CASE 042 三菱電機子会社社員、架空発注で着服

参考文献

新聞記事

◆毎日新聞（2016.6.8）
　「詐欺：三菱電機元社員を容疑で逮捕へ JR予約保守、架空発注」
◆同上（2016.6.29）
　「詐欺：架空発注で詐取、2容疑者を逮捕 三菱電機子会社」

など

ガバナンス─経営者関与

ガバナンス─従業員関与

製造物責任・事故・商品サービス瑕疵

日本型企業風土

マスコミ・その他

141

category	ガバナンス —従業員関与

CASE 043 三井住友銀行行員、外貨預金取引システム悪用

date	2016年（平成28年）10月12日
commercial name	株式会社三井住友銀行
scandal type	電子計算機使用詐欺

事件の背景

事件を起こした三井住友銀行の社員は同行成城支店課長や自由が丘支店サービス部長、大森支店副支店長などを歴任しており、同僚に知られずにシステムを操作する権限を持っていた。また、支店幹部であったことから部下の業務をチェックする立場にあり、社内の検査態勢の抜け穴を知っていたとされる。こうしたことから、同行の組織体制には同紙による不正が長年にわたり発覚しない側面もあり、2007年ごろから続けられていた不正が10年近く発覚しなかったとみられている。

事件の発端

2016年10月12日、警視庁捜査2課は三井住友銀行の外貨取引のオンラインシステムを不正に操作して同行から約1億9,000万円を詐取したとして、同行の元副支店長を電子計算機使用詐欺容疑

で逮捕した。同課によると、元副支店長は成城支店の課長だった2007年頃から、同行に架空の会社名義の口座を開設し、その口座から別の口座に送金して米ドルに換算する際ドルを購入する際、外貨取引オンラインシステムに実際の入金額よりも一桁多く入力して差額分を不正に取得していたという。元副支店長はこうした手口を17回にわたって繰り返し、計約11億円を同行から不正に取得していたとみられている。また、その際に一旦、システムに正しい金額を入力して伝票を入手した後、再び同システムに実際よりも一桁多い金額を再入力してデータを上書きし、水増し後の伝票を破棄するという隠ぺい工作も行っていた。

元副支店長は遊興費などのために借金があり、当初はその返済のために不正を始めたとみられているが、その他にも、子供の教育費や外国為替証拠金取引（FX）にも充てていたほか、交際していた女性には都内にあるマンションを買い

CASE 043　三井住友銀行行員、外貨預金取引システム悪用

与えるなどしており、約1億円を使っていた。また、「将来のため」として口座などには約5億円がのこっていたことも明らかになっている。

元副支店長の不正は同6月に同行の税務調査で発覚し、内部調査で不正を認めたため、同7月には懲戒解雇され、9月には同行が刑事告訴していた。

事件の経過

2016年11月2日には、元副支店長が2011年11月から2015年9月にかけてサービス部長として勤務していた自由が丘支店において、外貨取引オンラインシステムを79回にわたって不正操作し、三井住友銀行から約7億7,000万円を詐取したとして、最初の逮捕時と同じく電子計算機使用詐欺容疑で再逮捕された。これにより立件総額は約9億6,000万円となったが、公訴時効が成立している分があるため、詐取総額とされる約11億円を全額立件することはできなかった。

同氏は最初の逮捕容疑の件で2016年11月2日に起訴され、再逮捕の容疑の件でも同23日に追起訴された。同12月22日には東京地裁でこれらの罪についての初公判が行われ、同氏は起訴内容を認めている。その後、2017年3月9日には判決公判が行われ、裁判所は「銀行に生じた損失は巨額であり、刑事責任は誠に重い」として懲役8年の実刑判決を言い渡している。

参考文献

webサイト

◆三井住友銀行公式「弊行元従業員の逮捕について」
　http://www.smbc.co.jp/news/pdf/j20161012_01.pdf

雑誌・書籍・新聞記事

◆読売新聞（2016.11.03 東京朝刊）
　「三井住友銀元副支店長を起訴」
◆日本経済新聞（2016.11.2 夕刊）
　「三井住友銀、元副支店長を再逮捕、7.7億円詐取疑い」
◆同上　（2017.3.9 西部夕刊）
　「三井住友銀から9億円詐取、元副支店長、懲役8年、東京地裁」

など

ガバナンス—経営者関与

ガバナンス—従業員関与

製造物責任・事故・商品サービス・瑕疵

日本型企業風土

マスコミ・その他

143

category	ガバナンス ―従業員関与

CASE 044 富士ゼロックス、不正会計

date	2017年（平成29年）2月13日
commercial name	富士ゼロックス株式会社
scandal type	不正会計

事件の背景

　富士ゼロックスは富士フイルムHDが75％を出資する連結子会社。富士フイルムは従来の本業であったフイルム事業が、デジタルカメラの普及により衰退し、さらにスマートフォンの普及によりデジタルカメラの販売も伸び悩んでいたが、富士ゼロックスはリーマン・ショック直前に営業利益が過去最高となるなど、富士フイルムHDの連結売上高の半分近くを稼いでいた。このため富士フイルムHDとしても事務機器分野を担う富士ゼロックスへの依存度が増していた。そうしたことからも、グループ内で独立志向が強く、富士フイルムHDによる管理が行き届いていない状況であった。

　さらに2017年3月決算での売上高が約7,200億円であったことから、売上高1兆円を目標に掲げていたこと、問題が起こったニュージーランド子会社では社員の基本給が低く抑えられる代わり

に、売上増加時のインセンティブか過大と言えるほど大きかったことなど、過剰な利益追求体質が不正会計の引き金となったことが指摘されている。

事件の発端

　富士ゼロックスのニュージーランドの販売子会社では、同社の中間幹部が複合によって機のリース取引において不適切な会計処理が行われていた。その手法は、①顧客との契約時にサービス利用想定量を過大に計上するというもの、②リース契約期間満了前に契約を更新し、その際に過去の売り上げを取り消さずに、新たな売り上げを計上するというもの、③リース契約獲得のための販促費用相当額を売り上げに加算し、同額をリース債権に計上したというものであった。

　こうした不正は2009年のニュージーランド販売子会社の内部監査で発覚したもの、当時不正が改善されることも、また富士ゼロックス幹部に不正が報告

CASE 044　富士ゼロックス、不正会計

されることもなく、同社幹部が不正を把握するのは、2015年7月に同社の吉田晴彦副社長らに届いた告発メールによるものだった。だがこの時も同社専務ら、一部の幹部にその情報が伝えられたのみで、富士フイルムHDへの報告はなく、副社長は「まずは問題ないと書け」などと発言したとされ、もみ消しが図られた。同年9月に不適切なリース契約については是正されたものの、結局この時に過去の会計処理の修正は行われなかった。

2016年1月にはニュージーランド子会社の社長が交代した。新社長は調査の結果、約1億ニュージーランドドル（約79億円）の損失処理が必要と報告した。しかしこの時も、富士ゼロックスの吉田副社長や担当専務は損失処理の減額を指示したほか、倉庫や韓国工場の売却益による損失の相殺を指示している。

事件の経過

2016年9月、ニュージーランド子会社の財務諸表公表をきっかけに、ニュージーランドにおいて不正会計が報道され、同国警察省による捜査も始まった。これを受けて富士フイルムHDも対応に動き出し、助野健児社長は富士ゼロックス吉田副社長に対して事実確認を行ったが、吉田副社長は不正会計を否定し続けた。2017年2月には監査法人が133億円の損失が懸念されると表明したもの

の、富士ゼロックスは30億円程度と説明し、双方の認識には齟齬が生じたままとなっていた。

その後同年3月には富士フイルムHDが社内調査委員会を設立し調査を本格化させると、同4月には3月期決算の発表延期を表明。当初は同5月に発表するとした決算は、当初の想定よりも第三者委員会の調査に時間が掛かり、同6月にようやく発表された。その結果、不正会計は既に把握されていたニュージーランド子会社に加え、オーストラリア子会社でも行われていたことが判明し、その損失額の合計は375億円にのぼることが明らかにされた。

事件のその後

事件をきっかけに、富士フイルムHDによるガバナンスの強化が図られた。2017年7月には社外取締役を2人から3人に増やし、取締役の総数を12人から9人に減らす取締役会の改革案を発表した。これにより、取締役会での社外取締役比率は従来の6分の1から3分の1となった。これは東京証券取引所のコーポレートガバナンス・コード（企業統治指針）が求める「3分の1以上」を満たすものであり、経営の透明性が高まった。なおかつ、富士ゼロックス生え抜きの取締役が減り、富士フイルムHD出身の取締役が増えたことで富士フイルムHDが

145

取締役会を事実上掌握したといえる。一方で、これまで富士ゼロックスに対するガバナンスの甘さも指摘された富士フイルムHD内での処分は、古森重隆会長と助野社長がそれぞれ報酬の10%を返上するのみで、富士フイルムHDの責任は厳しく追及されていない。

このほか、再発防止策として、同年10月には海外の営業体制を見直し、従来のアジア・オセアニア地域を一括管理体制（ただし中国を除く）からオーストラリアなどの先進国とベトナムやマレーシア、タイなどの新興国を別にする体制へと移行した。

また、この不正会計事件をきっかけとして、商業印刷事業のテコ入れにも動いている。同10月には同事業における富士ゼロックスの関連部門を、印刷用の材料や機器を製造・販売する富士フイルムグローバルグラフィックシステムズに集約している。

参考文献

webサイト

◆富士フイルムHD公式「第三者委員会設置 及び 2017 年 3 月期 決算発表の延期に関するお知らせ」
www.fujifilmholdings.com/ja/investors/pdf/other/ff_irnews_20170420_001j.pdf
◆同上「第三者委員会による報告書の概要と今後の対応について」
https://www.fujifilmholdings.com/ja/investors/pdf/other/ff_irdata_report_001j_note.pdf

雑誌・書籍・新聞記事

◆日本経済新聞（2017.10.12 朝刊）
「富士フイルム・ゼロックス、インクジェット統合へ、不適切会計機に改革加速」
◆同上 （2017.6.13 朝刊）
「富士ゼロックス、売上高至上主義まん延、不適切会計、首脳陣全面刷新へ」
◆日経産業新聞 （2017.6.13）
「会計問題、もみ消し図る、富士ゼロックス経営陣、第三者委報告」
◆同上 （2017.7.17）
「富士ゼロックス会計不祥事、親会社の責任、追及不十分、経営陣監督「外の目」足りず（ガバナンスの掟）」
◆同上 （2017.12.18）
「富士ゼロックス、不適切会計から半年——親会社主導、商業印刷を再編（digital インサイト）」

など

category	ガバナンス —従業員関与

CASE 045 ニチイホーム鷺ノ宮、職員が入居者を殺人

date	2017年(平成29年)8月22日
commercial name	ニチイケアパレス社(ニチイホーム鷺ノ宮)
scandal type	殺人

■ 事件の背景

近年、老人ホームなどで職員が入居する高齢者を虐待し重大な結果を招く事件が相次いでいる。事件が起きる度に、検証と改善という言葉が聞かれるが、そこには介護職の労働環境や職員の教育などの問題があり解決策が見い出せていない。

■ 事件の発端・経過

2017年8月22日、「ニチイホーム鷺ノ宮」で職員の男が入居者の男性（当時83才）を空の浴槽に投げ入れ、お湯を張って窒息させて殺害したとされる事件が発生した。2017年11月14日、警視庁はホーム元職員を殺人の疑いで逮捕。元職員は「粗相を何回もされ、殺してしまった」と容疑を認めているという。捜査1課によると元職員は8月22日早朝、1階の浴室で入居者の男性（当時83才）を殺害したという。司法解剖の結果、死因は溺死で、首には絞められたような痕があった。被害者の男性は難病があり、日常的な介護が必要なため自力で湯に顔をつけるのは考えにくい状況であった。当時元職員ら職員2名が当直していたがもう1人の職員には別の階から移動した形跡はなかった。調べに対し元職員は、8月21日午後10時～22日午前4時ごろの間に計3回、入居男性が布団を汚したと説明。「いい加減にしろよと思いベッドで一度首を絞めた」。「その後、シャワーを浴びさせるために車いすで浴室へ移動させたが浴室内も汚したので、腹が立って浴槽に投げ入れた」と話しているという。同日午前4時47分、元職員がもう1人の職員を通じ119番通報していた。同日、「ニチイホーム鷺ノ宮」を運営するニチイケアパレス社の秋山幸男社長は記者会見を開き、「亡くなった入居者とご遺族、関係者の皆さまに深くおわび申し上げる」と陳謝した。元職員は9月に自主退社していた。

147

事件のその後

　2017年12月14日、ニチイケアパレス社は外部専門家から構成される第三者委員会を設置した、と発表した。2018年2月28日、同社ホームページ上で「第三者委員会調査報告書の受領及び今後の対応に関するお知らせ」が公表された。その中で同社は再発防止策として「社員へのアンケートを実施し、労働条件や職場環境、研修やマニュアル、設備面等、社員一人ひとりが抱えている不安や運営上の問題点を抽出することで改善に繋げてまいります。」と述べた。

参考文献

webサイト

◆ニチイケアパレス社公式「第三者委員会調査報告書の受領及び今後の対応に関するお知らせ」
　www.nichii-carepalace.co.jp/news/upload_files/news20180228saginomiya.pdf

雑誌・書籍・新聞記事

◆朝日新聞（2017.11.14）
　「東京都中野区の有料老人ホーム「ニチイホーム鷺ノ宮」男性職員（25）殺人容疑」
◆読売新聞（2017.11.25）
　「「死の準備教育」を忘れてはいないか 介護ジャーナリスト 小山朝子」

　　　　　　　　　　　　　　　　　　　　　　　　　　　　　　　　　　　　　など

category ガバナンス —従業員関与

CASE 046 東レハイブリッドコード 検査データ改ざん

date	2017年（平成29年）11月28日
commercial name	東レハイブリッドコード株式会社
scandal type	不正検査

事件の背景

東レハイブリッドコードは東レの100%子会社で、アラミド繊維やポリエステル繊維などを加工して産業資材用の高付加価値繊維製品を生産する役割をグループ内で担っている。2017年3月期の売上高は51億7,000万円、純利益は8,000万円。

本事件に先立つ2017年10月に神戸製鋼所、11月には三菱マテリアルの子会社による品質検査データ改ざんが発覚。東レ出身である経団連の榊原定征会長は11月27日の記者会見で「日本の製造業に対する信頼に影響を及ぼしかねない深刻な事態」と語ったが、その翌日に事件が公表された。こうした事件が相次ぐ原因として、顧客企業の了承を得た上で規格外の製品を納入する「特別採用」、契約違反に対する損害賠償の内容などが細かく決められていないなど、日本式の曖昧な商慣習を指摘する声もある。

事件の発端、経過

2017年11月28日、東レは、東レハイブリッドコードが製造販売するコード類（補強材）の品質検査データを改ざんしていたことを発表した。

不正があったのは2008年4月から2016年7月までに出荷されたタイヤコード（タイヤの形状を保持するための基礎素材）、自動車用ホース・ベルト用コード、抄紙用コード計149件。

納入先はタイヤメーカー、自動車等部品メーカー、抄紙用フェルトメーカーなど13社。

製品を顧客に納入する際の品質検査において、顧客と取り決めた規格から外れた数値を規格内の数値に改ざんし、規格外品を出荷していた。問題の製品の品質や安全性については、規格値との差はごく僅かで、規格内製品と実質的な差は無いという。

東レの日覚昭広社長によると、実質的

な品質に問題はないとの考えから、2名の品質保証室長が主導して改ざんを行っていた。2016年7月に不正を把握し、10月に東レハイブリッドコードの品質保証体制を改善したが、安全性に問題はないとの考えから事実を公表してこなかった。2017年11月にネットの掲示板で不正に関する書き込みがあり、正確な事実を公表するべきと考えたが、神戸製鋼や三菱マテリアルの事件がなければ公表するつもりはなかったという。

事件のその後

12月1日、東レハイブリッドコードの鈴木信博社長が辞任した。事実上の引責辞任で、東レの青木正博生産技術第1部長が新社長に就任した。

参考文献

webサイト

◆東レ公式「東レハイブリッドコード株式会社による製品検査データの書き換えについて」
http://www.toray.co.jp/news/fiber/detail.html?key=D6A2725AF1490675492581E6000315A7

新聞記事

◆毎日新聞（2017.11.29　東京朝刊）
「社説 経団連会長会社でも不正 企業不信招く深刻な事態」
「東レ検査不正 「規格値と差 僅か」 社長会見一問一答」

など

「ガバナンス―従業員関与」関連不祥事

(0018) 2007.2.23　コマツ、インサイダー取引で課徴金

　　2月23日、建設機械メーカー「コマツ」は、証券取引等監視委員会により調査を受けていることを発表。当時の執行役員が、子会社の解散を事前に知っていたにもかかわらず、2005年7月4日から解散公表までの同月13日までに、自社株を買い付けた行為がインサイダー取引にあたるとされた。3月9日、同委員会から違反の事実が認められたとし、同社は証券取引法に基づき納付を勧告されている課徴金の額が4,378万円であると発表した。

(0019) 2007.3.12　大日本印刷、顧客情報流出問題

　　3月12日、印刷大手の大日本印刷は、DM作成を委託していた43社の個人情報約864万人分が流出していたと発表。業務委託先ロジックスの元社員が、2001年から2006年にかけて大量の個人情報を持ち出していたという。43社の内訳は、カード・スーパー・自動車・保険など、多岐に渡り、住所・氏名・生年月日などの情報が流出した。元社員は2月に信販大手会社の個人情報を詐欺集団に売却したとして逮捕されていた。4月26日、窃盗罪に問われた元社員の初公判が行われ、元社員は起訴事実を全面的に認めた。10月31日、東京地裁八王子支部で、懲役2年・執行猶予5年（求刑・懲役2年）を言い渡された。

(0020) 2007.5.2　群馬大病院、医療ミス

　　5月2日、群馬大学医学部付属病院は、女性患者にカテーテルを挿入する際に動脈を損傷させ、大量出血により死亡させる医療ミスがあったと発表した。4月27日、死亡した女性は、カテーテルを右あごの静脈に挿入。間もなく、肺からの出血で血を吐くなど容体が急変し、血圧低下で呼吸困難になり、約7時間半後に死亡した。

(0021) 2007.5.5　大阪エキスポランド、コースター死亡事故

　　5月5日、大阪府吹田市の万博記念公園内にある遊園地「エキスポランド」で

ジェットコースター脱線事故が発生。乗客1人が死亡し、19人が負傷した。8日、運営会社「エキスポランド」が同年2月、建築基準法に基づく吹田市への定期検査報告で、事実と異なるずさんな報告をしていたことが分かった。同社は報告書の中で、日本工業規格（JIS）に定められた金属の微細な亀裂を調べる「探傷検査」をしていないのに、検査項目「台車・車輪装置」の欄に「A」（良好）と記載していた。その後の調査では、事故車両と同型のコースターでも亀裂が発見されている。16日、同社社長が業界団体「全日本遊園施設協会」の会長を辞任したことが分かった。

2009年9月28日、業務上過失致死傷と建築基準法違反の罪で、検査担当取締役、元施設営業部長に対し、禁固2年、執行猶予4年、罰金40万円の有罪判決が下る。他に、建築基準法違反罪に問われた技術課長に罰金20万円、同社に罰金40万円。同遊園地は事故当日から営業停止。3ケ月後の8月10日に営業再開するも客足が戻らず、12月10日に再休業。その後も支援企業が見つからず、事故で悪化したイメージの払しょくも困難と判断し、2009年2月をもって閉園。

(0022) 2007.5.29　NEC、裏金22億円 幹部がリベート授受

5月29日、NECは事業部長クラスの幹部を含む10人の社員が、架空取引で総額5億円のリベートを受けとっていたことを公表した。2006年3月期までの7年間で、不正取引により裏金約22億円を捻出、東京国税局の税務調査を受けて所得隠しを指摘されていることが明らかに。ソフトウェア開発を含む国内の5営業部門が関与していたという。関係した社員は下請け業者に開発費等を水増しして発注、水増しした費用の一部を還流していた。同社は「再発防止を徹底したい」とのコメントを発表。

(0023) 2007.6.22　鉄道トラブル、架線切れ停電

6月22日午前7時55分ごろ、さいたま市のJR宇都宮線大宮—さいたま新都心駅間で架線が切れ、停電。同線と高崎線、京浜東北線、湘南新宿ラインの計4線で運転を見合わせた。少なくとも6列車が最長で約4時間立ち往生し、乗客は線路上に降りて最寄り駅まで歩くなどした。通勤・通学で満員だった車内は冷房が切れ温度が上昇。40人以上の乗客が体調不良を訴えた。23日、架線切断は、運転士の停止位置ミスが原因で起きたことがJR東日本の調べで分かった。本来の

「ガバナンス―従業員関与」関連不祥事

停止位置でないところに電車が止まったことで、架線を焼き溶かしたとみられる。事故では22日午後1時過ぎまでに全線で運転を再開したが、計162本が運休、通勤、通学客ら18万5000人に影響した。また、体調不良を訴え搬送されるなどした乗客は47人に上った。

(0024) 2007.7.7　アラーム気づかず、心肺停止

　　7月7日、横浜市は、同市立脳血管医療センターに入院中の男性の容体変化を知らせるアラームに看護師が気づかず、心肺停止に陥る事故があったと発表した。7月4日午前8時半ごろ、男性が心肺停止状態になっているのを看護師が見つけた。監視モニターの記録を調べたところ、同日午前7時50分ごろから発見時までの約40分間に計3回、不整脈や心拍異常を知らせるアラームが鳴っていた。当時ナースステーションには看護師10人がいたが気づかなかった。アラームは患者から音に対する苦情があり、音量を最低レベルに落としていたという。男性は意識不明の重体となり、同13日に死亡。

(0025) 2007.9.22　神戸新聞、夕刊が3時間遅れる

　　9月22日午前、神戸新聞社（神戸市中央区）で紙面制作システムが故障する事態となり、夕刊編集業務が不能となる事態に。同社は災害協定により京都新聞社（京都市）に編集作業を依頼、通常より3時間遅れで夕刊を発行。23日の朝刊は、京都新聞社に自社の社員を派遣して編集作業を行い、一部に京都新聞の紙面を転用して発行。同日にシステムが復旧したため24日の朝刊は通常通り発行した。28日、システムを開発したNECと日本オラクルはデータベースソフトにプログラムミスがあったことを発表した。

(0026) 2007.10.3　尼崎病院で誤投薬

　　10月3日、兵庫県尼崎市の県立尼崎病院で2003年10月、先天性心疾患の男児が必要量の10倍の濃度の強心剤を処方されて薬物中毒で死亡した医療事故に関し、県警尼崎東署は、誤って薬を調剤した女性薬剤師と調剤作業を監査する立場の別の女性薬剤師の2人を業務上過失致死容疑で書類送検する方針を決めた。2008年4月22日、尼崎区検は2人の医師を業務上過失致死罪で尼崎簡裁に略式起訴したと発表した。それぞれに50万円の罰金刑が確定したという。

153

(0027) 2007.10.20　関西国際空港、滑走路誤進入

　　10月20日、関西国際空港のA滑走路で、離陸予定のカナダ・バンクーバー行きエア・カナダ036便が、空港管制官の許可を得ないまま、滑走路に進入するトラブルが発生した。進入に気付いた管制官は、A滑走路の手前、約2・7キロ地点で着陸態勢に入っていた那覇発の日本航空2576便に急きょ、上空での旋回を指示。衝突を免れた。

(0028) 2007.11.21　栗本鐵工所、高速道橋材の強度偽装

　　11月21日、東・中・西日本の高速道路会社3社（NEXCO3社）が、栗本鐵工所が製作・納入した高速道路のコンクリート中空床版橋の工事に使用する円筒型枠の強度試験について、同社から「円筒型枠の試験データの改ざんなどが行われていた」旨の報告があったことを発表した。円筒型枠は、橋梁本体構造の部材ではなく、コンクリート硬化までの仮部材。NEXCO3社では「床版用円筒型ワク試験方法」を定めているが、栗本鐵工所はこの試験の荷重を低減させ、変形量を基準値内に収まるよう試験データを改ざんしていた。3社は定期的に橋梁の詳細点検を実施しており、直ちに安全性に影響することはないとしながらも、同社の型枠が使われた可能性がある全国の橋の緊急点検を行うと発表。栗本鐵工所の社長は記者会見で7つの工場の全てで意図的に銅板を薄くしていたとし、不正を認めた。

　　12月5日、同社社長が2008年1月1日付で引責辞任することを発表。また、12日には別のメーカーである「フジモリ産業」が強度試験のデータ結果を改ざんしていたとNEXCO3社が発表。栗本鐵工所の問題を受けて、他の円筒型枠の製造業者に聞き取り調査を行ったところ判明したという。

(0029) 2007.12.25　院内感染でC型肝炎

　　12月25日、神奈川県茅ケ崎市は、茅ケ崎市立病院で心臓カテーテル検査を受けた男性患者5人が、院内感染でC型肝炎を発症したと発表した。C型肝炎の70代の男性患者が、心臓病のため2006年12月と2007年3月に心臓カテーテル検査を受けた。この患者の直後に、同じ検査をした2人が感染。うち1人が4月に再検査を受け、直後に検査した3人も感染した。70代の患者と5人のC型肝炎ウイルスの遺伝子型がほぼ一致した。5人は肝機能障害を起こしたが、インター

フェロン治療などで、現在は改善しているという。使い捨て機器を使い回して感染が広がった可能性が高く、院長は患者と家族に謝罪した。

2008年12月8日、県警捜査1課は、検査器具を使い回していたとして、循環器内科部長で検査責任者の男性医師と検査を担当した男性臨床工学技士ら計4人を業務上過失傷害容疑で横浜地検に書類送検した。

(0030) 2008.1.17　NHK記者、インサイダー取引

1月17日、証券取引等監視委員会は、NHKの報道局記者ら3人が、放送前のニュース原稿を読み、その内容を元に株を買い付け、高値で売り抜けていたとして、証券取引法違反（インサイダー取引）容疑で事情聴取するなど調査に乗り出した。NHKは同日に記者会見し、2人が認め、1人が否定していることを明らかにした。21日、会長は会見し、辞任の意向を明らかにした。4月3日、同職員3人を10日付で懲戒免職処分にし、報道局長ら事件当時の上司合計9人を3日付で減給処分にしたと発表した。

(0031) 2008.2.1　人工呼吸器放置で死亡

2月1日、大阪府八尾市の「八尾徳洲会総合病院」で2007年12月、乳がんで入院していた女性患者の人工呼吸器を看護師が外したまま放置し、患者が死亡していたことが分かった。同17日午前9時半ごろ、看護師2人が患者の体をふくため、人工呼吸器を外した。30分間で作業を終えたが、再装着せずに、別の患者の様子を見に行ったという。このうち1人の看護師が約1時間後に戻ると、患者がぐったりしており、間もなく死亡が確認された。通常、人工呼吸器は外れるとアラームが鳴る仕組みだが、同病院では普段から、アラームが鳴らない別の器具を使っていたという。

10月9日、東大阪区検は、看護師2人を業務上過失致死罪で略式起訴した。遺族と示談が成立しており、同区検は略式起訴にとどめた。

(0032) 2008.2.8　体内にガーゼ忘れ、8年間

2月8日、茨城県つくば市の筑波メディカルセンター病院は、1992年の心臓手術で女性患者の心臓のそばにガーゼを置き忘れ、8年後に再手術をして取り出していたと発表した。女性は1992年6月、心筋梗塞や狭心症のため、冠動脈

バイパス手術を受けたが、数年後に症状が悪化。心臓の背中側に塊が見つかり2001年2月に摘出したところ、中からガーゼが見つかった。女性は回復しないまま2004年1月に心不全で死亡した。病院側は置き忘れを認め「死亡に何らかの影響を与えた可能性がある」として遺族に謝罪。2007年、示談が成立した。

(0033) 2008.4.3　長谷工子会社、役員が5億円着服

　　4月3日、マンション建設大手の長谷工コーポレーションは、子会社の長谷工ファイナンスの元役員が資金を着服したと公表。6月3日、警視庁は約2億円を着服したとして元経理担当役員を業務上横領容疑で逮捕。総額は約6億円にのぼるとみられる。元役員は大豆やトウモロコシなどの先物取引での損失で出た穴埋めにあてたと容疑を認めた。決算書類を改ざんし隠蔽していたが、3月の親会社との合併時に経理書類の数字が合わず発覚した。

(0034) 2008.4.20　医療ミスで後遺症

　　4月20日、神奈川県立がんセンターは、16日に行った乳がんの手術で酸素を供給する管が外れるミスがあり、女性患者が意識不明の重体になっていると発表。手術は全身麻酔の乳房の部分切除で午前9時15分に開始。約15分後、看護師が血中酸素濃度などを示すモニターが表示されていないことに気付いた。別の手術を手伝っていた担当麻酔医を呼び戻し、麻酔器の管が外れていることが分かった。女性は一命をとりとめるも、脳障害や手足のまひなどが残った。業務上過失傷害の罪で麻酔科医を提訴するが、2013年9月17日に無罪判決。

(0035) 2008.6.4　体内にタオル置き忘れ

　　6月4日、千葉県旭市の国保旭中央病院が1983年、十二指腸かいようによる胃の一部切除の手術をした際、男性患者の体内にタオルを置き忘れていたことが分かった。病院側はミスを認め、男性に謝罪した。同病院によると、男性は2008年1月から胸が痛み、5月下旬に茨城県神栖市の病院で腹部の腫瘍摘出手術を受けた。その際、タオルが見つかったという。男性は同病院を相手取り訴訟を起こし、2012年5月9日、東京地裁は同病院に対し約1100万円の支払いを命じた。

「ガバナンス―従業員関与」関連不祥事

(0036) 2008.6.10　作り置き点滴で院内感染

　　6月10日、三重県は、伊賀市の診療所「谷本整形」で5月23日から9日まで鎮痛薬の点滴治療を受けた外来患者が腹痛、発熱、嘔吐などの症状を訴え、うち1人が死亡したと発表した。19日、同県は菌検査の結果、入院患者の血液から検出された菌と、9日に使用した点滴薬剤の残液から検出された菌が、いずれも同じ種類のセラチア菌だったと発表した。点滴液で使用していた綿からも同じ菌を検出。また、綿の消毒に消毒用アルコールを使用していなかったことが分かり、県は不十分な衛生管理の中での点滴治療による院内感染と断定した。診療所では看護師らが点滴薬剤を朝、習慣的に作り置きしていたが、院長は気づいていなかった。同院長は、2009年2月19日業務上過失致死傷容疑で書類送検され、10月28日医業停止2年の処分を受けた。

(0037) 2008.6.11　眼部位間違いのまま手術

　　6月11日、東大医学部付属病院は、緑内障の男性患者に対し、手術予定の左目ではなく誤って右目の手術をする医療事故があったと発表した。手術は6月6日に実施。手術部位を間違えないよう、手術前、患者の左のこめかみに黒色のペンで丸印をつけていた。その後、消毒担当医は左目を消毒。しかし、右目を露出させて布を置いてしまった。執刀医は丸印の確認を怠り、消毒していない右目の手術をした。患者は両目とも末期の緑内障で、右目も手術を検討していた。7日に左目の手術も行い、両目とも問題は起きていない。手術翌日、眼帯が右目にされているのを不審に思った患者の妻の指摘でミスが判明した。

(0038) 2008.6.18　栄養チューブを気管支に誤挿入

　　6月18日、兵庫県立西宮病院は、女性患者の胃に栄養チューブを挿入する際、誤って気管支に挿入し、死亡させる医療事故があったと発表した。3月15日午後1時過ぎ、脳梗塞の手術後入院していた患者に、研修医が栄養チューブを鼻から挿入し、栄養剤を注入した。ところがチューブは胃ではなく気管支経由で右肺を突き破っており、栄養剤は胸腔に注入されていた。女性は翌16日午前、容体が急変し死亡した。

(0039) 2008.10.7　呼吸状態管理不十分で死亡

10月7日、東京都渋谷区の代官山整形外科医院で2006年3月、胸の整形手術を受けた中学3年の女子生徒が死亡する事故があり、警視庁捜査1課は手術をした院長の男と元准看護師の女を業務上過失致死容疑で書類送検した。

　2006年3月24日、院長らは全身麻酔をし、太ももから吸引した脂肪を胸部に移植する手術を実施。術後、生徒が激しい痛みを訴えたため鎮痛剤と鎮静剤を投与した。しかし、呼吸状態を管理する生体情報モニターを装着せず、巡回観察も怠ったため約5時間半後に窒息死させた疑い。院長らは「安易に考えていた」と容疑を認めている。

(0040) 2008.10.27　新銀行東京、不正融資詐欺事件

　10月27日、警視庁捜査2課は新銀行東京で決算報告書などを改ざんし約5000万円を不正に融資させたとして、元池袋出張所契約社員の行員と、融資先の関係者らを逮捕。11月17日、東京地検は元契約行員ら容疑者6人を詐欺罪で起訴した。12月26日、金融庁は同銀行に対し、コンプライアンス（法令順守）を含めた内部管理体制の強化等を求める業務改善命令を出した。東京都から400億円の追加出資を受け経営再建中にもかかわらず、ずさんな融資審査における巨額損失を出し、当該事件を起こしたことで経営改善の取り組みが不十分と指摘。

　2009年6月9日、元契約行員に対し東京地裁は懲役3年6月（求刑・懲役4年）の実刑判決を言い渡した。

(0041) 2008.11.19　誤って筋弛緩剤を投与、患者死亡

　11月19日、徳島県の健康保険鳴門病院は、男性患者に誤って筋弛緩剤を点滴し、死亡させる医療事故があったと発表した。17日午後9時過ぎに、肺炎などで入院中の男性が発熱し、当直医が解熱効果のある副腎皮質ホルモン剤「サクシゾン」の処方を決めた。しかし、この薬の備えはなく、調剤のためコンピューターで「サクシ」と入力して検索した際、筋弛緩剤「サクシン」のみが検出された。点滴後、男性は容体が急変し、18日午前1時45分ごろ死亡した。看護師は筋弛緩剤の処方を不審に思い、「本当にサクシンでいいか」と確認したが、当直医はサクシゾンと思い込んでいて、点滴を指示したという。

「ガバナンス―従業員関与」関連不祥事

2009年12月28日、徳島地検は業務上過失致死の疑いで書類送検されていた女性内科医を不起訴処分にしたことを明らかにした。「遺族と示談が成立し、反省・悔悟の情が顕著なことを考慮した」などとしている。

(0042) 2008.12.7　全日空機遅れ、機長の飲酒検知

12月7日、全日空は、羽田発能登行き749便の男性機長から、離陸前の検査で社内基準を上回るアルコールを検知したと発表した。このため、同機は機長を交代し、5分遅れで出発した。

2011年11月30日には、福岡発羽田行き全日空246便の男性機長が搭乗前のアルコール検査で基準値を上回ったため、同便が欠航したと発表。搭乗手続きをしていた乗客は全員、40分後の次便に乗り換えた。さらに、12月17日、同社男性機長が搭乗前のアルコール検査で、基準値を超えたため搭乗できず、離陸を1時間14分遅らせたと発表した。

また、2012年2月1日、日本航空系列のジェイエアは、機長と副操縦士、客室乗務員2人の計4人が社内規定に反して乗務前に飲酒していたと発表した。航空法には抵触しないが、同社は4人を乗務停止とした。

(0043) 2008.12.24　誤った血液を輸血、患者死亡

12月24日、大阪府立中河内救命救急センターに搬送された転落事故で重傷の男性患者に対し、同センターが誤った型の血液を輸血していたことが分かった。男性は20日午前9時15分ごろ搬送され、輸血直後に死亡した。同センターは、男性は搬送時から重篤な状態であったとし、輸血ミスと死亡の因果関係はないとしている。血液パックには型別に色分けしたラベルが付いているが、管理担当の検査技師が取り違えて看護師に渡し、医師も間違いに気付かなかった。

(0044) 2009.1.6　管誤装着で患者死亡

1月6日、大阪府茨木市の友紘会総合病院で1月2日、栄養剤を静脈に点滴投与された男性患者が死亡していたことが分かった。患者は2005年3月から入院。2日午後4時ごろ、准看護師が男性に栄養剤を投与しようとした際、胃に直接つながっている管に装着しなければならなかったところ、誤って左腕の静脈につながっている点滴用の管に装着してしまった。病院側もミスを認めている。

(0045) 2009.1.27　血液サンプルを取り違え

　　1月27日、国立循環器病センターで2008年10月、心臓移植を受けた患者ら12人から採取した検査用血液サンプルを、臨床検査技師が互いに取り違えて分析したことが分かった。このため、うち1人の40歳代の女性患者が不必要な投薬を受け、白血球が減る悪影響が出て入院期間が約1カ月半延びた。センターは女性にミスを伝えて謝罪した。

(0046) 2009.3.22　管制ミス、点検車両まで300メートル

　　3月22日午後3時42分ごろ、伊丹空港で滑走路の点検車両がA滑走路を走行していたにもかかわらず、管制官が航空機に離陸許可を出していたことが分かった。福岡行きの日本エアコミューター便は滑走路に侵入し、車両に300メートルの所まで近づいたが双方が気づき停止したという。別の管制官が指示をし直し、同機は約3分後に離陸した。国土交通省によると、車両の定時点検について、地上管制官は把握していた物の、飛行場管制官に情報が伝わっていなかったという

(0047) 2009.3.23　幻冬舎、社員が預金横領

　　3月23日、出版社の幻冬舎は、経理担当の社員が同社の銀行口座から預金を引き出し、私的流用していたと発表。5月19日、同社は2001年8月から2009年3月まで総額9億1230万の被害があったと発表。会計システムを操作し架空の売掛金を計上していた。9月18日、警視庁は元社員を業務上横領容疑で逮捕。着服した金で競馬などのギャンブルに充てていたとみられる。2010年3月15日、元社員が現金約6千万円を不正に引き出したとして、東京地裁は懲役4年（求刑懲役5年）の実刑を言い渡した。

(0048) 2009.3.26　看護師国家試験問題で漏えい

　　3月26日、厚生労働省は2月22日に行われた2008年度の看護師国家試験で、問題作成に関与した広島の看護専門学校の副校長が、試験問題を漏えいしたと発表した。1月と2月に、自校内の模擬試験において漏えいさせ、学生に受けさせたという。365問のうち、51問が国家試験の設問と回答がほぼ同じで、21問は類似問題だった。模試を受けたのは1月が受験生全員の33人、2月が19人。受験生33人の合否は医道審議会分科会において議論されたが、72問以外の問題

の正答率が合格水準に達していたため再試験はなく、全員合格となる。

　4月8日、副校長は諭旨解雇処分となり、4月20日厚生労働省は保健師助産師看護師法違反（試験委員の不正行為）容疑で広島県警尾道署に告発した。

(0049) 2009.5.14　過剰放射で歩行障害

　5月14日、京都大病院は、脊髄に放射線を当てすぎたことによって男性患者に歩行障害などの後遺症が残る医療ミスを起こしたと発表した。病院が調べたところ、放射線治療で誤って二重に照射したことが判明。通常量の2倍近い放射線が当たり、脊髄を損傷していた。担当医らが照射位置を誤ったという。同病院は男性に謝罪し、補償交渉を行なった。

(0050) 2009.6.10　イー・マーケティング未公開株詐欺

　6月10日、兵庫県警は市場調査会社「イー・マーケティング」の社長と、有価証券販売会社「SII」の役員ら6人を逮捕した。同社社長は3月には営業代行会社「A&G」と共に脱税で告発された。イー社は1999年に設立、高額所得者を対象とした雑誌を発行、同社長も富裕層に関係した著書を執筆するなど人気を集めた。6人らは共謀し、イー社の上場を偽り未公開株を販売した。7月2日、被害が全国で約1000人、被害額は約22億円とされる未公開株詐欺容疑で兵庫県警は6人を再逮捕。

　2011年3月23日、神戸地裁は元社長に対し懲役5年、罰金1000万円（求刑・懲役8年、罰金1000万円）の判決を出した。

(0051) 2009.7.4　抗凝固剤を過剰投与

　7月4日、東京慈恵会医大青戸病院が5月、血液を固まりにくくする抗凝固剤を入院中の女児に通常量の8倍投与する医療ミスを起こしたが、都へ1カ月以上報告していなかったことが分かった。続けると出血して健康被害が起きる危険があったが、2日目の投与後に別の医師がミスに気付き、家族に謝罪したという。病院側は「緊急性はないと判断した」と説明。

(0052) 2009.8.24　カテーテルを動脈に誤挿入、患者死亡

　8月24日、聖マリアンナ医科大病院は、男性入院患者の静脈に挿入すべきカ

テーテルを、担当医が動脈に入れるなどの医療ミスを起こしたと発表した。2日
後に男性は死亡し、病院は変死として県警などに届けた。病院によると、男性は
同月中旬に入院、心臓の弁を人工弁に取り換える手術を受けた。担当医が、心臓
に栄養を与えるためのカテーテルを頸動脈から誤って挿入したうえ先端を人工弁
に接触させ、弁に不具合が生じた。

(0053) 2009.10.27　気管チューブに電気メス引火

　　10月27日、大阪市立大病院は、肺炎を発症した食道がん患者の男性の切開
手術の際、口から挿入されていた気管チューブに電気メスの火花が引火し、気道
にやけどを負わせたと発表した。男性は8日後に呼吸器不全で死亡した。病院は
「やけどが肺炎を悪化させた可能性が高い」としている。遺族には23日、経緯を
説明し謝罪。近畿厚生局や府警阿倍野署にも報告したという。

(0054) 2009.11.27　近鉄子会社、社員が資金詐取

　　11月27日、近鉄子会社の近鉄ビルサービスは、経理課の男性社員が会社の
運転資金約10億円を着服したと発表。同社は社員を懲戒解雇、業務上横領容疑
で大阪地検に告訴状を提出。2010年5月13日、大阪地検特捜部は元社員に対
し電子計算機使用詐欺容疑で逮捕した。元社員は外国為替証拠金取引（FX）に
つぎこんでおり、2008年4月〜2009年11月まで、合計70回に渡って同社の
口座から自分の口座へ資金合計約10億5200万円を振り込ませたという。9月
21日、大阪地裁は元社員に対し懲役8年（求刑・懲役10年）の実刑判決を言い
渡した。

(0055) 2009.12.1　器具故障、点検を怠り患者死亡

　　12月1日、手術用医療器具の点検を怠り手術中の女児を死亡させたとして、
神奈川県警捜査1課などは、神奈川県立こども医療センターの元脳神経外科部長
の男性医師を業務上過失致死容疑で横浜地検に書類送検した。送検容疑は2006
年10月30日、慢性硬膜下血腫で同センターに入院していた女児の開頭手術で、
女性執刀医が頭の骨に穴を開けるドリルを使った際、先端から窒素ガスが漏れて
血管内に流入、心臓にガスがたまる空気塞栓症で死亡させたとしている。ドリル
は高圧窒素ガスで動き、ドリル連結部のゴム製リングでガス流出を防ぐ仕組み。

リングが劣化していたとみられる。

(0056) 2010.1.24 別の患者に降圧剤投与、死亡

　　1月24日、愛媛県は、県立新居浜病院に入院していた男性に、誤って別の入院患者の家族が持参した降圧剤などを投与し、23日に死亡する医療事故があったと発表した。21日、男性は胸に水がたまり入院。同日午後、看護師が他の病院で処方された排尿障害の治療薬を家族に届けさせるよう男性に依頼した。その後、別の患者の家族から、他の病院で処方された降圧剤と血を固まりにくくする抗血小板薬を受け取った。看護師は添付された書類の名前を確認せず、男性の家族から手渡されたと思い込んで主治医に報告。主治医も男性の血圧が入院時に高かったことから投与を指示し、男性は食事後の同日夜と22日朝の2回服用した。22日午後、男性の血圧が低下。昇圧剤を投与するなどしたが、23日午後に死亡した。病院はミスを認め、遺族に謝罪した。

(0057) 2010.2.8 小糸工業、航空機座席の安全試験改ざん

　　2月8日、国土交通省は小糸工業により製作された航空機用座席で安全試験のデータ結果の改ざんがあったと発表、同社に対し業務改善勧告を行った。座席の製造過程における検査記録等の改ざんやねつ造、仕様承認を受けるための試験における不正や試験結果の改ざん・ねつ造があったという。国交省は世界の航空機約1,000機のおよそ15万席に使用されており、運行に問題はないとしているが、再試験への立ち会いを含め、同社が行う出荷済み座席の安全性確認を厳重に監視するとした。

(0058) 2010.3.4 東北大病院、患者取り違え

　　3月4日、東北大病院は、前立腺がんの手術を行う患者を取り違え、がんではない別の男性に手術を行っていたと発表した。前立腺の検査後、書類を作成する際に取り違えたのが原因。2人とも体調に問題はないというが、病院側は2人に謝罪した。病理診断医が2009年12月、術後の診断報告書が作成されていないことに気付き、ミスが発覚した。本来手術を受けるべきだった男性は発覚後に摘出手術を受け、病院側は「根治した」としているが、日常生活を送っていた2年間にがんが悪化する可能性はあったという。

(0059) 2010.3.12　コクヨ、フロア資材の品質性能偽装

　　3月12日、事務用品大手メーカーのコクヨは、同社と子会社のコクヨファニチャー社において、2000年4月から販売終了の約8年3ケ月の間、公共建築協会の品質性能評価を不正に取得し規格適合品として販売していたことを発表した。パネルの強度が認定機関に認められない恐れがあった中で、品質性能評価を不正取得し3商品計約1,460万枚を販売したという。2009年1月〜2月に、ファニチャー社をめぐり架空の内装工事のトラブルがあり大阪府警が社員3人を逮捕していた。これを受けた社内調査の結果、強度偽装が発覚した。

(0060) 2010.3.19　カテーテルから空気が入り患者死亡

　　3月19日、国立病院機構静岡医療センターは、入院していた男性が、カテーテルから体内に空気が入り込む医療ミスで死亡したと発表した。カテーテルの連結部が緩み、心臓などに空気が混入し窒息死した可能性が高いという。男性は2日、下部胆管がんの手術を受け、カテーテルを挿入された。6日夕、看護師がカテーテルの連結部が緩み、輸液が漏れているのに気づいて締め直したが、約10分後に容体が急変し呼吸が停止、12日に死亡した。心臓に空気が入っていたことがCT検査で判明したという。

(0061) 2010.3.27　確認ミス、保護材を体内に忘れる

　　3月27日、京都第二赤十字病院の心臓血管外科で2月22日、腹部大動脈瘤の摘出手術をした女性患者の腹部に、臓器の保護材を置き忘れる事故が起きていたことが分かった。患者は手術の約2週間後に除去手術を受け、3月19日に退院。健康状態に影響はないという。手術後に使用器具の確認を怠ったのが原因。病院は患者や家族に謝罪した。

(0062) 2010.4.22　チューブに空気が混入、患者死亡

　　4月22日、東海大学医学部付属八王子病院で3月18日に行った女性患者に対する心臓外科手術の際、人工心肺装置が正常に作動せず、血液を送り込むチューブに空気が混入。2日後に死亡していたことが分かった。異常に気付いた医師が手術を中断したが、女性は同20日に亡くなった。

「ガバナンス―従業員関与」関連不祥事

(0063) 2010.10.25　小林メディカル、医療器具でデータ改ざん

　　10月25日、小林製薬は同社子会社の小林メディカルが製造した大腿骨骨折治療用のチタン合金製インプラント製品について、製造販売承認申請の試験データを改ざんしていたと発表した。

　　2011年7月27日、厚生労働省は薬事法違反に基づき、同社に対し10日間の業務停止処分を出した。問題の製品は流通前に申請が取り下げられていた。

(0064) 2010.11.4　ドリル先端が折れ、骨に埋没

　　11月4日、佐賀県立病院好生館で4月、男性患者に実施した骨の移植手術の際、使用していたドリルの先端部分が折れ、骨の中に埋没する医療事故があったことが分かった。執刀医は破損に気付かず手術を終え、術後のエックス線検査で判明した。患者に後遺症はなく、病院はミスを認め謝罪した。

(0065) 2010.12.10　機長が滑走路を写真撮影

　　12月10日、仙台空港への着陸約2分前の操縦席から男性機長が「退職記念」として、滑走路を写真撮影したとして国土交通省は、アイベックスエアラインズに対し、航空法違反などで厳重注意し、再発防止を指示した。機長は11月21日、同空港着陸直前、操縦する小松発90便の操縦席からデジタルカメラで滑走路を撮影した。操縦は機長資格のある副操縦士に任せていた。たまたま同機を外から撮影していた人から指摘があり発覚した。

　　2011年8月17日には、日本航空の貨物機で2009年5月、男性機長が女性副操縦士を機長席に座らせ写真撮影したことが分かり、国土交通省は、航空法違反として同社を厳重注意、機長らを業務停止45日間などとした。

(0066) 2011.1.15　夢大陸、外国債投資詐欺事件

　　1月15日、福岡県警は投資コンサルタント会社「夢大陸」が外国債販売代金として集めた資金をだまし取ったとして同社社長と元役員ら4人を詐欺容疑で逮捕した。2008年1月から2009年12月頃、ユーロが上がるなどの嘘をついてユーロ建ての外国債などの販売代金をだまし取り、全国の414人から総額67億円の資金を集めた。同社は2005年に福岡市の地域FM放送局を倍数、社長がパーソナリティーとして出演し、投資情報番組を開始。経済情勢の悪化などにつ

165

いて放送していた。被害者の約4割が福岡県に在住しており、ラジオ放送を聞いて外国債購入を決めたという相談が県の消費生活センターなどに相次いでいた。6月17日、福岡地裁は同社社長に対し懲役9年（求刑・懲役10年）の判決を言い渡した。

(0067) 2011.7.20　酸素と間違え二酸化炭素を吸入

　　7月20日、神戸市立医療センター中央市民病院は、手術直後の男性患者に酸素と間違えて二酸化炭素を吸入させる医療ミスがあったと発表した男性は同13日夜に腹部大動脈瘤の緊急手術を受け、約4時間半後に無事終了。麻酔科医が呼吸器に二酸化炭素のボンベをつなぎ、約3分後に心臓が停止したため間違いに気付いた。男性は一時危篤状態となったが回復。病院は家族に経緯を説明して謝罪した。

(0068) 2011.7.22　九州電力、原発耐震評価でミス

　　7月22日、九州電力の玄海原子力発電所で、運転再開の前提となるストレステストに必要な耐震基準に関するデータを同社が誤入力していたことが分かった。経済産業省原子力安全・保安院によると入力ミスは2カ所。同社は修正をし、12月14日にストレステストの1次評価結果を経済産業省原子力安全・保安院と地元自治体に提出した。

(0069) 2011.9.7　全日空、副操縦士が誤操作

　　9月7日、国土交通省は、6日10時50分頃、那覇発羽田行き全日空140便が左に傾きながら約1800メートル急降下し、客室乗務員の女性2人が軽傷を負ったと発表した。トイレから戻ろうとした機長のため、副操縦士が着席したまま操縦室のドアを開けようとした際、解錠スイッチではなく、方向舵調整スイッチを操作し、機体が傾いたという。同省運輸安全委員会は事故につながりかねない重大インシデントと判断、同機を運航する全日空の子会社「エアーニッポン」の羽田事務所に調査官を派遣した。

(0070) 2011.9.13　航空トラブル、管制官居眠り

　　9月13日、沖縄・那覇空港を発着しようとした貨物機2機が同空港の管制官

「ガバナンス―従業員関与」関連不祥事

に許可を求めたところ、12分間にわたって応答がなく、着陸や出発が10〜20分遅れるトラブルがあった。国土交通省航空局によると、応答しなかったのは50代の主幹管制官。「うとうとしていて対応できなかった」と説明しているという。主幹管制官は30代の女性管制官と2人態勢での夜勤中で、女性管制官は休憩室にいたという。

2012年12月21には、高松空港で17日、着陸許可を求めた旅客機の無線に管制官が約10分応答しなかったトラブルがあり、管制官が当時、居眠りしていたことが、国土交通省の調査で分かった。同空港の管制塔の勤務は2人態勢で、もう1人は夕食を買いに約1時間席を外していた。

(0071) 2011.12.6　腹腔鏡手術で医療ミス

12月6日、胃がんの手術を受けた男性が死亡したのは手術ミスが原因として、男性の遺族が社会医療法人誠光会・草津総合病院の男性医師を業務上過失致死容疑で告訴していた問題で、県警草津署は、この医師を同容疑で書類送検した。送検容疑は2010年9月27日、胃がんで入院していた男性の腹腔鏡手術をした際、誤って十二指腸を傷付けて敗血症を引き起こし、死亡させたとされる。

(0072) 2012.1.24　腎臓摘出手術でミス

1月24日、金沢市の国立病院機構金沢医療センターで2010年3月、腎臓がんの男性が受けた左の腎臓の摘出手術で、右の腎臓につながる動脈など血管2本を誤って切断する医療ミスがあったことが分かった。右腎臓は後に摘出し、男性は透析を続けているという。3月29日、左腎臓の摘出手術を受けた際、執刀医が血管2本を誤って切断。縫合したが、右腎臓の機能低下が続き、9日後に摘出した。同センターは男性の家族に医療ミスを説明して謝罪、日本医療機能評価機構には同5月に報告した。患者側とは2011年、賠償金と治療費を支払うことで示談した。

(0073) 2012.4.20　蘇生用バッグの組み立てミス

4月20日、大阪市立大付属病院は、肺に酸素を送る蘇生用バッグの組み立て方を誤り、入院中の白血病の女性患者が低酸素脳症になる医療事故があったと発表した。患者は意識不明となり集中治療室で治療を受けたが、24日に死亡。

167

2011年11月、患者は末梢血幹細胞の移植を受けたが、合併症を発症。2012年4月10日夜、急激に呼吸状態が低下して意識不明になったため、ポンプ式の蘇生用バッグを口に装着した。医師が不具合に気付き、約30分後に別のバッグに取り換えたが、意識が戻らなかったという。患者はこの間、約15分間にわたって心停止状態だった。その後の調査で、当該バッグを3月に看護師が分解・洗浄した際、弁を逆向きに取り付けたため、酸素を送り込めない状態になっていたことが判明。内規で定めたテストを怠っていたという。

(0074) 2013.4.30　ワンダーランド、コースター転落事故

　4月30日、福井県坂井市三国町加戸の遊園地「ワンダーランド」で、走行中の2人乗りジェットコースターから小学1年の男児が約4メートル下の地面に転落し、肋骨骨折など全治1カ月の重傷を負った。同コースターは、1997年12月にも4歳児が5メートル下に転落して頭の骨を折る事故があり、2002年と07年にも車両が追突して子どもがけがをする事故が起きていた。

　2014年11月18日、同県警は、遊園地の元支配人の男と、コースターの運転操作担当だった元従業員の男を業務上過失傷害容疑で福井地検へ書類送検した。

(0075) 2013.5.8　ガン切除後にミス判明

　5月8日、大阪市は、市立総合医療センターで、肛門管がんと診断した女性の直腸を切除した後にがんでないことが分かる医療ミスがあり、慰謝料など900万円を支払って和解すると発表した。

　女性は現在、人工肛門で生活しているという。

(0076) 2013.8.1　大塚製薬の利尿剤服用後死亡

　7月31日、厚生労働省は大塚製薬の利尿剤サムスカ錠（一般名トルバプタン）を服用後、肝機能障害や不整脈を発生して死亡した報告が、発売された2010年12月以降2013年5月までの間に14件にあることを発表した。いずれも患者の併用薬等の詳細情報が不十分で、副作用かどうかの判断はできていないが、同省は添付文書改訂を同社に指示した。

「ガバナンス―従業員関与」関連不祥事

(0077) 2013.8.20　秋田書店、プレゼント当選者を水増し

　　8月20日、消費者庁は出版社の秋田書店に対し、漫画雑誌の読者プレゼント
で実際より多くの当選者数を表示していたとして、不当景品類及び不当表示防
止法第6条の規定に基づく措置命令を出した。不当な表示があった3誌に対し、
2010年6月号から2012年5月号の景品提供企画、誌面上に記載された当選者
数を下回る数しか発送しなかったり、当選者がいなかった景品もあった。同社は
同庁に対し、水増しについては経費削減のためと説明していた。同日、同社内で
不正を訴えた景品担当社員が懲戒解雇されていたことが判明。会社側から不正
にプレゼントを搾取したことを解雇理由とされた社員は「罪をなすりつけられ
た」として、社員としての地位確認と賃金支払い、パワーハラスメントの慰謝料
330万円を求め東京地裁に提訴。

　　2015年、同社と元社員との間で和解が成立。懲戒解雇は合意退職扱いとなり、
和解金が支払われた。

(0078) 2013.8.21　抗生物質を過剰投与、指を壊死

　　8月21日、兵庫県は、県立こども病院に心臓疾患で入院中の生後1カ月の女
児に、規定より10倍濃い抗生物質を投与し、右足指3本が壊死し切除する医療
ミスがあったことを明らかにした。病院はミスを認め、家族に謝罪した。6月
28日、女児に発熱があり、抗生物質「バンコマイシン」を右足のかかと上部か
ら点滴するよう、循環器科の女性医師が女性看護師に指示した。点滴開始から約
1時間40分後、詰まったことを知らせる警報が鳴り、その後、右足指3本の壊死
が確認され、8月に切除したという。病院は高濃度の抗生物質により足の血管が
詰まったのが原因とみている。点滴の際、量などは処方箋に記すか、口頭の場合
でも復唱して確認する規則だが、守られていなかった。

(0079) 2013.9.20　患者検体取り違えで誤認

　　9月20日、熊本大学医学部付属病院は、女性の肺から採取した検体を肺がん
の男性患者の検体と取り違え、手術する必要がなかった女性を肺がんと誤認し、
右肺の約3分の1を摘出していたと発表した。取り違えられた男性は肺がんだっ
たが「悪性細胞なし」と診断していた。女性は呼吸機能が低下する可能性がある
が、日常生活に支障はないという。病院は2人に謝罪した。

(0080) 2013.11.28　抗がん剤副作用で死亡

　　11月28日、厚生労働省は抗がん剤のベバシズマブ（商品名アバスチン）を投与された患者2人が、副作用で血栓症血小板減少性紫斑病を発生し死亡したと報告。製造販売元の中外製薬に対し、使用上の注意文書を改訂するよう指示した。また、2014年3月26日、厚労省は抗がん剤レゴラフェニブ（商品名スチバーガ）を投与された男女4人の患者が、副作用による劇症肝炎などを発症し死亡したと発表。製造販売元のバイエル薬品に対し、使用上の注意文書を改訂するよう指示した。

(0081) 2014.1.7　造血幹細胞を別患者に移植

　　1月7日、国立成育医療研究センターは、1歳男児から取り出し、本人に戻す予定だった造血幹細胞を、誤って4歳女児に移植する患者の取り違えがあったと発表した。男児はがんで入院。2013年12月18日、凍結していた末梢血幹細胞を注射で戻す予定だったが、男性担当医が同じ病気で隣室に入院していた女児に誤って移植した。担当医は2人の主治医を務めており、看護師と一緒に患者を確認する規則に反して1人で女児に注射した。他の医師がミスに気付いた。女児に大きな健康被害は出ていない。センターは2人の家族に経緯を説明して謝罪した。

(0082) 2014.1.17　生理痛薬副作用で死亡

　　1月17日、厚生労働省は月経困難症の軽減に使用される「ヤーズ配合錠」の副作用による血栓症で2013年の1年間で3人が死亡したと発表。同省は製造販売元のバイエル薬品に対し、医師向け添付文書の改訂を指示。血栓症に関する警告欄を設けるとともに、迅速に注意喚起の内容を伝達するため安全性速報の配布を指示した。

(0083) 2014.4.18　X線検査で禁止造影剤注入

　　4月18日、国立国際医療研究センターは、検査入院していた女性患者の脊髄をX線撮影で検査する際、担当医が使用を禁止されている造影剤を誤って注入し、患者が死亡したと発表した。患者は腰の脊椎疾患で16日に検査入院。同日午後から、整形外科の女性医師が脊髄の造影検査を実施し、血管や尿路用の検査に使

う高濃度の造影剤「ウログラフイン」を脊髄に注入した。患者は検査終了30分後にけいれんを起こして意識を失い、午後8時ごろにショックによる多臓器不全で死亡した。ウログラフインが入った箱や容器には「脊髄造影禁止」と、脊髄への注入を禁じる記載がある。しかし、センターの聞き取りに医師は「造影剤はどれも同じで問題ないと思った」と話し、使用禁止との認識がなかったという。センターは遺族に謝罪し、警視庁牛込署に届け出た。

　2015年7月14日、業務上過失致死罪に問われた担当医師は禁錮1年の有罪判決を受けた。

(0084) 2014.4.22　アラームに気付かず72分間放置

　4月22日、兵庫県洲本市の県立淡路医療センターで2013年11月、心不全で入院していた男性の容体が急変し、心電図の異常を知らせるアラームが鳴っていたにもかかわらず、看護師らが72分間気付かず男性が死亡していたことが分かった。アラームは患者から音に対する苦情があり、病院側が音量を小さくしていた。病院は「音量は15段階の8くらいだった」と説明。事故調査委員会を設置し、「アラームに適切に対応していなかったため、異常の発見が遅れた」として過失を認め、遺族側に説明、謝罪した。

(0085) 2014.4.28　ピーチ機、海面異常接近

　4月28日午前11時45分ごろ、新石垣発那覇行きの格安航空会社ピーチ・アビエーション252便が着陸する際、海面に異常接近し、対地接近警報装置が作動したため機首を上げる緊急の回避操作を行い、約20分後に着陸し直した。乗客乗員にけがはなく、機体に損傷もなかった。国土交通省では、墜落などの事故につながる恐れのある「重大インシデント」に認定。

　5月13日、機長が海面に接近している認識がなかったことが、同省の監査で分かった。副操縦士が「高度が低い」と注意喚起したことも判明したが、同省は機長が降下を続けた理由は不明としている。

(0086) 2014.6.5　日航システム障害、欠航

　6月5日午前9時15分ごろ、日本航空の全ての旅客機の重量バランスを管理するシステムに障害が発生した。同日午後5時ごろに復旧したが、貨物の重量計算

などを手作業で行った影響により、同社と系列の2社の国内線174便が欠航、利用者約1万4000人が影響を受けた。また、国内・国際線で最大約4時間の遅れが出た。

(0087) 2014.8.28　カテーテルを血管外に挿入

　8月28日、大阪市立大付属病院は、入院患者の心臓につながる血管にカテーテルを入れた際、誤って血管外に挿入したため、患者が一時心停止して低酸素脳症となる事故があったと発表した。7月21日午前9時ごろ、医師2人が患者女性の首から血管にカテーテルを挿入。午前11時過ぎ、女性は胸の違和感を訴えたが、別の医師は心電図などから異常はないと判断。午後6時ごろ、呼吸が乱れ始め酸素吸入で対応した。さらに別の医師が1時間後に診察した際も異常に気付かず放置。同9時ごろに再び胸痛を訴えたため、夜間当直の別の医師が心電図を使って診察したが、不整脈などはなく経過観察にとどめた。午後11時ごろ容体が悪化し、血液とCTの検査などで事故が分かった。女性は検査後の午後11時過ぎに心停止した。病院は過失を認め、家族に謝罪した。

(0088) 2014.9.2　不二サッシ、違法排水

　9月2日、千葉海上保安部は、国の排水基準を超える水素イオン濃度の廃水を東京湾に流したとして、水質汚濁防止法（排出基準）違反の疑いで東証2部上場のアルミ製造・販売「不二サッシ」の千葉工場の捜索に乗り出した。11月5日、市原市は、廃水処理設備を所有する子会社の不二ライトメタルに水質汚濁防止法に基づく改善命令を出した。不二サッシには環境保全協定に基づき改善を指示した。

　2015年8月11日、千葉海上保安部は、「不二ライトメタル」と当時の担当従業員ら6人を水質汚濁防止法違反の疑いで書類送検した。

(0089) 2014.12.22　鎮痛薬を過剰投与

　12月22日、山梨大学医学部付属病院は、女性患者に医療用麻薬を含む鎮痛薬を過剰に投与し、一時心肺停止になる医療事故があったと発表した。13日午前5時40分ごろ、担当の看護師が鎮痛薬「フェンタニル」を含む点滴の投与を止めるため、点滴の流量を調整するポンプの電源を切るなどした際、チューブに

つながる分岐栓を閉め忘れたまま、その場を離れたという。看護師は約10分後に病室に戻り、女性の意識がないことに気付いた。鎮痛薬が過剰投与され、呼吸の回数が減ったのが原因とみられる。女性患者は心拍、自発呼吸は再開したが、永続的な脳神経障害を負った。同病院は医療ミスが原因と判断し、女性の家族に謝罪した。

(0090) 2015.4.14　神戸国際フロンティアメディカルセンター、生体肝移植問題

　　4月14日、神戸市の民間病院「神戸国際フロンティアメディカルセンター」で、3月末までに生体肝移植手術を受けた患者7人のうち4人が1カ月以内に死亡していたことが判明。当初は医療ミスを否定していたが、18日、手術を一時取りやめることを明らかにした。22日、日本肝移植研究会の報告書で、死亡した4人のうち3人について、救命できた可能性があったと指摘される。6月3日、中止していた生体肝移植手術を再開するも、直後に移植を行った患者が死亡。11月27日、患者の減少が著しく、外来診療を停止し入院患者の転院手続きをするなど、事実上の休院となる。

　　2016年4月4日、神戸地裁から破産手続きの開始決定を受け閉院していたことが判明。3月30日に破産手続開始決定を受けた。生体移植を受け死亡した患者は10例中7人。

(0091) 2015.4.15　聖マリアンナ医大病院、資格を不正取得

　　4月15日、聖マリアンナ医科大学病院の11人の医師が、精神障害のある患者を強制的に入院させるかどうかを判断する「精神保健指定医」の資格を不正に取得していた疑いがあることが分かった。同資格取得には実務経験に加え、資格を持つ指導医の下で患者を診断したリポートの提出が求められる。11人は、自分が診察していない患者のリポートを提出したり、他の医師が診察した患者の症例をコピーしたりして審査を受けていた。他にも別の3人の医師が同様の方法で資格の取得を申請中だったことも判明。同日、厚生労働省は、同病院の指定医11人とその指導医9人、計20人の指定医の資格を17日付で取り消すと発表した。大学側によると、同病院神経精神科では医師らによる不正な資格取得が常態化していたという。

(0092) 2015.5.1　佐川印刷資金流用事件

　　5月1日、佐川印刷の経理担当だった元役員が資金約80億円を流用した疑い
があることがわかった。1月に情報が寄せられ、会社側の調査で関連会社エスピー
タックの口座から多額の資金の引出しが発覚したという。元役員は1月末に依願
退職したあと行方がわからなくなった。

　　2016年11月15日、京都地検は逃亡先のフィリピンから強制送還された元
社員を電子計算機使用詐欺容疑で逮捕。2007年ごろから、霊園開発の資金調
達を持ちかけられた元社員が、エ社から約3億5千万円を引き出し、それ以降
2014年まで60回以上に渡り会社資金を流用していたと会社の内部調査は指
摘。また、元社員の元部下（同容疑で逮捕）が、指示された振込送金の手続きを
したと不正を認めた。

　　2017年3月5日、京都地裁で論告求刑公判が開かれ、検察側は元役員らに懲
役15年を求刑した。

(0093) 2015.5.31　東京医科大、手術中出火

　　5月31日、東京医科大学病院の手術室で2015年4月、手術中の患者に掛け
られていた布に火がつき、患者が大やけどを負う事故が起きていたことが分かっ
た。4月15日午前10時半ごろ、産科・婦人科の医師が女性患者の手術を行って
いたところ、女性に掛けていた手術用の布に火がついた。医師は生理食塩水で消
したが、女性は腕や足などにやけどを負った。当時レーザーメスを使用していた
ことから、腸内ガスに着火し布に引火したことが原因とみられる。

(0094) 2015.8.6　ボート乗船の男児が指骨折

　　8月6日、テーマパーク「サンリオピューロランド」で7月25日、ボートに乗っ
て進むアトラクションに参加した外国人の男児が指を骨折する事故が発生したこ
とが判明。アトラクションを休止することとなった。同アトラクションは12月
15日より再開。

(0095) 2015.9.1　ファイザー、副作用報告遅れ

　　9月1日、製薬会社「ファイザー」が製造販売元の抗がん剤などの製品に対し、
副作用情報を国に報告していなかったとして、厚生労働省は医薬品医療機器法（旧

174

薬事法）に基づき、業務改善命令を出した。17日、日本製薬工業協会は厚労省の処分を受け、同社に厳重注意の処分を行ったと発表した。

(0096) 2015.12.17　NHK子会社社員が着服

　　12月17日、NHKの子会社「NHKアイテック」は、男性社員2人が放送関連施設の工事や業務を架空発注し、約2億円を不正に受け取っていた疑いがあると発表した。東京国税局の税務調査で不正行為が分かった。

　　2016年1月7日、新たに、九州支社の男性副部長が下請け会社に業務の架空発注などを行い、計約500万円を着服していた疑いがあると発表。2月9日、2億円不正受給の社員2人を懲戒解雇した。社長ら取締役5人は、引責辞任する意向を明らかにした。

(0097) 2016.5.6　羽田空港滑走路工事でデータ改ざん

　　5月6日、羽田空港C滑走路の地盤改良工事を請け負った東亜建設工業が、地震時の液状化防止のための薬液注入量データを改ざんしていたことを発表。国土交通省関東地方整備局によると、同社が採用した「バルーングラウト工法」で地中に薬液を注入する管231本全てが計画通りの位置に達しておらず、予定していた薬液の本来の全体量のうち、5.4%しか注入できていなかった。同社はデータを改ざんし、設計通りに施工したと国交省に報告。同社の社長は記者会見で謝罪、問題の責任を取り辞任を発表した。20日、同社は八代港の岸壁工事でも強度チェックに不正があったと発表した。

(0098) 2016.7.2　日本製紙、ボイラー操業で法令違反

　　7月2日、日本製紙は北海道の釧路工場でボイラー操業に対し大気汚染防止法（電気事業法）に関わる法令違反が発生していたと発表。4日には旭川工場でも違反があることが判明したことを受け、5日には同社本社に「ばい煙発生施設調査委員会」を設置、10日までに石巻、富士、岩国などの国内10工場に対し調査委員会による現地調査を実施した。北海道や釧路工場によると、大気汚染防止法の基準を超える硫黄酸化物（SOx）と窒素酸化物（NOx）が排出されるのがわかっていながら基準内になるようデータが改ざんされていた。

7月13日、製紙大手の王子製紙がグループ内の4つの工場で、いずれも発電用ボイラーから大気汚染防止法の排出基準を越える窒素酸化物（NOx）を含むばい煙を放出しながら、自治体への報告を怠っていたと発表。常務執行役員らが少なくとも2004年度から違反していたことを認め謝罪した。

(0099) 2016.9.8　ジブラルタ生命保険、保険料詐取
9月8日、ジブラルタ生命保険は秋田支社所属の社員が約10年間、秋田県内の顧客26人から保険料名目で約1億9000万円を詐取していたと発表。11月17日、秋田県警横手署などは、架空契約を装い、現金をだまし取ったとしてこの元社員を詐欺容疑で逮捕した

(0100) 2016.9.23　チェック怠りインスリン過剰投与
9月23日、国立病院機構長崎川棚医療センターは、入院患者に医師が指示した量の10倍のインスリンを投与する医療事故が起きたと発表した。患者は糖尿病などの持病があった80代女性。8月30日深夜、看護師が点滴用の液にインスリンを混ぜる際、指示では0.1ミリリットルだったインスリンを誤って1ミリリットル入れた。専用の注射器を使わずに測り、誤ったという。複数人でのチェックも怠っていた。患者は点滴の開始から約8時間半後に死亡した。センターは遺族に謝罪した。

(0101) 2016.12.6　指定外医師が中絶手術
12月6日、東京都武蔵野市の水口病院で7月、母体保護法で定められた指定医の資格がない医師が妊娠中絶手術を行ったとして、都が立ち入り検査を実施していたことが分かった。手術との因果関係は不明だが、手術を受けた女性は6日後に亡くなった。2017年3月30日、警視庁は男性医師と女性医師を業務上堕胎容疑で書類送検した。2人の送検容疑は昨年5月〜同9月、都医師会の指定を受けないまま、男性医師が17件、女性医師が5件の中絶手術をしたというもの。2人は「院長が資格を持っていれば、大丈夫だと思った」と説明しているという

| category | 製造物責任・事故・商品サービス瑕疵 |

CASE 047
リンナイ湯沸かし器
一酸化炭素中毒死事故

date	2007年（平成19年）2月8日
commercial name	リンナイ株式会社
scandal type	製品事故

事件の背景

　ガス機器メーカー・リンナイ製のガス小型湯沸かし器には不完全燃焼防止装置が搭載されており、装置が作動するとバーナーの燃焼が自動的に停止する仕組みになっていたが、再点火を繰り返すうちにセンサー部分がすすに覆われ、装置が作動しない状態になることがあった。同社では、1999年に事故機種をOEM販売していた東京ガスより、装置が作動不良を起こす可能性について連絡を受けて調査を開始。その結果、再点火を数百回行うと装置が機能しなくなることが判明し、1999年12月には装置を改良した新型機種を発売した。しかし、新型機種の普及により問題が解決されるとの判断に基づき、問題の公表や事故機種の点検・回収を行わずにいた。

事件の発端

　2007年2月8日、経済産業省が、2000年1月30日から2007年2月7日にかけてリンナイ製ガス小型湯沸かし器の不完全燃焼による一酸化炭素中毒事故が5件発生し、3名が死亡、12名が中毒となったことを公表した。2月9日には緊急記者会見を開き、事故原因は明確でないとしつつも注意喚起を行った。

事件の経過

　2000年1月30日、東京都荒川区でリンナイ製のガス小型湯沸かし器の不完全燃焼により、3名が一酸化炭素中毒になる事故が発生した。その後も2003年10月26日に東京都豊島区（死亡1名）、2004年2月1日に鹿児島市（中毒7名）、2004年12月25日に広島市南区（死亡1名、中毒2名）、2007年2月7日に横浜市鶴見区（死亡1名）と事故が続発。2000年以降、不完全燃焼防止装置の

普及などによりガス湯沸かし器の一酸化炭素中毒死は減少傾向にあり、3件もの死亡事故が発生した本事件は、2006年のパロマ湯沸かし器一酸化炭素中毒事故に次ぐ重大事案となった（当時）。なお、リンナイの事故機種は開放型と呼ばれる室内排気タイプ、パロマ工業の事故機種は室外排気タイプで、経済産業省は2006年8月にリンナイ製の室外排気タイプについて事故の可能性はないと発表している。

経産省が事故について公表したのは2007年2月8日だが、ガス器具による事故が発生した場合は速やかに同省に報告することが法律で定められており、同省も一連の各事故について発生当初より把握していた。しかし、換気が不十分など使用方法に問題がある可能性が高いとの判断に基づき、これまで事故について公表してこなかったといい、パロマ工業製品の事故を受けて実施した各社に対する総点検結果を2006年8月に公表した際もリンナイ製品の事故について明らかにしていなかった。

経済産業省による緊急記者会見と同日の2007年2月9日、リンナイがウェブサイトに「弊社の開放式小型湯沸器による一酸化炭素中毒事故について」と題する記事を掲載。2月12日には新聞に社告を掲載し、事故の発生、事故機種のみならず開放式小型湯沸かし器全てについ

ての無償点検実施を告知した。この間、2月10日には、リンナイが最初の事故が発生する以前の1999年に問題を把握していたことが明らかになった。同社によると、半年から一年の間に数百回の再点火を行わなければ問題は発生しないはずで、事故は想定外だったという。これに関して、後に行われた経済産業省による実験でも、現象の再現には150回以上の再点火行為を必要とし、正常な使用法では起こり得ない事故であるとの結論が出ている。

2月13日、甘利明経済産業相（当時）は、業界団体である日本ガス石油機器工業会に対し、過去にガス器具で発生した事故の情報を取りまとめて公表するよう要請。2月19日、日本ガス石油機器工業会は、1986年から2007年2月12日までに重大事故が1,476件、うち一酸化炭素中毒による死亡事故が129件発生し、199名が死亡していたことを公表した。重大事故の内訳は湯沸かし器などの温水機器891件、暖房機器161件、調理機器365件、その他59件。死亡事故の内訳は製品に起因するもの1件、誤使用73件、誤設置など17件、原因不明または調査中38件。事故原因が製品に起因するものではないとして、製造会社が自主的な情報公開を行っていないケースが大半だった。

CASE 047　リンナイ湯沸かし器 一酸化炭素中毒死事故

事件のその後

2008年2月20日、横浜市鶴見区で男性1名が死亡した事故について、2003年（東京都豊島区）と2004年（広島市南区）に死亡事故が発生したにも関わらず注意喚起を怠り、男性を中毒死させたとして、神奈川県警捜査1課と鶴見署が事故当時リンナイの品質保証部長兼環境部長だった男性役員と、販売元である東京ガスリビング営業部長だった男性執行役員の2名を業務上過失致死容疑で

横浜地検に書類送検した。その一方、死亡した男性は事故当時に換気をしておらず、ガス湯沸かし器内部にほこりが詰まって不完全燃焼防止装置が作動しない状態だったなど、使用状況にも不備があったとみられ、県警は「処分は求めない」とする意見書も送付した。

2008年3月31日、横浜地検が「開放式小型湯沸器に問題はなく、換気や機器の掃除がされていないことが原因によるもの」として、両名を嫌疑不十分で不起訴にしたことを発表した。

参考文献

webサイト

◆リンナイ公式「弊社の開放式小型湯沸器による一酸化炭素中毒事故について」
　http://www.rinnai.co.jp/information/2007/0209/index_1.html
◆同上「弊社の開放式小型湯沸器による一酸化炭素中毒事故について」
　http://www.rinnai.co.jp/information/2010/0621/
◆経済産業省「リンナイ株式会社製の開放式湯沸器による一酸化炭素中毒事故について」
　http://www.meti.go.jp/committee/materials/downloadfiles/g70226a03j.pdf

書籍・新聞記事

◆毎日新聞縮刷版　2007
◆読売年鑑2008年版
◆毎日新聞（2007.2.13 夕刊）
　「リンナイ湯沸かし器事故:ガス器具の全事故公表 工業会、早急に」

など

ガバナンス―経営者関与

ガバナンス―従業員関与

製造物責任・事故・商品サービス瑕疵

日本型企業風土

マスコミ・その他

| category | 製造物責任・事故・商品サービス瑕疵 |

CASE 048 大手損保会社 保険料過徴収問題

date	2007年（平成19年）3月30日
commercial name	東京海上日動火災保険，三井住友海上火災保険，損害保険ジャパン，あいおい損害保険，日本興亜損害保険
scandal type	保険料過徴収

事件の背景

2005年2月以降、生命保険や自動車保険などの保険金不払いが相次いで発覚。2007年12月までに、2001年度から2005年度までの5年間の不払いは生命保険で38社・約131万件・約964億円、自動車保険で26社・約49万件・約380億円、第三分野保険で21社・5,760件・約16億円に達することが明らかになった。

本事件の背景として、保険料の割引は契約者の請求に基づいて行われるという請求主義、1990年代半ばに始まった保険自由化、自由化に伴う保険商品の多様化・複雑化が指摘されている。販売競争が激化する中で各社が次々と保険料割引の特約を設定するが、損保会社社員は代理店の獲得や各種キャンペーンなど販売促進活動に忙殺されて代理店や募集人に対する指導・教育がおろそかになり、十分な商品知識を持たない営業現場が説明不足のまま契約者に商品を販売することが常態化。その結果、割引の請求をしない契約者からの過徴収が多発することになったのである。

事件の発端

2006年12月10日、朝日新聞が、東京海上日動火災保険、三井住友海上火災保険、損害保険ジャパン、あいおい損害保険、日本興亜損害保険の損害保険会社大手5社が2×4（ツーバイフォー）住宅の火災保険料を過徴収していたことを報じた。2×4住宅のほとんどは一般的な木造住宅よりも耐火性に優れているため、1999年に損保各社が保険料率を改定。2×4住宅に対して一般的な木造住宅よりも割安な保険料を適用することとしたが、それ以降も一般的な木造住宅の保険料を適用していた事例が確認された。保険契約の際には顧客が申告した建物の構造に基づいて保険料が定められるが、会社側の説明が不十分なため、顧客

CASE 048　大手損保会社 保険料過徴収問題

が2×4住宅として申告しない場合があるとみられる。これを受けて、12月20日に金融庁が火災保険を引き受けていた損保30社に対し、過徴収についての調査を要請。

2007年3月20日に三井住友海上が、3月30日に東京海上日動、損保ジャパン、あいおい、日本興亜、ニッセイ同和が調査の中間報告を公表、過徴収は大手6社だけで10万8,364件・約56億円に達した。建物の構造認定を誤り、本来より割高の保険料率を適用していた事例が多く、正確な事実に基づかない杜撰な契約が蔓延している実態が明らかになった。会社別にみると東京海上日動が2万6,979件・約20億2,000万円、損保ジャパンが4万2,730件・約9億3,600万円、三井住友海上が8,855件・約8億4,000万円、あいおい損保が2万139件・約10億3,000万円（金融庁の報告要請対象外である、2006年12月以前に解決済みの1,162件・約1億400万円を含む）、日本興亜が5,257件・約6億3,800万円、ニッセイ同和が2,404件・約2億500万円。

事件の経過

2007年8月4日、大手6社が、自動車保険や医療保険を含む個人向け保険商品の全てを対象に、保険料の過徴収の調査を始めたことが明らかになった。火災保険について調査する過程で、火災保険とセット販売されることが多い地震保険について、1981年施行の新耐震基準に準拠した住宅への割引が適用されていない事例が多数発覚。このため調査対象を拡大し、6月から自動車保険、8月から医療保険など第3分野保険で調査を開始したという。中小の損保各社もこの動きに同調しており、調査対象は業界全体で1億件以上、過徴収は100万件を超える恐れがあるとみられた。

2008年5月21日、大手6社は保険料の過徴収が最終的に約133万件・298億円に達する見通しであることを明らかにした。内訳は火災保険および地震保険が約62万件・約237億円、自動車保険が約68万件・約43億円、第三分野保険が約3万件・約18億円。ゴールド免許保有者への自動車保険料割引、自営業者の病気・怪我を補償する傷害保険の職種ごとの割引などが適用されていないケースが多かったという。

同日、大手6社が同年3月期の連結決算を発表。主力商品である自動車保険などの低迷が続いていることやサブプライムローン関連の損失に加え、調査やシステム更新など保険料過徴収問題への対応に1社あたり数十億円の費用を費やしたこと、過徴収した保険料の返還が追い打ちとなり、国内での損害保険の売上高が大半を占める正味収入保険料（単独決算

ガバナンス─経営者関与

ガバナンス─従業員関与

製造物責任・事故・商品サービス瑕疵

日本型企業風土

マスコミ・その他

181

ベース）はあいおい損保をのぞく5社が減収、最終損益は4社が減益となった。各社の最終損益はミレアHDが1,087億円（前期比+16.9%）、損保ジャパンが約596億円（-3.7%）、三井住友海上が約400億円（-34.2%）、日本興亜損保が約89億円（-43.4%）、ニッセイ同和が約64億円（+3.1%）の黒字、あいおい損保は約31億円の赤字。

2008年7月4日、大手6社など計25社が調査の最終結果を発表し、過徴収は約153万件・約371億円に達することが判明した。ただし外資系損保各社は火災保険料の過徴収しか発表しておらず、実際の数字はこれを上回るとみられる。

このうち大手6社は約135万件・約310億円で、内訳は火災保険および地震保険が約62万件・約246億円、自動車保険が約69万件・約44億円、第三分野保険が約3万件・約19億円。

会社別では東京海上日動が約124億4,600万円、三井住友海上が約59億7,600万円、損保ジャパンが約47億6,100万円、あいおい損保が約35億7,000万円、日本興亜損保が約30億円、富士火災が約21億3,400万円、共栄火災が約14億3,900万円、ニッセイ同和が約12億8,900万円、日新火災が約8億0,100万円、スミセイ損保が約5億2,900万円、朝日火災が約2億1,200万円、セコム損保が約2億1,100万円など。火災保険のみ公表した外資系はAIUが約4億2,800万円、エース損保が約1億1,600万円など。

事件のその後

本事件を受けて、各社は保険内容の簡素化、社員や販売代理店への商品知識教育の徹底、契約時の商品内容説明の充実などの対策を打ち出した。また、日本損害保険協会では、損害保険募集人資格に5年ごとの更新制度を導入し、最新の業務知識の理解度を定期的に検証することとした。

CASE 048　大手損保会社 保険料過徴収問題

参考文献

webサイト

◆日本ツーバイフォー建築協会「ツーバイフォー（2×4）住宅の火災保険料に関する新聞報道について」
http://www.2x4assoc.or.jp/builder/news/news_200612_2.html

雑誌・書籍・新聞記事

◆濱田 裕介「損害保険会社の「保険料の過徴収問題」についての一考察:一募集教育の再考一」保険学雑誌（601），2008
◆読売年鑑 2008年版
◆毎日新聞縮刷版　2007〜2008年
◆毎日新聞（2007.8.4 夕刊）
　「損害保険料:大手6社、取り過ぎ1億件調査 自動車など全商品」
◆同上（2007.3.31 朝刊）
　「損保大手:火災保険料、6社合計で取り過ぎ55億円」

など

ガバナンス―経営者関与

ガバナンス―従業員関与

製造物責任・事故・商品サービス瑕疵

日本型企業風土

マスコミ・その他

183

category	製造物責任・事故・商品サービス瑕疵

CASE 049 温泉施設SHIESPA 爆発事故

date	2007年(平成19年)6月19日
commercial name	ユニマットビューティーアンドスパ
scandal type	業務上過失致死傷

事件の背景

「松濤温泉シエスパ（SHIESPA）」は JR渋谷駅から西に約500メートル、ホテルや飲食店が立ち並ぶ商業地区と住宅街の境目あたりに位置する女性専用の会員制温泉施設で、2006年1月19日に開業して渋谷初の温泉として話題を集めた。当初はユニマットホールディング傘下の「ユニマット不動産」が運営していたが、4月に同じユニマットグループに属する「ユニマットコスモ」、11月には「ユニマットビューティーアンドスパ」が運営企業となった。

事件の発端・経過

2007年6月19日午後2時18分頃、シエスパの別棟（B棟）（地上1階、地下1階の鉄骨、鉄筋コンクリート建て）で大規模な爆発事故が発生。爆発によって別棟が鉄骨の骨組だけを残して全壊し、別棟内の従業員休憩室で休憩中の女性従業員3名が爆風による打撲などで死亡し、別の女性従業員2名と通行人の男性1名が爆発に巻き込まれ重傷を負った。また、周辺の住宅やビルなどでも爆風や飛散した瓦礫で窓ガラスが割れたり屋根瓦が吹き飛ぶなどの被害が生じ、住民数名が割れた窓ガラスで負傷した。

別棟は1階に従業員の更衣室や休憩室、地下1階に地下1,500メートルから温泉をポンプで汲み上げる機械室などがあり、汲み上げた温泉は入浴施設や飲食店がある本館（A棟）に送られるため、別棟には客は出入りしないようになっていた。爆発が起きたのは機械室だった。首都圏周辺には「南関東ガス田」が広がっており、シエスパが汲み上げた温泉にはメタンガスを主成分とする天然ガスが混入していた。このため、ガスセパレーターと呼ばれる装置でガスを分離し、排気管を通じて換気扇で屋外に排出するシステムになっていた。ガスを排出する際に水蒸気が結露水となって排気管に滞留する

184

CASE 049　温泉施設SHIESPA 爆発事故

ため、定期的に水抜き作業をする必要があった。しかし、水抜き作業が適切に行われなかったため、排気管のU字部分が結露水で詰まり、逆流したメタンガスが機械室に充満。温泉の汲み上げを自動調整する制御盤のスイッチが動作した際に発生した火花に引火して爆発した。また、ガス検出器が設置されていなかったことも、爆発に至った大きな要因とされた。

■ 事件のその後

6月20日、東京都環境局は都内に約150ある温泉施設の全てを対象に、電話による実態調査を開始。汲み上げ装置など施設の構造を聴取するとともに、汲み上げ機械のある部屋の窓を開けるなどの注意を喚起した。

7月10日にユニマットグループがシエスパの営業再開を断念する方針を明らかにし、8月31日に正式に閉館した。また、2008年1月10日には同グループが運営する「六本木天然温泉zaboo（ザブー）」も本事故の影響などから閉館。同グループは温泉施設経営から撤退した。

8月3日、ユニマットビューティーアンドスパがガス検知器を設置するとの虚偽の申請を行っていたことが明らかになった。同社が運営会社となるにあたり、2006年10月に渋谷区に提出した「温泉利用許可申請書」の図面には機械室

にガス検知器1台を設置するとの記述があったが、実際には設置されていなかった。旧運営会社のユニマット不動産社およびユニマットコスモも、同じ内容の図面を提出していたとみられる。

11月26日、「温泉法の一部を改正する法律」が成立。温泉の採取等に伴い発生する可燃性天然ガスによる災害の防止を目的に、温泉の採取の許可制が新設された。30日、公布。

2008年12月12日、警視庁は、シエスパの設計・施工を行った大成建設社員の空調設計設計担当者、施設運営を行っていたユニマット不動産の取締役と社員の計3名を業務上過失致死傷容疑で書類送検した。

2010年3月26日、東京地検は大成建設社員とユニマット不動産取締役の2名を業務上過失致死傷類罪で在宅起訴し、ユニマット不動産社員を嫌疑不十分で不起訴とした。

2013年5月9日、東京地裁で判決公判が開かれ、大成建設社員に禁錮3年・執行猶予5年（求刑・禁錮3年）が言い渡された。ユニマット不動産取締役は無罪となった。判決理由では社員について、設計を担当した本人であり、水抜き作業を適切に行わなければガス漏れによる爆発を起こしかねないことを容易に予見できたと指摘。ユニマット側に水抜き作業の必要性を伝える注意義務を怠ったこと

ガバナンス──経営者関与

ガバナンス──従業員関与

製造物責任・事故・商品サービス瑕疵

日本型企業風土

マスコミ・その他

185

が重大な過失にあたると認定した。一方、施設の保守管理を統括する立場だったユニマット不動産取締役については、大成建設側から水抜き作業の必要性について説明されていなかったと指摘。爆発の予見可能性はなく、検知器の設置義務もな

く、過失は認められないとした。2014年6月20日、東京高裁は一審判決を支持して社員側の控訴を棄却。2016年5月25日、最高裁は上告を棄却し、社員の有罪が確定した。

参考文献

新聞記事

◆朝日新聞（2007.6.20　朝刊）
　「温泉施設爆発3人死亡　渋谷繁華街3人重軽傷天然ガス引火か」
　「渋谷「まるで戦場」」温泉施設爆発　破片、ひざに飛んできた」
◆同上（2007.7.18　朝刊）
　「渋谷スパ爆発　ガス排出構造を変更　開業後「騒音」苦情で」
◆毎日新聞（2013.5.9　夕刊）
　「東京・渋谷のスパ爆発：運営側に無罪　設計側は有罪－地裁判決」

など

category	製造物責任・事故・商品サービス瑕疵

CASE 050 柏崎刈羽原発、中越沖地震影響で停止

date	2007年(平成19年)7月
commercial name	東京電力株式会社(柏崎刈羽原子力発電所)
scandal type	稼働停止

事件の背景

化石燃料に頼ったエネルギーの転換やCO$_2$削減を果たすために国は原発事業を推進してきた。しかし柏崎刈羽原発では活断層の上に位置しているのではないかという立地の不安、事故後の対応のまずさなど原発に対する不安が広がった。更に2011年3月11日に発生した福島第一原発事故によって「原発安全神話」は崩壊した。そんな中、早期の再稼働を目指す東京電力の姿勢などへの批判は高く、事故後10年が経過したが地元の再稼働に対する同意は得られていない。

事件の発端

2007年7月16日午前10時13分頃、新潟県中越地方を中心に強い地震があり、同県柏崎市、長岡市、長野県飯綱町などで震度6を記録した。この地震で東京電力柏崎刈羽原発では想定の2倍を超える激しい揺れに見舞われた。同発電所は震源からわずか23キロメートルに位置していた。

事件の経過

16日に発生した新潟県中越沖地震によって東京電力柏崎刈羽原発では6号機で使用済みプールの微量の放射性物質を含む水があふれ、施設内の排水溝を通じて海に流出した。また3号機変圧器付近では火災が発生し約2時間後に鎮火する事態となった。後にこの火災は地盤沈下が原因であることが判明した。自営消防団は機能せず、消防車の到着までに1時間を要した。東電は当初「外部への放射能の影響はない」としていたが、6号機で微量ながら漏えいがあったと明らかにした。

17日、東京電力は7号機の主排気筒から放射性物質が大気中に出ていたと発表した。また50件に及ぶ機器の損傷が見つかった。また今回の地震を引き起こ

した断層が原発直下まで延びていること
が気象庁などの解析で分かった。

18日、原発が立地する柏崎市の会田
市長は発電所に対し消防法に基づく緊急
使用停止命令を出した。

事件のその後

東京電力では2013年度中の再稼働
を見込でいたが1～7号機全てが定期検
査および新規制基準適合性審査中を理由
に停止している状況であり事実上不可能
であった。また再稼働については当時の
泉田新潟県知事が「東電はなぜ再稼働を
急ぐのか?」と疑義を呈するなど根強い
反対が起きた。

2017年12月27日、原子力規制委
員会が6、7号機の安全審査の合格証に
あたる「審査書」を正式決定した。東電
福島第1原発事故後に定められた新規制
基準に、東電の原発が合格したのは初め
てであった。しかし再稼働には地元同意
などの手続きが残っており、新潟県の米
山隆一知事が県独自の福島第1原発事故
の検証が終わるまでは、再稼働について
議論しないという姿勢を示すなど、時期
は見通せていない。

参考文献

webサイト

◆柏崎刈羽原子力発電所の透明性を確保する地域の会
　http://www.tepco.co.jp/kk-np/data/council/index-j.html
◆新規制基準適合性に係る審査会合実施状況
　http://www.tepco.co.jp/kk-np/data/shinsakaigou-j.html

雑誌・新聞記事

◆「電力 中越沖地震でまたも揺らいだ原発への信頼性」『週刊東洋経済』2007.7
◆新潟日報社原発問題特別取材班「崩れた原発「経済神話」―柏崎刈羽原発から再稼働
　を問う」明石書店 2017
◆日本経済新聞（2016.12.27）
　「柏崎刈羽原発が正式合格 規制委、安全基準満たす 6、7号機 再稼働時期は見通せず」

など

| category | 製造物責任・事故・商品サービス瑕疵 |

CASE 051 三洋電機製扇風機火災事故

date	2007年（平成19年）8月23日
commercial name	三洋電機株式会社
scandal type	製造物責任法，製品事故

事件の背景

製造物責任法では、製造業者などが損害賠償責任を負うのは製品の欠陥で被害が生じた場合に限られ、経年劣化は対象外とされている。また、その期間は製品を引き渡してから10年以内と定められている。このことからも分かるように、本事件が発生するまで、消費者のみならず製造業者や監督官庁などの間でも、経年劣化に起因する事故への関心は極めて低かった。

事件の発端、経過

2007年8月20日、東京都足立区の木造2階建て民家で火災が発生。1階部分15平方メートルが焼け、就寝中だったとみられる84歳と81歳の夫婦が死亡した。2人が寝ていた近くには扇風機があった。

8月23日、三洋電機は、1970年製造の同社製扇風機の発火が火災の原因

だったと発表した。発火の原因は特定できていないが、長期間の使用により部品の経年劣化が起きていたとみられる。また、2000年以降、製造後30年以上経過した同社製扇風機による発火が5件、発火を原因とする火災が19件発生し、2000年と2006年に計2名がやけどを負っていたことも明らかにした。計24件の事故のうち9件は2007年に発生していた。30年以上前の同社製品は約100機種を数え、計7,000台前後が家庭に残っている可能性があるとみられる他、新日本電気（現・NEC）ブランドとゼネラル（現・富士通ゼネラル）ブランドの扇風機の一部も三洋電機が製造したという。同社では、長年にわたって使用した扇風機ではモーター、コード、コンデンサーなど電気部品の劣化により発火・発煙の恐れがあるとして、これらの製品の使用中止を呼びかけた。

同日、東京消防庁は、1998年以降に東京都内で発生した扇風機から出火し

た火災のうち、製造年の判明したものが36件あり、4名が死亡、19名が負傷していたことを発表した。このうち23件では製造後10年以上経過した扇風機から出火していたという。同庁はスイッチを入れても羽根が回らない、使用中に異音や振動がある、モーターが異常に熱くなったり焦げ臭いなど、扇風機に異常がみられる場合は使用を止めるよう注意を喚起した。

8月24日、総務省消防庁の調べで、扇風機を火元とする火災が2006年までの10年間に全国で453件発生し、10名が死亡、76名が負傷していたことが明らかになった。

事件のその後

2007年11月、製造物責任法が改正され、扇風機やエアコンなどの家電製品について、利用者に注意喚起するため、製品本体に経年劣化で事故が発生する危険があることを明記することが義務付けられた。

2013年9月6日、消費者庁は、同年夏に製造後35年以上経過した扇風による火災が7件発生したことを発表した。また、2010年度以降に同庁が報告を受けた扇風機による火災事故62件のうち長期使用（15年以上）していたものは32件、さらに28件では製造後35年以上経過していたのも明らかにした。同庁では、長期使用に伴う経年劣化により出火する恐れがあるとして、扇風機に異常な音や振動、焦げ臭い臭いがする、電源コードが折れ曲がったり破損しているなどの異常が見られる場合は直ちに使用を中止すること、扇風機を利用していない時は電源プラグをコンセントから抜くことなどを呼びかけた。また、長期使用の扇風機による火災事故32件のうち8件は学校・公共施設・病院・事務所など一般住宅以外で発生していたが、これらの場所では長期間にわたる使用、日中の連続運転などから一般住宅以上に劣化が進むことが考えられるため、より一層の注意が必要だという。

CASE 051　三洋電機製扇風機 火災事故

参考文献

webサイト

◆消費者庁「長期使用の扇風機で火災が発生しています」2013/9/6
　http://www.caa.go.jp/safety/pdf/130906kouhyou_1_1.pdf

書籍・新聞記事

◆毎日新聞縮刷版　2007
◆読売年鑑　2008年版
◆毎日新聞（2007.8.24 朝刊）
　「扇風機火災:製造年10年超、都内23件出火」
　「扇風機火災:三洋製が発火、2人死亡 30年以上前に製造、なお7000台」

など

ガバナンス―経営者関与

ガバナンス―従業員関与

製造物責任・事故・商品サービス瑕疵

日本型企業風土

マスコミ・その他

category	製造物責任・事故・商品サービス瑕疵

CASE 052 船場吉兆 消費期限改ざん

date	2007年（平成19年）10月28日
commercial name	船場吉兆
scandal type	不正競争防止法違反（虚偽表示），食品衛生法違反

事件の背景

1991年、日本三大料亭として知られる高級料亭「吉兆」の創業者湯木貞一が子どもたちに暖簾分けを行い、グループ会社制に移行。吉兆船場店（大阪市）を与えられた三女の湯木佐知子と夫の湯木正徳が「船場吉兆」（本社・大阪市）を開業した。同社は大阪市と福岡市で計4店の高級料亭を営業するとともに、百貨店や通信販売で吉兆ブランドの商品を販売。事件発覚後、このような拡大路線に走る一方で、過剰なまでに採算を重視する方針を採ったことが、様々な不正の温床になったとの指摘がなされた。

事件の発端

2007年10月28日、福岡市は、船場吉兆が福岡市の百貨店「岩田屋」に出店する「吉兆天神フードパーク」に食品衛生法違反の疑いがあるとして、菓子や総菜の販売自粛などを勧告した。同店で

は黒豆プリン・桜ゼリー・抹茶ゼリー・タルト・ほうじ茶ケーキの菓子5種のラベルを張り替え、消費期限や賞味期限を改ざんして販売していた。10月29日、船場吉兆が記者会見を開催し、改ざんを認めて謝罪した。

事件の経過

11月1日、吉兆天神フードパークが棒だら・黒豆・栗のふくませ煮・胡麻豆腐の総菜4種およびりんごのケーキ・栗タルトのケーキ2種でも期限を改ざんしていたことが判明した。

11月9日、農林水産省は、船場吉兆本店が九州産の和牛を但馬牛、ブロイラーを地鶏と表示するなど10種の産地や原材料を偽装していたことを発表し、日本農林規格（JAS）法に基づき同社に改善を指示した。11月16日、大阪府警が不正競争防止法違反（虚偽表示）容疑で船場吉兆本社など12ケ所を強制捜査。同月、船場吉兆の全4店が自主休業

CASE 052　船場吉兆 消費期限改ざん

し、物品販売も停止した。12月10日、船場吉兆は農林水産省近畿農政局に一連の食品偽装についての改善報告書を提出。期限や産地などの改ざんが贈答品のほぼ全品を含む45種に及ぶこと、偽装が約10年前から常態化していたことを明らかにした。

また、偽装はパート従業員など現場の担当者や納入業者の独断で行われたとの従来の主張を撤回し、会社側の指示があったことを認めた。12月25日、船場吉兆が酒類の製造免許を持たずに梅酒を製造販売していたことが明らかになった。

2008年1月16日、船場吉兆は大阪地裁へ民事再生法の適用を申請した。負債総額は8億円。同日、同社の役員4名のうち湯木正徳社長、長男の湯木喜久郎取締役、次男の湯木尚治取締役が引責辞任、残った湯木佐知子を社長とする新体制が発足。

1月22日、本店が営業を再開する一方、心斎橋店（大阪市）と天神店（福岡市）が正式に閉店。その後、博多店（福岡市）は営業を再開した。

5月2日、船場吉兆本店が、客が食べ残した料理を別の客に提供していたことが明らかになった。使い回していた料理はアユの塩焼き・稚鮎の素揚げなど6種。客が食べた形跡のない料理を廃棄せず、食材が足りなくなったときなどに再加熱

して提供するという手口で、自主休業前まで行われていた。同日、大阪市保健所が同店に立ち入り調査した。その後、同社の4店全てで同様の使い回しが行われていたことが判明した。なお、食品衛生法は食べ残した料理の使い回しを想定しておらず、禁止規定はない。5月25日、本店・博多店の両店が閉店。5月28日、船場吉兆は記者会見を開催し、新たに8品目の料理を使い回していたことを明らかにした。

同日、船場吉兆が大阪市に廃業届を提出。大阪地裁は同社の民事再生手続きの廃止を決定し、保全管理命令を出した。同社では料理の使い回しが発覚して客足が遠のき、負債が9億円に拡大していた。10月、湯木佐知子社長・正徳前社長夫妻が自己破産を申し立てた。10月29日、大阪地裁は手続きの開始を決定。同日、船場吉兆の不動産や美術品などを管理するユキカンパニー船場（大阪市）が破産手続きに入った。

事件のその後

本事件により吉兆グループ全体のイメージが悪化し、グループ各社が深刻な打撃を受けた。これを受けて、2008年3月1日には食の安全性と顧客の安心感を確保するため、グループ各社の役職員や第三者の専門家で構成する「食のコンプライアンス委員会」が設立された。し

ガバナンス—経営者関与　ガバナンス—従業員関与　**製造物責任・事故・商品サービス瑕疵**　日本型企業風土　マスコミ・その他

193

かし2013年11月26日、京都吉兆が販売していたローストビーフに、食品衛生法で認められていない結着剤で整形したブロック肉が使用されていることが発覚し、商品を自主回収する事件が発生した。

参考文献

webサイト

◆大阪日日新聞
「船場吉兆問題を斬る!「企業の社会的責任認識が大切」プロPRウーマンに聞く〝おわび会見〟の在り方」
http://www.pressnet.co.jp/osaka/kiji/hit021.shtml

◆朝日新聞デジタル
「船場吉兆」、総菜でも偽装 黒豆や胡麻豆腐」
http://www.asahi.com/special/071031/TKY200711010335.html
「船場吉兆、食べ残し料理を別の客に」
http://www.asahi.com/special/071031/OSK200805020074.html

◆東京商工リサーチ「倒産速報 船場吉兆」
http://www.tsr-net.co.jp/news/flash/1196175_1588.html

書籍・新聞記事

◆毎日新聞縮刷版 2007
◆読売年鑑 2008年版

など

| category | 製造物責任・事故・商品サービス瑕疵 |

CASE 053 中国製冷凍ギョーザ農薬混入事件

date	2008年（平成20年）1月30日
commercial name	ジェイティフーズ株式会社
scandal type	異物混入，自主回収

事件の発端

2008年1月30日、千葉県千葉市・同市市川市・兵庫県高砂市の3家族10名が中国製冷凍ギョーザを食べた後に食中毒の症状を訴え、5歳の女児1名が一時意識不明の重体となるなど9名が入院していたことが明らかになった。事件は2007年12月28日から2008年1月22日にかけて発生。被害者らが食べたのは河北省の天洋食品工場で製造された「手作り餃子」と「手包みひとくち餃子」で、外袋にパック済みの状態で輸入されており、被害者らが購入したパックには穴などは開いていなかった。両県警の鑑定でギョーザから高濃度の有機リン系農薬メタミドホスが検出され、輸入元のジェイティフーズは天洋食品工場で生産された23品目約58万点の自主回収を開始した。

事件の経過

メタミドホスは殺虫剤に含まれる薬物で、摂取すると腹痛・嘔吐・下痢などの症状を引き起こし、最悪の場合は呼吸不全で死に至る。国内では農薬としての使用が禁止されており入手困難だが、中国では2007年1月に販売・使用が禁止された後も広く流通している。警察庁科学警察研究所による分析の結果、検出されたメタミドホスは不純物や副生成物の含有量が多く、国内の研究機関に試薬として保管されている高濃度のメタミドホスと異なること、外袋にメタミドホスが付着しても袋の内部には浸透しないこと、一部のギョーザの具からは1万9,290ppmのメタミドホスが検出されたが、ニラの残留検疫基準の約6万4千倍で、残留農薬の可能性は極めて低いことなどが確認された。

2008年2月5日、福島県喜多方市で販売された天洋食品工場製「手作り餃子」

195

から高濃度の有機リン系農薬ジクロルボスが検出された。ジクロルボスは日中両国で殺虫剤として使用されており、毒性はメタミドホスと同程度かやや弱い。メタミドホスが検出された商品は2007年10月20日製で、今回の商品は2007年6月3日製。製造日が異なる商品から高濃度の農薬2種が検出されたことで、製造段階で混入した可能性が高まった。

2008年2月9日、徳島県は、県内で回収された「手作り餃子」外袋の表面から微量のジクロルボスを検出したと発表した。2月11日、同県は、回収先の販売店が防虫作業のためにジクロルボスを含む薬剤を使用していた可能性があること、この薬剤が外袋に付着した可能性があることを明らかにした。これを受けて、中国の報道やネットなどでは日本国内で農薬が混入されたとして、日本を批判する声が高まった。

2月20日、仙台市で回収された「手作り餃子」からジクロルボス、パラチオン、パラチオンメチルの3種類の有機リン系農薬が検出された。パラチオンとパラチオンメチルは日本では1971年に使用が禁止されたが、中国では2007年に禁止されるまで一般的に使用されていた。

2008年2月21日、当時の警察庁長官は定例記者会見で、国内でメタミドホスが混入した可能性は低いとの見解を示

し、中国公安省に捜査協力を要請した。2月28日、中国公安省は記者会見を開催し、中国で混入した可能性は極めて低いと主張し、日本側を強く批判した。また、メタミドホスが外袋の外側から内側へと浸透したとの中国での実験結果を明らかにしたが、後に実験に使われた外袋の一部に穴が空いていたことが発覚した。

4月、輸入港・保管倉庫・販売店など流通段階での事情聴取や実況見分、商品の鑑定など、日本国内で可能な捜査が終了したが、メタミドホス混入の経緯は解明されなかった。

第34回主要国首脳会議（洞爺湖サミット）初日の7月7日、中国政府が日本政府に対し、メタミドホスが自国内で混入した可能性が高いことを認め、捜査を再開したことを通知した。中国国内で回収された天洋食品工場製ギョーザが流通し、6月中旬にギョーザを食べた者が食中毒となる事件が発生していたという。後に、河北省政府が天洋食品の餃子横流しを指示していたことが明らかになった。

8月8日、北京五輪開会式に参加するため中国を訪問した福田康夫首相（当時）が胡錦濤主席（当時）と会談し、本事件を解決するよう要請。北京五輪終了後、同主席は公安当局に対し本格的に捜査に着手するよう指示した。

CASE 053　中国製冷凍ギョーザ 農薬混入事件

事件のその後

　この年、9月に国で牛乳などに有害物質メラミンが混入し乳児など約5万名に被害が出ていたことが明らかになり、9月26日には日本に輸入された菓子からメラミンが検出されたこともあり、国民の間に中国産食品の安全性に対する深刻な不安・不信が広がった。

　2008年1月18日に福田康夫首相が「消費者行政を統一的、一元的に推進するための、強い権限を持つ新組織」を設立する意向を表明し、2月1日には新組織の検討を急ぐよう指示。2009年9月1日に消費者庁が発足した。

　一方、中国では2010年3月16日、天洋食品工場元臨時従業員が危険物質混入罪容疑で警察当局に身柄を拘束された。同社の給料・待遇への不満や同僚とのトラブルから、2007年10月1日から12月下旬にかけて3回にわたり同社の冷凍保管庫に侵入、注射器で冷凍ギョーザに農薬を混入したとされ、従業員は容疑を認めているという。従業員は4月に逮捕され、8月に起訴。2013年7月、初公判が開かれ、即日結審。2014年1月20日、中国河北省石家荘市の中級人民法院（地裁）で、従業員に無期懲役の判決が言い渡された。

参考文献

webサイト

◆厚生労働省「中国産冷凍餃子を原因とする薬物中毒事案について」
　http://www.mhlw.go.jp/topics/bukyoku/iyaku/syoku-anzen/china-gyoza/dl/01.pdf
◆朝日新聞デジタル
　「昨春製ギョーザ袋からも薬物検出 徳島の生協回収分」
　http://www.asahi.com/special/080130/OSK200802090103.html
　同上「ギョーザ国内捜査、終了へ 混入経路、未解明のまま」
　http://www.asahi.com/special/071031/TKY200804110316.html

書籍・新聞記事

◆青山繁晴『王道の日本、覇道の中国、火道の米国』PHP研究所　2009
◆読売年鑑（2009年版）　　　　　　　　　　　　　　　　　　など

ガバナンス —経営者関与

ガバナンス —従業員関与

製造物責任・事故・商品サービス瑕疵

日本型企業風土

マスコミ・その他

category	製造物責任・事故・商品サービス瑕疵

CASE 054 マンナンライフ、こんにゃくゼリーで窒息死

date	2008年（平成20年）7月29日
commercial name	株式会社マンナンライフ
scandal type	窒息事故

事件の背景

こんにゃくゼリーは弾力に富んだ独特の食感で人気を集めており、2007年度の市場規模は約117億円に達する。しかし、普通のゼリーより硬く弾力性も強い、子どもも口にする菓子類である、特にミニカップ入りの商品は喉につかえやすい大きさである、容器から吸い込んで食べるため一気に喉に到達する可能性があるなど、窒息事故を起こしやすい一面もある。しかも、比較的新しい商品であるため、餅や飴などに比べて消費者の危険の認識度が低い。

国民生活センターが把握しているこんにゃくゼリーによる死亡事故は1995年7月から2007年5月にかけて16件に達しており、うち9件が7歳以下の子ども、6件が68歳以上の高齢者だった。この他、報道などによる事故情報で同センターが事実確認を行っていない死亡事故が5件あり、うち2件が7歳以下の子

ども、3件が68歳以上の高齢者だった。このため、同センターでは1995年10月16日以来数度にわたり、消費者に注意を喚起するとともに行政・業界に事故防止策を検討・実施するよう求めてきた。

2007年7月5日にも国民生活センターが記者説明会を開催し、消費者へ警告するとともに行政・業界に安全対策を要望。これを受けて厚生労働省や農林水産省などが業者に再発防止の指導を行い、消費者に注意喚起をしたが、規制については「法律の対象外」とした。10月以降、全国菓子協会など業界団体3団体が、商品に子どもと高齢者が食べないよう警告する統一マークを表示することを決定。しかし、こんにゃくゼリー自体の形状や硬さについては、基準を決めるのが困難であるとして改善策は見送られた。

事件の発端・経過

2008年7月29日、兵庫県の1歳9ケ月の男児が凍らせたミニカップ入りこん

CASE 054　マンナンライフ、こんにゃくゼリーで窒息死

にゃくゼリーを喉に詰まらせる事故が発生。病院に救急搬送されたが脳死状態となり、9月20日に多臓器不全で死亡した。男児が食べたのはマンナンライフの「蒟蒻畑マンゴー味」で、商品によっては凍らせると喉に詰まりやすくなると表示している商品もあるが、「蒟蒻畑」には表示はなかった。同社では1991年に一口タイプのこんにゃくゼリーの製造を開始。2007年度のこんにゃくゼリー市場における同社のシェアは約7割で、その9割弱を「蒟蒻畑」が占めていた。その一方、1996年と2005年にも同社製こんにゃくゼリーによる死亡事故が発生していた。本事故は国民生活センターが把握するこんにゃくゼリーの死亡事故としては17件目、2007年に業界団体が統一警告マークの表示を決定してからは初の死亡事故となった。その後、同社が8月12日に男児の父親から事故の連絡を受けたが、業界団体へ報告せず、具体的な対策も取っていなかったことが明らかになった。

事件のその後

事故を受けて、野田消費者相（当時）が同社に自主回収やゼリーの形状変更などの自発的な検討を要請。農林水産省も業界団体に警告マークの拡大やミニカップにも警告表示を記載するなどの再発防止策を要請し、業界団体も応じる意向を

示した。

2008年10月8日、マンナンライフがミニカップ入りのこんにゃくゼリー「蒟蒻畑」の製造を中止し、同日の出荷分を最後に販売も停止した。市場に流通済みの商品は自主回収せず、10日から「子どもや高齢者は絶対に食べないでください」と呼びかけるテレビCMを放映して注意を喚起した。対象商品はスーパー向けの「蒟蒻畑」6種、コンビニ向けの「蒟蒻畑」2種、カロリーオフ商品の「蒟蒻畑ライト」5種の全13種。

11月26日、マンナンライフが「蒟蒻畑」の製造を再開。商品には外袋の正面に大きく「小さなお子様や高齢者の方は絶対に食べないでください」と記載、裏面の警告文に危険なので凍らせないよう追記、ミニカップにも警告マークを表示した他、ゼリー自体も柔らかくするなどの事故防止策が施された。12月5日、販売が再開された。

2009年3月、死亡した男児の両親が製造物責任法（PL法）に基づき約6,240万円の損害賠償を求め、マンナンライフと同社社長らを神戸地裁姫路支部に提訴した。両親は外袋の警告表示が不十分だった、同社ホームページに「冷やすとより一層おいしく召し上がれます」と表示されており、同社は消費者がゼリーを凍らせることを予想できたなどと主張。

2010年11月17日、一審判決が言

ガバナンス─経営者関与

ガバナンス─従業員関与

製造物責任・事故・商品サービス瑕疵

日本型企業風土

マスコミ・その他

199

い渡され、製品は通常の安全性を備えておりPL法上の欠陥はないとして両親の請求が棄却された。判決では冷やすと硬さや付着性が増すことは消費者も十分認識できた、外袋に子どもや高齢者への注意を呼びかけるイラスト入りの警告表示があったなどと指摘された。

本事件を契機としてこんにゃくゼリーの危険性に関する議論が沸き起こった。既にゼリーへのこんにゃく使用を禁止している欧州連合（EU）・米国・韓国のように日本でも販売を禁止するべきだとの声が高まり、2008年10月1日には社会民主党の福島みずほ党首（当時）らが野田聖子消費者行政担当大臣（当時）にこんにゃくゼリーの製造・輸入・販売禁止などを申し入れた。

その一方、餅の方が危険、保護者の責任が大きいなどとして規制に反対する者も多い。2010年1月15日に内閣府の食品安全委員会が発表した「食品による窒息事故に係る食品健康影響評価に関する情報」によると、一口あたり窒息事故頻度は餅が最も高く、次いでこんにゃくゼリーと飴が同程度であった。また、食品による窒息死亡事故は年間4,000件以上発生しており、このうち0.04%（平均1.7件）に過ぎないこんにゃくゼリーをことさらに問題視することに疑問を呈し、食品をよく噛んで食べるなど食品事故防止に関する基本的な知識を周知することが重要との指摘もある。

参考文献

webサイト

◆国民生活センター「こんにゃく入りゼリーで、死亡事故が起きています!」
http://www.kokusen.go.jp/news/data/n-19951016.html
◆同上「またひとり こんにゃく入りゼリーで死亡 -子どもや高齢者に絶対に与えない!-」
http://www.kokusen.go.jp/news/data/n-20080930_1.html
◆同上「ミニカップタイプのこんにゃく入りゼリーによる事故防止のために ―消費者への警告と行政・業界への要望―」
http://www.kokusen.go.jp/pdf/n-20070705_1.pdf

雑誌・書籍・新聞記事

◆毎日新聞（2008.9.30 夕刊）
「こんにゃくゼリー窒息死:死亡は兵庫の1歳児 国民生活センター「政府は対策を」」
◆同上（2008.10.8 朝刊）
「こんにゃくゼリー窒息死:マンナンライフが製造中止 改善策対応できず」
◆同上（2008.11.26 夕刊）
「こんにゃくゼリー窒息死:マンナンライフが製造再開 警告マーク拡大」　　　など

category	製造物責任・事故・商品サービス瑕疵

CASE 055 タカタ製エアバッグ問題

date	2009年（平成20年）5月
commercial name	タカタ株式会社
scandal type	大規模リコール

事件の背景

　タカタはシートベルトやチャイルドシートなど自動車用安全装置の製造販売を手がける自動車部品メーカーであり、中でもエアバッグの世界シェアは2割を占め、多くの自動車メーカーと取引きのある企業である。

　硝酸アンモニウムを使用したエアバッグのガス発生装置（インフレータ）が異常破裂し、金属片が飛散する不具合が報告されてから、2016年に日米欧の自動車メーカー10社で構成された独立委員会が原因の特定を発表するまで解決が長期化した理由には、タカタの杜撰な生産管理体制が指摘されており、大手サプライヤーが引き起こしたエアバッグ欠陥問題は、米国で史上最大のリコールがされるほどの大騒動へ発展した。

事件の発端

　2009年5月、米国でホンダのアコード（2001年モデル）に搭載したタカタ社製エアバッグが衝突時に爆発。その際に飛散した金属片が運転者の頸動脈を傷つけ、運転者は出血多量で死亡する事故が発生した。この事故が起きる以前から米国内ではエアバッグの不具合が報告されており、ホンダは6月にリコールを拡大、7月には日本国内でも最初のリコールを報告するが、その後も事故が相次ぎ、世界中の車両メーカーを巻き込むリコール問題となる。

事件の経過

　2004年5月、米国にて事故時の不具合が発生する。当初エアバッグ搭載該当車のメーカーだったホンダは、ガス発生剤以外の原因と認識しており、同月ホンダからタカタに不具合事案について連絡がなされた。2007年2月、事故

ガバナンス―経営者関与

ガバナンス―従業員関与

製造物責任・事故・商品サービス瑕疵

日本型企業風土

マスコミ・その他

201

時の不具合が複数発生したことを受け、2008年11月、ホンダは米国にて最初のリコールを行う。この時点で日本の国土交通省においては、米国にて複数の不具合が発生していること、国内に対象車両がないことを確認していた。ところが、2009年5月、米国にて最初の死亡事故が発生。これを受けてホンダは6月に米国内のリコールを拡大、7月には日本国内でも最初のリコールを始める。

　2009年12月、米国で2件目の死亡事故が発生（2008年11月のリコールの未改修車による）。その後、2010年～2011年にかけて日米両国内でリコールが拡大する。2013年4月～5月にかけて、ホンダ、トヨタ、日産、マツダ、BMWが日米にて相次ぎリコールを発表。その後も不具合の発生が続き、2014年6月には米国内にて先の5社とクライスラー、フォードが高湿度地域に限定して全数回収調査を開始。また、7月には日本国内において自動車メーカーに対して車両の廃車時・解体時のインフレータ異常の報告を要請する。10月、米道路交通安全局（NHTSA）がリコール対象を拡大、米議会・米連邦地検も調査を開始する。11月、国交省は自動車局長をトップとする対策推進本部を設置。米国でリコールを行う場合は国内でも同様措置をとるよう自動車メーカーに指示した。同月、米国議会上院で開催さ

れた、タカタ、ホンダ、クライスラーおよび米道路交通安全局（NHTSA）対象の公聴会でタカタはエアバッグ問題を陳謝するものの、問題隠蔽の疑惑に対して追究される。

　2015年2月、米国内の消費者らは、重要な情報を消費者に隠していたなどとして、タカタ、トヨタ、ホンダなど12社を相手取り、フロリダ州の連邦地裁に対し、損害賠償を求める集団訴訟に踏み切る。また、米当局は調査結果を発表、回収エアバッグの証拠保全を命令する。5月、タカタが、これまでの姿勢を一転し、全面的にエアバッグの欠陥を認めた。米運輸省に対して全米で約3,400万台のリコール（回収・無償修理）を行うと合意。タカタが前面に出て、トヨタ自動車やホンダなど11社の自動車メーカーなどとリコールを進めるとした。前年の11月に当局がリコール対象を全米に拡大するよう要求したが、タカタは「原因が特定されていない」などとして支払いを拒否していたため、ホンダなどが自主的にリコールを進めていた。

事件のその後

　問題となったエアバッグは、2000～2008年ごろにつくられたもので、ホンダ、トヨタ自動車など国内外の10社の車に搭載されている。

　2015年11月、ホンダがタカタ製エ

CASE 055　タカタ製 エアバッグ問題

アバッグ部品を今後一切使わないと米国で発表。2017年1月、米司法省は、タカタが和解金10億ドル（約1150億円）を支払うことで同社と合意したと発表。またタカタの元幹部3人が、製品の欠陥を知りながら隠蔽していたという詐欺罪で刑事訴追され、タカタ側は詐欺罪を認めた。裁判所は、罰金と被害者補償基金、自動車メーカー向けの補償金を合計した約10億ドルの支払いを命じた。

2016年2月、日米欧の自動車メーカー10社で構成する第三者調査機関は、エアバッグを膨らませるガス発生剤の硝酸アンモニウムの使用方法や高温多湿の環境など三つの要因が重なったことが問題の原因とする調査結果を発表。湿気を含むと爆発力が想定以上に強くなる硝酸アンモニウムが乾燥剤なしの状態で使われたこと、高温多湿の環境に長期間

さらされたこと、そしてガス発生装置「インフレーター」が湿気の侵入を防ぐよう適切に組み立てられていなかったことが重なったとした。

2017年6月、タカタと関連会社のタカタ九州、タカタサービスは東京地裁に民事再生法の適用を申請。負債総額は約1兆7000億円に上ると見られ、製造業としては戦後最大の倒産となった。11月に米国キー・セイフティー・システムズ（KSS）への事業譲渡で最終合意。譲渡額は15億8800万ドル（約1750億円）。

2017年12月、国土交通省はリコール（回収・無償修理）の未改修車について、異常破裂の危険性が高いと判断した一部の車両の車検を通さない措置を2018年5月から導入すると発表。対象車両は自動車メーカー9社の計97車種、約130万台。

参考文献

webサイト

◆国土交通省「タカタ製エアバッグ問題の経緯」
　http://www.mlit.go.jp/common/001198966.pdf
◆タカタ公式「弊社エアバッグに係るリコールについて」
　http://www.takata.com/pdf/141113_JP.pdf
◆同上「弊社エアバッグに関する今後の対応について」
　http://www.takata.com/pdf/141203_JP.pdf

雑誌・新聞記事

◆「安全/グローバル タカタのエアバッグリコール ホンダだけで1395万台が対象 日経ものづくり」『日経BP社』（725）2015.2
◆「自動車 国内で3度目の大量リコール 枯渇するタカタのエアバッグ」『週刊ダイヤモンド』2014.12.27-2015.1.3
◆朝日新聞 縮刷版（2009〜2017年）　　　　　　　　　　　　　など

ガバナンス─経営者関与

ガバナンス─従業員関与

製造物責任・事故・商品サービス瑕疵

日本型企業風土

マスコミ・その他

203

category	製造物責任・事故・商品サービス瑕疵

CASE 056 トヨタ自動車 大規模リコール

date	2009年(平成21年)8月28日
commercial name	トヨタ自動車株式会社
scandal type	リコール

事件の背景

2007年3月、米国の顧客よりトヨタ・タンドラのアクセルペダルの戻りが悪いとの苦情が寄せられる。トヨタは安全性に問題はないとして、リコールなどは実施しなかった。9月26日、レクサスES350とカムリ用の別売りフロアマットがアクセルペダルに引っかかる恐れがあるとして、米国でリコールを実施した。2008年4月19日、ミシガン州フリントで走行中のカムリが急加速して木に激突する事故が発生し、運転していた女性が死亡。同年12月頃より、欧州の顧客からアクセルペダルが戻りにくいとの苦情が寄せられる。アクセルペダルを構成する部品が結露した水分によって密着し、アクセルペダルの正常な動きを妨げることが原因で、2009年8月に部品の材質が変更された。2009年7月、千葉県松戸市の国道でプリウスによる玉突き事故が発生。運転者はブレーキが効

かなかったと証言したが、2010年3月19日に千葉県警がブレーキに異常は見られなかったことを明らかにした。このように、2007年頃よりトヨタ車のアクセル・ブレーキや急加速に関するトラブルが発生していた。

また、2007年、トヨタが社内情報開示を隠蔽したとして、顧問弁護士が契約を破棄。2008年にトヨタが同弁護士を秘密保持契約違反で告訴したのに対し、2009年7月24日に同弁護士がトヨタを恐喝や名誉毀損などで逆提訴し、トヨタが1996年頃から組織的隠蔽を続けてきたと主張した。

事件の発端

2009年8月28日、米国カリフォルニア州サンディエゴでレクサスES350が高速走行中に急加速して制御不能となり、乗っていた一家4名が死亡する事故が発生。その後の米国運輸省高速道路交通安全局（NHTSA）の調査で、事故車

CASE 056　トヨタ自動車 大規模リコール

両は運転席床にサイズの合わない別車種用のフロアマットを敷いていたこと、フロアマットを留め具で固定せずに使用していたこと、ずれたフロアマットにアクセルペダルが引っかかり、アクセルが全開のまま戻らなくなったことが事故の原因と断定された。しかし、事故がマスメディアにより大々的に報じられると、エンジンの電子制御スロットルシステム（ETCS）に何らかの問題があったのではないかとの憶測が米国中に広がっていった。

事件の経過

2009年9月下旬、トヨタはアクセルペダルのフロアマットへの干渉を防止するためのリコール実施を決定した。是正内容はフロアマットの交換やアクセルペダルの形状変更で、一部車種についてはフロア面の形状も変更することとした。11月25日、リコールを発表。対象車種は当初レクサスE350など8車種だったが2010年1月27日に5車種が追加され、対象台数は米国で426万台など、世界で610万台に達した。9月29日、トヨタは不適切なフロアマットを使用したりフロアマットを固定しないことの危険性について警告する通知を顧客に発行。次いで10月30日、リコールによる是正措置が完了するまで運転席のフロアマットを取り外すよう求める通知の顧客

への送付を開始した。

同年、以前に欧州で発生したアクセルペダルが戻りにくくなる現象が米国向け車両で確認され、2010年1月21日にトヨタがリコールの実施を発表した。対象車種はカローラやカムリなど主力車種を含む8車種で、対象台数は米国で230万台、カナダ・中国・欧州向け車両も含め世界で計444万台。

2月2日には日本で、2009年5月に発売された3代目プリウスのブレーキに関する不具合が国土交通省に報告されていることが明らかになった。凍結した路面などで横滑り防止装置が作動した際に油圧ブレーキが利くまでの時間が通常より0.06秒長い0.46秒かかるというもので、検証実験の結果、この問題はABSの制御プログラムに起因していることが判明。不具合はリコールの基準に達する深刻なものではなかったが、顧客の懸念を払拭するため、2010年2月9日にトヨタがプリウスなどハイブリッド車3車種のリコールを発表した。対象台数は世界で44万台。

市場は一連のリコールに敏感に反応し、トヨタの株価は2010年1月25日からの4日間で15％下落。ゼネラルモーターズやヒュンダイ自動車がトヨタ車からの乗り換えキャンペーンを実施したこともあり、同月のトヨタの販売台数は前月比47％減の9万8,796台と10年ぶ

ガバナンス—経営者関与

ガバナンス—従業員関与

製造物責任・事故・商品サービス瑕疵

日本型企業風土

マスコミ・その他

205

りに10万台を割り込んだ。

また、この頃米国マスコミのリコール問題やETCSの欠陥疑惑に関する報道が過熱化し、「記憶に残る史上最悪リコールTOP10 第1位」などの刺激的な記事が新聞・雑誌を賑わせたこともあり、消費者のトヨタへの信頼は失墜し、急加速などに関するNHTSAへの苦情件数が増大した。

1月28日、米国議会が公聴会を開催することを発表し、米国トヨタとNHTSAに召喚状を送付。2月2日、米国運輸省が声明を発表し、ETCSが一連の不具合の原因である可能性を指摘。2月16日には、同省がリコールの遅れについて調査を開始することを発表した。

米国当局が調査に乗り出す中、2月5日にトヨタの豊田章男社長が緊急記者会見を行い、顧客に不安を与えたことを謝罪したうえで、自らを委員長とするグローバル品質特別委員会を設置し、品質の検証や改善などを進めていくことを発表（3月30日に同委員会が初会合を開催）。2月17日にも豊田社長が記者会見を行い、ETCSについて、何重もの安全対策が織り込まれており、何らかの異常が発生した場合には、出力の制限がかかったりエンジンが停止するよう設計されていると説明した。

2月23日に米国トヨタのジム・レンツ社長が下院エネルギー・商業委員会、

2月24日に豊田社長とトヨタ・モーター・ノース・アメリカ（TMA）の稲葉良睍社長が下院監督・政府改革委員会、3月2日にはトヨタの内山田竹志副社長と佐々木眞一副社長、TMAの稲葉社長が上院商業・科学・運輸交通委員会と、各委員会の公聴会に出席。各委員会ではトヨタに対して厳しい質問や批判が寄せられ、2月23日の公聴会では南イリノイ大学準教授が自ら行った実験の結果に基づいてETCSに欠陥があると証言したが、2月24日の公聴会では豊田社長が信頼回復に全力を尽くすと表明し、3月2日の公聴会ではトヨタ側がETCSに問題がないと確信していると証言した。

3月9日、ニューヨーク州ハリソンで2005年型プリウスが暴走して衝突事故を起こしたが、3月22日に警察当局が運転者の操作ミスが事故の原因と結論づけた。同月にはカリフォルニア州サンディエゴ近郊の高速道路で2008年型プリウスが暴走する事故も発生。運転者は急加速を主張したが、その後のNHTSAの調査では車両の不具合は発見されなかった。

3月12日、公聴会で証言した同准教授の実験がねつ造であったことが発覚。その後、同准教授がトヨタに対する損害賠償請求を数年前から集中的に扱っていたセイフティリサーチ・アンド・ストラ

CASE 056　トヨタ自動車 大規模リコール

テジー社の経営者であるショーン・ケーンから資金提供を受けていたことも明らかになった。公聴会でのトヨタ側の姿勢が概ね好意的に受け止められたこともあり、米国マスコミの論調は次第に変化。一部メディアが騒ぎ立てたことが事態を深刻化させたのであり、ETCSに問題はないとの見解なども報じられた。

4月9日、リコール問題の発生以降に提訴された車両購入者による集団訴訟、事故被害者の遺族による民事訴訟、各州の司法長官による不公正ビジネス慣行訴訟など数百件の訴訟のうち、大半を占める連邦法による民事訴訟が「トヨタ自動車の意図せぬ急加速を巡るマーケティング・販売慣習と製造物責任に関する訴訟」としてカリフォルニア州サンタアナのカリフォルニア中部連邦地方裁判所で一括審理されることが決定された。

4月19日、米国運輸省とトヨタがアクセルペダルの不具合に関する民事制裁金1,637万5,000ドルの全額支払いで合意。トヨタは報告の遅れなどの法律違反について否定したが、運輸省はトヨタが法律違反の責任を認めたとの声明を発表した。12月21日、トヨタが追加制裁金3,242万5,000ドルの支払に合意したが、法律違反やETCSの不具合は否定した。

8月13日、NHTSAは、ETCSの不具合は見つかっていないとの中間報告を議会に提出した。

事件のその後

2011年1月5日、トヨタと元顧問弁護士の裁判について、トヨタに損害賠償260万ドルの請求を認め、元顧問弁護士の主張を却下する判決が下り、トヨタの全面勝訴となった。

2011年2月8日、米国運輸省がNHTSAと米国航空宇宙局による急加速問題に関する包括的調査の最終報告を発表。電子スロットル制御システムに欠陥はなく、急発進事故9件のほとんどが運転手のミスであると結論づけた。2012年、米国科学アカデミーが米運輸省の結論を認めた。

2012年12月26日、カリフォルニア中部連邦地方裁判所での集団訴訟について、11～14億ドルを支払うとの内容で和解が成立。

2014年3月19日、急加速問題に関するトヨタの情報開示が適切だったかどうかを捜査していた米国司法省とトヨタが最終的な和解案に合意した。情報公開が不十分だったために消費者の誤解を招いたことを認め、和解金12億ドルを支払う内容で、刑事訴追は免れることになった。なお、和解金は自動車メーカーが米国当局に支払う額としては過去最大となった（当時）。

参考文献

webサイト

◆トヨタ公式「第1項 品質問題の拡大　自主改善とリコール発生」
　https://www.toyota.co.jp/jpn/company/history/75years/text/leaping_forward_as_a_global_corporation/chapter5/section3/item1.html（参考2018.1）

書籍・新聞記事

◆日刊工業新聞　（2009.10.1）
　「リコール380万台　米で最大規模　トヨタ、業績に影響も」
◆読売年鑑 2010年版、2011年版

など

category	製造物責任・事故・商品サービス瑕疵

CASE 057 帝京大病院、多剤耐性菌で院内感染死亡

date	2010年(平成22年)9月3日
commercial name	帝京大学医学部附属病院
scandal type	院内感染

事件の背景

アシネトバクター菌自体は水や土壌の中などに存在しており、2000年以降世界的に急増している、複数の薬剤が効かない細菌の一種。しかし菌自体は水や土壌の中などに存在しており、健康な人は感染しても発症しない。但し免疫力が低下した人が感染すると、肺炎や敗血症で死亡することがある。国内では2009年に福岡大病院で、同菌による院内感染が判明した。

事件の発端

2010年9月3日、東京都板橋区にある帝京大学病院（1154床）は、ほとんどの抗生物質が効かない多剤耐性菌アシネトバクター・バウマニに患者が院内感染し、死者がでたと発表した。同病院ではこの問題を5月には認識しており、東京都は9月2日の保健所への報告は「不適切」と厳重注意した。感染したのは、

肺がんや脳梗塞など重症の病気で入院した35〜92歳の男女46人でうち27人は2009年10月〜2010年8月に死亡した（12人は死亡と感染の間に因果関係はないとみられ、6人は因果関係不明）。国内で同菌の大規模な院内感染が明らかになるのは、2009年の福岡大学病院に次いで2例目であった。

事件の経過

2010年2月、帝京大学病院は患者4人から多剤耐性菌アシネトバクター・バウマニを発見。福岡大学病院の例もあり感染制御部が院内各科に同菌への警戒を呼びかけた。4月に9人の感染を確認。5月に院内の感染制御委員会が「院内感染」として対策に乗り出した。過去にさかのぼって調査した結果、耐性パターンの同じ感染患者が46人確認され、第1例は2009年8月に検出された患者と推定。この時点では感染ルートの特定はできなかった。東京都福祉保健局は9月2

209

日、同病院への立ち入り検査を実施。報告が遅れたことについて「4〜5月は現場での対策を重視した」と釈明した。また都医療政策部は感染が広がった原因について「医療スタッフによって拡大した可能性は否定できない」と指摘。また感染防止対策の専従医と看護師は1人であり規模の病院に比べて態勢は不十分と会見で述べた。

帝京大学病院の森田茂穂院長は記者会見で「（感染防止対策に関する医師、看護師が）2人では少ないと判断し、募集やスタッフの教育を進めたが、増やせなかった。経営に余裕がないと難しく、専門家を育てるのは時間がかかる」と語り、体制の弱さが対策を取れなかった背景との認識を示した。

■ 事件のその後

2010年9月に同病院が設置した調査委員会の報告書が公表された。報告書によれば検査部門が09年8月〜10年2月に計15人から多剤耐性菌アシネトバクター・バウマニを検出したのに、院内感染対策を担う感染制御部に伝えていなかったとのことで、感染制御部に専従スタッフを配属したのも感染拡大後の2010年5月であった。また報告書は「検出された時の対応方法を、感染制御部を含め病院として明確にしていなかった」「構造的に横の連携・情報共有に欠陥があったと思われる」と指摘した。感染者は最終的に計58人となり死者数は34人になった。

参考文献

雑誌・書籍・新聞記事

◆毎日新聞（2010.9.4）
「帝京大病院：多剤耐性菌で9人死亡 患者46人が院内感染」
◆同上 （2010.9.9）
「帝京大病院：多剤耐性菌院内感染 感染、担当部に伝えず―調査委報告書」

など

| category | 製造物責任・事故・商品サービス瑕疵 |

CASE 058 グルーポン、おせち販売でトラブル

date	2011年（平成23年）1月
commercial name	グルーポン・ジャパン，外食文化研究所
scandal type	詐欺

事件の背景

　現在では中食や外食が進む中で、おせちを通信販売にて注文する家庭が増加している傾向にある。

　今回の事件は、「共同購入サイト」をまとめるグルーポンにおいて販売されたおせちが、実際に掲載されていた見本とは異なるおせちが販売されたことが背景にある。グルーポンは、「共同購入サイト」を運営する企業であり、本社アメリカ合衆国イリノイ州シカゴにある。日本へは2010年8月に進出し、「グルーポン」（会社名はグルーポン・ジャパン）が開始された。

事件の発端

　2011年1月、昨年に「共同購入サイト」（すなわちグルーポン）を通して注文していた客の元へおせちが届いた。しかしながら、グルーポンのホームページに見本として掲載されていた写真の内容

とは異なるおせちであった。

　定価21,000円の豪勢なおせち料理が、「共同購入サイト」の割引券を用いて10,500円になる。「高級感」と「お得感」を併せもったこの商品に注目が集まった。これを販売したのが、飲食店経営会社である「外食文化研究所」であり、同社が「共同購入サイト」で予約注文を受け、発送した「バードカフェ謹製おせち」をめぐって注文者との間でトラブルとなった。

　グルーポンに代表される「共同購入サイト」の特徴は、以下のようにまとめられる。①販売期間を短期間に設定すること、②販売数量を限定すること、③大幅な値引き率（今回の例では50％オフ）を設定すること、④一定以上の購入者が集まれば販売を決定することである。

　このように、「共同購入サイト」では、突発的・瞬間的な販売がおこなわれている。しかも、販売する商品には「お得感」をにおわせるとともに、販売数を限定す

るということが、消費者＝購入者の口コミを広げさせることにつながっている。「共同購入サイト」で商品を売り出せば、商品の宣伝を積極的におこなわなくても、消費者同士の口コミがSNS等で広まり、消費者間でそれらが伝播する。このような商品販売の特徴から、「共同購入サイト」は新しいビジネスモデルであるといわれており、別名で「フラッシュマーケティング」ともいわれている。

今回の例では、「外食文化研究所」が「バードカフェ謹製おせち」を限定500セットで、しかも定価の半額で販売することで、消費者に対してお得感を演出した。また、同社ホームページ上では、「3段重ねでワイン・シャンパンに合うお節33品」として掲載されていた。しかしながら、実際に販売されたおせち料理は、賞味期限が切れて傷んでいたり、内容と広告写真とが異なっていたりし、「スカスカおせち」と揶揄されるように数多くの苦情が寄せられる結果となった。

事件の経過

消費者庁の調査によれば、「外食文化研究所」で販売された商品には、多くに偽りがあったことが明らかとなった。判明しているだけでも次の5商品が指摘されている。

①キャビア：「外食文化研究所」ではキャビアを販売していたが、実際はランプフィッシュといわれる別の魚卵であった。

②鴨：フランス産として販売されていたが、実際は岩手県産であった。

③豚肉：鹿児島県産と謳われていた豚肉はアメリカ産であった。

④ニシン：ニシンの昆布巻きに使用したニシンは、実際はワカサギであった。

⑤カマンベールチーズ：おせちに使われていたカマンベールチーズは、実際はクリームチーズが使われていた。

こうした「外食文化研究所」の産地偽装ともいえる偽りは、景品表示法の違反の恐れがある。そのため、消費者庁は2011年2月1日に再発防止を指導、警告した。同庁によれば、グルーポンを利用した業者に対する行政指導は初めてのことであった。

事件のその後

外食文化研究所は自社のホームページ上で、「広告掲載した内容と比べボリュームが足りなかった」と謝罪した。原因は、500セット分の食材を調達できなかったためだといわれている。グルーポンを使用して「バードカフェ謹製おせち」を購入した消費者には、代金を全額返金し、「外食文化研究所」の水口憲治社長が責任をとって辞任している。

CASE 058　グルーポン、おせち販売でトラブル

今回の事件に関しては、グルーポン本社（アメリカ）の最高経営責任者が謝罪し、グルーポンを利用する企業の事前審査を厳格化することで対応した。なお、本社を置くアメリカでは、商品を提供する側が販売に対応できるような上限を設定している。

参考文献
webサイト
◆消費者庁「第1部 第2章 第2節（3）インターネット通販等に関するトラブル」 http://www.caa.go.jp/policies/policy/consumer_research/white_paper/2014/ white_paper_117.html
雑誌・書籍・新聞記事
◆毎日新聞（2011.1.4 朝刊） 「お節料理:見本と違うお節販売」 ◆同上（2011.2.2 朝刊） 「お節トラブル:販売会社を警告へ　グルーポン利用業者で初」

など

ガバナンス—経営者関与

ガバナンス—従業員関与

製造物責任・事故・商品サービス瑕疵

日本型企業風土

マスコミ・その他

213

category	製造物責任・事故・商品サービス瑕疵

CASE 059 東京電力 福島第一原発事故

date	2011年（平成23年）3月11日
commercial name	東京電力株式会社
scandal type	被ばく，原発事故，原子力緊急事態宣言

事件の背景

原子力発電事業は、安全対策も事故の対応も出来ているという「安全神話」に守られて推進されてきた。しかし実際には過酷事故対策の不備、津波対策の不備、事故対応の準備が不足していた。また原発事業を巡るトラブル隠しなどの一連の不祥事や新潟県中越沖地震による柏崎刈羽原発稼働停止などが起きており、経営課題として稼働率向上を優先する空気が東京電力内にあったことも背景の一つとしてあげられている。

事件の発端

2011年3月11日午後2時46分、三陸沖の海底を震源とするマグニチュード9.0の地震が発生（東日本大震災）。約50分後に大きな津波の直撃を受けた福島第一原子力発電所はポンプなどの屋外設備が破損。浸水により電源設備が使えなくなり原子炉への注水や状態監視など

の安全上重要な機能を消失した。原子力緊急事態宣言が発令され、半径3km県内の住民に避難指示が出された。1号機、2号機、3号機が水素爆発に見舞われ3つの原子炉がメルトダウンした。政府は、福島第一原発から半径 20 km圏内を警戒区域、20km以遠の放射線量の高い地域を「計画的避難区域」として避難対象地域に指定した。

事件の経過

（1）1号機

非常用ディーゼル発電機やバッテリー、電源盤等すべての電源を失う。非常用復水器が機能を消失し高圧注水系が起動できなくなる。監視・計測機能も不能になり原子炉や機器の状態確認ができなくなる。約4時間後、燃料が水面から露出し炉心損傷が始まる。格納容器の損傷部から漏れ出した水素が何らかの原因により引火し3月12日15時36分に爆発。また、溶融した炉心がメルトダウンした。

214

CASE 059　東京電力 福島第一原発事故

（2）2号機

　2号機では原子炉隔離時冷却系が津波襲来前から動作していたため全電源喪失後も約3日間注水を続けることが可能であった。ところが1号機水素爆発によりケーブルが損傷し、電源車が使用不能となり、また、14日の11時1分に3号機で水素爆発が発生し、準備が完了していた消防車及びホースが損傷し使用不能となり、13時25分に原子炉隔離時冷却系が停止した。これにより炉心損傷し水素が発生。しかし水素爆発は回避された。2号機はベントラインが解放できず最も多くの放射性物質が放出されたと推定されている。

（3）3号機

　3号機の直流電源設備は少し高い位置にあり浸水を免れた。このため、原子炉隔離時冷却系や高圧注水系の運転・制御を継続できただけでなく、計器類による原子炉の状態監視も続けることが可能であった。しかし1日半程度注水を続けた後、水位が低下、水素が発生するとともに炉心損傷に至った。そして格納容器から漏れ出した水素によって、3月14日11時1分に水素爆発が発生した。

（4）4号機

　4号機は定期検査中であり、燃料は全て使用済燃料プールに取り出されてる状態であった。津波による全電源喪失で、使用済燃料プールの除熱機能も注水機能

も失われ蒸発により水位が低下した。3月15日6時14分頃、3号機の格納容器ベントに伴い、水素を含むベントガスが排気管を通じて4号機に流入し原子炉建屋で水素爆発が発生。火災も起きた。

（5）総合

　3月18日、原子力安全・保安院がINES（国際原子力・放射線事象評価尺度）で米スリーマイル島事故と同じ「レベル5」と発表。3月19日、東京消防庁のハイパーレスキュー隊が3号機に放水を開始。3月22日、中央制御室の照明が復旧。3月24日、東京電力関係者3名が被ばく。共有プールに外部電源が供給され冷却を開始。4月2日、原子力発電所付近の海水から高濃度放射性ヨウ素を検出。発電所敷地内からプルトニウムを検出。4月4日、低濃度汚染水の海への放出を開始。4月6日、2号機取水口の高濃度汚染水の漏出が止まる。4月12日、原子力安全・保安院と原子力安全委員会が「レベル7」（深刻な事故）に評価尺度を引き上げる。7月14日、3号機に窒素の注入を開始。8月26日、政府は除染に関する緊急実施基本計画を決定。12月、政府の原子力災害対策本部が原子炉の状態が「冷温停止状態」に到達したとし「ステップ2完了」を宣言した。

事件のその後

（1）汚染水問題

　2012年2月、高濃度汚染水や処理済みの水などの総量が、当初想定の2倍の20万トンを突破。3月19日、使用済み核燃料プールなどで停電事故が発生し冷却作業が中断。3、4号機設置の仮設配電盤不具合が原因と見られる。4月に入り、3基の地下貯水槽から高濃度の放射能汚染水が漏れ出している事実が新たに判明した。9月、東京電力福島第一原発1〜4号機の原子炉建屋やタービン建屋地下に、一日数百トンの地下水が流入している可能性のあることが判明。2015年2月、排水溝から高濃度の放射性物質を含む水が外洋に漏れ続けるのを放置していたことが分かる。2017年9月、建屋周りの地下水を井戸でくみ上げ、除染して海に放出するサブドレンにより建屋に流入する地下水が減り、汚染水量は事故発生当初の半分、5万トンを下回るようになった。処理した水の貯蔵量は100万トンを突破したが、放射性セシウム、ストロンチウムなどは除去され、トリチウム水が大半で、海を汚すリスクが大幅に軽減された。

（2）除染問題

　事故で拡散した放射性物質を除去する作業。建物や道路を洗浄したり、土や草木を取り除いたりする。第一原発から半径20キロ圏内など高線量地域では国が直轄し、それ以外の地域は市町村が担う。2017年3月、環境省は除染作業について、2012年1月〜2017年3月末の間に投入する作業員は延べ約3000万人超に上り、8県111市町村の作業で約2兆6000億円の費用がかかる見通しになったと発表した。

（3）廃炉

　2017年9月26日、政府は事故収束に向けた中長期ロードマップ（工程表）を改定（4度目）し、1、2号機のプールに保管中の使用済み核燃料の取り出し開始時期を3年遅らせて2023年度とした。廃炉完了まで最大40年という計画は維持した。

参考文献

webサイト

◆東京電力ホールディングス公式「福島への責任」
　http://www.tepco.co.jp/fukushima/index-j.html
◆福島第一原発事故と4つの事故調査委員会
　http://dl.ndl.go.jp/view/download/digidepo_3526040_po_0756.pdf?contentNo=1
◆福島第一原発事故 記事一覧
　http://www.asahi.com/shinsai_fukkou/fukushima_daiichi/　　　　　　　など

category | 製造物責任・事故・商品サービス瑕疵

CASE 060
みずほ銀行 大規模システム障害

date | 2011年（平成23年）3月15日
commercial name | 株式会社みずほ銀行
scandal type | システム障害

事件の背景

　日本の金融機関で発生する窓口業務・ATM・インターネットバンキングなどの金銭取引を処理する勘定系システムは、日中には入出金・送金・振り込み・記帳などを処理するオンラインシステムに用いられ、夜間は給与振り込みや企業間の振り込みをはじめとする各種振り込みどのバッチ処理（一定期間ためておいた大量のデータをまとめてコンピュータで処理すること）にあてられる。システムを有効活用するために、このように時間ごとに用途を使い分ける運用が行われており、オンラインシステムの起動には2〜3時間を要するため、バッチ処理は深夜から翌早朝までの限られた時間内に終了させる必要がある。

　2002年1月の三菱東京UFJ銀行（旧UFJ銀行）、2003年11月の三井住友銀行など、金融機関で発生する大規模システム障害の大半は大量の振り込みデータのバッチ処理が遅延し、未処理データが積み上がることが原因となっている。みずほ銀行でも旧第一勧業銀行・富士銀行・日本興業銀行の3行が完全統合した2002年4月に大規模なシステム障害が発生し、約250万件の取引に遅延が生じた前例があり、同年6月に金融庁が業務改善命令を出していた。

事件の発端

　東日本大震災から間もない2011年3月15日、みずほ銀行の全支店で開店直後からオンラインシステムに障害が発生し、全ての振り込みが出来なくなった。午前10時30分、システムが復旧した。

事件の経過

　システム処理の発端は14日に都内2支店の特定の口座に大量の振り込みが集中したことだった。このため14日夜からのバッチ処理中に振り込みシステムにエラーが多発。15日午前5時までに終了

ガバナンス──経営者関与

ガバナンス──従業員関与

製造物責任・事故・商品サービス瑕疵

日本型企業風土

マスコミ・その他

するべきバッチ処理が終わらず、38万件（4,900億円）が未処理となった。これに伴いオンラインシステムの起動も遅れ、振り込みが出来なくなったのである。

15日夜からのバッチ処理も16日午前5時までに終了せず、前日の未処理分に加え、新たに振り込み約6万件（800億円）が未処理となった。オンラインシステムの起動も遅れ、午前11時20分まで全ての振り込み業務が停止。午後3時から翌朝までATMやインターネットバンキングでの振り込みを見合わせた。

16日夜からのバッチ処理では振り込み6万件（800億円）が未処理となり、オンラインシステムの起動の遅れにより17日午前11時15分までオンラインシステムが全面停止。午後3時から翌朝までATMやインターネットバンキングでの振り込みを見合わせた。また、日中にオンラインシステムと並行して振り込み処理を行ったため勘定系システムに大きな負荷がかかり、午後5時40分から翌朝までATMでの入出金ができなくなった。

17日夜からのバッチ処理では給与振り込み62万件（1,256億円）とそれ以外の振り込み4万件（540億円）が未処理となり、オンラインシステムの起動の遅れにより店舗外ATM・コンビニATM・ネットバンキングの稼働を見合わせたが、18日午前10時48分まで全ての振り込みが出来なくなった。また、

午後3時以降にATMによる振り込み、午後7時以降はATMを用いた入出金を見合わせた。

19日から21日にかけての3連休では未処理分の処理に集中的に取り組むため、ATMとネットバンキングの稼働を見合わせ、代替策として全国440店舗を臨時営業して預金の一部払い出しに対応した。その結果、最大116万件（8,296億円）に達した未処理案件は22日早朝までに解消されたが、同日付で処理すべき振り込み3万件が未処理となった。同日、オンラインシステムは正午まで店舗での振り込みと入出金、店舗内ATMによる振り込み、店舗外ATMとネットバンキングの稼働を見合わせた。また、午後3時から翌朝までATMとネットバンキングを利用した振り込みを見合わせた。同日、バッチ処理で解決済みであるはずの振り込みが相手口座に未入金になっているトラブル5万9,417件（333億円）が発見され、処理を完了。22日夜からのバッチ処理で残されていた22日付の振り込み3万件を処理し、累積していた未処理案件が全て解消された。23日、振り込みや入出金などが復旧し、障害が収束した。

3月25日、みずほ銀行が、東日本大震災の義援金を受け付けるために開設された複数の口座での振り込み件数の上限設定ミスが障害の発端だったことを明ら

かにした。口座を開設する際には1日に受け付けられる振り込み件数の上限が設定され、普通口座では通常9,999件が上限であるのに対し、大量の振り込みが予想される口座では上限も大きく設定される。しかし、問題の口座では用途を確認するプロセスにヒューマンエラーがあり、上限を引き上げる措置が取られていなかったという。

事件のその後

5月23日、持ち株会社であるみずほフィナンシャルグループ（FG）が本件に関する社内処分を発表。西堀利みずほ銀行頭取が6月20日付で引責辞任するほか、みずほFG、みずほ銀行、みずほコーポレート銀行の執行役員以上94名全員の報酬を10〜50％減額とした。また、たすき掛け人事をはじめ旧3行意識がはびこる経営体質が問題の背景にあるとして、2013年にみずほ銀行とみずほコーポレート銀行を合併し、企業統治の強化と意思決定の迅速化を目指す、2015年度末を目途にグループのシステムを統合するなどの方針を示した。

5月31日、金融庁がみずほ銀行およびみずほFGに対し、銀行法に基づく業務改善命令を発出した。その理由として一次障害（夜間バッチ処理中のエラー）に加え、障害に対する初動対応の遅滞、システム障害報告態勢の不備、為替送信の対応不備、関係会社・部局間の連携不備および適切な人員投入・配置の指示の遅れなど危機管理体制上の問題が二次障害（ATM障害や大量の振込処理遅延など）を招いたこと、周知の遅延や不十分な情報伝達など顧客対応にも問題があったことを提示。その原因としてグループ内連携体制の整備、システムコンティンジェンシープランの整備、システムへの投資戦略、人材育成と適材適所の人材配置、顧客対応態勢の整備などに対する経営陣の取り組みが不十分だったことを指摘した。

参考文献

webサイト

◆金融庁「みずほ銀行及びみずほフィナンシャルグループに対する行政処分について」
http://www.fsa.go.jp/news/22/ginkou/20110531-5.html

雑誌・書籍・新聞記事

◆毎日新聞（2011.5.24 朝刊）
「みずほFG:傘下2行、合併発表 2〜3年後めど「企業統治を強化」」
◆毎日新聞縮刷版 2011年
◆読売年鑑 2012年版

など

category	製造物責任・事故・商品サービス瑕疵

CASE 061
焼肉酒家えびす 生肉集団食中毒事件

date	2011年(平成23年)4月27日
commercial name	株式会社フーズ・フォーラス
scandal type	業務上過失致死傷，溶血性尿毒症症候群

■ 事件の背景

「フーズ・フォーラス」が経営する焼き肉チェーン店「焼肉酒家えびす」は格安メニューを売りに、富山・福井・石川の北陸3県と神奈川県に20店舗を展開していた。同店ではユッケが人気メニューの一つとなっていたが、ユッケは生肉を食するものであるため、加熱調理した肉に比べ、腸管出血性大腸菌やサルモネラなどに感染する可能性が高い。こうしたリスクは大きな塊肉を使用し、表面部分を削ぎ落とすトリミングを行うなど、肉を適切に管理することで大きく低減できるが、同店では客にユッケを提供する前にトリミングをしておらず、売れ残ったユッケを冷蔵庫に保管して翌日に客に提供していた。また、生肉について厚生労働省が定めた細菌検査も長期間実施していなかった。同店に肉を納入していた食肉卸売業者「大和屋商店」もレバー用とそれ以外の肉用とで包丁やまな板を使い分けていなかった、トリミング処理をしてない肉を生食用として出荷していた、生食に適さない廃用牛を生食用として出荷していたなど、肉の取り扱いに問題があった。

■ 事件の発端

2011年4月19日から26日にかけて、焼肉酒家えびすの異なる店舗でユッケなどを食べた客らが相次いで腸管出血性大腸菌O111による食中毒を発症し、入院した。4月27日、21日に福井渕店（福井市）で食事をし、食中毒で入院していた6歳の男児が、溶血性尿毒症症候群（HUS）で死亡。また、富山県が砺波店（砺波市）と高岡駅南店（高岡市）で食事をした複数の客が食中毒を発症したことを把握。砺波店を営業停止処分とし、立ち入り検査を実施した。同日、両県がこれらの事実を公表。また、この日より焼肉酒家えびすがユッケの販売を自粛した。

220

CASE 061　焼肉酒家えびす 生肉集団食中毒事件

事件の経過

　4月29日、4月21日に砺波店で食事をした6歳の男児が、HUSで死亡。同日、焼肉酒家えびすの全店舗が営業を自粛した。4月30日、富山県が高岡駅南店を営業停止処分とした。5月2日、富山県警が業務上過失致死傷容疑で砺波署に捜査本部を設置。同日、福井県が福井渕店を営業停止処分とした。5月4日、砺波店で食事をした43歳の女性がHUSで死亡。5月5日、前日に死亡した女性と一緒に食事をした70歳の女性がHUSで死亡。5月6日、富山県が富山山室店（富山市）を営業停止処分とした。5月7日、富山県警・福井県警・神奈川県警・警視庁の合同捜査本部が、業務上過失致死傷容疑の疑いでフーズ・フォーラスの本社・各店舗と大和屋商店を家宅捜索。5月16日、横浜市は、横浜若草台店（横浜市）の未開封の牛モモ肉から0111を検出したことを発表し、同店を営業禁止処分とした。10月22日、砺波店で食事をした14歳の少年が脳死状態になり、後に死亡した。

　本事件では181名が食中毒となり、うち5名が死亡したが、被害者のほぼ全員がユッケを食べており、ユッケに付着していた0111が食中毒の原因とされている。また、患者の発生地域が富山県175名（うち死者4名）、福井県4名（う

ち死者1名）、石川県・神奈川県各1名と4県にわたり、富山県内でも複数の店舗で被害が発生したこと、店舗で保管されていた未開封の肉から0111が検出されたこと、この0111と被害者から検出された0111の遺伝子パターンが一致したことなどから、食中毒の原因となった0111は焼肉酒家えびすの店舗内で発生したのではなく、大和屋商店から納入された時点で既に肉に付着していたものと考えられている。しかし、同社からも、同社の仕入れ先からも0111は検出されなかった。

事件のその後

　6月8日、フーズ・フォーラスが全店舗の営業再開を断念し、全従業員に解雇を通告した。同社では6月1日からの営業再開を目指していたが、食中毒の詳しい原因が解明されていないことなどから自治体側の理解を得られず、資金繰りの目途が立たなくなっていた。7月8日、同社が解散し、清算手続きへ移行。2012年2月10日、同社が金沢地方裁判所に特別清算を申し立てた。負債総額は17億7,800万円。

　賠償問題については、2011年11月に被害者が請求した補償額の合計が約9億円に上ることが判明。2011年12月にフーズ・フォーラスが大和屋商店から納入された牛肉に0111が付着してい

ガバナンス─経営者関与　ガバナンス─従業員関与　製造物責任・事故・商品サービス瑕疵　日本型企業風土　マスコミ・その他

たことが集団食中毒の原因であるとして、同社に3億円の損害賠償を求める民事調停を東京簡易裁判所に申し立てたが、大和屋商店は協力姿勢を示さなかった。次いで2012年、同社と食中毒被害者8名が、約3億1,000万円の損害賠償を求めて大和屋商店を金沢地裁に提訴した。賠償金の原資確保を目的とする訴訟で、後に東京地裁で両社に損害賠償を求める訴訟を起こしていた被害者遺族らも関係人として和解協議に参加。2017年9月7日、大和屋が受け取る保険金1億円を、和解協議に参加した被害者110名余りで分配するとの内容で和解が成立

した。

刑事責任をめぐっては、2016年2月に富山県警などの合同捜査本部が、業務上過失致死傷容疑でフーズ・フォーラスの勘坂康弘元社長と大和屋商店の元役員を書類送検。5月、富山地検は嫌疑不十分で不起訴処分とした。

この事件を受けて、厚生労働省は牛肉生食の規制強化に乗り出し、2011年10月1日に罰則を伴う強制力のある「生食用食肉（牛肉）の規格基準」が施行され、2012年7月1日には牛生レバーを生食用として販売・提供することが禁止された。

参考文献

webサイト

◆東京商工リサーチ　倒産速報
　http://www.tsr-net.co.jp/news/flash/1211577_1588.html

書籍・新聞記事

◆毎日新聞縮刷版　2011
◆読売年鑑 2011年版
◆毎日新聞（2011.5.2 朝刊）
　「食中毒:焼き肉店で食事の男児2人死亡 O111を検出--福井・富山」
◆同上　（2017.9.8.　朝刊）
　「ことば「焼肉酒家えびす集団食中毒事件」」

など

| category | 製造物責任・事故・商品サービス瑕疵 |

CASE 062
ソニー・コンピュータエンタテインメント個人情報流出事件

date	2011年(平成23年)4月27日
commercial name	株式会社ソニー・コンピュータエンタテインメント
scandal type	情報流出

■ 事件の背景

　2011年1月以来、ソニー・コンピュータエンタテインメント(SCE)はハッカー集団からの攻撃に晒されていた。発端は2010年1月に米国人ハッカーがブログでプレイステーション3(PS3)のセキュリティを破るハッキングに成功したと報告したことだった。2011年1月2日、この米国人ハッカーがPS3をハッキングして任意のプログラムを動かせるようにするコード(ルートキー)を公開。PS3は一般には開発環境が公開されていないが、これによりハッカーたちがPS3向けプログラムを相次いで公開するようになった。1月11日、SCEの米国子会社ソニー・コンピュータエンタテインメント・米国(SCEA)は、この米国人ハッカーおよびハッカーグループ「FAILOVERFLOW」を知的財産権侵害で連邦地裁に提訴し、ハッキングコードの公開差し止めを請求。2月、SCEがユー

ザーに対し、ハッキングツールを使用した者はプレイステーション向けのオンラインサービス「Play Station Network(プレイステーションネットワーク、PSN)」へのアクセスをブロックするとの警告を発する。3月、SCEAが米国人ハッカーのウェブサイトやツイッターアカウントなどにアクセスしたユーザーのIPアドレスを公開するよう連邦地裁に請求し、認められた。4月3日、国際的ハッカー集団のアノニマスが#OpSonyというプロジェクトを立ち上げ、ソニーに対してサイバー攻撃を行うことを宣言。4月4日、PSNへの接続が困難になる、サイバー攻撃とみられる障害が発生。4月11日、SCEAは3月31日付で先述の米国人ハッカーと和解し、同氏がハッキングコード公開の永久差し止めに同意したことを発表した。しかし、アノニマスは動画サイトユーチューブにおいて、より大規模な攻撃を行うと宣言。

　4月17日から19日にかけて、PSN

ガバナンス――経営者関与

ガバナンス――従業員関与

製造物責任・事故・商品サービス瑕疵

日本型企業風土

マスコミ・その他

223

のシステムにハッカーが侵入。後に、同サービスの全アカウント約7,700万人（米国3,100万人、カナダ350万人、欧州3,200万人、日本740万人など）全員の個人情報が盗まれたことが判明した。4月21日にPSNおよびPSNと共通のネットワークを利用している映像・音楽配信サービス「Qriocity（キュリオシティ）」に大規模なアクセスエラーが生じてサービス停止状態となり、4月23日にSCEが外部要因とみられる影響により障害が発生していると発表したが、後に不正侵入と情報流出の可能性を受けてサービスを停止していたことが判明した。4月24日、アノニマスはPSNの障害への関与を否定する声明を発表した。

事件の発端

4月27日（米国時間26日）、ソニーとSCEは、PSNが外部からの不正侵入を受けたこと、PSNおよびQriocityの利用者約7,700万人分の個人情報とクレジットカード番号が流出した可能性があること、こうした事態を受けてサービスを停止していたことを発表した。情報流出の具体的な状況としては全アカウント約7,700万人の氏名・住所・電子メールアドレス・生年月日・ユーザー名・パスワードとIDなどが流出した他、購入履歴なども流出した可能性がある。クレジットカード番号が漏えいした可能性も

完全に否定はできないが、それを示す形跡は見つかっていないという。PSNにはクレジットカード以外の決済方法もあるため、クレジットカード関連の情報流出件数は最大1,000万件だという。

事件の経過

5月1日、ソニー副社長兼SCE社長の平井一夫副社長が記者会見を開催。情報流出を謝罪するとともに、アプリケーションサーバーの脆弱性に対処していなかったことが不正侵入の原因であること、ハッカーが正常な動作として侵入したため検知できなかったことを明らかにした。また、4月20日（米国時間19日）にサーバーの異常な動きを確認したことから調査を開始したこと、本格的な調査を行うためにサーバーを停止しPSNのサービスも停止したこと、4月26日に個人情報流出の可能性が否定できないことが判明したため情報開示したこと、開示の遅れは膨大なデータの解析に時間がかかったため説明したが、批判を受けた。

5月2日（米国時間1日）、4月16日から17日にかけてパソコン向けオンラインゲームを運営する米国のソニー・オンラインエンタテインメント（SOE）のシステムにハッカーが侵入したこと、最大約2,460万アカウント分の個人情報などが流出した可能性があることが判明し、5月3日にソニーが公表、PSNおよ

CASE 062　ソニー・コンピュータ エンタテインメント 個人情報流出事件

びQriocityと合わせ、流出件数は1億件を超えた。

5月4日、米国下院小委員会で公聴会が開催された。SCEAが回答書を提出し、全アカウント約7,700万人分の個人情報が流出していたこと、サーバー内からアノニマスが侵入した可能性を示すファイルが発見されたことを明らかにした。しかし、招致されていたソニー幹部が欠席したこと、情報開示が遅れたことなどが厳しく批判された。同日、上院司法委員会でも公聴会が開催され、ホルダー司法長官がFBIがソニーの依頼を受けて捜査中であることを認めた。

5月5日、ソニーのハワード・ストリンガーCEOが事件発覚後初のコメントを発表して謝罪。同日、アノニマスが事件への関与を否定するブログ記事を公開した。

事件のその後

5月28日、日本およびアジアでPSNおよびQriocityが一部のサービスを再開した。6月2日に米国・欧州・アジアの一部でサービスを全面再開。7月6日、最後に残されていた日本でもサービスが全面再開された。

本事件の規模は2005年に米国のデータ処理会社Card Systemsから約4,000万人のカード情報が流出した事件を上回り、個人情報の流出事件としては過去最大のものとなった（当時）。これまで家庭用ゲーム機のネットワークはパソコンのネットワークに比べて比較的安全と考えられていた。技術が広く公開されているパソコンに対し、ゲーム機は各社固有の技術で開発され、かつ非公開の仕様が多いためである。しかし、本事件によりゲーム機のネットワークの脆弱性が晒されることとなった。

参考文献

webサイト

◆SCE公式「PlayStation®Network/Qriocity™をご利用の皆様へのお詫びとお願い」
　http://cdn.jp.playstation.com/msg/sp_20110427_psn.html
◆「ソニー、7700万件の個人情報漏えいに対して謝罪」
　https://internet.watch.impress.co.jp/docs/news/443979.html

雑誌・書籍・新聞記事

◆「こんなソニーに誰がした!―史上最悪の個人情報流出事件」『ボス』26（8）2011.7
◆毎日新聞縮刷版（2012年）
◆読売年鑑2012年版　　　　　　　　　　　　　　　　　　　　　　　　　など

ガバナンス―経営者関与

ガバナンス―従業員関与

製造物責任・事故・商品サービス瑕疵

日本型企業風土

マスコミ・その他

category	製造物責任・事故・商品サービス瑕疵

CASE 063
茶のしずく石鹸でアレルギー症状、自主回収

date	2011年(平成23年)5月20日
commercial name	悠香，フェニックス
scandal type	健康被害問題，自主回収

■ 事件の発端

2011年5月20日、厚生労働省は、化粧品・医薬部外品製造会社の「悠香」が製造販売を行う小麦を加水分解した成分を含む「茶のしずく石鹸」を使用した人が、パンなどの小麦を含む食品を食べた後に運動して、アレルギー症状を起こした事例が2010年10月以降で67件あったことを公表した。発症したアレルギーは、「運動誘発性アレルギー」とみられ、小麦などを摂取した後に運動すると起こるという。アレルギー症状を訴えた67人には、じんましんや息苦しさなどの症状が出たが、救急搬送された人も複数いたという。兵庫県赤穂市による同8月4日の発表によれば、同市内の当時60代の女性は、2010年11月と2011年2月に、朝食にパンを食べた後登山に出掛け、全身に湿疹を発症して一時意識不明の重体となっていた。

この事態を受けた悠香は、厚生労働省の発表があった日から、石鹸に小麦の成分を含む2005年から2010年12月7日までに販売した製品、約4,650万個の自主回収に乗り出した。なお、それ以降に販売された製品は成分が変更されており、小麦の成分は含まれていない。

その後同社は2011年11月15日までに、発症者が471人にのぼり、そのうち66人は緊急搬送や入院が必要となるなどの重症者だったと厚生労働省に報告している。同省によれば、重症者66人のうち6人は因果関係を否定できないという専門家の評価があったとしている。また医療機関からも49人の重症者の報告があり、同省はこのうち19人について因果関係を否定できないとしている。ただし、この49人には悠香による報告との重複の可能性もある。さらに国民生活センターは同日時点で、呼吸困難の発作や両目の腫れ、じんましんなど健康被害の相談件数が938件に上ったことを明らかにしている。

CASE 063　茶のしずく石鹸でアレルギー症状、自主回収

■ 事件の経過

　2011年11月16日、消費者庁は、2010年10月に厚生労働省から当該製品の使用者にアレルギー症状が出ているとする21件の事例についての報告を受けながら、消費者向けの注意喚起が2011年6月まで遅れたことを公表した。同庁は2010年10月の厚生労働省からの通知に、商品名や被害の日時が記載されていなかったことから、消費者向け注意喚起に向けて動かなかった。このように対応が遅れたことに関して、同長官は、厚生労働省からの通知に発生日時、場所、商品名がなくあいまいだったという事実を述べたうえで、同省に詳しい情報を求めるべきであり、今後は省庁間の連携を深めたいとして、「反省しなければならない」と語った。さらに2011年12月7日までに消費者庁はこうした対応の遅れによる被害拡大の再発防止策として、同庁消費者安全課の職員など12人で構成する「入手情報点検チーム」を設置した。同チームでは消費者安全法などの法令に基づいて関係省庁や自治体などからの提供された情報のほかに、一般からの照会案件も含むすべての情報をチェックするとしている。

　一方、2010年12月7日までに販売された「茶のしずく石鹸」使用者の症例については広島大学病院皮膚科の医師が学会発表しており、同石鹸を頻繁に使うことで皮膚のバリアー機能が低くなることや、顔を洗う度に目や鼻の粘膜に小麦の成分が繰り返し付着したことでアレルギー症状が起こった可能性を指摘している。また日本アレルギー学会は2011年11月25日に、小麦由来の成分、「グルパール19S」がアレルギーの原因とみられるとし、同石鹸によるアレルギー症状で目の周囲が腫れることが多いほか、小麦を食べた後の軽い運動でも呼吸困難に陥り、救急搬送されたケースもあること、同4月までに使用者の569人から診断書が届いたこと、同石鹸の使用をやめた後に治癒した例もあったことなどを報告したうえで、軽い症状でも医療機関を受診することを勧めた。

　また、被害者に対し、10万円〜40万円の見舞金を支払う対応を進めてきたが、被害者からは補償額が不十分であるとして、同社を提訴する動きが見られた。仙台市の女性が同社に約240万円の損害賠償を求めて2011年8月30日付で仙台地裁に提訴した。2012年4月20日には東京地裁など全国15ケ所で、「茶のしずく石鹸」を製造販売していた悠香に加え、石鹸製造販売の「フェニックス」と化学製品製造会社「片山化学工業研究所」を相手に男女535人が製造物責任法に基づく損害賠償を求めて一斉に集団訴訟を起こした。請求総額は約70

ガバナンス─経営者関与

ガバナンス─従業員関与

製造物責任・事故・商品サービス瑕疵

日本型企業風土

マスコミ・その他

億4,000万円にのぼった。

事件のその後

損害賠償請求の集団訴訟は2012年6月4日に東京地裁で最初の口頭弁論が行われ、悠香など被告側3社は争う姿勢を見せた。同9月5日の福岡地裁での口頭弁論では、悠香は「製造業者はフェニックスであり悠香に責任はない」としたうえで、将来にわたって症状が続くとする原告側の主張に対しても、近年の研究では症状は回復することが明らかになっていると反論している。また、フェニックスは、アレルギー反応が出る可能性を含む成分を完全に排除することは技術的に不可能だと主張し、製造販売時には十分に検査したものの危険性が確認できなかったこと、当時の技術水準では欠陥が

あったとは言えないことなどを挙げて反論している。

そうした中で、同7月31日には、約70人が悠香など3社に対して合わせて約9億円の損害賠償を求めて追加提訴をしている。

その後裁判は和解が進み、福岡地裁では2015年7月3日付で悠香とフェニックスが福岡県内の女性に合わせて約369万円を支払うことで和解が成立した。また、同12月14日には、熊本地裁での集団訴訟で、悠香とフェニックスが原告側の33人に計約5,000万円を支払うことで和解が成立した。この和解が原告全員との和解が成立した最初のケースであった。以後、岡山、広島、埼玉など、各地で和解が成立している。

参考文献

webサイト

◆厚生労働省「小麦加水分解物含有石鹸「茶のしずく石鹸」の自主回収について」
　http://www.mhlw.go.jp/stf/houdou/2r9852000001cv6i.html
◆同上「医薬部外品 回収の概要」
　http://www.mhlw.go.jp/stf/houdou/2r9852000001cv6i-att/2r9852000001cv7z.pdf

雑誌・書籍・新聞記事

◆毎日新聞（2011.5.21 朝刊）
　「自主回収:「茶のしずく石鹸」、運動でアレルギー」
◆同上（2011.7.15 朝刊）
　「茶のしずく石鹸:アレルギー症状問題 国民生活センターが注意喚起」
◆同上（2017.11.20）
　「茶のしずく石鹸 損賠訴訟和解 2社が4900万円支払い 地裁 /埼玉」
◆日本経済新聞（2011.8.5 西部朝刊）
　「茶のしずく石鹸、女性が一時重体、小麦アレルギー」　　　　　　　　など

| category | 製造物責任・事故・商品サービス瑕疵 |

CASE 064 大学入試での不祥事

date	2012年（平成24年）
commercial name	独立行政法人大学入試センター
scandal type	不正行為

事件の背景

「大学入試センター試験」（以降、「センター試験」）は、1990年度から国公立および私立大学を対象として実施されている。「センター試験」はこれを導入する各大学と「独立行政法人大学入試センター」（以降、「大学入試センター」）が共同で実施しており、その目的は大学入学を志願する者の「高等学校段階における基礎的な学習の達成の程度を判定すること」である（独立行政法人大学入試センターホームページより引用）。

「センター試験」における「大学入試センター」と各大学との役割は、以下のようにそれぞれ異なっている。まず、同センターは、①試験問題を作成し、印刷・輸送する。②受験案内やマニュアルを作成する。③出願の受付や試験場の指定、受験票の交付をおこなう。④答案の採点および集計をおこなう。⑤成績を各大学や受験生に通知する。一方、「センター

試験」を導入する各大学は、①「センター試験」の利用教科および科目、各大学の学力検査などの予告をおこなう。②試験場を設定し、試験監督者を選出する。③志願者への受験案内を配布する。④試験を実施し、答案を整理・大学入試センターに返送する。⑤試験問題作成者に携わる者を派遣する。⑥試験問題の保管・管理をおこなう。すなわち、同試験の答案採点や試験そのものに関する事項は同センターが管理・整備する一方、受験会場や試験監督、問題配布などの事項は各大学に任されているといえる。

事件の発端

2012年、先述の通りセンター試験の受験方法が変更となった。これにより、従来どおりの試験運営が大幅に変更となった。結果として、各大学の試験監督者の作業を煩雑にさせ、試験問題の配布ミスにつながった。

今回の配布ミスにかかわる同試験の具

ガバナンス―経営者関与

ガバナンス―従業員関与

製造物責任・事故・商品サービス瑕疵

日本型企業風土

マスコミ・その他

229

体的な変更点は、下記のようにまとめられる。①地理歴史および公民において、いままで別々の試験時間としていたものを統合化した。これによって、受験生は地理Aや地理B、日本史Aや日本史Bといった10科目のなかから最大で2科目を選択することができるようになった（加えて、理科についても6科目から最大2科目が選択可能となった）。また、公民の出題科目に「倫理」や「政治・経済」が新設された。こうした変更を受けて、地理歴史と公民から1科目ずつ選択した受験生は問題冊子が2冊必要になる一方で、選択肢によっては1冊で済む受験生もいた。しかも、同じ受験室内で、問題冊子が2冊必要な受験生と1冊のみで済む受験生とが混在している会場もあった。これが、試験問題の配布ミスに直接的につながった。

試験問題配布ミスは、北海道および島根県、長崎県、沖縄県などの10会場で起きた。その多くが、試験監督が試験開始時に地理歴史の問題冊子のみを配布し、受験生からの指摘を受けて公民の試験問題を配布したというものである。また、大分県立看護科学大学や鹿児島純心女子大学では、受験生が誤って配布された解答用紙に、解答を記入したことも起きている。いずれの大学でも、正しい解答用紙を再配布し、受験生はそれに解答を書き写した。

また、英語のリスニングに用いる機器が届かず202人の受験生の試験開始が2時間遅れたという問題もあった。結果として、全国46大学で再試験がおこなわれることとなった。対象者となる3,452人のうち、211人が再受験をおこなったことにつながった。

「運営側の不手際によるトラブルでは異例の規模」であったことが指摘されている。

事件のその後

大学入試センターは、一連のトラブルの被害を受けた受験生が、当初報道されていた4,565名を大幅に上回り、7,515名にもなることを報告した。このうち、2012年1月21日に実施される再試験の対象になるのは3,462名であり（全会場の1割になる81会場）、その他トラブルでの再試験者を含めると3,886名にもなることが明らかとなっている。この数は過去最多であるといわれている。

センター試験では、今回のトラブルを受けて、外部有識者を加えて再発防止策をまとめている。改善策は、主に問題冊子を「合冊化」することとされている。これにより、同試験実施方法の簡素化および試験開始前の準備時間の短縮化にもつながり、今回の事件のように問題冊子の配布ミスの再発防止につながることが

CASE 064　大学入試での不祥事

見込まれている。これは各大学の対応が簡素化されるだけではなく、受験生側にとってもメリットがあるといわれている。また、2012年の受験方法変更に伴い、「監督要領」の分量も大幅に増加し、それが結果的に試験監督に従事する大学関係者の混乱を招いたといわれているため、同要領を平易で明確な記述に変更することも求められている。

　一連の試験問題の配布ミスを受けて、大学入試センターの吉本高志理事長（当時）は、試験監督者への周知不足がセンター側の責任であることを認め、謝罪している。一方、平野博文文部科学相（当時）は、「試験を運営する側の緊張感が足りなかったのではないか」と指摘し、受験生に対し謝罪をしている。

参考文献

webサイト

◆独立行政法人大学入試センター
　http://www.dnc.ac.jp/center/shiken_gaiyou/index.html

雑誌・書籍・新聞記事

◆日本経済新聞（2012.1.15　朝刊）
　「リスニング機器届かず、センター試験初日、トラブル相次ぐ」
◆同上（2012.1.19 朝刊）
　「試験トラブル7500人影響、センター再試験、最多3800人」
◆同上（2012.4.3 夕刊）
　「地歴公民、問題1冊に、センター試験、検証委がミス防止策」

など

ガバナンス——経営者関与

ガバナンス——従業員関与

製造物責任・事故・商品サービス瑕疵

日本型企業風土

マスコミ・その他

231

| category | 製造物責任・事故・商品サービス瑕疵 |

CASE 065 倉敷海底トンネル掘削事故

date	2012年（平成24年）2月7日
commercial name	JX日鉱日石エネルギー水島製油所，鹿島建設，弘新建設，弘栄建技
scandal type	事故，労働安全衛生法違反

事件の背景

JX日鉱日石エネルギー水島製油所は、岡山県倉敷市にある同社の石油精製拠点であり、A工場とB工場を合わせて敷地面積は331.1万m²、原油処理能力は1日当たり320,200バレルである。

同所の2工場の間には、2000年頃に海底トンネルが建設されており、事故が起こった2012年は、そこから約30m離れた地点に、重油やガソリンなどを相互に送るための第2トンネルを建設していた。

工事は鹿島建設が請け負っており、東側にあるB工場から直径約11m、深さ約34mの立て坑を掘り、海底下約5〜10mの地点に直径4.5m、長さ約790mの横穴を西にあるA工場に向けて掘り、A工場側にある立て坑につなぐ計画であった。横穴は掘り進めつつ鉄筋コンクリート製の壁を作るシールド工法で進められていた。

事件の発端

2012年2月7日午後0時35分頃、同所で建設中であった海底トンネル掘削工事現場に、海水が大量に流入した。事故が発生した時には、横穴がB工場側から約140〜160m地点まで掘られた状況で、作業していた男性6人のうち、自力で脱出した1人を除く5人が行方不明となった。作業にあたっていたのは鹿島建設の下請けである弘新建設（愛知県知多市）と弘栄建技（東京都台東区）の従業員であった。

事故直後から岡山県警の潜水隊員が救助に当たったが、トンネル内の視界が悪く、がれきも多いことなどから、二次被害の恐れがあるとして、午後3時半過ぎに行方不明者の捜索は中断された。

事故の翌日である同8日に記者会見した鹿島建設の田代民治副社長らは、事故が起こる直前の同7日午後0時17分ごろ、工事を請け負っていた弘新建設の現

CASE 065　倉敷海底トンネル 掘削事故

場責任者だった作業員Aが、トンネル内から、鹿島建設の機械電気系統担当の社員に対して「早く来てほしい」という電話をしていたことを明らかにした。電話を受けた同社社員は、具体的内容が聞き取れなかったものの数分後にはトンネル入り口に駆け付けた。しかしその時には既に水があふれていたという。

その後、同11日の鹿島建設の説明では、生存者の作業員Bが作業員Aに「水が来る、逃げろ」と言われて、階段で地上に脱出したことが分かっている。そのほかに、作業員Aが事故直前にかけた電話では「漏電」「ブレーカー」などと連絡していたこと、電話の数分後には誰かが非常ボタンを押していたこと、地上のモニター室には電話やスピーカーがあり、警報音も鳴っていたとみられるものの、鹿島建設の社員は昼食休憩のため不在だったことも明らかになっている。

事件の経過

5人の行方不明者は2012年2月10日に最初の1人が見つかったのを皮切りに、同3月3日までに5人全員が発見されたが、全員死亡が確認された。

事故を受け、岡山県警は、事故当日より業務上過失傷害の疑いがないか捜査を始めたほか、倉敷労働基準監督署も労働安全衛生法違反の疑いがあると見て調査を開始。

その中で、厚生労働省労働基準局は工事元請けの鹿島建設がトンネル掘削箇所の地質調査を行っていなかったことから、事前に地質調査を行うことを義務付けた労働安全衛生法の規則に抵触する疑いがあることを2月9日までに明らかにした。鹿島建設は10年程前に隣接地で行った第1トンネル建設時に地質調査を行っており、第2トンネル建設にあたっては陸地の地質調査を行わず、海底についても地形調査を行ったのみで、その結果、10年前との変化がみられなかったとしている。そのため、鹿島建設幹部は2月9日に、10年前に地質調査を行っており地質が同じだと判断したこと、掘削に際しても地質を確認しながら進めていたため新たな調査は必要なかったことなどから、規則に抵触するものではないとの認識を示している。

加えて、同15日に鹿島建設は、掘削状況を記録するパソコンに残っていたデータの一部を解析した上で、掘削にあたってシールドマシン（掘削機）のカッターにかかる力は通常以上に大きかったとして、現場の地盤が固かったとしたほか、事故直前の電話で報告された漏電については、発生した可能性はあるものの、事故の直接原因となった可能性は低いとの見方を明らかにした。

事件から約1年半が経過した2013年8月24日には、鹿島建設がシールドマ

ガバナンス─経営者関与

ガバナンス─従業員関与

製造物責任・事故・商品サービス瑕疵

日本型企業風土

マスコミ・その他

233

シンを陸揚げした。引き上げられた同マシンは、事故の衝撃により内側の金属部品がねじ曲がり絡みつくなどした状態であった。同マシンはその後、岡山県警の捜査や国土交通省、厚生労働省の調査のために分析された。

事件のその後

2014年11月21日、倉敷労働基準監督署は労働安全衛生法違反の容疑でトンネル工事の元請けである鹿島建設、下請けである弘新建設、さらに当時の両社の現場責任者2人を書類送検した。同署は、事故が起こる前の2012年1月に行った掘削の際、シールドマシンの位置が本来の計画より15cm以上ずれていたにもかかわらず修正しなかったことや、避難訓練や消火訓練を行わず、落盤などの事故防止に必要な措置を怠ったことなどに

ついて責任を追及している。とりわけ後者については、事故直前に停電が起きていたことから、訓練を行っていれば避難できていた可能性を指摘している。このうち、鹿島建設と、鹿島建設の当時の現場責任者については、倉敷区検が2015年1月20日に労働安全衛生法違反罪で略式起訴し、同2月3日までに倉敷簡裁から両者に対して罰金50万円の略式命令を出した。

また、岡山県警は2015年1月22日、元請けの鹿島建設と下請けの弘新建設の工事関係者、合わせて4人（うち1人は事故により死亡）を業務上過失致死傷の容疑で岡山地検に書類送検した。岡山地検は翌2016年3月31日に、事故原因が特定できなかったとして、この4人を不起訴処分としている。

参考文献

webサイト

◆JXホールディングス公式「有価証券報告書」
　http://www.hd.jxtg-group.co.jp/ir/library/report/2011/pdf/jx_jp_yh_fy2011.pdf

雑誌・書籍・新聞記事

◆日本経済新聞（2012.2.8 沖縄朝刊）
　「掘削中に海水、5人不明、JX水島製油所の海底トンネル、1人脱出、捜索難航」
◆同上（2013.8.24 夕刊）
　「倉敷海底トンネル事故、原因究明へ掘削機陸揚げ」
◆毎日新聞縮刷版　2012

など

| category | 製造物責任・事故・商品サービス瑕疵 |

CASE 066 岩井食品、漬物で食中毒死亡事件

date	2012年（平成24年）8月
commercial name	有限会社岩井食品
scandal type	集団食中毒

■ 事件の発端

2012年8月、札幌市内の5施設で54人が、江別市や千歳市、苫小牧市のそれぞれの保健所管内5施設で46人が食中毒症状を訴えた。このうち、2人が死亡した。北海道や札幌市が調査したところ、特定の食材が原因である可能性が高いことが明らかとなった。

札幌市の調査によれば、「岩井食品」で製造された白菜の浅漬け（商品名：「白菜きりづけ」）が集団感染の原因であったことが明らかとなった。食中毒症状は腸管出血性大腸炎O-157であった。

岩井食品は、この事件発覚後すぐに営業禁止処分とされたものの、すでに同社で2012年7月28日に製造された白菜の浅漬けは、7月29〜31日にかけて北海道内スーパーやホテルなど約50か所に出荷されていたことが明らかとなった。出荷した量は約500kgであることが判明している。

一連の食中毒事件を引き起こした同社は、現在は倒産（2012年8月）しているものの、1961年に創業された漬物製造業者であった。札幌市内の小売店や飲食店、高齢者施設への販売を軸におこなっていた。営業禁止処分を受けた同社は、2008年にも殺菌方法が不十分として札幌市保健局から行政指導を受けていたことも明らかとなっている。札幌市保健局によれば、同社製品の細菌数が札幌市で規定する基準値を超えていたことが明らかとなった。

■ 事件の経過

2012年8月以降、同社製の白菜の浅漬けを食した消費者は食中毒症状を訴え、死亡者は8人まで増加した。食中毒症状を発症したのは、北海道だけではなく都府県をも含めて169人となった。

同社は、連絡先のわかる被害者への賠償金を試算した結果、約2億7千万円にもなることが明らかとなった。同社の所

235

有する資産は約1億7500万円ではあるものの、被害者への賠償を最優先している。

しかしながら、所有する資産を超える賠償金であるため、同社は2012年10月10日に、札幌地方裁判所に民事再生法の適用を申請し、保全命令を受けたことを発表した。

事件のその後

岩井食品による集団食中毒を受けて、厚生労働省は2012年10月12日付で、「漬物の衛生規範」（1981年9月24日公布・施行、2013年12月13日最終改正）を改正した。具体的には、①原材料の塩素系溶液での消毒、②低温での保管、③飲用水を使用した流水での十分な洗浄を衛生規範に盛り込む結果となった。この「漬物の衛生規範」の全面改正は1981年以来のできごとであった。厚生労働省から都道府県へ通知されたなかには、この改正内容を順守するように業者を計画的に指導することなどが要請された。

参考文献

webサイト

◆東京商工リサーチ　倒産速報
　http://www.tsr-net.co.jp/news/flash/1222315_1588.html

雑誌・書籍・新聞記事

◆毎日新聞（2012.8.14 夕刊）
　「O157:4歳児死亡 集団感染か、高齢者2人も」
◆同上（2012.10.11 朝刊）
　「O157:北海道集団感染 浅漬け製造の岩井食品が再生法申請」

など

| category | 製造物責任・事故・商品サービス瑕疵 |

CASE 067 ボ社製航空機バッテリートラブル、緊急着陸

date	2013年（平成25年）1月16日
commercial name	ボーイング社，全日本空輸株式会社（ANA），GSユアサ
scandal type	重大インシデント，航空事故

事件の背景

ボーイング787型機は、2002年より開発が本格的に始まり、2011年9月に初号機が全日空に引き渡された、中型ジェット機である。機体素材の大半に新素材であるCFRP（炭素繊維強化プラスチック）を用いるなど、「ドリームライナー」の愛称が示すように、ボーイング社の次世代機として期待された機種であった。実際、ボーイング社から航空会社等への引き渡しが本格化した2012年には、B787増加が大きな要因となり、同社の引き渡し機数がライバルであるエアバス社の引き渡し機数を10年ぶりに上回るなど、主力機種の1つとなっていた。

しかしその一方で、2007年3月に前輪が出ないトラブルで高知空港に緊急胴体着陸のインシデントが発生、2011年11月には岡山空港で車輪の油圧システムの異常が確認されたほか、2012

年12月にはアメリカのユナイテッド航空や、カタールのカタール航空が運航する同型機の機体でトラブルが発生するなど、不具合が相次いでいた。2013年に入ってからは、1月7日に米・ボストン空港で駐機中であった日航のB787型機の補助電源から発火するトラブルが発生したほか、翌8日にも同空港で離陸準備に入っていた同型機の別の機体が、燃料漏れのため一度ゲートに戻り、点検の後約4時間遅れで日本に向けて出発するというトラブルや、同9日には山口宇部空港でB787型機からブレーキの不具合が見つかっている。

こうしたことから、同11日、米運輸長官は同型機について包括的な調査を行う考えを示していた。

事件の発端、経過

2013年1月16日、B787型機で運航されていた山口宇部空港発羽田行きの全日空692便で、兵庫県付近の上空を

ガバナンス─経営者関与

ガバナンス─従業員関与

製造物責任・事故・商品サービス瑕疵

日本型企業風土

マスコミ・その他

237

飛行中、機体前方の電気室内で煙を感知し、操縦席では客室内の緊急脱出用誘導灯の表示にも不具合があるとの表示が出た。電気室には機体エンジンを起動させるメーンバッテリーがあり、操縦室内でも異臭がしたことから、同47分ごろ高松空港に緊急着陸した。乗客129人と乗員8人は脱出用シューターで避難し、乗客の5人が軽傷を負った。

高松空港での点検の結果、機体からの白煙などは確認されなかったものの、電気室内にあるメーンバッテリーを納める金属製容器が変色し、電解液が漏れていたことを明らかにした。このメーンバッテリーは同8日に米・ボストン空港で発火トラブルを起こした日航の同型機のものとも同一製品であった。

国土交通省はこの緊急着陸に関して、「重大インシデント」と認定し、運輸安全委員会より調査官5人が派遣され、原因調査を進めることとなった。同省は、上述の全日空による発表からも、バッテリーで異常が起こったとの見方を強め、FAA（アメリカ連邦航空局）やボーイング社とも協力し、原因究明に向けて動いた。

翌17日には運輸安全委員会が、バッテリーを製造板GSユアサの技術者とともにメーンバッテリーを取り外して調査した。その結果、バッテリーを収納する金属製容器が膨張したように変形してい

たこと、内部は激しく焼け、黒く焦げていたこと、正常時には約28.3kgある重量が約23.6kgと大幅に減少していたこと、電気室付近にある通排気口の外側の機体に長さ2〜3mにわたってすすが付着しており電気室から煙が大量に出ていたたことなどを明らかにした。こうしたことから調査にあたった運輸安全委員会の調査官は、バッテリー内部から液が抜けて炭化していたことなどから、過電流や過電圧などでバッテリーに大きな負荷がかかっていたとの見方を示し、今後バッテリーを研究機関で鑑定するほか、フライトレコーダーを分析して電圧や電流の変化などについても詳しく調べる考えを示した。

同18日には原因調査のため、アメリカの国家運輸安全委員会とFAAの調査官2人、ボーイング社の技術者2人の計4人などが高松空港に入り、日本の運輸安全委員会の調査官とともに、空港内で保管しているバッテリーや駐機中である当該機の状況を確認した。さらに同21日には国土交通省とFAAが合同で、当該バッテリーを製造したGSユアサを立ち入り検査している。

一方、同7日にボストンで起こった日本航空のB787型機のトラブルについては、同調査を行っていたアメリカ運輸安全委員会が同20日にバッテリーの過充電は認められなかったとする調査結果

CASE 067　ボ社製航空機バッテリートラブル、緊急着陸

を示した。

　同2月5日には日本の運輸安全委員会がバッテリーのCTスキャンや分解による調査を公表し、内部が連鎖的に異常な高温になる「熱暴走」が発生していたことや、アース線の断線が判明したとした。こうしたことから、同委員会は大量の電流が流れた可能性あることや、その原因が雷などではないと考えられると示した。しかし、熱暴走や大量の電流が流れた原因については特定に至っていないことも明らかにした。

　さらに4月8日と9日には、高松空港に駐機したままとなっていた機体でエンジンを動作させる地上でのテストを実施し、バッテリーと周辺機器のデータを集めるテストを行った。

　一方、同型機を運航する全日空および日本航空は両社合わせて24機所有していたが、いずれも緊急点検を行うこととし、安全が確認されるまで運航を休止することとした。これにより、日本航空では同型機にて運航していた4路線を欠航とし、1路線を他型機で代替するなど、両社の運航に影響を与えることとなった。とりわけ、B787型機は、CFRPを使用していることなどによって軽量化が図られたことで、同型機と座席数が同程度であった従来機のB767型機に比べて燃費が約2割程度良い。それゆえ、収益化にもつながりやすく、例えば日本航

空はロサンゼルスやニューヨークなどよりも利用者が少ない、成田－サンディエゴ（米）便を開設している。こうしたことから、同型機の運航停止は、航空会社にとってとりわけ国際線の戦略上の足かせともなった。

　なお、運航停止については、日本航空および全日空の両社が緊急着陸を受けて即日、自主的に行っていたが、アメリカのFAAも16日に同国内の航空会社に対して、安全性が証明されるまで運航を停止するよう命じたうえ、各国に対しても同様の措置を取るように警告した。それを受け、日本の国土交通省は翌17日に国内の航空会社に対して運航停止を指示した。

事件のその後

　トラブルから約1ケ月後の2月22日、ボーイング社はFAAにB787型機のバッテリー改修案を提示し、3月12日、FAAは改修案の適切さを証明するための計画である、適合性証明計画を承認し、4月5日に同社は同計画に基づいた試験を終了させた。それを受け、FAAは同19日にバッテリー改修案を承認した。そして同26日にFAAと国土交通省はB787の運航再開を正式に承認した。この時点でバッテリートラブルの原因は特定されていなかったものの、同社の改修案はエンジンメーカーであるGE（ゼ

ガバナンス──経営者関与

ガバナンス──従業員関与

製造物責任・事故・商品サービス瑕疵

日本型企業風土

マスコミ・その他

239

ネラル・エレクトリック)社やマサチューセッツ工科大学などの専門家を集めて独自に行った調査の中で、原因として考えられた約80項目のすべてに対応する18の改修案に基づくものであった。

しかし原因が特定されていなかったこともあり、国土交通省は全日空と日本航空に対して、国内独自の安全対策も求め、その上での運航再開承認となった。

承認後の同28日、全日空はバッテリーシステムを改良したB787型機の試験飛行を初めて行った。さらに5月2日には日本航空も同じくバッテリーシステムを改造した上で、同型機の試験飛行を行った。両社はその後、バッテリーシステムの改造と改造した同型機の試験飛行を重ね、同27日に全日空が新千歳空港発羽田空港行きの臨時便の運航を行い、旅客運航を再開した。

なお、B787の運航停止に伴う欠航便数は全日空と日本航空を合わせて約4,300便で、影響を受けた人は運航停止から3月末までで約13.5万人にのぼった。

一方、2014年9月25日には国土交通省運輸安全委員会が、高松空港でのトラブルについての最終報告書を公表した。その中では、リチウムイオンバッテリーを構成する8個のセル(電池)1つが、冬季の低温下で電解液中のリチウムイオンがリチウム金属となる「析出」という現象が発生し、正極と負極がつながりショートしたと推定した。さらに、ショートによって発生したガスによりセルが膨張し、金属製のバッテリーケースと接触したため、静電気を逃すアース線を通じて他のセルに大電流が伝わり、バッテリー全体が異常高温になる「熱暴走」が起きたとしている。ただし、バッテリーの損傷が全体に及んでいたため、詳細な発生メカニズムの特定には至らなかったとしている。

また、同委員会は、アース線を接続しなければバッテリー内で熱暴走が起きなかったとする実験結果も明らかにした。FAAが行った安全性評価のための実験では、ボーイング社などがアース線をつないでいない状態で行った試験結果を基に評価していたことから、評価方法が不適切であったと指摘し、同委員会はFAAに対し、今後は実際の運用環境を想定して評価するよう、航空機メーカーや装備品メーカーに指導することなどを勧告した。さらにボーイング社に対しても内部ショートの発生メカニズムについての調査継続と、それに基づく改善を求めた。

CASE 067　ボ社製航空機バッテリートラブル、緊急着陸

参考文献
webサイト
◆運輸安全委員会　「報告書検索結果　概要」 http:..jtsb.mlit.go.jp.jtsb.aircraft.detail.php?id=2063
新聞記事
◆高知新聞　（2007.3.13　夕刊） 「ボンバルディア機胴体着陸　60人全員無事　高知空港」 ◆日本経済新聞　（2013.1.9　夕刊） 「B787、今度は燃料漏れ、日航機、米空港で離陸前、バルブ不具合か」 ◆同上　（2014.9.25　夕刊） 「バッテリーに大電流、B787発煙、電池ショートで、運輸安全委、最終報告書、米の安全性評価「不適切」」 ◆同上　（2014.12.2　夕刊） 「GSユアサ製電池欠陥、日航787出火で米当局報告」 ◆毎日新聞　（2013.1.16　夕刊） 「B787トラブル:全日空機から煙、高松空港に緊急着陸 当面の運航中止」 ◆同上　（2013.1.21　夕刊） 「B787トラブル:高松空港緊急着陸 国交省と米当局、GSユアサに立ち入り バッテリー調査」 ◆同上　（2013.2.6　朝刊） 「B787トラブル:高松空港緊急着陸 バッテリー、熱暴走 アース断線も判明--運輸安全委」 <div align="right">など</div>

ガバナンス―経営者関与

ガバナンス―従業員関与

製造物責任・事故・商品サービス瑕疵

日本型企業風土

マスコミ・その他

241

| category | 製造物責任・事故・商品サービス瑕疵 |

CASE 068
ノバルティスファーマ、降圧剤 臨床論文撤回（ディオバン事件）

date	2013年（平成25年）2月
commercial name	ノバルティスファーマ
scandal type	医薬品医療機器法（旧薬事法）違反（誇大広告）

事件の背景

ノバルティスファーマはスイスのヘルスケア関連企業、ノバルティスの医薬品部門の日本法人である。同社にとって高血圧症治療薬（降圧薬）「バルサルタン」（商品名「ディオバン」）は日本での売上高が1000億円を超える看板商品であった。

しかし同社は事実に基づかない研究結果が学会で発表されるとその結果をアピールし販促に使用していた。

事件の発覚・経過

2013年2月、京都府立医科大学のチーム（2004年スタート）が行った高血圧患者約3000人を対象に、別の降圧剤とバルサルタンを併用した場合と、バルサルタンを使わない場合とで病状を比較する臨床実験に関する論文が、掲載後に撤回されていたことが判明した。

この実験で得られた「併用群では脳卒中や狭心症が目立って減った」という結果を2009年9月、欧州心臓病学会誌に発表。さらに2011年3月、同データを使い心臓肥大の症状がある患者への効果について、2012年9月、糖尿病患者らの心臓病発症防止効果について分析した論文（2本）を、日本循環器学会誌に掲載した。しかし日本循環器学会誌は「データ解析に極めて多くの問題点があることが判明し、医学論文として成り立たない」との理由で2012年12月27日付けで論文（2本）を撤回した。また2013年2月付けで欧州心臓病学会誌も論文を取り下げた。同社社員が統計解析の責任者として論文に名を連ねており、同社はこの論文を基に、バルサルタンの効果をアピールする広告を医学雑誌にたびたび掲載するなど営業活動を展開していた。

2013年4月23日、東京慈恵会医科大学が、同大学でも京都府立医大でも行っていた類似の臨床試験の経緯を調査すると明らかにした。同大でもノ社の社

CASE 068　ノバルティスファーマ、降圧剤臨床論文撤回（ディオバン事件）

員が論文に統計解析の責任者として名前を連ねていた。2013年5月、千葉大、滋賀医大、名古屋大の各研究チームによっても類似の試験が行われ、ノ社の社員が試験に関係していたことが分かった。2013年5月22日、ノ社は社内調査結果を明らかにし、同社社員が臨床試験に関与して不適切であったと認めた。

2013年5月27日、厚生労働省はノバルティスファーマに対して口頭で厳重注意を行った。2013年7月11日、京都府立医大は、同大の論文の結論が誤っていたうえ、「バルサルタンに効果が出るように解析データが操作されていた」と明らかにした。同社の元社員がデータ解析していたことも認めた。同社からは京都府立医大に対して1億円の寄付金が提供されていた。2013年7月29日、同社が臨床試験疑惑で初めて記者会見を開き17人の弁護士と法律専門家らで構成する第三者機関による調査結果を発表した。データ操作が明らかになった京都府立医大など5大学の臨床試験に関与していた社員らを調べた結果、「データの意図的な操作、ねつ造、改ざんなどをした事実は認められなかった」と不正への関与を否定した。一方で、社員が不適切な関与をしてきた各大学の論文を薬の宣伝に利用してきたことについては、「おわび申し上げる」と問題があったことを認めて陳謝した。2013年9月6日、英医学誌ランセットが東京慈恵会医大の論文を撤回。同社は「本論文を引用してプロモーションを行ってきたことを心よりおわびします」とのコメントを同社ホームページで公表した。また慈恵医大も「事実を真摯に受け止め、透明性・公正性・中立性の高い臨床研究の実現ならびに信頼回復に努めたい」とのコメントを発表した。

2013年9月26日、田村憲久厚生労働相（当時）はノバルティスファーマ本社（スイス）の社長を同省に呼び、真相究明への協力を強く要請した。社長は「役員を代表しておわびしたい」と陳謝した。

事件のその後

2013年10月3日、日本製薬工業協会はノバルティスファーマを無期限の会員資格停止の処分にした。

2013年10月11日、京都府立医大を運営する府公立大学法人本部は試験責任者の府立医大元教授から退職金の全額返納を受けると発表した。2013年11月18日、ノバルティス ファーマは同社社長が諮問する機関として、外部の有識者5名で構成される「コンプライアンス・アドバイザリーボード 〜再発防止に向けて〜」を設置した。2013年12月、厚生労働省は、データ操作された試験論文を宣伝に使ったのは誇大広告を禁じた医薬品医療機器法（旧薬事法）に違反す

る疑いが強いとして同社と責任者を刑事告発する方針を固めた。

2013年12月17日、千葉大学がバルサルタンの臨床試験疑惑に関し「現時点で、意図的にデータ操作が行われたことを示す内容は見いだせなかった」とする中間報告を発表した。バルサルタンを巡っては、東京慈恵会医大や京都府立医大、滋賀医大、名古屋大、千葉大の5大学の調査結果が出揃った。別の降圧剤とバルサルタンの効果に大差はなかったと結論付けた名古屋大学、千葉大学はデータ操作を否定し、特別の効果があったとする東京慈恵会医大、京都府立医大、滋賀医大は不正を示唆しており、試験の結

論とデータ操作との相関関係が浮き彫りとなった。

2017年3月16日、東京地裁は医薬品医療機器法（旧薬事法）違反に問われていたノバルティスファーマと元社員に対し、被告が意図的にデータを改ざんしたことを認定した上で、「被告が論文を掲載してもらった行為は、それ自体が薬の購入意欲を喚起させる手段とは言えない」と指摘。薬の効能や効果に関して虚偽の記載などを禁じた旧薬事法違反は成立しないと無罪を言い渡した。

参考文献

webサイト

◆ノバルティスファーマ公式「信頼回復に向けて」
https://www.novartis.co.jp/about-us/credibility

新聞記事

◆毎日新聞（2013.2.6）
「バルサルタン：降圧剤臨床、京都府医大の3論文撤回 日欧2誌「重大な問題」」
◆同上 （2013.3.28）
「クローズアップ2013：降圧剤 京都府立医大の論文撤回騒動 製薬社員も名連ね」
◆同上 （2013.12.18）
「バルサルタン：臨床試験疑惑 調査出そろう「効果あり」で不正 結論、データ操作に相関」

など

category	製造物責任・事故・商品サービス瑕疵

CASE 069 カネボウ、美白化粧品で白斑被害

date	2013年（平成25年）7月4日
commercial name	株式会社カネボウ化粧品
scandal type	健康被害，自主回収

事件の背景

カネボウ化粧品が開発し、医薬部外品として厚生労働省の承認を得ていた美白成分の「ロドデノール」を配合した化粧品は2008年より販売されていた。

2013年5月13日、同社のロドデノール配合美白化粧品を使用して肌がまだらに白くなる「白斑」の症状が出た人が3人いる、との情報が社外の皮膚科医から寄せられていた。しかし、同社の研究員が情報を寄せた皮膚科医から詳しい話を聞いたのは連絡を受けてから2週間が経った同27日で、カネボウで当該事案について調査を始めたのはこの後であり、この時点でこうした事実があったことは公表しなかった。

事件の発端

事件が発覚したのは、2013年7月4日、消費者庁がカネボウ化粧品とその子会社の計3社の美白用化粧水など、薬用化粧品の54製品において、肌がまだらに白くなるなどの被害が出ているとして、使用を中止するよう呼びかけたことによる。当該製品は計436万個が出荷され、全国15,000店で販売されていたが、カネボウ化粧品は同日から当該製品の自主回収を始めた。

消費者庁によれば、事件発覚から約2週間後の同19日時点で、白斑の被害を同社に訴えた人が6,808人にのぼり、このうち2,250人は白斑が3ケ所以上にある、白斑の大きさが5cm以上である、顔に明らかに出ているなどの重い症状を訴えたものであった。また、同社は同日までに回収対象となった製品約45万個のうち、約36万個の回収あるいは返品があったと報告。その上で、当該製品を使用しないよう引き続き呼びかけた。

事件の経過

カネボウ化粧品の親会社である、花王の澤田道隆社長は2013年6月中間決算

発表の記者会見冒頭で謝罪したうえで、「発症された方への回復や治療への対応を最優先する」とし、信頼回復に向けて努める考えを示した。また、カネボウが設置している顧客からの問合せ受付窓口であるコールセンターや、化粧品の品質管理に関わる組織について、花王と一体化する方針も示した。

またカネボウ化粧品は2013年9月11日に記者会見を行い、この問題に関して調査をしている外部の弁護士による第三者調査報告書を公表した。報告書の中では、顧客から同社に白斑についての報告が最初に寄せられたのは2011年10月であり、翌2012年2月には販売担当の社員3人にも白斑が発症している。しかし同社は化粧品と関係のない病気だと考え適切な対応をとらなかった。さらに同年9月に医師が白斑と化粧品との関係が疑われることを指摘しており、報告書ではこの時点までに対策を講じるべきであり、それから2013年7月の自主回収までに10ケ月を要したことを批判している。加えて、5月に問題を把握し、調査を始めてからも自主回収に動かなかった判断についても、やはり対応が後手に回ったと指摘している。一連の対応について、調査を行った弁護士は「商品ありきで、消費者は後回しだった」と評している。この記者会見では、夏坂真澄社長が6ケ月間にわたって役員報酬の

50%を返上するなど、役員10人の処分も発表されている。

本件の被害者は、訴訟に向けて動き始め、2013年7月下旬までに広島県の弁護士11人が被害対策弁護団を結成し、同県内の9人から相談を受けた。さらに同9月19日までに、同社に約4,800万円の損害賠償を求め、東京都の女性が東京地裁に提訴した。これを皮切りに、2014年4月2日には静岡県および山梨県の男女14人が静岡地裁に集団訴訟を起こすなど、札幌、仙台、東京、大津、大阪、福岡などで訴訟となった。

カネボウ化粧品側は、被害者に対する慰謝料や治療費などの補償について、原則として症状が回復した後に支払うこととしていたが、同6月20日、症状が重いと判断した約4,000人に対して、1人当たり数十万円の一時金を支払うこととした。この決定は、治療の長期化が予想される被害者の負担を減らすための措置で、通院等による休業分の収入補償として1日当たり数千円分と、慰謝料を含むものである。

さらに同11月28日、同社は症状の消えない被害者に対して、交通事故で後遺症が残った際に支払われる慰謝料を参考として、顔や首に重い症状が残っている場合には最大で1,000万円程度を支払うとする、補償金の概要を発表した。なお、この補償金を受け取った場合には、

CASE 069　カネボウ、美白化粧品で白斑被害

その後金銭的補償を受けられなくなるものの、治療法等についての同社からの情報提供は継続されるとした。

事件のその後

この問題を受け、全国の消費生活センターに対して白斑についての相談が相次いだことから、2013年8月8日に厚生労働省は化粧品メーカー各社に対して、被害の調査と1ケ月以内の調査結果の報告を指示した。その結果、同9月10に田村憲久厚生労働大臣（当時）が、カネボウ以外の9社15製品からも、合わせて16人の白斑被害があったとの報告を受けたと発表した。ただし、白斑と製品との因果関係は不明としており、会社名や商品名の公表については見送られた。

一方、カネボウ化粧品の研究所の調査チームは、2014年7月5日に、同社の化粧品に含まれていた美白成分である「ロドデノール」に、色素細胞に対する毒性が含まれているとの研究結果をまとめ、皮膚科の専門誌に発表している。

被害者との訴訟に関しては、広島県の女性4人が同社に対して合わせて1億3,200万円の損害賠償を求めた訴訟が、2016年7月12日に広島地裁で和解に至ると、その後同12月28日には大津地裁でも調停が成立するなど、解決に向けた動きも見せている。

参考文献

webサイト

◆カネボウ公式「白斑様症状確認数と和解状況/対象製品回収数」
http://www.kanebo-cosmetics.jp/information/correspondence/index.html

雑誌・書籍・新聞記事

◆毎日新聞（2013.7.4 夕刊）
「カネボウ:美白化粧水など、54製品回収 肌がまだらに」
◆同上（2013.7.19 朝刊）
「カネボウ:化粧品でまだら 相談10万超 対象2割を回収」
◆同上（2014.11.29 朝刊）
「カネボウ:美白化粧品問題 補償金、最大1000万円」
◆同上（2016.7.13 夕刊）
「カネボウ:「白斑」訴訟和解 原告「治療法確立を」広島地裁」
◆日本経済新聞（2016.12.28 沖縄夕刊）
「白斑巡る訴訟、8人と調停成立、カネボウ、大津地裁で」
◆同上　（2017.2.16 朝刊）
「解決金支払いで調停成立、カネボウ白斑訴訟（ピックアップ）」
◆同上　（2017.9.8 大阪朝刊）
「調停条項に謝罪の文言、カネボウ白斑訴訟（ピックアップ）」　　　　　など

category	製造物責任・事故・商品サービス瑕疵

CASE 070 アクリフーズ製 冷凍食品から農薬検出

date	2013年(平成25年)12月29日
commercial name	株式会社アクリフーズ，マルハニチロHD
scandal type	異物混入，偽計業務妨害罪，器物損壊罪

事件の背景

冷凍食品の製造販売をおこなっていたアクリフーズ（現在は倒産）の国内での主要な生産拠点は、群馬工場と夕張工場の二か所であり、群馬工場では年間約7000袋が製造されていた。2012年時点でのアクリフーズの家庭用冷凍食品の国内生産シェアは4％強であり、生産額は2,689億円。

同社、2001年に「雪印冷凍食品株式会社」として設立され、2002年に「株式会社アクリフーズ」へと社名変更された。その後、2003年には現マルハニチロ食品に売却され、同社の連結子会社となった。その後、本社および関東支店を東京都江東区豊洲へ移転した。

事件の発端

2013年12月29日、アクリフーズの群馬工場で製造された冷凍食品から殺虫剤の一種である農薬（有機リン系の農薬であるマラチオン）が検出された。当初は東京都および神奈川県、静岡県、愛知県、大阪府、福岡県の6都府県であったものの、最終的には長崎県をのぞく46都府県に嘔吐や下痢などの症状を訴える被害が相次いだ。

事件の経過

11月13日〜12月29日までに、同工場で製造された冷凍食品から「異臭がする」との苦情が寄せられていた。同社工場で製造されていたピザ（苦情件数11件、以下同）,フライ（8件）,コロッケ（1件）の計20件。もっとも高い濃度のマラチオンが検出されたのが、コロッケであり、残留農薬の基準とされている0.01ppmの150万倍である15,000ppmが検出された。アクリフーズは、その後すぐに群馬工場での操業および出荷を停止した。2012年12月30日には、群馬県館林保健福祉事務所は群馬工場への立ち入り検査を実施し、

CASE 070 アクリフーズ製 冷凍食品から農薬検出

「通常の製造工程上で汚染された可能性は低い」ことを発表し、群馬警察が捜査を開始することとなった。

当初、アクリフーズは、原料に用いる小麦はアメリカからの輸入に依存しているため、その残留農薬が残っていた可能性があるとしていたものの、アクリフーズによる群馬工場の全従業員への聞き取り調査の結果、同工場の契約社員が農薬の混入にかかわっていたことが明らかとなった。同契約社員は、偽計業務妨害罪容疑で逮捕されたことに加え、器物損壊罪容疑でも再逮捕され、2014年3月7日に起訴された。

事件のその後

アクリフーズは同工場で製造された全商品の回収をおこなった。市販用が44品目、業務用が46品目であり、計90品目である。

事件発覚後、同契約社員は、偽計業務妨害罪等の罪で、懲役3年6カ月の判決を受けた。この事件をうけて、アクリフーズ群馬工場では、以前は5台であった監視カメラの台数を大幅に増やし（174台）、工場内の不正防止に努めている。2014年8月1日は操業が開始された

参考文献

webサイト

◆マルハニチロHD公式「農薬混入事件および当該商品の回収について」
https://www.maruha-nichiro.co.jp/corporate/safe/aqli/

雑誌・書籍・新聞記事

◆毎日新聞（2013.12.30 朝刊）
「マルハニチロHD:冷凍食品から農薬 群馬の子会社、630万袋回収」
◆同上（2014.1.30 朝刊）
「マルハニチロHD:冷凍食品農薬混入 阿部容疑者、混入認める「市販の農薬、1人で」」
◆同上（2014.8.11 夕刊）
「アクリフーズ農薬混入事件:被告に1億円賠償要求 マルハニチロが提訴」
◆同上（2014.9.26 朝刊）
「アクリフーズ農薬混入事件:受刑者に1億円支払い命令」

など

ガバナンス—経営者関与

ガバナンス—従業員関与

製造物責任・事故・商品サービス瑕疵

日本型企業風土

マスコミ・その他

| category | 製造物責任・事故・商品サービス瑕疵 |

CASE 071 東京女子医大病院、幼児へ鎮静剤投与

date	2014年（平成26年）3月5日
commercial name	東京女子医科大学病院
scandal type	鎮静薬投与

事件の発端

2014年3月5日、東京女子医大病院で2月18日に頸部リンパ管腫の摘出手術を受けた男児が、3日後の2月21日に急性循環不全で死亡していたことが明らかになった。院内で調べた結果、集中治療で人工呼吸中の小児への使用が禁じられている鎮静薬の「プロポフォール」が使用されている事が判明。同医大病院はHPに「患者や遺族に多大な苦痛を与え深くおわびする」と掲載した。

事件の経過

6月5日、同病院の医学部長と男児の手術を執刀した教授2名が都内で記者会見し、病院側が「プロポフォール」を男児に過大に投与していたと発表した。死亡した男児は首のリンパ管の手術後、集中治療室（ICU）で人工呼吸中に動いて呼吸用の管が抜けるのを防ぐため、「プロポフォール」を4日間投与されていた。

「プロポフォール」は人工呼吸中の小児への使用を禁じられているが、担当の麻酔医はそれを知りながら家族へ説明することなく投与していた。成人に換算すると、通常の2.5〜2.7倍の量が使われたという。会見した3人は男児の死因について「病理解剖の担当によると鎮静剤の副作用を示す症状も出ており、カルテに記載された自然死ではなく異状死だ」と指摘した。3人は会見した理由について「大学の理事長や病院長に早く説明責任を果たすよう要請したが反応がない。学長や遺族の了解を得た上で発表すべきだと考えた」と説明した。

一方、大学側は「あくまで私的な会見。学内の内部統制の混乱が社会に出たことをおわびする」とのコメントを出した。

また2009年1月から昨年12月までに15歳未満の使用が63人あったことを大学側が認めた。6月12日、死亡した男児と同様に「プロポフォール」を投与された63人のうち、12人が死亡し

CASE 071　東京女子医大病院、幼児へ鎮静剤投与

ていたと理事長と病院長が厚生労働省で
記者会見して明らかにした。理事長らは
男児の死亡と投与の因果関係は「あった
とみている」と認め、「責任を痛感して
いる。亡くなられたお子様と、ご遺族の
皆さまに心からおわびします」と謝罪
した。その一方、12人のカルテにはプ
ロポフォールの副作用の症状の記載はな
く、投与の3年後に死亡したケースもあ
るとしている。

事件のその後

2014年12月18日、東京女子医大
病院は、鎮静剤「プロポフォール」の投
与後に死亡した小児12人のうち5人に
ついて、死因となった感染症などを悪化
させた可能性を否定できないとする外部
委員会の調査結果を公表した。病院側は
「極めて重大な管理上の不行き届きもあ
り、猛省します」と謝罪した。

参考文献
webサイト
◆東京女子医科大学病院公式「小児への鎮静用剤が使用された患者さまへの対応について」 http://www.twmu.ac.jp/info-twmu/news/news-20140605.html ◆同上「医療安全の改善に向けた当院の取り組みの進捗状況報告」 http://www.twmu.ac.jp/info-twmu/documents/20150206-iryouanzenkaizen.pdf
新聞記事
◆毎日新聞（2014.3.5） 　「東京女子医大病院:鎮静薬投与、2歳児死亡 あご手術後」 ◆同上（2014.6.12） 　「東京女子医大病院:5年で小児12人死亡 禁止鎮静剤、因果関係調査」 ◆同上（2014.12.19） 　「東京女子医大病院:鎮静剤投与 5人「病状悪化の可能性」外部委の調査公表」 　　　　　　　　　　　　　　　　　　　　　　　　　　　　　　　　　　など

ガバナンス―経営者関与

ガバナンス―従業員関与

製造物責任・事故・
商品サービス瑕疵

日本型企業風土

マスコミ・その他

category	製造物責任・事故・商品サービス瑕疵

CASE 072 千葉県がんセンター、手術後に9人死亡

date	2014(平成26年)4月
commercial name	千葉県がんセンター
scandal type	手術後死亡

事件の背景

　死亡事例が11人と相次いだ中、8例を執刀したのは「エース」と呼ばれる医師であった。第三者検証委員会の報告書案では病院側が「担当医師の見解を尊重し、原因究明や再発防止に向けた取り組みを行わなかった」と結論づけている。またこの問題に関してはセンターに勤務していた麻酔医からの内部告発が県や厚労省にあったにも関わらず放置されていた。

事件の発端

　2014年4月、報道などで千葉県がんセンターで腹腔鏡下手術後の死亡例が相次いでいることが発覚。千葉県病院局などによると、2008年6月から14年2月にかけ、胃や膵臓の一部などを摘出するため、腹腔鏡で手術を受けた11人の患者が、手術後に死亡していた。うち8人は、消化器外科部の指導的立場にある医師が担当していた。

事件の経過

　2012年9月に女性（当時76才）が、2013年1月に男性（当時57才）の2人が死亡した段階で、千葉県がんセンターは外部有識者を招いた事故調査委員会を設置。2014年8月にまとめた報告書では、「腹腔鏡下手術のメリットやデメリットについて患者への説明が十分でなく、センターの倫理審査委員会の合意もなかった」「肝胆膵外科に、経験の深い外科医が手術に参加していれば、重要なアドバイスが得られた可能性が高い」などとしていた。センター長は、膵臓がんの腹腔鏡下手術を見合わせるよう指示。しかし2014年2月に胆のうと胆管を摘出する手術で患者がまた死亡した。また、2010年夏にセンターに勤務していた麻酔医が県や厚生労働省などに告発していたが、放置されていた事実も判明した。またこの時点で、保険適用外の膵臓などを摘出する膵頭十二指腸切除術で

CASE 072　千葉県がんセンター、手術後に9人死亡

腹腔鏡を使い保険請求していた疑惑も浮上した。千葉県病院局は「短期間で死亡が相次いだ事態を重く受け止める」とし、外部の有識者による検証委員会をあらためて設置すること、手術ミスの有無、手術方法の選択の妥当性、保険の不正請求疑惑などについて詳しく調べることを表明した。

2015年3月30日、県の第三者検証委員会の報告書案が公表され、2008年6月～14年2月に死亡事例が11人と相次いだ理由を「（8例を執刀した）担当医師の見解を尊重し、原因究明や再発防止に向けた取り組みを行わなかったため」と結論づけた。県についても「問題の重大性を考慮すれば、センターを厳しくチェックする必要があった」と批判した。8例を執刀した消化器外科の50代の男性医師に対し、報告書案は「手術を安全に行う配慮が十分でなかった」などと批判した。この医師のほかに、胃の全摘出で約5カ月後に死亡した男性（当時58才）を担当した医師のように「腹腔鏡手術を行うには技量不足」と技術自体を問題視されたケースもあった。また保険適用外となる高難度の7例全てが院内倫理審査委員会に諮られておらず、腹腔鏡手術の実施を知らされていない患者家族もいた。2015年3月26日、千葉県がんセンターが、肝細胞がんの治療を受けていた県内在住の男性が抗がん剤投与後に容体が急変し、死亡したと発表した。投与したのは死亡事例が11人と相次いだ中8例を執刀した医師であった。医師は問題が発覚した2014年5月から手術への参加を禁じられていたが、投薬治療担当は続けていた。

事件のその後

2015年4月14日、厚生労働省は千葉県がんセンターについて、県の第三者委員会の調査結果を踏まえ、医療安全に対する体制が不十分と判断した結果「がん診療連携拠点病院」の指定を更新しないと発表した。2015年4月20日、日本肝胆膵外科学会は千葉県がんセンターと群馬大学病院について、難易度が高い手術を行う施設としての学会の認定を取り消したと発表した。両病院で患者が死亡した手術を担当した医師と上司の医師それぞれ2人、計4人の指導医資格も取り消した。2015年5月1日、厚生労働省は保険適用外の腹腔鏡手術を実施したのに診療報酬を不正請求していたとして、千葉県がんセンターと所属医師に行政処分（センターと医師2人が戒告、医師7人が注意）をくだした。2015年11月11日、日本肝胆膵外科学会と肝臓内視鏡外科研究会は、腹腔鏡に対する不安が広がったことを重大視し腹腔鏡を使う肝臓手術の症例登録制度を始めた。

ガバナンス─経営者関与

ガバナンス─従業員関与

製造物責任・事故・商品サービス瑕疵

日本型企業風土

マスコミ・その他

253

参考文献

webサイト

◆千葉県病院局「千葉県がんセンターにおける腹腔鏡下手術の死亡事例に係る第三者検証委員会について」
https://www.pref.chiba.lg.jp/byouin/kenritsubyouin/joukyou/gan-kensyo03.html

新聞記事

◆北陸中日新聞（2014.5.21）
「手術後9人死亡の千葉県がんセンター 放置された内部告発」
◆毎日新聞（2015.4.15）
「千葉県がんセンター：腹腔鏡死亡「拠点病院」指定外れる」

など

category | 製造物責任・事故・商品サービス瑕疵

CASE 073 ベネッセコーポレーション顧客情報流出事件

date | 2014年（平成26年）7月9日
commercial name | ベネッセコーポレーション
scandal type | 情報流出

事件の背景

2002年に住民基本台帳ネットワークシステムが稼働し、2003年に個人情報保護法が制定されたことで、ダイレクトメールなどに使われる住所情報などの取得が困難になり、名簿業者が販売する個人情報の価値が高まっていた。

事件の発端

2014年6月下旬に通信教育事業を行うIT事業者からのダイレクトメールがベネッセコーポレーションの顧客に届くようになり、6月26日に顧客から同社への問い合わせが急増。6月27日に同社が顧客の個人情報が社外に漏えいしている可能性を認識し、6月28日に緊急対策本部を設置して社内調査を開始した。6月30日、同社が経済産業省および警視庁に状況を報告し、今後の対応について相談。

7月7日、情報流出が確認されたことを受け、同社が緊急対策の意思決定機関として危機管理本部を設置。外部の情報セキュリティ専門家などを招聘し、緊急対策や顧客への不審な勧誘などを抑止するための活動を開始。同日、警察が捜査を開始した。

7月9日、同社が「進研ゼミ」や「こどもちゃれんじ」をはじめとする通信教育サービスの顧客に関する個人情報760万件の流出が確認されたこと、流出件数は最大約2,070万件に達する可能性があることを発表した。流出したのは子どもと保護者の氏名・住所・電話番号・生年月日などで、クレジットカード情報や金融機関の口座情報が流出した事実は確認されていないとみられた。

事件の経過

7月10日、経済産業省はベネッセに対して、個人情報保護法に基づき本事件についての報告書を提出するよう指示した。

ガバナンス——経営者関与

ガバナンス——従業員関与

製造物責任・事故・商品サービス瑕疵

日本型企業風土

マスコミ・その他

255

7月11日、茂木敏充経済産業相（当時）は本事件を受けて、全国学習塾協会や日本通信販売協会などの業界団体に情報管理を徹底して再発防止に努めるよう求める方針を明らかにした。

7月15日、同社が徹底的な事実調査、原因究明、再発防止策の策定のため、個人情報漏えい事故調査委員会を設置。また、警視庁に対して刑事告訴。

同日、経済産業省は全国学習塾協会、全国学習塾協同組合、日本通信販売協会の3つの業界団体に対し、個人情報の管理を強化することなどを要請した。

7月17日、警視庁が不正競争防止法違反容疑で、同社のグループ会社でシステム開発・運用を行っているシンフォームの業務委託先の元社員を逮捕した。元社員は委託先から派遣されてシンフォームでデータベースの保守・管理業務に従事していたが、2003年12月から個人情報を不正に持ち出し、名簿業者3社に売却していた。その手口は業務の必要性から付与されていたデータベースへの正規アクセス権を用いて個人情報を業務用パソコンに抽出し、USBケーブルによりスマートフォンに情報を転送するというものだった。

同日、ベネッセは顧客情報が流出した経緯や再発防止策をまとめた報告書を、経済産業相に提出した。

7月22日、同社が記者会見を開き、通信教育サービスだけでなく、出産や育児関連の通信販売・「いぬのきもち」「ねこのきもち」などの生活事業、顧客同士の交流サイト、資料請求・アンケート・イベントなどで情報を登録した顧客の個人情報も流出していたこと、一部のサービス利用者については出産予定日や電子メールアドレスも流出していたことを明らかにした。

7月31日、親会社のベネッセホールディングスが2014年4〜6月期の決算を発表。顧客情報流出問題について260億円（顧客への補償200億円など）の特別損失を計上し、営業損益が4〜6月期としては初の赤字となる4億3,000万円の赤字を記録した。

8月4日、ベネッセが顧客への支援を行う専門組織であるお客様本部を設置した。

8月7日、東京地検立川支部が松元社員を起訴。

8月15日、本事件を受け、経済産業相が個人情報保護法の「経済産業分野を対象とするガイドライン」を見直すことを明らかにした。対象は経産省が所管する通信教育分野などの企業。

9月10日、ベネッセが流出件数が約3,504万件であったことや、補償方針と再発防止策を発表した。補償額は500円で、電子マネーギフト、全国共通図書カード、同社が本事件の償いとし

CASE 073　ベネッセコーポレーション顧客情報流出事件

て新設する財団法人「ベネッセこども基金」への寄付のいずれかを選択するというもの。同基金は未来ある子どもたちが安心して自らの可能性を広げられる社会の実現を目的に、10月31日に一般財団として設立され、2015年4月1日に公益財団法人に移行した。

9月12日、個人情報漏えい事故調査委員会がベネッセ会長兼社長原田泳幸に最終報告書を提出した。

9月25日、同社は個人情報漏えい事故調査委員会の調査報告の概要を公表し、流出件数は約3,504万件で、1件に複数の個人情報が登録されているケースもあるため人数は約4,858万であることを明らかにした。

9月26日、経済産業省が再発防止策が不十分であるとして同社に是正勧告を出した。

10月14日、初公判が東京地裁立川支部で開かれ、元社員が「やったことは事実だが、営業秘密にあたるとは思っていなかった」として起訴内容の一部について争う姿勢を示した。

10月15日、同社は9月10日に発表した再発防止策の一環として、データおよびシステムの管理、保守・運用について第三者視点で定期的に確認し、必要な改善策を提言することを目的とした外部監視機関である「情報セキュリティ監視委員会」を設立した。

10月24日、是正勧告を受け、同社が経済産業省に改善報告書を提出。内容は個人情報の保護に関する実施体制の明確化、今後の個人情報の管理体制、情報システムのセキュリティ強化のスケジュールなど。

11月26日、日本情報経済社会推進協会は、ベネッセホールディングスが取得していたプライバシーマークを取り消したことを発表した。同マークは個人情報の適切な保護措置を講じている事業者に付与されるもの。

2015年1月29日から10月6日にかけて、被害者の会がベネッセホールディグス、ベネッセコーポレーション、シンフォームの3社に対し、1名あたり5万5,000円の損害賠償を求める集団訴訟を東京地裁に起こした。原告は第1次から第5次までの計9,118名。このほか、被害者個人による損害賠償請求訴訟も提訴された。

事件のその後

ベネッセでは本事件の影響で深刻な顧客離れが発生。1年間に94万人の会員が退会し、最大時420万人に達した会員数は2015年4月時点で271万人に減少した。同年4〜6月期の連結決算は売上高が前年同期比7%減、営業利益が同88%減で、営業損益は前年同期の39億1,000万円の黒字から4億3,000万

円の赤字に転落した。

2016年3月29日、東京地裁は、不正競争防止法違反の罪に問われた元社員の無罪主張を退け、懲役3年6ケ月、罰金300万円（求刑・懲役5年、罰金300万円）の実刑判決を言い渡した。被告側は即日控訴。

2017年3月21日、東京高裁は、顧客情報の管理が不適切だった同社の落ち度を認めて一審判決を破棄し、懲役2年6ケ月、罰金300万円の実刑判決を言い渡した。

10月23日、関西の男性が自分や家族の個人情報が流出したとして、同社側に10万円の損害賠償を求めた訴訟の上告審判決公判が開かれた。判決では個人情報の流出はプライバシーの侵害にあたると認め、同社側の過失や男性側の精神的損害の程度について審理が尽くされていないと指摘。男性敗訴とした二審判決を破棄し、大阪高裁に審理を差し戻した。

参考文献

webサイト

◆ベネッセ公式「事故の概要」
https://www.benesse.co.jp/customer/bcinfo/01.html
◆同上「経済産業省に対する改善報告書の提出」「個人情報漏えい事故調査委員会による調査結果のお知らせ」
blog.benesse.ne.jp/bh/ja/news/m/2014/09/25/docs/20140925リリース.pdf
◆同上「経済産業省に対する改善報告書の提出」「情報セキュリティ監視委員会の設置並びに構成メンバー決定に関するお知らせ」
blog.benesse.ne.jp/bh/ja/news/m/2014/10/16/docs/20141016release.pdf
◆同上「「経済産業省に対する改善報告書の提出」お客様情報の漏えいに関するご報告と対応について」
blog.benesse.ne.jp/bh/ja/news/m/2014/09/10/docs/20140910リリース①.pdf
◆同上「経済産業省に対する改善報告書の提出」
https://www.benesse.co.jp/customer/bcinfo/02_1.html
◆ベネッセ個人情報漏えい事件 被害者の会
http://www.benesse-saiban.com/pc/index.html

雑誌・書籍・新聞記事

◆「企業の危機管理 ベネッセ顧客情報流出 2260万件が流出」『月刊公論』47（9）,29-31,2014-09)
◆読売年鑑 2015年版

など

| category | 製造物責任・事故・商品サービス瑕疵 |

CASE 074 マクドナルド、期限切れ鶏肉使用で販売中止

date	2014年（平成26年）7月22日
commercial name	日本マクドナルド株式会社
scandal type	加工原料消費期限改ざん

事件の背景

日本マクドナルド株式会社はアメリカ合衆国マクドナルドのフランチャイズ企業であり、日本でのハンバーガーやレストラン、チェーン店の経営やそれに付帯する事業をおこなう企業である。

マクドナルドでは、ハンバーガーやチキンマックナゲット、ポテト等、食品の原料を世界中から輸入していることに特徴がある（一部の野菜に関しては国内での契約農家から購入している）。具体的には、同社で作られているバンズに用いる小麦はアメリカ合衆国やカナダ、オーストラリアで生産されたものを輸入している。ビーフパティはオーストラリアやニュージーランド産である。同社では、世界各国から食品を輸入しているため、基本的に日本のどこでも同じような価格・同じような商品を求めることができる。

チキンマックナゲットは、マクドナルドにおける人気商品の一つであり、日本では1984年に全国販売が開始された。ナゲットに使用している鶏肉は、かつては中国からの輸入が約38％を占めており、量にすれば16,925tであった（いずれも2013年時点の実績）。

事件の発端

2014年7月22日、マクドナルドでは、中国の食肉加工会社（企業名「上海福喜食品」）から仕入れた中に、「品質保持期限」が切れた鶏肉が混入されていたことが判明したため、ナゲットの販売を一部の店舗において中止した。「品質保持期限」とは、日本における「消費期限」のことを指しており、中国においても期限を過ぎた食品が販売されることはない。

事件の経過

中国上海のテレビ局は、2014年7月20日に「上海福喜食品」が「品質保持

259

資源を半月近く過ぎた鶏肉を混ぜてナゲットを生産している」ことを報じていた。また、中国における食品監督当局によれば、「品質保持期限」が過ぎた食品が返品されたとき、その食品の生産日を意図的に改ざんし、かつ包装を変更して再出荷していたことを明らかにしている。さらに、「上海福喜食品」の品質管理担当者は同社の工場長らが品質保持期限の改ざんに関与していることを認めており、企業ぐるみで品質保持期限の過ぎた鶏肉を販売していたことが明らかとなっている。

これを受けて、中国における食品監督は、2014年7月22日に「上海福喜食品」に立ち入り調査をおこなった。その結果、マクドナルドに加え、ピザハットやバーガーキング等のファストフード店、コンビニエンスストア等の計9社に「品質保持期限」が切れた鶏肉を納入していたことが明らかとなった。中国における品質保持監督当局は、チキンナゲットを含む5種類を違法製品として認定し、関連する製品の約100tを押収。また中国警察当局とともに徹底した取り締まりを進めていた。

こうした事実を受けて、マクドナルドは「上海福喜食品」をはじめ、中国製鶏肉を使用した商品の販売をすべて取りやめた。また、いずれの企業も「上海福喜食品」製の食品の取り扱いを中止した。

厚生労働省は中国大使館をとおして事件の事実関係の確認作業をおこなったものの、期限切れ鶏肉を口にしたことによる健康被害は確認されていない。

マクドナルドでは、事件発覚以前は日本国内で販売するチキンマックナゲットの約20％を「上海福喜食品」製としており、同社製品は2002年から取引を始めていた。現在までに、関東甲信越などの約1300店舗で同社製品のチキンマックナゲットが販売されていたが、今回の事件を受け、7月25日に中国製チキン商品の販売中止を決定すると発表。中国産鶏肉の使用を全面的に取りやめた。鶏肉輸入の代替先は、以前からもマクドナルド用チキンマックナゲットを生産してきたタイである。同社はタイ工場でのチキンマックナゲット生産を増産することによって、供給減をまかなう方針をとった。

事件のその後

マクドナルドには、事件発覚後に食の安全に関する1200件の問い合わせがあり、その対応に追われた。その結果、マクドナルドは主力商品の食材調達先を中国からタイへと移したものの、2014年1〜9月までの決算は約75億円の赤字であった。売上高に関しても、前年比で12.7％減少し、相当な影響を受けている。

CASE 074　マクドナルド、期限切れ鶏肉使用で販売中止

同社がとった対応は、食品の調達先を変えたことだけではなかった。消費者からの不安の声を受けて、2014年7月29日から、食品別の原材料の最終加工国および原産国、地域を掲載することとし、品質管理体制の強化、情報開示を徹底した。

参考文献

webサイト

◆日本マクドナルド公式「日本マクドナルド、中国製チキン商品の販売中止を決定」
http://www.mcd-holdings.co.jp/news/2014/release-140725a.html
◆同上「日本マクドナルド、安心・安全な商品を提供するための取り組みを強化」
http://www.mcd-holdings.co.jp/news/2014/release-140729c.html
◆同上「すべてタイ製のチキンを使用」
http://www.mcd-holdings.co.jp/news/2014/promotion/promo0808b.html

雑誌・書籍・新聞記事

◆毎日新聞（2014.7.23 夕刊）
「中国:期限切れ肉 当局、違法5製品100トン押収」
◆同上（2014.7.26 朝刊）
「中国:期限切れ鶏肉 マック、中国製販売中止 タイ製に、品切れの恐れ」
◆同上（2014.7.30 朝刊）
「中国:期限切れ鶏肉 マクドナルド、全商品の加工国を公表 社長発表「鶏肉問題、おわび」」

など

261

| category | 製造物責任・事故・商品サービス瑕疵 |

CASE 075 群馬大学病院、手術後8人死亡

date	2014年（平成26年）11月14日
commercial name	群馬大学医学部附属病院
scandal type	手術後死亡

事件の背景

群馬大学医学部附属病院は北関東屈指の医療拠点として知られており、高度医療を提供できる「特定機能病院」であった。

病院側は事件について執刀した医師の技術が未熟であったことをあげつつ、「病院の管理体制が悪かった」と組織の責任を認めている。

事件の発端

2014年11月14日、群馬大学病院は男性医師が2010年12月から今年6月に執刀した肝臓の腹腔鏡手術で、術後4カ月以内に患者8人が死亡したことを明らかにした。いずれも保険が適用されない高難度手術で、事前に院内の倫理審査が必要だが、医師は審査を受けていなかった。同病院は外部の専門委員を含む院内調査委員会を設置して調査を進めており、今年度内に結果をまとめる方針だ

と発表した。その後、開腹手術の患者にも死亡が続発していたことが判明した。

事件の経過・その後

2015年3月3日、医師は群馬大学病院第2外科がこの期間中に腹腔鏡を使って肝切除手術を実施した92人のうち、60～80代の8人（男性5人、女性3人）が術後2週間～100日で敗血症や肝不全、多臓器不全などにより死亡していた。8人を含む92人の大半をこの医師が執刀していた。病院は3日、「全ての事例で過失があった」とする最終報告書を発表した。最終報告書によると、（1）手術前の検査が不十分（2）執刀医が技術的に未熟（3）術後の措置が不十分が関連し死亡例が相次いだとしている。個々の手術を検証すると、肝臓が手術に耐えられるかの事前の評価が不十分だった死亡例があった。脾臓摘出と同時に肝切除して死亡に至ったケースは「負担が大きすぎた」と認定した。また切除した範囲

CASE 075 群馬大学病院、手術後8人死亡

が大きすぎて肝不全をきたして死亡した例もあった。臓器の縫い合わせがうまくいかなかったり、手術直後に胆汁が漏れたりするなど「手術の操作に何らかの問題があった可能性」を認め、執刀医に技術的な問題があったと指摘した。一方、開腹による肝臓手術でも過去5年間で10人が死亡しており、腹腔鏡手術と同じ執刀医だったことから病院は新たに調査委を発足させて検証中と発表した。野島美久病院長は記者会見で「ご遺族の皆様には大変な心配と心痛、迷惑をおかけしたことを深くおわびします」と謝罪した。男性医師については「医師の適格性に疑問がある」として2日から一切の診

療行為をさせず、上司に当たる第2外科教授も診療科長の業務を停止させたと述べた。

　2016年9月21日、群馬大学病院の手術死問題で、病院側が組織としての過失責任を認める意向を一部の遺族に伝えているとの報道がされた。2016年7月に調査報告書が完成し病院から死亡した50人の遺族にその結果について個別説明が行われていた。遺族弁護団によれば個別説明の際、田村遵一病院長らは「病院の管理体制が悪かった」などと組織の責任を認め、補償する考えを伝えたとのことである。

参考文献

webサイト

◆群馬大学病院公式「医療安全改革に向けた取組」
http://www.gunma-u.ac.jp/outline/hospital/kaizen

雑誌・書籍・新聞記事

◆毎日新聞（2014.11.14）
「群馬大病院：腹腔鏡手術後8人死亡 同一医師が執刀、倫理審査受けず」

◆同上（2015.3.3）
「群馬大病院:腹腔鏡手術問題 8人死亡「全て過失」最終報告を発表」

など

ガバナンス —経営者関与

ガバナンス —従業員関与

製造物責任・事故・商品サービス瑕疵

日本型企業風土

マスコミ・その他

| category | 製造物責任・事故・商品サービス瑕疵 |

CASE 076 ホクトきのこセンター火災死亡事故

date	2015年（平成27年）4月26日
commercial name	ホクト株式会社
scandal type	火災

事件の背景

「ホクト」はキノコ生産販売の国内最大手で、生産拠点として北海道から九州まで19事業所・31工場を保有している。「苫小牧第一きのこセンター」（北海道苫小牧市あけぼの町）は同社が1995年に開設した工場で、JR沼ノ端駅から西北西約4キロの工業団地に位置する。建物は鉄骨鋼板ぶき2階建て、延べ床面積約1万4,800平方メートル。2015年3月時点で社員30名・パート72名を擁し、ブナシメジと同社オリジナル商品「ブナピー」を1日あたり10.8トン製造・出荷していた。

なお、1998年4月には、ホクトが宮城県古川市（現・大崎市）に建設中の「宮城きのこセンター」で火災が発生し、1名が死亡、16名が火傷を負っている。

事件の発端、事件の経過

2015年4月26日午前11時36分頃、苫小牧第一きのこセンターで火災が発生。火は約8時間後にほぼ消し止められ、27日午前3時過ぎに鎮火したが、建物内部約3,000平方メートルが焼け、男性4名が有毒ガスを吸い込んだことによるシアン中毒で死亡した。この日は工場は操業しておらず、外部業者がキノコの生産過程で使う冷却装置の入れ替え工事を行っていた。工事の元請け会社はマツハシ冷熱。死亡したのはいずれも下請けの作業員で、設備会社「東冷機工業」の社員と元社員、自営業者、別の自営業者。

工場1階の第一放冷室で冷却装置の配管工事中、何らかの理由でガスバーナーの火が壁や天井を覆っていた断熱材の発泡ウレタンに引火し、付近に置かれていたキノコの菌床や培地として使うトウモロコシの破砕床に燃え移ったとみられる。しかし、配管作業にあたっていた4名全員が死亡したため、出火原因の特定には至らなかった。第一放冷室は殺菌のために高温で熱したトウモロコシの破砕

CASE 076　ホクトきのこセンター火災死亡事故

片を冷やす施設で、断熱材として天井や壁の内部に可燃性の高い発泡ウレタンや発泡スチロールが詰められていた。スプリンクラーは設置されておらず、建物内に消火器4台が置かれていた。マツハシ冷熱によると、作業当時は水を入れたバケツや保護シートを用意して注意を払っていたという。

事件のその後

複数ある建物のうち、キノコの生育などに関する建物は無事だったが、収穫および出荷作業などを行う建物の一部区画が焼失したため、苫小牧第一きのこセンターは操業を停止。ホクトでは長野・宮城両県の工場の稼働日数を増やし、ブナシメジ年間950トンを増産して対応した。

また、工場の北側に隣接する敷地1万5,385平方メートルを取得し、約31億円を投じて代替施設を新築。施設は鉄骨造り2階建てで、延べ床面積は9,518平方メートル。断熱材の発砲ウレタンを防火パネルで覆うなどの火災対策も施した。

2016年1月、工場が再稼働。4月25日から試験的に収穫・包装作業を開始し、4月27日に本格的に出荷が再開された。

参考文献

webサイト

◆ホクト公式「企業情報」
https://www.hokto-kinoko.co.jp/corporate/kigyou/gaiyou/
◆同上「02苫小牧第一きのこセンターの復旧に関するお知らせ」
http://navigator.eir-parts.net/EIRNavi/DocumentNavigator/ENavigatorBody.aspx?cat=tdnet&sid=1289145&code=1379&ln=ja&disp=simple
◆室蘭民報「苫小牧キノコ工場火災実況見分、断熱材に引火か」2015.4.28
http://www.muromin.co.jp/murominn-web/back/2015/04/28/20150428m_07.html
◆苫小牧民報「ホクト、火災から半年　ブナシメジ来年4月生産再開」2015.10.27
https://www.tomamin.co.jp/news/main/6986/
◆同上「ホクト、4人死亡のキノコ工場火災から1年」2016.4.25
https://www.tomamin.co.jp/news/main/8372/

など

ガバナンス―経営者関与

ガバナンス―従業員関与

製造物責任・事故・商品サービス瑕疵

日本型企業風土

マスコミ・その他

265

| category | 製造物責任・事故・商品サービス瑕疵 |

CASE 077 三井不動産レジデンシャル、傾斜マンション問題

date	2015年（平成27年）10月14日
commercial name	三井不動産レジデンシャル，三井住友建設，旭化成建材
scandal type	施行不良，工事請負契約に係る指名停止等の措置，建設業法違反

事件の背景

2014年夏、三井不動産レジデンシャルが販売した横浜市都筑区の大型マンション「パークシティLaLa横浜」（2007年12月竣工、鉄筋コンクリート造の地上12階建て、住戸数705戸）で、管理組合の修繕委員会のメンバーが棟と棟をつなぐ手すりに段差が生じているのを発見。三井不動産レジデンシャルに調査を求めた。三井不動産レジデンシャルは当初は東日本大震災の影響であるとして調査に消極的だったが、11月に調査を開始。2015年9月、4棟のうち1棟が傾いていることが判明した。また、杭工事に施行不具合があり、傾斜した棟の杭52本のうち6本が支持地盤に到達しておらず、2本が支持地盤に到達しているものの差込が不十分であることも明らかになった。

事件の発端

2015年10月14日、同マンションの杭工事の二次下請けだった旭化成建材の親会社である旭化成が、旭化成建材が施行報告書の施工記録データを転用・加筆していたことを明らかにした。杭打ちの際の地盤調査で支持地盤の位置の測定に失敗した杭があったため、旭化成建材の社員2名が別の杭のデータを転用するなどの不正を行ったという。また、旭化成が社内に調査委員会を発足させたこと、旭化成建材が調査および建物の補強・改修工事等に要する費用の全額を負担することも発表した。

事件の経過

10月9日から11月にかけて、住民向け説明会が数度にわたり開催され、10月15日に三井不動産レジデンシャルの藤林清隆社長と設計・施工を担当した三井住友建設の新井英雄社長が、翌10月

CASE 077　三井不動産レジデンシャル、傾斜マンション問題

16日には旭化成建材の前田富弘社長が住民に謝罪した。10月20日、旭化成の浅野敏雄社長が記者会見を開催し、住民に謝罪したうえで施工不良やデータ偽装の経緯を説明した。10月22日、旭化成が新たに本事件に関する外部調査委員会を発足させた。10月26日、杭工事の一次下請けだった日立ハイテクノロジーズが決算会見を開催し、執行役常務が謝罪。会見後のアナリスト向け決算説明会では宮崎正啓社長が謝罪した。

11月2日、国土交通省が建設業法違反の疑いで旭化成建材本社の立ち入り検査を実施した。11月4日、同省に設置された「基礎ぐい工事問題に関する対策委員会」が第1回委員会を開催し、再発防止策の検討を開始。12月25日、同委員会が中間とりまとめ報告書を石井啓一国交大臣に手交した。

2016年1月8日、旭化成の外部調査委員会が中間報告を公表し、旭化成建材では杭データの適切な取得や保管ができておらず、データがない場合のデータ流用も長年にわたり行われてきたことなどを指摘した。

1月13日、国土交通省は、杭工事の一次下請けである日立ハイテクノロジーズが工事を二次下請けの旭化成建材に丸投げし、元請けの三井住友建設もこれを黙認したとして、三井住友建設を指示処分及び指名停止1ケ月、日立ハイテクノロジーズを営業停止15日及び指示処分、旭化成建材を営業停止15日、指示処分及び勧告とした。

事件のその後

2016年9月16日、同マンションの管理組合が全棟建て替えを決議。2017年5月9日、解体工事が開始された。

2017年11月28日、三井不動産レジデンシャルが建て替え費用や住民の仮住まい費用など約459億円の損害賠償を求め、三井住友建設、日立ハイテクノロジーズ、旭化成建材の3社を東京地裁に提訴した。

参考文献

webサイト

◆三井不動産レジデンシャル公式「弊社分譲済の横浜市所在マンションにおける杭工事不具合について」
　https://www.mfr.co.jp/company/news/2015/1016_01/
◆同上 「当社分譲済みの横浜市所在マンションに係る訴訟提起について」
　https://www.mfr.co.jp/company/news/2017/1128_01_i/
◆日経テック（日経アーキテクチュア）2015.10.16
　「傾斜マンション、旭化成建材が杭工事でデータ偽造」
　http://kenplatz.nikkeibp.co.jp/atcl/bldnews/15/101500150/
◆国交省行政処分の際の記者資料概要 2016.1.13
　http://www.mlit.go.jp/common/001115656.pdf
◆朝日新聞 デジタル「施工3社を提訴」2017.11.28
　http://www.asahi.com/articles/ASKCX5KCBKCXUTIL04L.html

書籍

八田進二『開示不正＝fraudulent report：その実態と防止策』白桃書房,2017

など

| category | 製造物責任・事故・商品サービス瑕疵 |

CASE 078
ファミリーマート、不当減額処理

date	2016年（平成28年）8月25日
commercial name	株式会社ファミリーマート
scandal type	下請法（下請け代金の減額の禁止）違反

事件の背景

下請代金支払遅延等防止法（下請法）は下請代金の支払遅延などを防止することにより、親事業者の下請事業者に対する取引の公正化を図り、下請事業者の利益を保護するための法律である。1956年に制定され、2003年の改正により違反に対する措置が強化され、2004年以降は公正取引委員会が是正を勧告した事業者名を公表するようになった。しかし、その後も違反行為が相次ぎ、勧告を受けた事業者の多くが違反を認識していなかったと釈明していることから、さらなる罰則強化や周知の徹底が課題となっている。

事件の発端・経過

2016年8月25日、公正取引委員会は、コンビニエンスストア大手のファミリーマートが下請事業者に支払う代金から計6億5,000万円を不当に減額

したとして、下請法（下請け代金の減額の禁止）違反で、同社に対して減額分の全額返還と再発防止を勧告した。公取委が2004年に事業者名を公表し始めて以降、減額行為としては4番目に高い金額（当時）。違反行為が認定された期間は2014年7月から2016年6月にかけて、対象はプライベートブランドの食品の製造を委託する20社。これらの下請事業者に対し、開店時販促費（新店舗の開店後3日間に売れ残った商品の代金）の一部、カラー写真台帳制作費（新商品の情報が掲載された店舗向けカタログの制作費）の一部、売価引き（セール商品の値引き相当額）、これらを自社の指定する金融機関口座に振り込ませる際の振込手数料を負担させていた。また、2014年7月から2015年9月までの間、下請代金を下請事業者の金融機関口座に振り込む際に、自社が実際に支払う振込手数料を超える額を差し引いていたが、これについては2016年6月29日

に下請事業者に返還していた。

　同日、ファミリーマートは、下請事業者側にもメリットがあり、合意の上でのことだったので、違反を認識していなかったと釈明。勧告内容を役員および全従業員に周知徹底し、下請法遵守に関する社内研修を実施するなど再発防止に努める方針を示した。また、2016年7月1日以降は減額を行っておらず、8月25日付で全額の返還手続きを終えたことを明らかにし、下請代金振り込みの件については、手数料の金額を誤ったためであり、意図的なものではないとした。

■ 事件のその後

　2017年5月10日に製パン業最大手の山崎製パンがコンビニエンスストア事業（デイリーヤマザキ）において下請代金計4,622万円を、7月21日にはコンビニエンスストア最大手のセブン・イレブン・ジャパンが下請代金計2億2,746万円を、不当に減額したとして勧告を受けた。

参考文献

webサイト

◆ファミリーマート公式「公正取引委員会からの下請代金支払遅延等防止法に関する勧告について」
　http://www.family.co.jp/company/news_releases/2016/20160825_03.html
◆公正取引委員会「下請法勧告一覧」
　http://www.jftc.go.jp/shitauke/shitaukekankoku/index.html
◆同上「株式会社ファミリーマートに対する勧告について」
　http://www.jftc.go.jp/houdou/pressrelease/h28/aug/160825_2.files/160825.pdf

など

category	製造物責任・事故・商品サービス瑕疵

CASE 079

商工中金、不正融資問題

date	2016年(平成28年)10月
commercial name	商工組合中央金庫
scandal type	危機対応業務における不正行為

■ 事件の背景

商工組合中央金庫（商工中金）は1936年に設立。国が5割近くを出資する政府系金融機関である。2008年に特殊会社に改編、5～7年後を目処に完全民営化される予定であったが、リーマンショックや東日本大震災などが起きたことにより2度にわたり先送りされていた。組織ぐるみで強引な不正融資に走ったのは、実績を積み上げて中小企業に必要な存在であることをアピールし、完全民営化を回避するためだったとみられている。

■ 事件の発端

2016年10月、危機対応融資（金融危機や災害で業績が悪化した中小企業に、国が税金で利子補給して低利融資する制度）の融資先を増やし融資実績を上げるために、鹿児島支店で融資先の業績を改ざんしていたことが発覚。

■ 事件の経過

2017年10月25日、商工中金は危機対応業務を巡る不正融資問題の調査結果を中小企業庁に提出した。全国100店のほぼ全店において、中小企業向けに約4800件に上る不正融資をしていたことが判明した。商工中金は経営が健全で本来は制度の対象にならない企業にも、書類の改ざんなどをして組織的に不正融資を行っていた。これを受けて元経産相事務次官の安達健祐社長が引責辞任し、全職員の2割に当たる約800人が処分された。監督官庁として不正を見抜けず、事実上放置してきた経産省に対して、次官経験者などが天下っており、身内に甘い体質があったのではないかという指摘もある。

■ 事件のその後

2018年1月11日、商工中金のあり方を見直してきた経済産業省の有識者

ガバナンス―経営者関与

ガバナンス―従業員関与

製造物責任・事故・商品サービス瑕疵

日本型企業風土

マスコミ・その他

271

会議が提言をまとめた。「危機対応業務」の大幅縮小、トップを含む取締役への社外の人材の登用、中小企業支援への特化、4年後の完全民営化を目指せとの内容だった。次期社長に、関根正裕・プリンスホテル取締役常務執行役員の起用が12日に発表され、3月27日の臨時株主総会を経て就任することとなった。

参考文献

webサイト

◆商工中金公式「危機対応業務における不正行為ならびにその他の不適切な業務運営に関するお詫び」
　https://www.shokochukin.co.jp/popup/top_kikitaiou.html

雑誌・書籍・新聞記事

◆京都新聞（2017.10.29）
　「商工中金不正　組織の抜本改革を図れ」
◆毎日新聞（2017.11.29）
　「論点　商工中金の不正融資」

など

| category | 製造物責任・事故・商品サービス瑕疵 |

CASE 080
学校で集団食中毒、海苔からノロウィルス

date	2017年(平成29年)1月28日
commercial name	東海屋
scandal type	集団食中毒

事件の発端

　1月28日、和歌山県は26日から御坊市の幼稚園児や小中学生ら700人以上が下痢や嘔吐などの食中毒症状を訴えていた問題で、子供たちの便からノロウィルスが検出されたことを発表。給食が原因の集団食中毒と断定した。

　25日の給食(塩ちゃんこ、ほうれん草ともやしの磯和えなど)が原因とみられており、26日午後から27日朝にかけて症状を訴える児童・生徒らが相次いだ。

事件の経過

　症状が現われたのは御坊市内の幼稚園4園と全小中学校、および飛騨川町の中学校1校の園児・児童・生徒計651人と教職員68人の計719人のほか、給食センターの調理員6人も発症していたことが判明。

　御坊保健所、給食センターを28日から2月10日までの14日間、営業停止処分とした。

　ところが、2月18日に今度は東京都立川市教育委員会が、市内の小学校7校の児童や教員の835人が、嘔吐や腹痛などの食中毒の症状を訴えていると発表。同市でも同じ給食センターが調理を担当しており、多摩立川保健所調理場を検査した。

　市教委によると、17日午後、小学校1校から「児童と教員6、7人が嘔吐や腹痛を訴えている」と連絡があった。その後、同じ給食センターが担当する別の小学校6校の児童らにも症状が相次ぎ、18日午後までに少なくとも児童788人と教員47人が病院で手当てを受けるなどした。

　2月28日、東京都は、給食の親子丼に使われた「刻みのり」からノロウイルスが検出され、「原因食材と考えられる」と発表。

　仕入れ先に保管されていた未開封ののりからノロウイルスが検出され、発症者

の便などから検出されたウイルスと一致
した。

　今回の事件について詳細な報告がある
のが東京都である。都福祉保健局は、
2017年2月24日に「食中毒の発生に
ついて」(東京都福祉保健局2017a)(以
下、「第一報」と略称)を発表している(同
発表は「第二報」・「第三報」が出されて
いる。いずれも参考URLを参照)。

　「第一報」によれば、立川市立小学校
の場合、2月17日の午後11時55分ご
ろ、都内の医療機関から多摩立川保健所
に「立川市内の複数の児童が救急外来に
来ている。主症状はおう吐である。患者
は、現在約10名だが、今後、増えると
思われる」との連絡があった。これが東
京都における給食の食中毒事件の発端
である。多摩立川保健所は、2月18日
から調査を開始し、以下の点が明らかに
なった。

①立川市立小学校7校の児童および教
　職員521名が感染していた。
②立川市立小学校20校のうち13校
　では、立川市学校給食共同調理場
　が学校別に2種類のメニューを選択
　でき、患者の発生した7小学校では
　いずれも同じメニューの給食が提
　供されていた。
③患者は、立川市学校給食共同調理場
　で調理・提供された給食を口にし
　ていた。

④患者の発症状況に学校ごとの偏り
　はなかった。
⑤事件当時、当該の7校の児童・生徒
　が集まるイベント等はなかった。
⑥複数の患者からノロウイルスを検
　出した。

　以上の点から、多摩立川保健所はノロ
ウイルスの発生原因が立川市学校給食共
同調理場で発生したことを断定し、3日
間の食事の供給停止処分をおこなった。

　続く「第二報」(2017年2月28日)
では、ノロウイルスを発症させた食材の
検査結果を発表している(東京都福祉
保健局2017b)。東京都健康安全研究
センターでの検査の結果、給食の親子丼
に使われていた「刻み海苔」が原因であ
ることがわかった。「第三報」(2017
年3月3日)によれば、立川市ではなく
小平市立小学校においても「刻み海苔」
を給食に使い、食中毒が発生したこと
が報告されている(東京都福祉保健局
2017c)。

　この刻みのりは大阪市のメーカー「東
海屋」が出荷していた。東京都や和歌山
県によると、同時期に納品されたのりが、
1月に和歌山県御坊市で起きた集団食
毒時の給食にも使われたという。東海屋
は大阪市の指導を受け、製品の自主回収
を始めた。

　東海屋によると、今回の事件の発端と
なった刻み海苔は、東海屋が大阪府の業

CASE 080 学校で集団食中毒、海苔からノロウィルス

者に委託したものであり、2016年12月に280パックが製造されていた。この刻み海苔は、少なくとも東京都や和歌山県、大分県などの12か所に販売されていたことも明らかとなっている。

社の「刻み海苔」が原因で集団食中毒を引き起こしたとして、被害者への補償を始めている。補償内容は、医療機関への受診に要した交通費および子供の受診に付き添った保護者の休業補償などが対象になるといわれている。

事件の経過・その後

「東海屋」は、一連の事件発覚後、同

参考文献

webサイト

◆東京都福祉保健局（2017）：「食中毒の発生について―立川市立小学校における給食による食中毒―」（2017.2.24）
http://www.metro.tokyo.jp/tosei/hodohappyo/press/2017/02/27/08.html
◆同上（2017b）：「立川市立小学校における給食による食中毒（第2報）―食材の検査結果が判明しました―」（2017.2.28）
http://www.metro.tokyo.jp/tosei/hodohappyo/press/2017/02/28/11.html
◆同上（2017c）：「食中毒の発生について―小平市立小学校における給食に使用された「キザミのり」による食中毒―」（2017.3.3）
http://www.metro.tokyo.jp/tosei/hodohappyo/press/2017/03/03/08.html

新聞記事

◆毎日新聞（2017.12.19）
「ノリ業者、責任認め補償開始」

など

ガバナンス―経営者関与

ガバナンス―従業員関与

製造物責任・事故・商品サービス瑕疵

日本型企業風土

マスコミ・その他

275

category	製造物責任・事故・商品サービス瑕疵

CASE 081 アスクル埼玉倉庫 大規模火災

date	2017年（平成29年）2月16日
commercial name	アスクル株式会社
scandal type	消防法違反，火災事故

■ 事件の背景

2013年7月、事務用品通販大手「アスクル」が202億円を費やして埼玉県三芳町大字上富に建設した物流センター「ASKUL Logi PARK（アスクルロジパーク）首都圏」（鉄筋コンクリート造・一部鉄骨造の3階建て、建築面積2万6,978平方メートル、延べ床面積7万1,892平方メートル）が稼働。取り扱う商品は食糧品・飲料・日用品、事務用品・文具、インテリア・電化製品、コピー用紙・生活紙と多岐にわたり、東日本エリアの物流拠点としての役割を担ってきた。

なお、最近10年間で延べ床面積5万平方メートル以上の大規模な倉庫が急増している。それらの倉庫では過去5年間で16件の火災が発生したが、部分焼が1件、ぼやが15件で、本火災が初の大規模火災となった。

■ 事件の発端・経過

2017年2月16日午前9時過ぎ、アスクルロジパーク首都圏で火災が発生。9時14分に消防に通報があり、車両105台・人員644名を投じた消火活動により、火は2月22日午前9時30分頃にほぼ消し止められ、2月28日午後5時に鎮火した。この火災で2階部分と3階部分を中心に約4万5,000平方メートルが焼けた。倉庫火災として過去最大（当時）。また、従業員ら421名のうち1名が重傷、1名が軽傷を負った。この間、2月19日午前2時40分から2月20日午前9時かけて三芳町の計6世帯16名に対し避難勧告が発令され、2月22日午前11時に解除された。

火元は1階に設置された廃段ボールの集積所である端材室。フォークリフトを用いて廃段ボールの収集作業を行っていたところ、フォークリフトのエンジンルーム内に段ボール片が入り込み発火し

た。床にある他の段ボールに燃え移り、2・3階へ燃え広がったとみられる。1階にはスプリンクラーヘッドが261個設置されていたが、火気を取り扱わない端材室には設置されていなかった。また、防火シャッターの閉鎖障害が多数発生し、火災初期の延焼経路となったものと思われている。この他、出火に気付いた作業員らは直ちに119番通報せず、数分間にわたり自力での消火を試みた後に通報したことも明らかになっている。

事件のその後

その後、同センターが大量の危険物を違法に保管していたことが発覚した。消防法では貯蔵庫としての許可を受けた場所以外で基準を超える量の危険物を保管することを禁じている。しかし、出火した倉庫棟ではアルコール消毒剤や殺虫剤など危険物を使用した商品を含む286品目約1万2,000点を保管しており、危険物の総量は基準の約5倍に達していた。一方、倉庫棟から約15メートル離れた場所には許可を受けた危険物貯蔵所が設置されていたが、危険物の保管量は基準を大幅に下回っていた。管理責任者である同センター長によると、余分な時間や労力がかかるため貯蔵所に商品を移さなかったという。4月7日、埼玉県警がアスクル本社と倉庫の運営管理を担う子会社「アスクルロジスト」を家宅捜

索。7月28日、アスクルロジストとセンター長を消防法違反の疑いで書類送検した。アスクル本社については、危険物の保管状況を認識していなかったとして書類送検されなかった。また、県警は業務上失火容疑でも捜査を進めていたが、エンジンルーム内に紙片が入り込んで出火することは予想できなかった、端材室でフォークリフトを用いて火災が発生した事例がないことなどから、同容疑での立件を見送った。

本火災を受け、総務省（消防庁）と国土交通省は共同で「埼玉県三芳町倉庫火災を踏まえた防火対策及び消防活動のあり方に関する検討会」を設置し、2月28日から3月24日かけて、全国にある延べ床面積5万平方メートル以上の倉庫219棟に立ち入り検査を実施した。その結果、消防用設備などについては、消火器や屋内消火栓の設置位置の不適、自動火災報知設備の発信器の操作障害、誘導灯の点灯不良（バッテリー不良）など、63件の消防法令違反が確認され、1棟に警告、62棟に行政指導が発せられた。また、防火管理の実施状況についても、防火管理者の選任届出違反（未届出）が174棟、消防計画の届出違反が172棟、消防訓練の実施違反（未実施）が191棟に達した。この他、81棟で防火設備の閉鎖障害（コンベヤなど固定の物品設置、荷物など未固定の物品放置、劣化・

損傷、扉の固定など）、12件で棟火区画の不備、46棟で非常用の進入口における障害が確認された。6月30日、検討会が報告書をとりまとめ、大規模倉庫火災対策として、防火シャッターの確実な作動に関する対策、事業者による初動対応対策（効果的な消防訓練、119番通報訓練、避難訓練など）、消防本部における対策の強化（倉庫ごとの警防計画の策定、大規模倉庫における消火活動要領の策定など）を提言した。

　火災発生後、同センターが営業を停止した影響で、東日本ではアスクルの個人向け通販「LOHAKO（ロハコ）」が扱う独自商品約3万点の大半が注文不可能となった。ロハコは2012年のサービス開始以来急成長中で、火災発生前に発表された同社の2017年5月期の予想売上高3,480億円のうち480億円を占めている。一方、同社の主力である法人向け通販への火災への影響は限定的とみられた。ロハコにおける同センターのシェアが62%に達するのに対し、法人向け通販におけるシェアは9%に留まるため、同社の他の物流センターで業務を代替できていたという。11月9日、アスクルは火災後に営業を休止していた同センターを東急不動産に売却することを発表した。今後、東急不動産が全棟を解体・新築し、アスクルが同センターを賃借する。

参考文献

webサイト

◆アスクル公式「企業情報 沿革」
　http://www.askul.co.jp/kaisya/company/history.html

◆消防庁災害対策室「埼玉県三芳町倉庫火災（第10報）」
　http://www.fdma.go.jp/neuter/about/shingi_kento/h28/miyoshimachi_souko_kasai/01/sankou1-4.pdf

◆同上「埼玉県三芳町倉庫火災を踏まえた防火対策及び消防活動のあり方に関する検討会報告書」
　https://www.fdma.go.jp/neuter/about/shingi_kento/h29/miyoshimachi_souko_kasai/houkoku/houkokusyo.pdf

◆国土交通省「埼玉県三芳町倉庫火災を踏まえた防火対策及び消防活動のあり方に関する検討会」
　http://www.mlit.go.jp/jutakukentiku/build/jutakukentiku_house_tk_000079.html

など

category	製造物責任・事故・商品サービス瑕疵

CASE 082 JAEA大洗研究開発センター被ばく事故

date	2017年(平成29年)6月6日
commercial name	JAEA大洗研究開発センター
scandal type	被ばく

■ 事件の発端

2017年6月6日午前11時15分ごろ、日本原子力研究開発機構大洗研究開発センター 燃料研究棟108号室において、実験済み核燃料物質の点検のため収納していた貯蔵容器を開封したところ、プルトニウムとウランを入れていたビニールバッグが放射線で分解されて発生したガスがたまって破裂し作業員5名が被ばく。核燃料サイクル工学研究所で検査をしたところ体内から最大で22,000ベクレルのプルトニウム239が検出された。1年間で1・2シーベルト、50年間で12シーベルトの内部被ばくが見込まれるという。放射線業務従事者の年間限度0・05シーベルトを大幅に上回ることは確実で、国内では最悪の内部被ばく事故となった(当時)。

■ 事件の経過

事故発生後被ばくした5名に対しては

内部被ばく量を低減させるためにキレート剤が投与された。7日、5名は量子科学技術研究開発機構放射線医学総合研究所に入院。また108号室の汚染検査を実施し最大で55Bq/cm^2(α線)であったことを確認。6月21日、23日、28日に原子力規制庁による立入検査が行われた。事故は26年前に封がされた保管容器の中身を確かめようとした時に起きたものであることが判明した。また作業員が装着していたマスクはフィルター付きで口と鼻を覆うタイプだった。顔全体を覆うタイプのマスクを使っていれば、内部被ばくは防げたとの指摘もあった。

■ 事件のその後

2017年9月29日、日本原子力研究開発機構が、事故は「容器内の樹脂が放射線で分解されて発生したガスがたまって破裂したのが原因」とする最終報告書を原子力規制委に提出した。また①26年前の保管時に樹脂を除去せず保安規定

279

違反になりかねない管理だった②21年前にも袋の膨張があったのに情報が引き継がれなかった③6月の作業で汚染を想定していなかったなど、管理と作業に問題があったことを挙げた。被ばくした作業員5人のうち、最も多い人の内部被ばく量は50年間で100ミリシーベルト以上200ミリシーベルト未満との算出結果を発表した。

参考文献

webサイト

◆JAEA公式「大洗研究開発センター燃料研究棟における汚染について」
https://www.jaea.go.jp/02/press2017/p17071001/s01.pdf

雑誌・書籍・新聞記事

◆朝日新聞（2017.9.30）
「大洗の内部被曝事故、原子力機構が最終報告」

など

| category | 製造物責任・事故・商品サービス瑕疵 |

CASE 083
日産、スバルで無資格完成検査

date	2017年（平成29年）9月
commercial name	日産自動車株式会社，株式会社SUBARU
scandal type	完成検査問題

事件の背景

国内の自動車メーカーでは完成検査員による完成検査（ブレーキやハンドル、ライトなどが国から指定を受けた「型式」と照らして正しく動くか調べる検査）を行うことが義務づけられている。国交省は完成検査員についてあらかじめ指名された者としているが、どの様な人を置くかは各メーカーに委ねられている。メーカーでは知識や経験に基づき検査員を置いてきた。しかし検査員以外の従業員が完成検査を行ったり、資格を持たない者が検印を押したりしていた実態が明るみにでた。しかし一方で、生産ラインではオートメーション化が進んでおり、新車は検査機器によって安全性、環境適合性などが厳しくチェックされており、熟練した完成検査員が検査を行うというよりも機器による検査が常態化している。国が定めた法律であるが、生産現場の進歩と乖離している制度ではないかという指摘も起きている。

事件の発端

2017年9月に国土交通省が行った工場抜き打ち検査で、日産が資格のない従業員に完成検査を行わせていたことが発覚。またSUBARU（スバル）でも同様の事実が発覚した。

事件の経過

10月2日、日産が約121万台のリコールを発表。10月19日、同社は国内全6工場からの出荷を停止した。問題の原因について日産の西川社長は「工程内の検査が多く、この部分の検査は登録された人でないといけない、という認識が薄まっていたのかもしれない」と説明した。一方、SUBARU（スバル）は2017年12月19日に同社が依頼した外部法律事務所作成の調査報告書を発表した。それによると無資格者が完成検査を行う不正は1980年代に始まってい

た。国の監査の際には有資格者の指示で無資格者を完成検査ラインから外す隠ぺいも行われていた。SUBARU（スバル）は約40万台のリコールを実施した。

事件のその後

　2018年3月2日、SUBARU（スバル）は工場出荷前の最終検査で燃費や排ガスのデータを改ざんする不正があった

ことを発表、無資格検査に続く不正が発覚した形となった。同日社長の吉永氏が代表権のある会長に就き、中村知美専務執行役員が社長に昇格する人事が発表された。

　2018年3月9日、日産自動車は国土交通省に再発防止策の実施状況について説明を行った。56件の再発防止策のうち34件は実施済みと報告した。

参考文献

雑誌・新聞記事

◆「不正発覚で失速の日産 販売現場が上げる悲鳴」『週刊東洋経済』2017.11
◆毎日新聞（2017.11.17）
　「日産無資格検査 再発防止策、報告書の要旨」
◆同上（2017.11.28）
　「制度見直しの検討会議、初会合開く」
◆時事通信（2017.12.19）
　「無資格検査、80年代から＝スバルでも隠蔽行為ー調査報告」
◆中日新聞（2018.3.2）
　「スバルが燃費、排ガスデータ不正 社長に中村知美氏が昇格」

など

category	製造物責任・事故・商品サービス瑕疵

CASE 084 新幹線台車に亀裂、重大インシデントに

date	2017年(平成29年)12月11日
commercial name	西日本旅客鉄道株式会社(JR西日本)
scandal type	重大インシデント

事件の発端

2017年12月11日、博多発東京行き「のぞみ34号」は13時33分に博多駅を出発したが、直後の13時35分ごろには車掌が13号車で甲高い異音を確認しており、最初の停車駅である小倉駅を出た後の13時50分ごろには異臭を感知した。これを受けて岡山駅からはJR西日本の車両保守担当の社員が乗り込み点検したところ、「うなり音」が確認され、乗客からの異臭の訴えがあった。保守担当は東京の新幹線総合指令所に連絡し、新大阪駅での点検を提案した。しかし総合指令所の指令員には別の問い合わせが重なっていたことから、「のぞみ34号」の保守担当からの提案が聞こえなかったとしている。

その後も保守担当と指令員のやり取りは、断続的に続いたものの、指令員からの走行上の支障の有無の問いかけに対し

て、保守担当は「異常がないとは言い切れない」と断言をしなかった。このため、指令員は点検が必要ではないと判断し、新大阪での点検が行われることはなく、JR東海に列車の運行が引き継がれた。

運行を引き継いだJR東海の車掌は同16時20分ごろ京都駅付近で異臭を感知し、同5時過ぎに名古屋駅で車両の床下を点検したところ、異音・異臭が感知されていた13号車の台車で、モーターの回転を車輪に伝える歯車の辺りでの油漏れが見つかった。このため列車の運行を取りやめ、乗客約1,000人は後続列車に乗り換えた。その後改めて点検したところ、台車の「側ばり」と呼ばれる枠の部分の亀裂と、モーターの回転を車輪に伝える「継手」部分の変色が確認された。

事件の経過

トラブルを受けて、国土交通省の運輸安全委員会は、12月12日、深刻な事故

につながる可能性があったとして重大インシデント（新幹線としては初）に認定し、原因究明のため3人の事故調査官が現場に派遣された。

一方、当該車両を含む、同列車の1〜13号車は名古屋駅14番線ホームに停車したままとなっていた。このため、トラブル発生の同11日から、名古屋駅の新幹線上りホームは14番線ホームしか使用できず、最大で30分以上の遅れが発生するなどしていた。事故から7日後の同18日未明に、名古屋車両所まで自走させ撤去し、周囲の架線や線路の点検を経て、同日始発より正常運行に戻った。トラブルがあった台車は、車両を保有するJR西日本の博多総合車両所にて調べられた。その結果、亀裂は底部から上部向かって約14cmとなっており、あと3cm広がっていれば鋼材が断裂していた可能性があったとしている。こうした、新幹線史上類を見ない大きな損傷について専門家は、脱線の可能性があったことを指摘している。

一連の調査結果を受け、同19日にJR西日本の吉江則彦副社長は記者会見で「安全性への信頼を裏切った」と謝罪したうえで、全ての台車について臨時の非破壊検査を実施し、微細な傷が無いかどうかを確認すると表明した。さらに、翌20日には同社来島達夫社長も定例の記者会見を行い、謝罪したうえで、新大阪

駅で検査を行わずに運行を継続したことについて、大きな問題があったとの認識を示した。一方、同日にはJR東海の柘植康英社長も記者会見において、新大阪駅で点検をしてほしかった、と述べた。

異音・異臭などが確認され、JR西日本の保守担当が新大阪駅での点検を提案しながらも行われず、結果的に約3時間にわたって運行が継続された要因として以下の3点が指摘されている。

まずJR西日本が運行・管理する山陽新幹線は、JR東海が運行・管理する東海道新幹線と比較すると、標準所要時間に上乗せされる「余裕時分」が少なく、さらに車両の編成数も少ないため、運転ダイヤおよび車両繰りの双方において余裕がない。

2点目には、新幹線は安全神話が語られるように、管理水準が高く、それゆえに新幹線の事故につながる可能性があるという危険性に対する感覚が鈍くなっていた可能性があると、同社の吉江副社長は2017年12月27日の会見で述べた。

3点目として、現場と指令所がそれぞれ責任感に欠けていた可能性も指摘できる。岡山駅で乗車した保安担当は、指令員への点検の提案の後、指令員が点検に向けて調整を進めているものと思い込み、また指令員は、車両の専門家である保守担当が点検の必要性を明確に伝えてこなかったことから問題ないものと思い

込んでいた。こうした認識の齟齬と、最終判断を相手に委ねるような姿勢も、点検・運行中止の判断が遅れる要因となったと考えられる。

事件のその後

トラブルを受け、国土交通省は台車の点検方法や頻度の指針を改定する。鉄粉と電流を用いて微細な傷の有無を調べる「探傷検査」の対象としては、溶接部分など亀裂が入りやすい箇所が対象となっていて、今回亀裂が入った台車「側ばり」部分は対象外であった。

JR西日本は、2018年1月5日に、この問題を受け、来島社長が報酬の50%を3ケ月間返上するなど、12人の処分を発表した。なお、本トラブルは組織の問題との認識から、乗務員への処分は見送られた。

また、安全マネジメント体制を早急に再構築するため、同日付で副社長を2人から4人に増やす人事も行い、新幹線担当の副社長のポストが新設されたほか、のぞみ号の停車駅に、保守担当の社員を常駐させる方針も示した。それにより、乗務員が異常を感じた際などに保守担当が迅速に車両点検が行える体制を構築する。なお、社員を常駐させる駅は未定としている。同8日には大阪市内で有識者会議が開かれ、トラブルの検証や再発防止策についての外部評価が行われた。そ

の結果、運行管理の現場において、異常時に運行を取りやめるという認識が甘かったことと、そのうえで、現場が経験したことのない事象が発生した際に対処可能な体制を構築する必要があることが指摘された。こうした一連の指摘・検証結果を受け、JR西日本は同2月1日に新幹線運営における組織のあり方を検討する「新組織設置準備室」を設立したほか、2018年度から5年間にわたる安全対策指針である「鉄道安全考動（こうどう）計画」を発表し、そのなかで、「安全が確認できない時は迷わず列車を止める」ことが初めて明記された。

同28日にはJR西日本が、2007年の台車枠製造時に、川崎重工が底面の鋼材の厚さを仕様書の基準である7mmより薄い、4.7mmにまで削っていたことを発表した。同社によれば、このことが台車の強度不足を引き起こし、亀裂が生じる原因となった可能性があるとしている。これを受け川崎重工は、JR西日本とJR東海に納入した計147台の台車に同じような不備があったとしており、順次交換するとした。さらに川崎重工は、同3月2日に品質管理委員会を立ち上げたことも発表した。同委員会には外部からも専門家などを招聘し、作業手順などを管理するシステムの導入を進めることなどにより品質管理体制を高め、再発防止を図るとしている。

参考文献

webサイト

◆JR西日本公式「新幹線車両の台車に亀裂などが発見された重大インシデントについて」
https://www.westjr.co.jp/press/article/2017/12/page_11639.html

雑誌・書籍・新聞記事

◆日経産業新聞（2018.1.31）
　阿曽村雄太　「JR西日本―事後対応の迅速さに評価（記者の目）」
◆同上　（2018.3.1）
　「「川重が削り強度不足」、のぞみ台車亀裂でJR西社長、加工後の厚さ、基準に満たず」
◆日本経済新聞（2018.2.1 朝刊）
　「新幹線運営を見直し、JR西が新組織」
◆毎日新聞（2018.1.11）
　「余裕ないダイヤ、背景に」JR西の社員」
◆読売新聞（2018.2.2 大阪朝刊）
　「「迷わず列車止める」 JR西 新年度から安全対策指針」

など

| category | 製造物責任・事故・商品サービス瑕疵 |

CASE 085 コインチェック、仮想通貨大量流出事件

date	2018年（平成30年）1月26日
commercial name	コインチェック
scandal type	不正アクセス，情報流出

事件の背景

仮想通貨取引所大手コインチェックはビットコインを含む13種類の仮想通貨を扱い2017年から2018年にかけビットコインの価格が相場で20倍に膨らむなど追い風に乗っていた。しかし急成長に管理体制の甘さが危惧されていた。

事件の発端・経過

2018年1月26日未明、仮想通貨取引所大手・コインチェックが顧客から預かっていたほぼ全てに当たる約580億円相当の仮想通貨NEM（ネム）が不正アクセスによって流出した。2014年にマウントゴックスで起きた流出事故を上回る被害額。不正アクセスからわずか20分で全てが流出しており、コインチェックがこれを掌握したのはおよそ12時間後であった。不正アクセスを起こした原因は同社のセキュリティに不備があったためと考えられており、1月

29日、金融庁は同社に対し業務改善命令を出した。

同社は「安全が確認できるまでは再開できない。返金の時期もめどは立っていない。補償については手持ちの日本円で対応する」と説明。

2月2日、金融庁はコインチェックに対する立ち入り検査を始めた。3月8日、金融庁はコインチェックを含む仮想通貨交換業者7社に対し行政処分をくだした。これによりコインチェックは1月末に続き2度目の処分を受けることとなった。

事件のその後

2018年3月12日、コインチェックは被害にあった顧客約26万人に対する補償約460億円を日本で実施するとともに、システムの安全性が確認できた「ビットコイン」や「イーサリアム」など6種類の仮想通貨について顧客による引き出しを再開すると発表した。

287

参考文献

webサイト

コインチェック公式「当社に対する金融庁の業務改善命令について」
　　http://corporate.coincheck.com/2018/03/08/45.html
同上「仮想通貨NEMの不正送金に関するご報告と対応について」
　　http://corporate.coincheck.com/2018/03/08/46.html
同上「不正に送金された仮想通貨NEMの保有者に対する補償について」
　　http://corporate.coincheck.com/2018/03/12/47.html
同上「一部仮想通貨の出金、売却再開のお知らせ」
　　http://corporate.coincheck.com/2018/03/12/48.html

雑誌・書籍・新聞記事

◆「仮想通貨市場に激震-収益偏重主義が招いたコインチェックの転落」『週刊東洋経済』
　2018.2
◆「大量流出から1カ月-仮想通貨、身動き取れぬ金融庁」同上
◆読売新聞（2018.3.12）
　「NEM流出、補償実施…26万人に460億円」

など

「製造物責任・事故・商品サービス瑕疵」関連不祥事

(0102) 2007.4.16　TOTO、温水洗浄便座一体型便器をリコール

　　4月16日、TOTOは温水洗浄便座一体型便器の一部で、タンク内に設置されている電気基盤が発火や発煙による事故が29件発生したと発表。タンク部分はプラスチック製だが、温水ヒーターを調節する電気基板の滅金処理が不十分だったために「トラッキング現象」が起きて発火したという。

　　2006年3月に山形県でタンクの一部が溶けて穴が開く事故が発生し、その後も同様の事故が発生していた。

(0103) 2007.4.26　エレベーター点検問題多発

　　4月26日、六本木ヒルズを運営する森ビルと日本オーチス・エレベーターが、六本木ヒルズ森タワー（54階建て）内の高層階用エレベーター10台で、金属製ロープが破損したと発表。うち1台は、4月4日にロープの破断がきっかけと見られるボヤを起こしていた。

　　5月1日、日本オーチス・エレベーターは、2005年にロープについている赤さびが検査の障害になると認識していながら、必要な措置を取ってこなかったと発表。詳細な検査ができる状態ではなかったにもかかわらず、指摘事項無しにあたる「A判定」と虚偽の報告書を提出しようとしていた。

　　6月4日、日立製作所製のエレベーターでも、金属製ロープの破断事故があったことがわかり、国土交通省は日立ビルシステムが保守管理する日立製エレベーターに対し、自治体へ緊急点検を指示。

　　7月12日、国土交通省はフジテックが製造したエレベーターで使われている鋼材の強度基準が3分の2しかなく、建築基準法違反と発表。2002年9月〜2007年6月にフジテックが製造したエレベーター560台が該当。

(0104) 2007.5.15　ヤマハ発動機、電動自転車をリコール

　　5月15日、ヤマハ発動機は電動自転車でモーターの誤作動により転倒事故が7件起きていたとして、同社を含む3メーカーの約22万1千台にのぼるリコー

ルを発表。事故のうち3件は手の骨折などの重傷。事故は2001年1月～2003年2月に製造した電動部品により起きており、乗降の際にペダルを踏んでいないにもかかわらず勝手に数秒間動き出し、転倒して骨折などのケガをする事故が2005年1月～2007年4月までに7件発生した。因果関係が特定できなかったため発生が遅れたという。

(0105) 2007.5.24　ベビーカー挟み電車発車

　　5月24日、東京都JR神田駅のホームで、山手線内回り電車が4カ月の男児を乗せたベビーカーをドアに挟んだまま発車し、約20メートル走って止まった。男児は停車直前にホームにいた男性に抱き上げられたが、男性の転倒に伴い頭に軽傷。男性は腕にすり傷を負い、ベビーカーを押していた母親も転倒し腰に軽傷を負った。母親がベビーカーを押して前から3両目に乗ろうとした際にドアが閉まり、右前輪部分が挟まれた。発車後にホームにいた客が非常ボタンを押したため、電車が止まった。

(0106) 2007.6.6　松下電器製電気コンロで発火事故

　　6月6日、経済産業省は松下電器製の電気コンロで火災事故が1988年頃から53件発生したと発表。スイッチ部分にカバーがなく、偶然スイッチが入ってしまうという。

(0107) 2007.6.8　ノーリツ、給湯器から発火

　　6月8日、ノーリツは1989年から1994年に製造したガス風呂給湯器約44万台について、発火の恐れありと発表、対象となる約44万台のリコールを届け出た。装置のゴム板に経年劣化で亀裂が入りガスが漏れ出し引火、配線等が焼けるという。

(0108) 2007.8.14　「白い恋人」賞味期限改ざん

　　8月14日、北海道札幌市の菓子メーカー石屋製菓が、看板商品のチョコレート菓子「白い恋人」の返品商品を再包装して再出荷していたことを発表。その際に賞味期限を改ざんしていた。また、別の焼き菓子の一部から黄色ブドウ球菌が検出されたが出荷していたことも判明した。同日夜、同社社長が記者会見を行い

「製造物責任・事故・商品サービス瑕疵」関連不祥事

謝罪し、17日の会見で引責辞任を発表。15日から全品の自主回収が開始された。8月23日、北海道はJAS法に基づき品質表示基準に違反するとして、再発防止の改善措置を指示する行政処分を行う。工場操業を停止していたが、9月24日、改善報告書を提出し了承され、11月15日、個別包装に賞味期限を印字することや食品製造マニュアルの作成など、管理徹底の改善措置を取り、3ケ月ぶりに「白い恋人」の製造が再開された。

(0109) 2007.8.14　携帯電話向け電池が異常発熱

　　8月14日、ノキアは、松下電池工業が製造した携帯電話用リチウムイオン電池パックが、異常な発熱現象を見せる恐れがあるとして、無料交換を発表。日本では約16万個が該当。松下電池は松下電器産業の子会社で、交換対象は2005年12月から2006年11月の間に同社が製造した電池パック「BL-5C」で、充電中稀に電池パックがショート、過熱・膨張するという。事例は全世界で約100件、日本では2件が確認されているとした。

　　また、松下電器のトップがこの問題を認識したのが、7月中旬であると判明。松下電池が原因究明に乗り出したのが4月だったがそれから約3ケ月間が経過しており、危機管理の在り方についても課題を残した。8月24日、更に2件のトラブルを確認、両社は自主交換にかかる費用を松下側が負担することで合意したと発表。負担額は最大で200億。

(0110) 2007.9.19　三波食品、塩辛で食中毒

　　9月19日、宮城県塩釜市の三波食品が製造したイカの塩辛が原因の食中毒が発生したことを受けて、厚生労働省医薬食品局は「イカの塩辛を推定原因とする腸炎ビブリオ食中毒の発生について」として消費者への注意喚起を発表した。10月29日の時点で、12自治体のうち患者数595名（死者数0名、推定含む）と発表される。

(0111) 2007.10.12　伊勢土産「赤福」が消費期限虚偽表示

　　10月12日、農林水産省がJAS法に違反しているとして、伊勢神宮名物土産として老舗の和菓子屋「赤福」に対し、看板商品の「赤福餅」の消費期限虚偽表示について改善を指示した。19日、三重県が営業禁止処分を下す。製造したも

291

のの店頭に並ばなかった商品を廃棄処理せずに冷凍し、後日解凍後に包装紙を包み替えて消費期限を再設定する「まき直し」行為が行われていた。また、名古屋営業所（工場）では、遠方の配送先や需要が増加傾向にある時期に消費期限を先延ばしする「先付け」行為を行うなどしていたことが発覚。22日、農水省は主力商品の赤福餅以外に「朔日餅」の一部分でも先付け行為があったと発表。また、赤福餅の再利用についての資料の一部を破棄していたことも明らかになった。11月1日、会長が10月31日付で引責辞任したと発表。12月14日、同社は会見で社長の留任と外部からの新会長の選任を発表した。

2008年1月28日、大阪と名古屋の営業所の製造工場の廃業届を提出。本社工場のみで生産し、営業所は配送業務を行うこととなった。30日、三重県は営業禁止に関する処分解除を発表した。

(0112) 2007.10.20 「比内鶏」が比内地鶏偽装表示

10月20日、秋田県は大館市の肉製品加工会社「比内鶏」が、肉や卵の加工製品に「比内地鶏」と表示したにもかかわらず比内地鶏を使用していないことが判明した。保健所に匿名の通知が来て立入検査を行い発覚した。同社社長は、約10年前に社長に就任してから比内地鶏は使用していないと話した。10月29日、社長は辞任の意向を発表。

2008年12月24日、秋田地裁は詐欺と不正競争防止法（虚偽表示）違反容疑で起訴された元社長について、懲役4年の実刑判決を言い渡すが弁護側は即日控訴した。

(0113) 2007.10.30 「御福餅」でも表示偽装

10月30日、三重県伊勢市の老舗和菓子メーカー「御福餅本家」に、東海農政局と伊勢保健所がJAS法違反と食品衛生法違反の疑いで立入り調査していることが判明。製造日を実際より一日先延ばしにして表示する「先付け」を日常的に行っていたという。11月5日、三重県は再発防止策等について報告書の提出を求めた。12月5日、同社は改善計画書を三重農政事務所に提出、営業を再開した。

「製造物責任・事故・商品サービス瑕疵」関連不祥事

(0114) 2007.11.27　マクドナルドが調理日を改ざん

　　11月27日、日本マクドナルドのFC店で、調理日のラベル張り替えや賞味期限原料の使用があったことが判明。フランチャイズとして都内で4店舗を運営するアスリート社の社員がラベルの張り替えがあったと答えていた。また、賞味期限切れの原材料については、トマト、シェイク商品、ソフトクリームの商品において確認された。12月21日、同社は記者会見し4店舗以外に新たな不正は見つからなかったと発表した。

(0115) 2007.12.5　オリジン弁当、期限切れ材料使用

　　12月5日、弁当チェーン「オリジン弁当」を展開するオリジン東秀は、消費期限切れの原材料を使用して弁当や総菜の製造を行い、首都圏の店舗で販売していたことを発表。都内店舗の従業員からの情報提供により調査の結果、消費期限を一日過ぎた総菜を調理していたことなどが判明した。28日、さらに追加調査について、消費期限が切れた野菜8品目などを最大で弁当7800食分に使用していたことなどが発表された。

(0116) 2007.12.14　居酒屋チェーンが霜降肉偽装

　　12月14日、公正取引委員会は居酒屋チェーンの「モンテローザ」「村さ来本社」「マルシェ」、肉加工販売業「ファンシー」、業務用食品スーパーを展開する「トーホー」の5社に対し、馬脂を注入した馬肉を天然霜降り馬肉であるかのように誤認させる表示だとして、景品表示法違反（優良誤認）と判断、再発防止等の排除命令を出した。各社は再発防止に努めたい等のコメントを発表した。

(0117) 2007.12.22　三菱化学工場火災

　　12月21日午前11時半ごろ、茨城県神栖市の三菱化学鹿島事業所で火災が発生。午後8時前にほぼ鎮火。出火したのは8基ある「第2エチレンプラント分解炉」のうちの1基で作業をしていた4人が死亡した。配管のメンテナンス後、オイルを再び配管へ流す準備をしていたところ、閉じていた弁が突然開き、オイルが噴出して出火につながったという。

　　2008年2月7日、同社は、常務と鹿島事業所長を更迭する人事を発表。

　　2009年3月、県警鹿嶋署捜査本部は15日までに、事業所長ら8人を業務上

293

過失致死容疑で近く書類送検する方針を固めた。同プラントは2008年3月5日から一部操業を再開した。

(0118) 2008.2.8　東証、システム障害

　2月8日、東京証券取引所はシステム障害のため一部商品の取引ができなくなったと発表。システムのプログラムミスによるもので、東証株価指数（TOPIX）先物3月決済物が取引不能となったが12日の午前9時から取引を再開した。

　3月10日、再度株式取引システムに障害が発生し、2銘柄の取引を停止。2月とは別系統のトラブルによる。7月22日、午前9時過ぎからTOPIX先物などの金融派生商品の取引を停止したと発表。午後に復旧した。

(0119) 2008.2.22　JR東海で駅弁偽装

　2月22日、JR東海は新幹線や特急列車内で販売された弁当などの消費期限が偽装されていたと発表。これらの弁当はJR東海の子会社「ジェイアール東海パッセンジャーズ」で製造されており、21日にJR東海に情報提供があった後、東京工場長他3工場の工場長が偽装を認めたという。同社では、社内規定で弁当の製造から14時間以内、サンドイッチやおにぎりは18時間以内を消費期限としているが、それより長い期限のラベルを貼っていた。

　3月11日、同社は偽装が2005年4月以降常態化しており、偽装商品は推計で約1500万個になると発表した。きっかけは愛知万博時に工場の生産能力を超える需要が発生する時間帯があり、余裕のある時に作り置きするようになったためという。

(0120) 2008.4.23　吉野家、米国産牛肉で危険部位混入

　4月23日、農林水産省は、牛丼チェーン吉野家ホールディングスの倉庫で、輸入禁止の牛海綿状脳症（BSE）特定危険部位に当たる脊柱が見つかったと発表。同21日、検品した際に発見。2007年8月に輸入した米国産牛肉のうち1箱に含まれていたという。出荷元の米国ナショナルビーフ社からの輸入を停止した。店頭販売はされておらず、市場には流通していないとしている。

「製造物責任・事故・商品サービス瑕疵」関連不祥事

(0121) 2008.6.17　中国産ウナギ産地偽装

　　6月25日、マルハニチロホールディングス子会社の卸売業者「神港魚類」と
ウナギ輸入販売会社「魚秀」に対し、農水省は中国産ウナギを愛知県一色産と偽
装したとして、JAS法違反で改善指示を出した。魚秀は在庫として残っていた
中国産ウナギ商品を販売するため、架空の製造会社や架空の産地証明などを偽装
発行。神港魚類も偽装を把握していた。11月15日、兵庫県・徳島県の両県警は、
魚秀社長や神港魚類の担当役員らを不正競争防止法違反容疑で逮捕した。12月
5日、神戸地検は本件に関わった5容疑者を同違反の罪で起訴したと発表。

　　2009年2月9日、神戸地裁で初公判が行われ、5被告と法人として起訴され
た3社はいずれも起訴事実を認めた。4月27日、5人は執行猶予付きの有罪判決
を言い渡され、3社については罰金（500万～1千万）が言い渡された。2010
年1月、大阪国税局の税務調査を受けた結果、2009年3月期までの2年間で約
1億2千万円の所得隠しを指摘されていたことが判明した。

(0122) 2008.6.22　「飛騨牛」ブランド偽装問題

　　6月22日、岐阜県の食肉卸会社「丸明」が、製品に等級が下位の規格外の牛
肉や消費期限が切れた牛肉を混ぜて加工していたことが判明。26日、同社社長
が本社で記者会見を開き、等級を偽装していたことを認めた。社長自らが指示を
し偽装を主導していたという。7月31日、8月1日付で社長退任を発表。2009
年3月24日、不正競争防止法違反（誤認惹起）容疑の罪に問われた前社長に対し、
岐阜地裁は懲役1年6月、執行猶予4年（求刑・懲役1年6月）を言い渡した。

(0123) 2008.7.28　北九州・新日鉄工場火災

　　7月28日午前6時40分ごろ、北九州市戸畑区中原の新日鉄八幡製鉄所構内の
コークス工場の第5コークス炉で、石炭を炉に運ぶベルトコンベヤーから出火し
ているのを点検作業中の社員が発見。30日午前7時26分、停止していた高炉は
稼働を再開し、順次各工程の生産ラインを復活。鉄鋼生産を始め、コークス工場
を除きほぼ全面的に操業を再開した。コークス工場は、出火から1週間後の8月
5日午後2時50分に鎮火した。

(0124) 2008.9.17　コロナ、灯油漏れ火災事故

　　9月17日、経済産業省が2007年12月に、京都府でコロナ社製石油ストーブへの給油中に、タンクから灯油がこぼれ、引火して火災となる事故があったことを発表。同社は1987年から2000年製造の石油ストーブと石油ファンヒーター約636万台についてリコールを決定した。経年により給油口の形状が変わり、蓋が半ロック状態になり蓋が外れて起きたとみられている。

　　また、2016年1月19日消費者庁が、2015年末に大阪府内の集合住宅で火災が発生し80代の男性が死亡した事故は、リコール対象となっていたコロナ社製の石油ストーブが使われていたと公表した。

(0125) 2008.10.25　伊藤ハム、トルエン検出

　　10月25日、大手食品メーカー「伊藤ハム」は、同社工場でくみ上げ、製品加工過程に使用した地下水から基準の倍のシアン化合物を検出したと発表した。自主回収を始めた所、29日、回収品からトルエンが検出された。30日、商品を食べた5人が腹痛や下痢などの健康被害を訴えていたことが分かった。11月4日、原因は大日本印刷が納品した商品の包装材（フィルム）にある可能性が高いことが判明。同社によると、フィルムの製造で不具合が生じ、溶剤のトルエンが通常より多く残留したという。

(0126) 2008.11.14　キャセイ食品、産地偽装問題

　　11月14日、農林水産省は中国産や米国産原材料を使って加工した冷凍野菜を、九州産などと偽装表示して販売した問題で、東京都の食品加工会社「キャセイ食品」に対しJAS法に基づく改善指示を出した。少なくとも1月から10月までの間に700トンが販売され、一部は学校給食にも使用されていた。21日、長崎県警は同社本社と長崎工場を不正競争防止法違反容疑で家宅捜索を開始。2009年1月20日、同社社長らを不正競争防止法違反容疑で逮捕、執行猶予付きの有罪判決を受けた。

(0127) 2008.12.16　タケノコ水煮産地偽造

　　4月16日、愛知県の農産物加工卸「たけ乃子屋」に対して、農林水産省は、中国産のタケノコやフキなどの水煮を熊本県産などと偽装表示して販売したとし

「製造物責任・事故・商品サービス瑕疵」関連不祥事

て、JAS法違反に基づく改善を指示した。また、京都府など1府3県も、取引先で偽装表示に協力した4業者・団体に改善指示をした。同社は、輸入した水煮を取引先4業者などに販売し、熊本県産などと表示した袋などに詰め替えさせて販売額の1割増しで買い戻す「産地ロンダリング」をしていた。また、協力した会社の社員をタケノコの国内生産者に仕立てるため、スナップ写真と称して撮影し、袋に印刷していた。偽装に協力したのは、熊本罐詰、甲木フーズ産業、出石缶詰、ぬながわ森林組合。

2010年4月8日、不正競争防止法違反罪に問われた判決公判では、同社社長に執行猶予4年（求刑懲役2年）の有罪判決が言い渡された。

(0128) 2008.12.29　JR東日本、新幹線システム障害

12月29日の始発から、JR東日本の東北、上越、長野、山形、秋田の各新幹線が運転を見合わせ。新幹線運行管理システム「COSMOS（コスモス）」にトラブルがあったため。午前9時前から運転を再開したが、上下112本が運休、146本に最大で4時間22分の遅れが出て約13万7700人に影響した。運休は東北、山形、秋田新幹線が計69本、上越新幹線27本、長野新幹線16本。年末の帰省ラッシュに重なり、乗客による混雑でダイヤの乱れは長時間に渡った。システムは通常、終電後に翌日運用に自動的に切り替わるが、前日に山形、秋田の両新幹線が大幅に乱れ自動更新ができなかった。そのため29日分は手動で入力したが結果が反映されなかったという。再入力後に復旧した。

(0129) 2009.1.23　南日本造船、タラップ落下で死傷者

1月23日、南日本造船の大分県大在工場にあるタラップが落下、作業員2人が死亡し、24人が重軽傷を負った。作業が遅れていたため、約40人の作業員がタラップに乗りこんだうえ、タラップの自重が同社規定の約2倍あったことが明らかとなった。自動車運搬船の開口部と、タラップを接続したフックを固定するボルトの4本すべてが折れていた。24日、会社側は会見で安全管理に問題があったことを認めた。また、強度検査などもしていなかったという。12月1日、大分労働基準監督署は労働安全衛生法違反容疑で、同工場の副工場長兼統括安全衛生責任者とグループリーダー、法人としての同社を大分地検に書類送検した（7日には大分県警も書類送検）。2010年5月6日、大分地検は、大分簡易裁判所

がそれぞれ罰金50万円の略式命令を出したことを明らかにした。

(0130) 2009.3.5　東電柏崎刈羽原発で火災

　　3月5日午前9時ごろ、新潟県柏崎市の東京電力柏崎刈羽原発1号機の原子炉建屋内で火災が発生、下請け会社の男性作業員が顔に軽いやけどを負った。作業員らが消火器などで消火し、同10時半ごろ鎮火が確認された。放射線管理区域内だが、放射能漏れや外部への影響はないという。4月11日午後10時25分ごろ、同原発5号機の予備品倉庫で火災報知器が鳴った。空調機のモーターのベルトが焦げて煙が充満しており、放水はせず、約2時間後に鎮火を確認した。倉庫は放射線管理区域外で、放射能漏れなどはなかった。

　　5月9日、2007年7月の新潟県中越沖地震の被災から1年10カ月ぶりに7号機の運転を再開。11日、起動試験中の7号機で、非常用の炉心冷却装置「原子炉隔離時冷却系」に2件のトラブルが起きたと発表した。放射能漏れなどはなく、起動試験は続けている。13日、いずれも人為的なミスが原因だったとして、同社は国と県へ報告した。

　　12月28日、試運転中の東京電力柏崎刈羽原発7号機が、地震から2年5カ月ぶりに営業運転を再開した。地震で緊急停止した同原発の全7基のうち、営業運転再開は7号機が初めて。他号機も順次運転を再開した。

(0131) 2010.1.29　九州電力川内原発で火災

　　1月29日、定期検査中の川内原子力発電所1号機のタービン建屋で、設備点検に伴う停電作業を実施中に火花が発生、7名の作業員が負傷、うち1名が死亡した。同社は、当該作業員に放射性物質による汚染、被ばくはなかったとしている。また、2011年9月10日には、定期検査で停止中の同発電所2号機のタービン建屋内で火災が発生、消火作業をした男性作業員2人が手に軽傷を負い、病院に搬送された。火はすぐに消し止められ、放射性物質の放出はないという。

(0132) 2010.4.29　住友化学愛媛工場火災

　　4月29日午後5時35分ごろ、愛媛県新居浜市の住友化学大江工場敷地内にある関連会社、エスエヌ化成の第1工場から出火。3、4階を焼き、約5時間後に鎮火した。工場にいた従業員14人は全員屋根を伝うなどして逃げ、けが人はなかっ

「製造物責任・事故・商品サービス瑕疵」関連不祥事

た。5月7日、新居浜市消防本部の調査で、出火原因が粉じん爆発である可能性が高いことが分かった。

(0133) 2010.6.25　ブリヂストン、幼児座席に不具合

6月25日、消費者庁はブリジストンサイクル社による自転車用幼児座席で、「足乗せ」に置かれた幼児の足が自転車の後車輪に巻き込まれる負傷事故が発生と発表。7月9日、同社は対象製品3モデルに対してリコールを発表したが、正常に取り付けても事故が発生することが分かり、対象を拡大。

9月21日、1995年4月以降から販売している鉄製の計12モデル約57万台を無償で交換すると発表。安全確認済みの樹脂製の幼児座席製品に交換する。

(0134) 2010.8.26　「もんじゅ」問題

8月26日、高速増殖原型炉「もんじゅ」で、原子炉容器内に据え付けていた重さ3トンを超える炉内中継装置の撤去作業中、同装置が原子炉容器のナトリウム内に落下する事故があった。同施設は、1995年のナトリウム漏れ事故を受け、14年にわたり運転を停止し、2010年5月6日に再開していたが警報機などの不具合が相次いでいた。12月16日、日本原子力研究開発機構は、全ての試験を終えて本格運転に入る時期を、12年度末から13年度内に延期する、と発表した。

2012年8月8日、同機構は、同原子炉が事故前の状態に復旧したと発表した。しかし、11月27日、2010年7月～2012年9月に設備点検の延期などに必要な手続きをしなかった不備が延べ9679件あったことが発覚。同機構は、原子力規制委員会に報告した。

2013年5月29日、同委員会は、同機構に対し、運転再開の準備停止を命令することを正式に決めた。2016年9月20日、政府は、廃炉を軸に高速炉研究開発計画を抜本的に見直す方針を固めた。すでに1兆円超の国費を投入しながら実績を上げていない施設に、巨額の追加費用の投入は困難と判断。12月21日、原子力関係閣僚会議で、廃炉が正式決定した。

(0135) 2011.4.13　大東化成工場、火災

4月13日午後3時47分ごろ、奈良県天理市の化学薬品製造会社「大東化成」の工場で火災が発生。1人が負傷した。火は従業員が溶剤を移し替える作業中に

発生。トルエンなどに次々と引火して爆発し、鉄骨平屋の工場と倉庫を全焼する
などした。出火原因は静電気とみられている。同日午後4時10分に鎮火。6月
14日、揮発性の有機溶剤「トルエン」などの危険物を無許可で保管していた疑
いが強まったとして、元社長と次男の元役員を消防法違反容疑で逮捕。

(0136) 2011.8.31 ガスト、赤痢で営業自粛

　8月31日、外食大手のすかいらーくは、宮城県などのファミリーレストラン「ガ
スト」で食事をした14人が細菌性赤痢を発症したと発表。宮城県は同社の仙台
工場を3日間の営業停止処分とする行政処分を下した。また、宮城・山形両県の
保健所はガストでの食事が原因の食中毒と断定し、同社は北海道と東北6県、栃
木県内の店舗計120店の営業を当面の間自粛することに。

　9月21日、同社は営業自粛中の120店舗を26日に再開すると発表した。

(0137) 2011.10.12 ソニー、液晶テレビ発火恐れ

　10月13日、ソニーは2007年〜2008年に製造した液晶テレビに、出火に
繋がる重大な欠陥がある可能性があると発表、国内販売約18万9000台に対
してリコールの実施を発表した。内部コイルが断線する不具合が一部見つかり、
そのまま通電すると他部品が加熱し発火の恐れがある。9月28日に、長崎市の
住宅で、テレビを見ているときにテレビ上部から煙が上がり、炎が出た事故が発
生。消費生活用製品安全法の規定により、「重大製品事故」と認定された。

(0138) 2012.3.19 住友金属工業鹿島製鉄所で火災

　3月19日午後2時25分ころ、茨城県鹿嶋市光の住友金属工業鹿島製鉄所構内
にある化学工場「ケミカルカンパニー鹿島工場」で火災が発生。約1時間15分後、
火は消し止められたが、製品倉庫約450平方メートルを全焼。倉庫で作業をし
ていた男性社員2人が死亡、男性の出向社員1人が軽傷。

(0139) 2012.9.29 日本触媒姫路製造所、火災

　9月29日、兵庫県姫路市の大手化学メーカー「日本触媒」姫路製造所でアク
リル酸が入ったタンクが爆発した。消火活動中の消防署員1人が死亡し、従業員
1人が意識不明の重体。消防隊員、従業員、警察官の30人以上が重軽傷を負った。

「製造物責任・事故・商品サービス瑕疵」関連不祥事

(0140) 2013.2.8　グループホーム火災、原因はTDKリコール加湿器

　　2月8日、午後7時40分頃、長崎県長崎市の高齢者グループホーム「ベルハウス東山手」から出火、2階部分の約50m²が焼ける火災が発生。死者5名、負傷者7名の被害が生じた。

　　2月22日、TDKは長崎市で記者会見を行い、同社の加湿器について火元の可能性が高いと発表。この加湿器は、1999年にリコールが届けられており回収中だったが、未回収の一台と見られる。TDKは回収への取り組みが不十分だったとして、グループホームなどの施設への確認を全国的に展開した。

(0141) 2011.5.27　JR北海道、特急火災事故

　　5月27日午後9時55分頃、JR北海道の石勝線において占冠―新夕張間を走行中の特急スーパーおおぞら14号（釧路発札幌行）から、「客室内に煙が充満している」とJR北海道に一報が入った。1～3号車の客室内に一時白煙が充満、列車は占冠村ニニウの第1ニニウトンネル内で緊急停車し乗客224人はトンネル内を徒歩で避難した。その後の調査で、列車はトンネルの約650メートル手前から脱線したあとがあり、そこから約800メートル手前には車両下部にある部品が欠落していたという。乗客の多くは「JRの指示や誘導はなかった」と証言。

　　6月16日、国土交通省はマニュアルの改訂などを求め、鉄道事業法に基づく事業改善命令を出す方針を固めた。2012年7月、運輸安全委員会は「減速機を減速機支え装置に保持している減速機吊りピンが脱落した結果、減速機が垂下し、それが軌道と激しくぶつかって脱線に至った」旨の報道資料を発表した。

(0142) 2013.10.11　はごろもフーズ、ツナ缶にヒスタミンで回収

　　10月11日、はごろもフーズは同社製品の「シーチキンマイルド」シリーズの一部から、基準値を超えるヒスタミンが検出されたとして、自主回収を発表した。9月下旬以降に購入者から味の違和感を訴える連絡が続き、同一工場で製造したシリーズから約4～10倍のヒスタミン成分が検出されたという。

(0143) 2013.10.22　百貨店系列ホテルで食品偽造相次ぐ

　　10月22日、阪急阪神ホテルズは、2006年3月から07年9月にかけて、同社が経営するホテルのレストランで、メニューの表示と異なった食材を使ってい

たと発表した。同社では、冷凍魚を鮮魚と偽ったり、トビウオの魚卵をレッドキャビアなどと称したりして料理に使用。同28日、社長は、記者会見を開き、メニューの一部が事実上の偽装だったことを認め、11月1日付で引責辞任すると表明。この発表を皮切りに、百貨店ホテルでの食品偽造が相次いで発覚した。10月31日、近鉄系のホテルや旅館がメニュー表示と異なる食材を提供していたことが発覚、メニューや食材を改めていたことが分かった。

　さらに11月1日には、同社の運営する奈良市の旅館「奈良万葉若草の宿三笠」で「大和肉鶏の唐揚げ」の食材について、担当だった前料理長が、京地鶏やブラジル産鶏肉と認識しながら、大和肉鶏とメニューに表記していたことが分かった。同日、小田急電鉄グループの東京や神奈川・箱根、静岡にあるホテルのレストランでも、メニュー表示とは異なるエビや魚、肉を使っていたことが判明。5日には高島屋グループ企業が運営する百貨店やショッピングセンターで、6日には相鉄ホテルの横浜ベイシェラトン、そごう・西武、三越伊勢丹ホールディングスの新宿伊勢丹や日本橋三越でも発覚。百貨店業界全体に波及した。29日、日本ホテル協会の小林哲也会長は、衆院消費者問題特別委員会に参考人として出席し、加盟する247ホテルのうち34％に当たる84カ所で虚偽表示があったとの調査結果を明らかにした。

　12月19日、消費者庁は、阪急阪神ホテルズ、阪神ホテルシステムズ、近畿日本鉄道の3社に対し、景品表示法違反（優良誤認）に当たるとして、再発防止を求める措置命令を出した。

(0144) 2014.2.12　トヨタ、制御プログラムに不具合

　2月12日、トヨタ自動車は乗用車「プリウス」のハイブリッドシステム制御プログラムに不具合があるとして、約100万台の対象者に対してリコールを届け出た。2009年3月から2014年2月に生産された全てのプリウスが対象。1回の1車種によるリコールとしては、過去最多となる台数。原因はプログラムミスで、バッテリーとモーターをつなぐ回路の半導体が発熱して破損、異常を察知したコンピューターにより、低速走行モードになったり、走行不能になったりする。これまでに報告されたトラブルは308件、いずれも事故の報告はないという。

(0145) 2014.5.13　金属加工会社工場、火災

「製造物責任・事故・商品サービス瑕疵」関連不祥事

　5月13日午後4時15分ごろ、東京都町田市の金属加工会社シバタテクラムで火災が発生。2階建ての工場の約1400平方メートルが焼け、工場長が死亡、従業員7人が重軽傷を負った。作業員がハンダごてで作業中、火花がマグネシウムやアルミニウムに引火したという。当初、放水をしたが、工場内に水と反応すると爆発する恐れがあるマグネシウムがあると分かって中止した。直接放水できないことで消火活動は難航し、2日後の15日午前6時半過ぎに鎮火。14日、町田市は過去に市内の別の場所にあった同社の工場で複数回火災があったうえ、2010年に現在地に移転した後、同社が市の認可を得ないまま工場を操業していたことを明らかにした。2015年11月6日、警視庁捜査1課は、同社社長と機械設備責任者の従業員を業務上過失致死傷容疑で、火災で死亡した工場長を同致傷容疑で書類送検する方針を固めた。

(0146) 2014.7.25　パナソニック、電気給湯器破損事故

　7月25日、パナソニックは家庭用電気給湯器「エコキュート」において、熱を生み出す基幹部品の圧縮機が破損する事故が発生、対象の全208機種103万台をリコールすると発表した。2013年1月以降に、破裂事故が14件発生、原因は圧縮機の金属の腐食による。

(0147) 2014.8.14　木曽路、松阪牛をメニュー偽装

　8月14日、しゃぶしゃぶなどの日本料理を提供するレストラン「木曽路」を全国展開する愛知県の木曽路は、大阪、神戸、愛知県刈谷市の3店舗でメニューに偽装があったことを発表した。実際は安価な和牛にもかかわらずメニューに松阪牛などと表記、7000食以上を提供していた。

　2015年3月20日、大阪府警は大阪市などの店舗に勤務していた料理長ら4人と同社を不正競争防止法違反（誤認惹起）容疑で書類送検した。

(0148) 2015.2.13　アイスからカビ検出

　2月13日、業務用デザートなどの食品輸入販売会社「アンジュ・ド・バージュ」が販売したイチゴのアイスクリームからカビが検出されていたことが分かった。2014年11月、兵庫県内の販売先から「イチゴの表面に黒いものがある」との苦情が寄せられた。返品された商品を検査したところ、同12月に「カビが検出

された」との鑑定結果が届いた。同社はカビ検出の事実を伏せ、「砂などの異物が混入した」として商品を回収。健康被害はなかったという。

(0149) 2015.3.3 カゴメ、乳酸菌不足で自主回収

3月3日、カゴメは、乳酸菌飲料3商品の一部で、法令で定められた乳酸菌数を満たしていない恐れがあるとして自主回収すると発表。全国の小売店などに出荷したが、飲んでも健康への影響はないと説明している。

(0150) 2015.4.12 山手線、不通トラブル

4月12日朝、JR山手線の神田—秋葉原駅間で、線路脇の倒れた電化柱が見つかった。傾いている電化柱もあり、復旧作業のために山手線と、並行して走る京浜東北線がいずれも9時間にわたって不通となり、715本が運休、約41万人に影響が出た。同日、関東運輸局は同社に対し原因究明と再発防止を求める警告書を出す。運輸安全委員会は重大インシデントと認め、鉄道調査官を派遣し調査を開始した。2日前に現場近くの工事を担当していた同社社員らが傾きに気付き、13日に改修する予定だったという。情報を関係箇所へ連絡しておらず、情報伝達に時間がかかっていた。

(0151) 2015.8.13 ホーチキ、火災報知機に不具合

8月ホーチキは、無線式火災報知機の一部製品に不具合の可能性があるとして、無償点検・交換を発表。対象製品は2010年5月から2015年7月までに製造された8機種計15万5853個で、天井につける形状の製品。火災を知らせる通史院機能が、高温環境下だと作動しない可能性があることが社内調査で判明した。

(0152) 2015.8.24 日鉄住金鋼管火災

8月24日午前11時35分ごろ、川崎市の日鉄住金鋼管の川崎製造所で火災が発生。床面積約1万平方メートルの倉庫1棟を全焼し約5時間半後に消し止められた。近くで作業員が使っていたガスバーナーの火花が、周辺に付着していた油などに引火したのが原因とみられる。けが人はなかったが南側に隣接する日用品大手「花王」川崎工場の設備に延焼。工場にいた社員ら約600人が屋外に一時避難した。同工場は同11月末に閉鎖予定で、生産を停止していた。事故当時は、

「製造物責任・事故・商品サービス瑕疵」関連不祥事

同社から委託を受けた作業員5人が、倉庫近くにある屋外冷却槽をガスバーナーで溶かし解体する作業をしていた。

(0153) 2015.9.9　ルルアタックFX、有効成分含有量不備

　　第一三共ヘルスケアは、かぜ薬「ルルアタックFX」と「新ルル-K錠」の一部を自主回収すると発表。対象は2013年8月以降に全国に出荷した該当製品の計28万1535個。同社が行う自主調査で、製造2年後の有効成分「デキストロメトルファン臭化水素酸塩水和物」の含有量が、承認規格を下廻っていたことが判明したため。

(0154) 2015.11.6　カンロ、あめに異物混入

　　11月6日、菓子メーカーのカンロは、袋入りのあめの一部にゴム片が混入した恐れがあるため、約80万袋を自主回収すると発表した。混入が微量であることから健康被害はない、と説明している。

(0155) 2016.4.26　SIS、両手圧力鍋でやけど

　　4月26日、消費者庁は輸入業者SISが販売した両手圧力鍋3品番に対し、リコール対象と発表した。鍋の蓋が開いて中味が飛び出し、やけどを負った事故が3件報告されたという。対象は2009年から2015年10月にかけて販売された製品。

(0156) 2016.6.6　イオン、PBランドセルを無料交換

　　イオンは6月6日、同社のプライベートブランド「トップバリュ」のランドセルで、肩ベルトに一部不備があるとして、対象商品約3万3000個を無料で交換または修理すると発表した。留め金が緩み、背負ったときにぐらつく可能性がある事が判明。肩ベルトを固定する金具（背カン）を打ちこむ機械の不具合が原因。

(0157) 2016.8.15　鳥貴族、消毒アルコールで酎ハイ

　　8月15日、居酒屋チェーンの鳥貴族は、千葉県柏市の南柏店で、酎ハイを作る際に、焼酎ではなくアルコール製剤を誤って使っていたと発表した。7月19〜23日に計151杯を顧客に提供した。顧客から「味がおかしい」との苦情があり、機器の点検や成分の調査をして発覚した。アルコールは調理場で従業員が手

の消毒に使っていた。植物由来のエタノールが原料で、摂取しても人体に影響がないことを確認している。発表当時時点での健康被害の連絡はなかった。

(0158) 2016.10.2 市場ずし、外国人客にわさび大盛り

10月2日、藤井食品は、同社が運営するすし店「市場ずし」の店舗で、外国人旅行客にわさびを大量に入れたにぎりずしを提供したとして、ホームページに謝罪する文章を掲載した。インターネット上で「わさびテロ」と話題となり、差別的と批判された。

(0159) 2016.10.12 東京で大規模停電

10月12日、午後3時半頃、東京都新宿区など合計11区で大規模な停電が発生。13日、東京電力は埼玉県新座市内の東京電力地下施設で火災が発生したことで送電用ケーブルが劣化し、漏電して出火したことが原因と推定されると発表した。新座変電所は都内に電気を送る重要ポイントで、練馬と豊島の各変電所に繋がり、更にそこから複数の変電所に繋がっている。停電は午後4時25分までに全て復旧。最大で約58万戸に影響したとみられる。

(0160) 2016.10.31 タケフーズ、冷凍メンチでO157検出

10月31日、静岡県の食品加工卸業者「タケフーズ」が製造し、神奈川県の食品会社「肉の石川」が販売した冷凍メンチカツを食べた男女17人が腸管出血性大腸菌O157に感染していると神奈川県が発表。全国のスーパーに流通しており、回収を開始した。一部の患者から検出された菌と遺伝子パターンが一致したという。11月8日までに県内で患者が33人となったことを公表した。

また、11月7日、静岡県の食肉加工大手「米久」は、同社が販売した冷凍メンチカツから腸管出血性大腸菌O157が検出されたと発表。同じくタケフーズに製造委託をしており、対象の2商品5万パックを自主回収すると発表した。

(0161) 2016.11.11 成城石井、チョコレート自主回収

11月11日、高級スーパーの成城石井は、輸入チョコレートにアレルギーを引き起こす成分の「乳」を表示していなかったため自主回収すると発表した。同4日に顧客の子供にアレルギー症状が出た。顧客の指摘を受けた成城石井が公的

「製造物責任・事故・商品サービス瑕疵」関連不祥事

検査機関に調査を依頼し、混入が判明。ミルクチョコレートと同じ工場で製造し、製造工程で原材料として記載すべき量以上の乳成分が混入したという。

ガバナンス—経営者関与

ガバナンス—従業員関与

製造物責任・事故・商品サービス瑕疵

日本型企業風土

マスコミ・その他

307

| category | 日本型企業風土 |

CASE 086
阪急トラベルサポート、添乗員みなし労働

date	2008年（平成20年）5月23日
commercial name	阪急トラベルサポート
scandal type	事業場外みなし労働の判断

事件の発端

5月23日、添乗員派遣会社「阪急トラベルサポート」の派遣添乗員Aが未払いの残業代支払いを求め東京地裁に労働審判を申し立てた。当時、添乗員は「労働時間の把握が困難」として、あらかじめ決めた労働時間を働いたことにする「事業場外みなし労働」制で賃金が支払われているケースが多かった。同添乗員は、1日何時間働いても日当分の賃金しか支払われないとして、2007年12月と2008年1月の海外ツアーで添乗した際の約80時間の残業代20万円の支払いを求めた。

事件の経過・その後

8月18日、東京地裁は、残業代の支払いを命じる審判を下した。審判では「日程表などで労働時間を指示されており、労働時間の算定は可能で、事業場外みなし労働は適用できない」と会社側に残業

代約14万円の支払いを命じた。同社は異議を申し立て、訴訟に移行。また、同添乗員と他組合員、計6人で、「みなし労働時間制」は不当として、残業代計2428万円の支払いを会社に求め提訴した。同様に、別の添乗員Bも、「みなし労働時間制」は不当として、残業代の支払いを求め提訴。

2010年5月11日、Bの1審判決で東京地裁は、「みなし労働」の適用を否定し、会社側に請求通り約56万円の支払いを命じた。一方で、2010年7月2日、Aの1審の判決で東京地裁は、会社側に約24万円の支払いを命じたものの、「みなし労働制」の適用は認めた。

9月29日、添乗員6人の訴訟の判決でも、東京地裁は、「みなし労働制」の適用を妥当としたうえで、会社側に未払い残業代と付加金計2276万円の支払いを命じた。東京地裁では、5月の「みなし労働制適用は認められない」とする判

CASE 086　阪急トラベルサポート、添乗員みなし労働

決と、7月・9月の「みなし労働は妥当」とする判決に判断が割れる形となった。「みなし労働」を妥当とする判決は納得できないとして、原告は控訴。2011年9月14日、Bの控訴審判決で東京高裁は、1審同様「みなし労働」の適用を否定。記録が残っていない一部のツアーを除く未払い残業代を約51万円と算定。労基法が制裁的な意味合いで規定している同額の「付加金」も1審に続き認め、原告側の完全勝訴となった。

2012年3月7日には、Aと添乗員6名の2件の訴訟の控訴審判決が東京高裁で行われた。1審の東京地裁判決（10年7、9月）を変更し、「みなし労働」の適用を不当として計約2730万円の支払いを命じた。同社は判決を不服とし上告。

2014年1月24日、Aの上告審判決で、最高裁第2小法廷は、添乗員側の主張を認め、会社側の上告を棄却した。約31万円の支払いを命じた2審・東京高裁判決が確定した。

参考文献

webサイト

◆労働判例速報（第7回）「阪急トラベルサポート（派遣添乗員の残業代請求）事件」
http://www.mhmjapan.com/content/files/00011565/23%E5%B9%B49%E6%9C%8814%E6%97%A5%EF%BC%89.pdf

新聞記事

◆毎日新聞（2008.5.23 夕刊）
　「残業代未払い:添乗員も　東京地裁に労働審判申し立て」
◆同上（2010.5.12 朝刊）
　「派遣添乗員の残業代請求訴訟:労働時間把握は可能　東京地裁、「みなし制」適用認めず」
◆同上（2011.9.15 夕刊）
　「派遣添乗員の残業代請求訴訟:「みなし労働制」高裁も適用せず　添乗員が勝訴」
◆同上（2014.1.25 朝刊）
　「派遣添乗員の残業代請求訴訟:「みなし労働」適用不当　2審判決確定--最高裁」

など

| category | 日本型企業風土 |

CASE 087
JR東日本、信濃川発電所不正取水

date	2008年（平成20年）9月
commercial name	東日本旅客鉄道株式会社（JR東日本）
scandal type	不正取水

■ 事件の背景

　JR東日本の信濃川発電所（宮中取水ダム:新潟県十日町市）において、国土交通省北陸整備局から許可を受けた取水量を大幅に上回って取水し、発電をおこなったことが明らかとなった。その結果、2009年3月には国土交通省北陸地方整備局は、信濃川におけるJR東日本信濃川発電所の水利権を取り消し、取水を停止させた。

　信濃川は、長野県川上村を源流とし、千曲川として佐久盆地および上田盆地、長野盆地を流れ、新潟県境において信濃川と名称が変えながら越後平野を流れて日本海へと注ぐ一級河川である。千曲川を含む信濃川は日本で一番長い河川であり、全長367kmである。なお、流域面積は11,900km²であり、利根川（16,840km²）,石狩川（14,330km²）に続く第3位となっている。

　日本でも最大級に大きい信濃川（千曲川を含む）に置かれているJR東日本信濃川発電所は、新潟県十日町市および小千谷市にある。JR東日本が管轄している宮中取水ダム（1936年完成）では信濃川から水利権で許可されている最大取水量317㎥/sを上限に取水している。取水した水は、3つの貯水池に貯め、千手発電所および小千谷発電所、小千谷第二発電所で発電している。

　これらの発電所で発電された電力は、首都圏を走るJR山手線やJR中央線等の運転に必要な電力の約23%を占めており、首都圏の大動脈に供給する電力を発電している。

　JR東日本信濃川発電所が信濃川において水利権が許可されたのは、1920（大正9）年3月31日である。その後、1985年7月4日に建設大臣により水利権の更新が許可され、現在の取水量である317㎥/sが認められた。

CASE 087　JR東日本、信濃川発電所不正取水

事件の発端・経過

2008年9月、JR東日本は千手・小千谷第二発電所、宮中取水ダムにおいて、取水量を算定するプログラムに、「上限リミッター」および「下限リミッター」が設置されていることを国土交通省北陸地方整備局に報告した。

11月にはJR東日本信濃川発電所でさらなる不適切事案が明らかとなった。JR東日本信濃川発電所では、信濃川の水を上限量（317㎥/s）取水したとしても、その結果を記録できないような「流量観測装置」のプログラムを意図的に改ざんしていたからである。「流量観測装置」の改ざんによって、JR東日本信濃川発電所では、2002〜2008年までに少なくとも3億1000万tを不正に取水していたことが明らかとなった。

過去、2007年に同整備局は、宮中取水ダムにおいて規定量を超える取水をおこなっていると疑いがかかったため、河川法の適正性にかかわる自主点検をJR東日本信濃川発電所に求めた。しかしながら、JR東日本信濃川発電所は、自主点検の結果「適正」であるとして虚偽報告をおこなっていた。

事件のその後

事件発覚後、JR東日本信濃川発電所は信濃川の水利権を取り消されたことを受けて、2009年2月13日に新潟市内で謝罪会見をおこなった。関係者ら計17人が処分されることとなった（2009年3月時点）。信濃川での水利権を取り消された後、JR東日本信濃川発電所は宮中取水ダムの水門を開き、放流を開始して発電を停止することとなった。

JR東日本信濃川発電所で発電された電力は、JR東日本で使用する電力の23%（年14億kW）を担っていた。しかも、その多くは首都圏で運行される電車に供給する予定の電力であった。そのため、宮中取水ダム等での発電が停止されたことで、JR東日本は同社の火力発電所や東京電力から電力を購入することで対応することとなった。

JR東日本信濃川発電所は2010年4月に信濃川での取水を再開するために地元関係（19団体）すべての同意が得られたとして、国土交通省北陸整備局に水利権を再申請した。

この対応によって、JR東日本信濃川発電所は2010年6月には、条件付きで信濃川での水利権が認められることとなった。条件というのは、農繁期に限り（4月20日〜11月30日）,事件発覚前までに認められていた317㎥/sの6分の1にある55㎥/sである。

311

参考文献

webサイト

◆国土交通省「JR東日本・信濃川発電所（千手・小千谷・小千谷第二発電所）の監督処分について」
http://www.mlit.go.jp/common/000039354.pdf

◆十日町市ホームページ「JR東日本株式会社信濃川発電所不適切事案による水利権取消処分」
http://www.city.tokamachi.lg.jp/shisei_machidukuri/F104/F105/1454068621727.html

新聞記事

◆毎日新聞（2009.2.13 朝刊）
「JR東日本の信濃川不正取水:JR東の水利権取り消しを決定」

など

| category | 日本型企業風土 |

CASE 088 空自事務用品11社が官製談合

date	2009年(平成21年)6月18日
commercial name	岡村製作所，イトーキ，内田洋行，コクヨファニチャー，プラス，ライオン事務器
scandal type	独占禁止法違反(優越的地位の濫用)

事件の発端

6月18日、公正取引委員会は航空自衛隊が発注する事務用品の入札をめぐり談合が行われた疑いでメーカーなど11社に対し独占禁止法違反（不当な取引制限）の疑いで立ち入り検査を行った。各社に天下りした空自OBらが営業業務に関わっており、関与したOBらも含め官製談合の疑いも発生。検査は販売業者の5社と、岡村製作所、イトーキ、内田洋行、コクヨファニチャー、プラス、ライオン事務器の6社。

事件の経過

防衛省側が行った防衛監察の結果、特定業者間のシェアが3年間ほぼ変化がない事が判明、談合を察知し公取委に情報提供したという。

2010年3月30日、公正取引委員会は担当部署の歴代課長らが、空自天下りOBの受入れ業者優遇のために組織ぐるみで談合をしていたと認定、改善措置要求を防衛省に提出した。談合したイトーキなどの5社に対しては独占禁止法違反で合計約3億7516万円の課徴金納付を命令。

また、同省は公正取引委員会から排除命令を受けた関連企業5社(岡村製作所・イトーキ、内田洋行、プラス、ライオン事務器)を3月31日から12ヶ月間、コクヨファニチャーを6ヶ月間の指名停止処分とした。また、防衛大臣政務官を委員長とする事案調査・検討委員会を設置して全容の解明に乗り出した。

事件のその後

12月14日、防衛省は2005年～2008年度に契約した311件75億6000万円がすべて官製談合だったと発表。同省は再発防止策として今後の談合関連企業の再就職自粛や、調達業務の外部委託化なども含めた抜本的見直しを進める方針を表明した。同日付で談合に

313

関わった関係者ら計50人を一斉処分した。空自の一度の懲戒処分数としてはそれまでで過去最多。処分の内訳は、懲戒処分が停職16人、減給3人、戒告3人。ほかに訓戒6人、注意22人。責任を取り、24日付で航空幕僚長が退任した。

参考文献

webサイト

◆防衛省「（株）イトーキほか5社に対する指名停止の措置について」
http://www.mod.go.jp/j/press/news/2010/03/31c.html
◆同上「航空自衛隊第1補給処におけるオフィス家具等の調達に係る談合事案等の懲戒処分等について」
http://www.mod.go.jp/j/press/news/2010/12/14a.html

新聞記事

◆毎日新聞（2009.6.18 夕刊）
「J談合:空自事務用品で　公取委、11社に立ち入り--6社に天下り」
◆同上（2010.3.31　朝刊）
「空自事務用品談合:初の改善措置要求　公取委、「官製」認定」

など

category | 日本型企業風土

CASE 089 トイザらス、外資初の公取委立入り

date | 2010年（平成22年）9月14日
commercial name | 日本トイザらス株式会社
scandal type | 独占禁止法違反（優越的地位の濫用）

■ 事件の発端

2010年9月14日、玩具販売大手で全世界でチェーン展開する米トイザらスの日本法人日本トイザらスが、メーカーなど納入業者に対し安売りセールの値引きを負担させていたとして、公正取引委員会が独占禁止法違反（優越的地位の濫用）で本社などを立ち入り検査。公取委が優越的地位の濫用で外資系企業に立ち入りをするのは初めて。

■ 事件の経過・その後

公正取引委員会の発表によると、同社では、遅くとも2009年頃から以下のような違反行為を行っていたという。

（1）売上不振な商品等を納入した特定の業者に対し、それらの売上不振商品等に特別な事由がないにもかかわらず、当該売上不振商品等を返品していた。

（2）売上が不振な商品等を、自社が割引販売を行うこととした際に、それらの商品を納入した特定納入業者に対して、特別な事由がないにもかかわらず、当該割引販売における自社の割引予定額に相当する額の一部又は全部を、納入業者に支払うべき代金の額から減じていた。

2011年12月13日、公取委は排除措置命令及び課徴金3億6908万円の納付命令を行った。

これに対し、同社は「14社との取引は優越的地位の濫用ではない」として、不服を申し立て審判請求を行い、2012年4月13日公取委は審判の開始を決定。2014年第10回審判が行われ、最終意見陳述が終了した。

2015年6月4日、うち2社に対しては排除措置命令と課徴金納付命令を取り消し、他の6社に対しては10年以降に違反はなかったとして、課徴金を1億4690万円減額し2億2218万円とする審決を出した。これを受け、トイザらスは審決を受け入れるとコメント。

ガバナンス―経営者関与

ガバナンス―従業員関与

製造物責任・事故・商品サービス瑕疵

日本型企業風土

マスコミ・その他

315

参考文献

webサイト

◆公正取引委員会「日本トイザらス株式会社に対する排除措置命令及び課徴金納付命令について」
http://www.jftc.go.jp/dk/ichiran/dkhaijo23.files/11121301.pdf

◆同上「日本トイザらス株式会社に対する審決について（子供・ベビー用品の小売業者による優越的地位の濫用事件）」
http://www.jftc.go.jp/houdou/pressrelease/h27/jun/150604_1.html

◆同上「日本トイザらス（株）に対する審判開始（優越的地位の濫用事件）」
]http://www.koutori-kyokai.or.jp/announce/items.cgi?id=1335330738

新聞記事

◆毎日新聞（2010.9.14 夕刊）
「トイザらス:公取委が立ち入り　セール値引き分を業者持ち、優越的地位乱用容疑」

など

category | 日本型企業風土

CASE 090
九州電力、「やらせ」メール問題

date | 2011年（平成23年）7月6日
commercial name | 九州電力株式会社
scandal type | やらせ

事件の発端

2011年7月6日、九州電力の眞部利應社長（当時）が記者会見を開き、6月26日に経済産業省が東日本大震災の影響を受けて運転を停止していた、佐賀県玄海町の原子力発電、九州電力玄海原子力発電所2・3号機の再稼働を巡って、佐賀市内で説明会を開いた際、同社の原子力発電本部の課長級社員がこの説明会に原発再稼働を支持する内容の意見を送るよう、同社や子会社の社員にメールで依頼していたことを明らかにした。

同会は1時間半程度行われ、同省が選んだ佐賀県内の商工団体幹部や学生、主婦など7人が参加した。参加者が7人であったことから、メールやファックスで意見や質問などを受け付け、その模様は地元のケーブルテレビやインターネットで中継された。

事件の経過

依頼をした課長級社員は、同6月22日に本社の一部や玄海原発などの同社の3事業所、さらに子会社4社の担当者に対して、中継に合わせて再稼働支持を趣旨とした意見メールの送信や、意見メール送信時には関係者ということが説明会の主催者側に分からないように、自宅などのパソコンから送信することなどを依頼していた。眞部社長は会見の中で自らの関与は否定したものの、自身の責任を認めた。

この問題を受けて菅直人首相（当時）は同7月6日に「やらせ的なことがあったとすれば大変けしからんことだ」として批判した。また海江田万里経済産業相（当時）も「言語道断の行為である」「しかるべき措置をする」等と発言し、経済産業省は同社に対して厳重注意し、再発防止策の報告も求めた。さらに枝野幸男官房長官（当時）も、前日の眞部社長の

317

記者会見を受けた同7日に、「大変遺憾だ」などとして厳しく批判した上で、玄海原発の再稼働に向けても一定の影響が出ることは避けられないとする見解を示した。

会見後、同14日までに同社の社内調査の結果を公表した。それによると、説明会の開催が発表された翌日である6月21日に、原子力担当副社長と、取締役原子力発電本部長、佐賀支店長の3人で会食をした。その際、再稼働賛成の意見数を増やす必要があるとの認識で一致し、副社長らは同本部部長を通じ、課長級社員に説明会を周知するよう指示した。そこでこの課長級社員は、同22日に自らの判断で再稼働賛成の意見を説明会に送るよう、社内や子会社に1回目の依頼メールを送信し、同24日には2回目の依頼メールを送信していた。さらに、意見送付の依頼を受けた子会社4社では、依頼メールの内容を社内で閲覧できるようにしたり、部下に転送したりしていたことも判明した。

その結果、説明会に再稼働賛成のメールやファックスを送った同社と子会社の社員は合わせて141人にのぼった。したがって、説明会に送られた286件の賛成意見のうち、少なくとも3分の1が同社の関係者であったことになる。また、反対意見は163件であったことから当初は賛成意見の数が上回っていたが、同社の関係者が送った賛成意見を除くと、反対意見の数が上回ることも明らかになった。なお、この報告書は同日、経済産業省資源エネルギー庁に報告された。

このように、同社による世論誘導工作が組織ぐるみで行われており、同社の組織力を使い、上層部からの指示が組織末端まで行き届くようにしていたことが明らかになっている。こうしたことから、眞部社長の責任が追及されることとなったが、14日の記者会見で同社長は、コンプライアンス意識の希薄さが主因とし、組織的な工作と経営陣の責任を認めたものの、進退については当面続投する考えを示した。その後、同25日は減俸などの役員の処分について、外部の有識者から構成される第三者委員会の判断に委ねる方針を固めた。同社長は同19日に松尾新吾会長に対して辞任届を提出したものの、同会長は課題が山積していることを理由に、受理せずに預かりの状態となっていた。

2011年7月30日には佐賀県の古川康知事（当時）が記者会見し、説明会開催が発表された翌日の6月21日午前に、九州電力の副社長、取締役原子力発電本部長、佐賀支店長の3人と面会し、経済界に原発再稼働を求める声があるならば、それを表に出すことも必要である、などといった考えを伝えていたことを明らかにした。これ以降、本件の原因究明

CASE 090　九州電力、「やらせ」メール問題

において、同知事の関与や影響の有無が焦点となり推移することとなった。

　この7月30日の記者会見で同知事は、自身の発言が軽率だったとしたものの、やらせメールへの影響はなかったとする認識を示した。また、面会した同社の3人は、その日の会食で再稼働賛成の意見を集める必要性についての考えを確認し合っているが、8月24日には同社の3人が佐賀県議会の参考人招致において、古川知事によるやらせメールへの関与を否定し、責任が自社にあるとの認識を示した。

　9月8日には、同社の第三者委員会の中間報告が提出された。その中では知事の発言がやらせメールの発端となったことが明記され、委員長は同日の記者会見で、知事の発言がなければこの問題は起こらなかったのではないか、との見解を示した。これに対して九州電力側は翌9日、第三者委員会の見解は自社の見解と相反するものであるとする声明を発表し、知事の主張と足並みをそろえる一方、第三者委員会とは対立する構図が鮮明となった。

　同30日には第三者委員会が同社に対して最終報告書を提出した。その中では、2005年12月に佐賀県が主催した説明会で、同社が古川知事の意向に合わせて、参加者の動員ややらせ質問をしたとしており、委員長は記者会見のなかで、

このような県と同社との関係性が、本件の温床となったと指摘した。その上で最終報告書は、改めて知事の発言が「決定的な影響を与えた」と認めており、知事と同社の間には再稼働に向けて緊密な協力関係があったとした。それにより、本件のやらせメール問題を引き起こしたとして、眞部社長の責任に言及している。

　さらに、同社が知事を擁護し続けることから、同社の経営トップと知事の間の意思疎通があると見るのが合理的だとして、2005年の説明会を含む同社の一連の行動において、経営者の方針があったとみられることから、2005年当時の社長で2011年時点の会長である松尾新吾氏の責任も追及した。こうしたことから、報告書では再発防止策として、会社幹部名義による政治献金などの禁止など、原発立地自治体の首長などとの不透明な関係を解消することを提言した。さらに、原子力部門について社内に監視組織を設立することも提言している。

　同10月14日、九州電力は経済産業省に対して、本件に関する最終報告書を提出した。報告書には、古川知事の発言が影響を与えたとする同社の第三者委員会の指摘を採用せず、知事の発言を同社側が誤解したことが原因であったとする、同社の従来の見解を踏襲したものとなった。また社内の処分については、一時は辞意を表明していた眞部社長の続投が表

319

明され、同社長と松尾会長は3ケ月にわたって役員報酬を全額減額するほか、副社長以下の取締役は1ケ月間について20〜50%の減額などとした。

同17日、枝野幸男経済産業大臣は同社より提出された報告書を批判するなど不快感を示したことから、同社は報告書の再提出に向け準備を進めることを明らかにした。これにより、一時は同社が知事の関与を認めるものとみられたが、同23日にはやはり認めない方針を固めたことがわかっている。それを受け、26日に第三者委員会側は知事の関与を認めない報告書を再提出すれば、同社の信用が失墜し、株主代表訴訟を起こされる恐れもあるなど、大きな損害につながる可能性があるとする警告を、同社の全取締役に送った。

これに対して同11月16日に同社側は第三者委員会側に、同委員会の見解に反論する質問状を送付し、第三者委員会側は同23日に同社の主張を全面否定する回答書を公表するなど、事態は泥沼化した。

結局同12月22日、同社は経済産業省への最終報告書の再提出は行わない方針を固めた。

事件のその後

佐賀県の古川知事は、2011年12月20日、本件で県政を混乱させた責任を取るとして、2012年1〜4月の4ケ月間にわたって自らの給与（119万円）を全額返上するとした条例案を県議会に提出し、翌21日に可決した。一方、佐賀県議会は有志の県議6人が、知事の関与を明らかにするため、外部に調査を要請している。

また、九州電力は2011年12月22日に、原発部門の閉鎖的で独善的な体質を改善するため、翌2012年7月をめどに原子力発電部門と火力発電部門を統合する方針を明らかにした。これにより、両部門の人事交流を進めるなどするとした。また2012年1月12日には、同3月末をもって、眞部社長と松尾会長がともに退任することが明らかにされた。ただし眞部社長は6月末まで代表権のない取締役として経営陣に残った。

本件発覚後の2011年7月には、経済産業省資源エネルギー庁が同様の問題がないか、東京電力など電力6社に対して調査を指示した。その結果、同29日までに経済産業省原子力安全・保安院が中部電力浜岡原発や、四国電力伊方原発に関するシンポジウムで、それぞれの電力会社に「やらせ質問」を依頼していたことが明らかになった。

さらに同9月30日に同省の第三者委員会が発表した最終報告書では、このほかに北海道電力泊原発、東北電力女川原発等、合わせて7件のシンポジウムなど

CASE 090 九州電力、「やらせ」メール問題

で、電力会社に対して「やらせ質問」や参加者の動員を依頼していたことが明らかになった。同院からの「やらせ質問」の依頼においては、質問の文例集なども配付されていたこともわかっている。

加えて、同省や同院からの依頼を受け

ていなくとも、中国電力や関西電力が、住民説明会などに際して組織的な動員を図っていたことや、取引先企業などに案内状を送付していたことも判明している。

参考文献

webサイト

◆九州電力公式「信頼向上に向けた取組みについて」
  http://www.kyuden.co.jp/trust_index.html

新聞記事

◆日本経済新聞（2011.7.7 朝刊）
  「玄海原発説明会、九電が「やらせメール」、社員らに依頼、再開容認市民装う」
◆同上 （2011.7.8 夕刊）
  「九電、原発部門が暴走、前副社長、やらせメール指示、独善的体質浮き彫り」
◆日経産業新聞 （2011.12.27）
  「冬の需給解決後に辞任、九電社長、やらせ問題決着にメド」
◆毎日新聞 （2011.7.7 朝刊）
  「九州電力:経産省番組で「原発賛成」やらせメール 子会社に依頼」
◆同上 （2011.7.7 朝刊）
  「九州電力:原発やらせメール 再稼働「やり直し」九電社長、表情硬く」

など

ガバナンス —経営者関与

ガバナンス —従業員関与

製造物責任・事故・商品サービス瑕疵

日本型企業風土

マスコミ・その他

321

category	日本型企業風土

CASE 091
ベアリング4社 価格カルテル

date	2011年（平成23年）7月26日
commercial name	日本精工、NTN、ジェイテクト、不二越
scandal type	独占禁止法違反（不当な取引制限）

事件の発端

7月26日、公正取引委員会販促審査部は、自動車や家電製品などで使用される「ベアリング（軸受け）」部品の販売を巡り、大手メーカー日本精工、NTN、ジェイテクト、不二越の4社に対し独占禁止法違反（不当な取引制限）の疑いで強制捜査を行った。

ベアリングの国内シェアはこの4社で8割を占めている。

事件の経過・その後

2012年4月21日、東京地検特捜部は上記4社の本社などを家宅捜索。

2012年6月14日、特捜部は本精工、NTN、不二越の3社を独占禁止法違反（不当な取引制限）罪で起訴。3社の当時の担当役員7人を在宅起訴した。ジェイテクトを含む4社の当時の営業担当者らが、2010年5月から8月にかけ、会合で産業機械向けのベアリング価格を8

～10％引き上げることで合意を得たとされる。9月26日、在宅起訴された不二越の担当役員2人と法人同社の初公判が東京地裁で開かれ、2人と同社は起訴内容を全面的に認めた。10月23日、在宅起訴された日本精工の元執行役ら3人と法人としての同社の初公判が東京地裁で開かれる。元執行役の1人が合意には関与していないと起訴内容を否認、無罪を主張。1人も積極的関与を否定。もう1人の元幹部と同社は起訴内容を認めた。12月28日、東京地裁で不二越の担当役員1人が懲役1年2月、執行猶予3年（求刑懲役1年2月）、1人が懲役1年、執行猶予3年（求刑懲役1年）、法人としての同社は罰金1億8千万円（求刑罰金2億円）の判決がおりた。

2013年2月25日、日本精工の起訴された元役員ら3人と法人としての同社の判決があった。元執行役の2人に対し懲役1年2月、執行猶予3年（求刑・懲役1年2月）、元幹部に対して懲役1年、

CASE 091　ベアリング4社 価格カルテル

執行猶予3年（同・懲役1年）。同社に対して罰金3億8000万円（同・罰金4億円）が言い渡された。2013年3月29日、公正取引委員会はNTNと日本精工、不二越の3社に対し133億6587万円の課徴金納付を命じた。内訳はNTNが約72億3100万円、日本精工が約56億2500万円、不二越が約5億900万円。これに対し、NTNと日本精工は処分を不服として公取委に審判請求を行い、7月17日に同委員会は2社の審判手続を開始。2017年3月31日、公取委は日本精工の審判請求を棄却する審決。

2018年1月11日、公取委はNTNからの審判請求に基づき、排除措置命令及び課徴金納付命令に係る審判手続を行ってきたところ、同社は、2017年12月22日に排除措置命令に係る審判請求を取り下げたと発表。これにより、同委員会が行った排除措置命令は確定した。

参考文献

webサイト

◆公正取引委員会「NTN株式会社による審判請求の取下げについて(軸受製造販売業者による価格カルテル事件)」
　　http://www.jftc.go.jp/houdou/pressrelease/h30/jan/180111_1.html
◆同上「日本精工株式会社に対する審決について（軸受製造販売業者による価格カルテル事件）」
　　http://www.jftc.go.jp/houdou/pressrelease/h29/mar/170331_1.html
◆同上「ＮＴＮ株式会社及び日本精工株式会社に対する審判開始について（軸受製造販売業者による価格カルテル事件）」
　　http://www.jftc.go.jp/houdou/pressrelease/h25/jul/13071901.files/13071901.pdf#
　　search=NTN%E6%A0%AA%E5%BC%8F%E4%BC%9A%E7%A4%BE

新聞記事

◆毎日新聞（2011.7.26 夕刊）
　　「価格カルテル:独禁法違反の疑いでベアリング4社捜索--公取委犯則審査部」
◆同上（2012.4.21 朝刊）
　　「ベアリングカルテル:価格平均10円上昇　10年、4社合意で」
◆同上（2013.2.26）
　　「ベアリングカルテル:元役員ら有罪--東京地裁」
◆同上（2013.3.9 朝刊）
　　「ベアリングカルテル:3社に課徴金130億円　公取委命令へ」

など

323

category 日本型企業風土

CASE 092 ワタミ、過労自殺労災認定・訴訟

date 2012年(平成24年)2月21日

commercial name ワタミ株式会社

scandal type 過労死

事件の発端

2月21日、居酒屋チェーン運営の「ワタミフードサービス」従業員が2008年に自殺し、神奈川労働者災害補償保険審査官が労災認定していたことが分かった。従業員は2008年4月に入社したが同年6月に自殺した。居酒屋「和民」の深夜帯勤務で、1ヶ月の時間外労働が141時間と国の定めた過労死ライン(月80時間)を大幅に超えていた。

事件の経過

2013年12月9日、亡くなった従業員の両親が、和民を経営する「ワタミフードサービス」と、運営母体の親会社「ワタミ」に対し、約1億5300万円の損害賠償を求め東京地裁に提訴。労災認定後に会社側に説明と再発防止の話合いを求めたが実現しなかったという。労働条件や勤務態勢などは、トップが対応しないと変わらないとして、会社だけでなく懲

罰的慰謝料を含めた賠償請求額を求め社長だった渡辺美樹参議院議員(当時)に対しても提訴した。渡辺氏は第2回口頭弁論で「道義的責任を重く受け止める」と謝罪するものの、法的責任については「司法の判断を仰ぐ」と述べた。

事件のその後

2015年12月8日、東京地裁で和解が成立。ワタミ側が業務による自殺と認めて謝罪し1億3365万円を支払い、再発防止策(①36協定更新の際に残業時間を短縮する②労働時間を厳格に把握する③研修などを労働時間として記録し、賃金を支払う④長時間労働や賃金未払いに関する労働基準監督署の是正勧告を全従業員に周知する⑤労働条件に関するコンプライアンス委員会の調査、検証を実施して公表する)をとることで合意した。

なお、未払いの残業代や、給与から天引きされた業務用衣類なども支払われ、また、亡くなった従業員と同時期に入社

CASE 092　ワタミ、過労自殺労災 認定・訴訟

した社員に対しても未払いや天引きが
あったとし、1人あたり約2万5000円
（総額約4500万円）の支払いも行う。
渡辺氏は和解成立に当たり両親に改めて

謝罪し、ワタミは原告側に心労を与えた
ことを心からおわびするとのコメントを
公表した。

参考文献

webサイト

◆ワタミ公式「（経過）労務訴訟に関する和解成立のお知らせ」
　http://v4.eir-parts.net/v4Contents/View.aspx?cat=tdnet&sid=1312946

新聞記事

◆毎日新聞（2012.2.22 朝刊）
　「労災認定：「自殺は労災」逆転認定　居酒屋従業員、時間外月140時間」
◆同上　（2013.12.10 朝刊）
　「過労自殺：遺族がワタミを提訴　渡辺氏に懲罰的慰謝料」
◆同上　（2013.2.26）
　「ベアリングカルテル:元役員ら有罪--東京地裁」
◆同上　（2015.12.9 朝刊）
　「過労自殺訴訟：ワタミ、1億3000万円賠償　遺族意向に沿い和解」

など

325

category	日本型企業風土

CASE 093 電通、過労自殺に労災認定

date	2016年（平成28年）10月7日
commercial name	株式会社電通
scandal type	労働基準法違反

事件の背景

大手広告代理店の電通では、1991年にも若手社員が過労自殺をしており（2000年に同社が遺族に対し損害賠償と謝罪をすることで和解）、その後2013年にも当時30歳で亡くなった社員についても、過労死と認定されていたことが判明した。

事件の発端

2016年10月7日、電通の新入社員だった女性社員が2015年末に自殺したのは、残業時間が急増しうつ病を発症したためとして、東京労働局三田労働基準監督署は労災と認定、労災保険の支給を決定したと遺族代理人が公表した（労災認定は9月30日）。2015年10月9日から1ヶ月間の時間外労働が約105時間であり、前月分の約40時間から大幅に増えていた。本採用となった10月以降、業務が急激に増加していたという。

同社では時間外労働の上限を月間70時間に定めており、それ以上の時間を申告しないよう社員へ指導していたと女性社員の代理人弁護士が明らかにした。

事件の経過・その後

10月14日までに東京労働局と三田労働基準監督署は労働基準法に基づく強制調査として本社・支社に立ち入り調査を行った。

10月24日、同社が午後10時～翌朝5時の全館消灯、私事在館禁止等の施策を開始した。

11月1日、同社が「電通労働環境改革本部」を発足。7日、各地の労働局は同社本社と3つの支社に対し労働基準法（労働時間）違反の疑いで家宅捜索を実施、労務に関する管理記録などを押収。12月28日、同局が女性社員の上司1人と法人としての同社を労働基準法違反の疑いで書類送検した。同社の石井直社長（当時）は記者会見を開き、2017年1

CASE 093 電通、過労自殺に 労災認定

月の取締役会において社長を引責辞任する意向を発表した。

2017年1月18日、同社は、副社長執行役員らに対し月額報酬20%の減額を3カ月とする社内処分を発表した。2月14日、28日付で外部有識者から成る「独立監督委員会」を設置することを発表。

10月6日、東京簡易裁判所は同社に対し、労働基準法に違反したとして罰金50万円の有罪判決を下す。これを受け山本敏博社長の月額報酬20%の減額を6カ月とする処分を行うなど、関係役員3名に社内処分を行った。

2018年2月13日、同社は「当社が推進する労働環境改革について」を発表。2018年末までに、改革に必要な環境・基盤整備の完了を目指すとしている。

参考文献

webサイト

◆電通公式「本日付で「電通労働環境改革本部」を発足」
　http://www.dentsu.co.jp/news/release/2016/1101-009070.html
◆同上「労働基準法違反容疑による書類送検と再発防止に向けての当社の取り組みについて」
　http://www.dentsu.co.jp/news/release/2016/1228-009123.html
◆同上「労務問題に関する社内処分等について」
　http://www.dentsu.co.jp/news/release/2017/0118-009137.html
◆同上「当社の労働基準法違反に対する判決について」
　http://www.dentsu.co.jp/news/release/2017/1006-009375.html
◆同上「当社が推進する労働環境改革について」
　http://www.dentsu.co.jp/news/release/2018/0213-009466.html

雑誌・書籍・新聞記事

◆毎日新聞（2016.10.8 朝刊）
　「過労自殺：電通新入社員に労基署認定　残業月１０５時間」
◆同上　（2016.10.21 朝刊）
　「電通：３年前にも過労死　労基署、監督官不足も問題」
◆同上　（2016.12.29 朝刊）
　「電通：書類送検　社長が来月辞任　過労自殺で引責」

など

ガバナンス —経営者関与

ガバナンス —従業員関与

製造物責任・事故・商品サービス・瑕疵

日本型企業風土

マスコミ・その他

327

category	日本型企業風土

CASE 094 大手ゼネコン各社、リニア建設工事談合

date	2017年（平成29年）12月8日
commercial name	大林組、鹿島、清水建設、大成建設
scandal type	談合，独占禁止法違反（不当な取引制限），偽計業務妨害

■ 事件の背景

リニア中央新幹線は1973年に国が東京から大阪までの基本計画を決定し、1997年からは山梨県内のリニア実験線での走行試験がスタートしている。2007年にはJR東海が全額を自己負担して建設することを表明し、2014年に国が工事実施計画を認可した。2018年時点では工事が進められており、2027年に品川-名古屋間の先行開業が、2037年に大阪までの全線開業が予定されている。

国内の土木・建設市場は縮小が見込まれる中で、リニア中央新幹線の建設工事は「最後の大型案件」と呼ばれるほどの大型プロジェクトであった。建設に向けて動き始めた2010年代中盤は、東日本大震災の復興工事や東京五輪に向けた再開発事業などにより建設業界は好況であった。しかし2020年以降の先行きが不透明であり、大手ゼネコンにとってリ

ニア中央新幹線の建設工事は、安定的な仕事を見込める数少ないプロジェクトと言えた。

加えて、リニア中央新幹線の総工費約9兆円のうち、3兆円ほどは財政投融資が活用されるものの、残る約6億円はJR東海の自己負担であることなどから、工事費の値下げ圧力が厳しかった。こうしたことからも、事件に関わった大林組、鹿島、清水建設、大成建設の大手ゼネコン4社は赤字回避のために受注調整を行ったものとみられている。

また、後述するリニア中央新幹線の建設工事に絡む談合にかかわった大手ゼネコンの幹部は、同じ大学でともに土木などを学んだ技術者であり、学会などの公的な場で顔を合わせる機会が多かったほか、月に1回程度都内の飲食店などで集まっていたとされる。その際、どの工区の工事を希望しているか、などといったことについて会話を交わすこともあったとみられている。

328

CASE 094　大手ゼネコン各社、リニア建設工事談合

その一方で、JR東海が採用した「公募競争見積方式」という入札方式は、入札価格以外に工期や技術などを含めて受発注者が協議して落札業者を決めるというものであり、価格という客観的な指標以外の要因も考慮されるため、決定方法が不透明になりやすい。このことが不正を助長した側面も指摘される。実際に落札済み工事区間では、山岳工事を得意とする鹿島と大成建設が難しい工区を含む南アルプスのトンネル工事を落札している一方、前2社ほど高い土木技術を持たない清水建設は中規模の土木工事や変電施設の建築などを受注しており、一種のすみわけもなされていた。

■ 事件の発端

2017年12月8〜9日、リニア中央新幹線の地下トンネルの換気や事故時の避難に使われる名古屋市内の「名城非常口」の工事をめぐる入札で不正が行われた疑いがあるとして、東京地検特捜部は偽計業務妨害の疑いで東京都港区にある大手ゼネコンの大林組の本社などを家宅捜索するとともに、同社土木部門担当の副社長らに対して事情聴取を行った。さらに同18日には東京地検特捜部と公正取引委員会が、リニア中央新幹線の工事をめぐり、大手ゼネコン4社が受注調整を繰り返していた疑いが強まったとし、独占禁止法違反（不当な取引制限）容疑

で鹿島と清水建設の家宅捜索を行った。さらに翌19日には同容疑で大成建設と大林組も家宅捜索を受けている。

リニア中央新幹線をめぐる工事では、家宅捜索を受けたこれらの大手ゼネコン4社が2017年12月までに契約が済んでいる22件の工事のうち、約7割に当たる15件を受注しており、4社がそれぞれ均等に分け合うように受注していた。こうした工事の受注調整は、2014年の工事計画の認可以前から協議が進められていたとみられている。中でも、トンネル工事は大型機械での作業が多いことから人件費の割合が低く、利益率が高い。それゆえ、特捜部はトンネル工事の多くで受注調整が行われたものとみている。

一方、名古屋駅の工事を巡っては、大手ゼネコン4社による調整の中で、大成建設が受注することが決まっていたが、JR東海が工区を2分割し、その片方をジェイアール東海建設が受注することとしたため、もう片方の工区を大林組が受注した。受注調整においてはJR東海側の意向も反映されていたとみられている。

■ 事件の経過

2017年12月8〜9日に東京地検特捜部が偽計業務妨害の疑いで最初に大林組を家宅捜索した直後、同社は独占禁止

法課徴金減免制度に基づいて公正取引委員会に上述の大手ゼネコン4社による受注調整を自主申告した。それに対して、鹿島、清水建設、大成建設の3社は、2018年1月中旬の段階では自社が不正な受注調整には関与していないと判断しており、同制度に基づく違反の自主申告をしない方針を示した。このうち清水建設は方針転換し、その後申告期限である同1月22日までに、公正取引委員会に対して違反を自主申告した。ただし、いずれにしても4社で対応が分かれる形となった。

清水建設は家宅捜索を受けた4社の中で最後に情報交換の輪に加わったとされており、各社が集まった会合にも参加していなかったことから、談合には関与していないとの声も多かった。しかしその後、担当者が関与を認めたこと、過去に他社が課徴金減免制度を利用しなかったことで、経営陣が会社に損害を与えたとして株主代表訴訟を起こされた事例があることを鑑み、この方針転換に至ったとみられている。それに対して自主申告をしなかった鹿島と大成建設は、当初の調整で受注する予定だった企業以外が落札した工区が複数あったことなどから、談合がなかった、あるいは成立していなかったものとしている。

その後、鹿島と大成建設に対しては、同2月1日に2回目の家宅捜索が、大成建設に対しては同2日に3回目の家宅捜索が入っている。同28日までには東京地検特捜部が、大成建設元常務から再び事情聴取を行うなどしており、独占禁止法違反（不当な取引制限）の容疑で法人や担当者の立件を進め、同3月2日に鹿島の土木営業本部専任部長と、大成建設顧問を逮捕した。大成建設顧問はこれまでの聴取に対し、受注調整を否認しており、大成建設のとしても逮捕を承服しかねるとしているが、名古屋駅の工事において、大林組に対して自社より高い価格で入札するように要請していたとみられていることが分かっている。なお、同3月6日時点で東京地検特捜部は、大林組や清水建設の元幹部についても在宅起訴する方針で動いている。

一方、発注元であるJR東海は、2017年12月13日の記者会見で、柘植康英社長が2027年の品川－名古屋間の先行開業への影響はないという見込みを示した。また発注済みの工事の作業を止めることも考えておらず、不正が疑われている工区も含め工事を進めていく考えを示している。その後、同20日の記者会見において柘植社長は、「より公正な契約手続きにするため、追加や見直しが必要な内容があれば検討する」と述べ、入札方式見直しに向けた検討に入る意向であることを示した。同25日に同社は受注を希望して見積もりに参加した企業に

CASE 094　大手ゼネコン各社、リニア建設工事談合

対して、独占禁止法などに違反しないことなどを趣旨とした誓約書の提出を義務付け、誓約書に反する行為があった場合

に違約金の支払いなどを求めることとした。

参考文献

webサイト

◆東洋経済オンライン「ゼネコン、リニア談合の遠因は巨額建設費?」
　http://toyokeizai.net/articles/-/201981

雑誌・書籍・新聞記事

◆毎日新聞（2017.12.20 東京朝刊）
　「リニア不正受注 巨大事業、談合再び 大林幹部認め捜査加速」
◆日本経済新聞（2017.12.9 夕刊）
　「リニア工事入札不正か、偽計業務妨害容疑、大林組を捜索、東京地検」
◆同上　（2017.12.10 朝刊）
　「名古屋の工事で不正か―公共工事で摘発、度々、大林組、脱談合図るも…」
◆同上　（2017.12.21 朝刊）
　「受注調整、JRの意向も、リニア談合―JR東海社長、「入札方式の見直し検討」」
◆同上　（2018.1.24 朝刊）
　「リニア談合、清水が一転認める―大林組、負の連鎖断てず、白石社長が辞任、「法令順守に抜け穴」」
◆同上　（2018.3.3 朝刊）
　「リニア談合で逮捕、独禁法違反容疑、鹿島と大成の幹部」

など

331

「日本型企業風土」関連不祥事

(0162) 2007.3.29　コナカ、残業代不払

　　3月29日、紳士服販売大手の「コナカ」が2005年2月から約2年間に約720人の従業員に対して支払っていなかった残業代などの賃金が、総額で約9億円に上ることが分かった。2008年1月22日、同社は、管理職であることを理由に残業代を認めなかった元店長に解決金600万円を支払う協定を労働組合と結び、事実上の残業代支払いとなった。

　　4月15日、同社店長2人が、不払い残業代があったとして、同社に計1284万円の支払いを求める労働審判の申し立てを横浜地裁に行った。残業代が支払われるようになる前の計2年間、2人は毎月90〜100時間を超える残業をしており、「名ばかり管理職」扱いされ支払われなかった残業代の清算を求めて提訴した。8月22日、横浜地裁は、2人が管理職ではないと認める判断を示した。不払い残業については、残業時間の算定に至らなかったとして判断を避けた。このため、正式な裁判に移行、2010年2月8日に和解が成立した。

(0163) 2007.4.5　NHK、局長がセクハラ

　　4月5日、NHK熊本放送局長が3月に熊本市内で開かれた放送部ニュースセクションの送別会で女性にセクハラ行為をした疑いが浮上し、同放送局が内部調査を始めたことが分かった。

　　4月10日、同局長に対し、局長職を解任・減給処分とし、13日付で放送総局付とする懲戒処分を発表した。局長は送別会の2次会で酒に酔って複数の女性スタッフの手や腕を触るなどの不適切な行為をした。

(0164) 2007.4.19　ガス管工事で談合

　　4月19日、東京ガス、大阪ガスなどの都市ガス会社が発注したガス管敷設工事をめぐり、住友金属工業、新日本製鐵、JFEエンジニアリングなど大手鉄鋼メーカー系の事業会社が談合をしていた疑いが強まったとして、公正取引委員会は独占禁止法（不当な取引制限）の疑いで数社に立ち入り検査を行った。同社等は工

事の入札や見積もりについてあらかじめ受注業者と落札価格を決める談合を行ったとされている。12月4日、3日付で住友金属パイプエンジも含めた4社に対し独禁法違反で総額7億3888万円の課徴金納付を命令。各社は違反行為を同委員会に自主申告、再発防止を図ったため排除措置命令は見送られた。

(0165) 2007.6.29　ガス管でカルテル

　6月29日、公正取引委員会はポリエチレン製ガス管を製作するメーカーが価格カルテルを結んでいたとして、独占禁止法違反（不正な取引制限）の疑いでメーカーなど8社に対し、総額18億2930万円の課徴金の納付を命じた。8月29日、関東地方整備局などは公共工事登録業者の三井化学、日立金属、積水化学工業、クボタの4社に対し指名停止とした。停止期間は清水化学工業（課徴金減免対象）が1ケ月、他の3社は2ケ月間。

(0166) 2008.1.28　マクドナルド、残業代不払

　1月28日、ハンバーガーチェーン「日本マクドナルド」の店長が、管理職扱いされ時間外手当を支払われないのは違法として、同社に未払い残業代や慰謝料など計約1350万円の支払いを求めた訴訟で、東京地裁は約755万円の支払いを命じた。訴えていたのは、熊谷市にある店舗の店長。1999年に別店舗で店長に昇格して以降、残業代が支払われなくなり、時効にかからない2003年12月〜05年11月の2年分について約517万円の支払いなどを求めた。判決では、職務権限や待遇から見て、店長は管理監督者に当たらないとした。その上で未払い残業代を約503万円と認め、労働基準法に基づきその半額について懲罰的な意味合いを持つ「付加金」の支払いを命じた。判決を受け、同業種では「名ばかり店長」の見直しが進むなど、業界全体に大きな影響を与えた判例となった。同社は控訴したが、8月から直営店店長を管理監督者から外し、残業代を支払う制度を導入した。2009年3月18日に、店長の主張を全面的に認める形で和解が成立。また、2008年3月21日、東京都内の元店長4人も、管理監督者扱いされて払われなかった残業代など総額約1720万円の支払いを同社に求めて、東京地裁に提訴した。2009年8月26日に和解が成立。

(0167) 2008.5.9　SHOP99、残業代不払

　　5月9日、管理職の肩書があるものの一般社員以上に過酷な労働条件を強いられる「名ばかり管理職」として扱われたとして、コンビニエンスストア「SHOP99」元店長が、店を経営する「九九プラス」に残業代など約450万円の支払いを求め東京地裁八王子支部に提訴した。元店長は2006年9月に入社し、9ケ月後に店長となったが、残業代や深夜勤務手当がつかなくなった。労働時間は4日間で80時間になることもあったが、店員時に約29万円あった給与は、店長になった2007年8月には約21万円に減った。また長時間労働でうつ病となり同年10月から休職していた。6月4日、同社は、全直営店の店長約450人に残業代の支払いを始める方針を明らかにした。

　　2011年5月31日、東京地裁立川支部は、同社に対し、残業代や慰謝料など計165万円の支払いを命じた。店長は管理監督者とは認められないと認定し、うつと診断され休職したのは長時間労働が原因だとした。

(0168) 2008.7.18　グッドウィル、残業代未払

　　7月18日、個人加盟の労組、首都圏青年ユニオンは記者会見で、廃業の決まっている日雇い派遣大手のグッドウィルの現役支店長らが、管理監督者扱いされ残業代を支払われていなかったことを明かにした。現役支店長や元支店長など5人が労組に加入し、計約1200万円の不払い残業代の支払いと合意退職の条件の引き上げなどを求める団体交渉を、同社に申し込んだと発表した。同社では支店長に昇格すると、出退勤の自由や権限もないのに管理監督者扱いされ、残業代が支払われなくなったという。7月、同社は廃業。

　　10月24日、元支店長ら19人が「名ばかり管理職」として扱われたとして、不払いの残業代計6700万円の支払いを求める労働審判を東京地裁に申し立てた。その後、元支店長ら17名が約7000万円の支払いを求めた訴訟に発展したが、2010年10月5日、東京地裁で和解が成立した。和解条項は非公開だが、原告側によると、会社側が元支店長に管理監督権限がなかったことを認め確認できた残業代を全額支払うことで合意した。

(0169) 2008.11.11　メッキ鋼板製造販売で価格カルテル

　　11月11日、公正取引委員会は溶融亜鉛メッキ鋼板製造販売業者による価格

「日本型企業風土」関連不祥事

カルテルについて、独占禁止法違反（不当な取引制限）による容疑で日鉄住金鋼板、日新製鋼、淀川製鋼所の3社について検察当局に刑事告発。2006年4月～6月頃までに会合を重ね、同年7月1日以降の販売課各区を各社の販売価格から引き上げることで合意したことで公共の利益に反するとした。亜鉛メッキ鋼板は建物の屋根の材料や外壁、シャッターなどに使われる。

2009年8月27日、公取委は3社に対し総額約155億718万円の課徴金納付命令と、再発防止を求める排除措置命令を出した。

(0170) 2008.12.5　明治安田生命、パワハラで労災認定

12月5日、生命保険大手の「明治安田生命」の大阪市内の営業所に勤める保険外交員の女性が適応障害になったのは、所長や同僚のパワーハラスメントが原因として、大阪中央労働基準監督署が労働災害と認定していたことが分かった。女性は2002年10月に大阪市東成区内の営業所で保険外交員として勤務し始めた。しかし2006年4月に就任した男性所長から、営業成績が低いことなどを理由に、職場で暴言を浴びせられたという。2007年3月にパワハラを本社に内部通報したが、営業所内でそれが知れ渡ることとなり、その後適応障害となり休職を余儀なくされた。2009年9月6日、同女性を含む保険外交員の女性6人が、男性所長のパワハラによって体調を崩したり会社を辞めざるを得なくなったとして、明治安田生命と所長を相手取り慰謝料など損害賠償を求める集団訴訟を大阪地裁に起こすことがわかった。

2011年7月13日、元保険外交員の女性4人が慰謝料を求めた訴訟は、大阪地裁で和解が成立した。同社と元所長が連帯して解決金を支払う内容だが、金額などは非公表。

(0171) 2009.7.17　フジテレビアナウンサー、セクハラ降格

7月17日、フジテレビ男性アナウンサーが、番組女性スタッフへのセクハラのため、16日付でアナウンス室副部長の役職はく奪の上、総務局に異動していたことが分かった。詳細については不明だが、セクハラされた女性はフジテレビ局員ではなく、制作会社などに所属するスタッフだという。上司のアナウンス室長ら6人も、減俸、減給処分にした。同アナウンサーは主にスポーツ中継を担当していた。

(0172) 2009.7.22　川崎市下水工事で談合

　　7月22日、公正取引委員会は、神奈川県川崎市が発注する下水管敷設工事の一般入札で、談合を繰り返していたとみられる建設業者約30社に対し、独占禁止法違反（不正な取引制限）で立ち入り検査を行った。2010年4月9日、公取委は川崎市が発注した下水管きょ工事（汚水や雨水を集め、下水処理場や放流先まで導くための排水管又は排水きょ（排水を目的として造られる溝状の水路を新設又は補修する工事）について、違反事業者数が24社、排除措置命令対象事業者数が23社、課徴金納付命令対象事業者数が20社（総額1億3072万円の課徴金）と公表。

　　9月1日、川崎市は、工事請負契約に基づき、工事を受注した21社に対し、不正行為に対する賠償金を支払うよう請求を行う。その後、賠償金の債務不存在確認の訴えが提起されたが、2012年9月4日、裁判所から職権による強い和解勧告がなされた事を受け、控訴人らは、訴訟上の請求額などで遅延利息の支払義務があることを認め、遅延利息を合計した金額を10年間で分割して支払う事などが決定され和解。

(0173) 2009.12.15　大和ハウス工業子会社、独禁法違反

　　12月15日、大和ハウス工業の子会社「ロイヤルホームセンター」が、公正取引委員会が独占禁止法違反（不正な取引方法）の疑いで立入検査。同社が少なくとも3年ほど前から納入業者数百社に対し売れ残った商品を不当に返品したり、従業員の派遣を強要したりしたことが、公取委は「優越的地位の乱用」にあたる違反としている。

　　2010年7月30日、再発防止を求める排除命令が出された。

(0174) 2009.12.17　電線ケーブルで価格カルテル

　　12月17日、公正取引委員会は、屋内用の電線ケーブル販売をめぐり、シェアのほとんどを占めている5社に対し、独占禁止法の疑いで本社等に立ち入り。各社は設備工事の事業者に向けたケーブル販売で2005年4月から09年6月まで、価格について共通の基準価格を設け、事業者の希望に応じ一定割合の値引率を定めていた。

　　2010年11月18日、同委員会は住電日立ケーブル、フジクラ・ダイヤケー

ブル、古河エレコム、矢崎総業の4社に対し合計総額108億3817万円の課徴金納付を命令、また、フジクラ・ダイヤと矢崎の2社に対しては排除措置命令も出された。

(0175) 2010.6.15　味覚糖など、派遣社員セクハラ訴訟

　　6月15日、派遣されていた工場で上司にセクハラされたとして、東京の人材派遣会社の女性社員が、菓子メーカー「味覚糖」などに慰謝料など約700万円を求めた訴訟の判決が奈良地裁であった。判決では、上司に対する使用者責任を認め、同社に77万円の支払いを命じた。派遣会社への請求は棄却した。同社員は2005年12月に奈良工場に派遣され、あめの袋詰めや検品などを担当。2007年9月ごろから、上司のサブリーダーに携帯電話の番号を教えるよう何度も求められ、体を触られるなどのセクハラを受けたという。同社員は2008年6月、抑うつ神経症と診断され休職。同年12月に提訴した当日、上司は自殺した。女性社員は2009年7月に労災認定を受けた。

(0176) 2010.10.29　葛飾赤十字産院、パワハラ労災認定

　　10月29日、東京都葛飾区の葛飾赤十字産院で05年、勤務1年目の助産師が自殺したのは上司の言葉によるパワハラが原因として、向島労働基準監督署がこの助産師の労災を認定していたことが分かった。同助産師は2005年4月から同産院で勤務。間もなく上司の看護師長から「能力がない」などの暴言を人前で浴びせられるようになった。同年12月、アルコールと睡眠薬を大量に飲んで自殺したとしている。

(0177) 2011.1.26　タクシー運賃でカルテル

　　1月26日、公正取引委員会は、新潟市とその近郊地域のタクシー運賃をめぐり、値上げに対するカルテルを結んだ疑いがあるとして新潟市内のタクシー会社などを立ち入り検査。いわゆる「新潟交通圏」(2009年10月施行の「タクシー適正化・活性化法」特別措置法の対象地域）を営業エリアとするタクシー会社各社が、新潟市ハイヤータクシー協会の会合で、2009年秋以降に27社中26社が初乗り1.3キロが570円になるように調整、10〜30円の値上げを運輸局に申請し、4月から値上げされた。12月21日、25社に対し独占禁止法違反（不当な取引制限）

で、再発防止を求める排除措置命令と合計約2億3000万円の課徴金納付命令が出された。

2012年2月17日、25社のうち16社が「値上げの談合をしたわけではない」とし、命令を不服とし公取委に審判請求を行う。2014年10月28日、公取委が課徴金納付命令の取り消しなどの訴えを退ける審決案を送達。これに対し、12月に新潟県はタクシー事業の経営状態などの実態を踏まえた審決を進めるよう要望書を同委員会に提出した。

2015年2月27日、審判請求を棄却する審決を行った。これに対し、15社のうち12社が審決の取消しを請求したが、東京高等裁判所は、2016年9月2日、今回の案件が特定タクシー運賃の値上げについて共同歩調をとる趣旨で本件合意を行ったことを認める「共同行為」に該当することなどとして上告人兼申立人らを含む一審原告ら12社の請求を棄却した。一審原告らのうち4社は上訴しなかったため判決が確定するも、他の8社については判決を不服とし、9月15日に上告及び上告受理申立てを行う。これに対し最高裁判所は、2017年3月16日に受理すべきものとは認められないとし、上告を棄却。上告審として受理しない旨の決定を行い東京高等裁判所の判決が確定した。

(0178) 2012.1.19　車用の電線でカルテル

1月19日、自動車のエンジンやエアコン等自動車内の各装置類を作動させるために電気を送るための回路に使用される自動車用の電線、ワイヤーハーネスをめぐり、受注調整をするカルテルを結んだとして、独占禁止法違反（不当な取引制限）でメーカーの矢崎総業、フジクラ、住友電気工業の3社に対して合計128億9167億円の課徴金納付命令を出した。矢崎とフジクラについては再発防止を求める排除措置も命令。自動車メーカーが車のモデルチェンジなどを行う際に実施するコンペで事前協議を行い、受注業者を決定していたとされる。矢崎への課徴金は96億713万円、住友電工の課徴金は21億222万円、フジクラ11億8232万円。また、30日には米司法省が矢崎総業に対し2000年から10年間、同商品等に対し価格カルテルに関与していた問題が、米独占禁止法（反トラスト法）違反にあたるとして4億7000万ドル（約360億円）の罰金を支払う司法取引に合意。司法省はデンソーに対しても同様の内容で7800万ドル（約60億円）の罰金の支払いで合意。矢崎総業は31日に米司法省と司法取引で合意した

「日本型企業風土」関連不祥事

と発表。

(0179) 2012.5.22　国際自動車、タクシー運転手残業代未払

　　5月22日、タクシー会社大手「国際自動車」の運転手15人が、残業手当や交通費が支払われない賃金規則は労働基準法違反に当たるとして、同社に未払い賃金1967万円の支払いを求め、東京地裁に提訴した。同社の規則は、残業手当や深夜手当、休日手当、交通費と同額が歩合給から差し引かれる仕組みになっていた。訴状で運転手側は、賃金規則は労使間合意を得ているが、「意図的に分かりづらくしている。実はどれだけ働いても支給額が増えない悪質な規則」と主張し、2010年3月から2012年2月までの残業手当などの支払いを求めた。

　　2015年1月28日、1審の判決で東京地裁は、歩合給から残業手当、深夜手当などを差し引く規則を無効と認め、計約1450万円の支払いを命じた。2審もドライバー側が勝訴したが、2017年2月28日、最高裁では、1審2審判決を破棄し、東京高裁に審理を差し戻した。最高裁は、残業手当等かを同額が歩合給から差引かれる仕組みに関して、当然に公序良俗違反とまではいえないと判断。労基法上の問題がある可能性はあるが、議論が十分でないとして、審理をやり直すべきだとした。2018年2月15日、差し戻し審判決が東京高裁であり、ドライバー側が逆転敗訴。その後上告した。

(0180) 2012.6.5　段ボールで価格カルテル

　　6月5日、公正取引委員会は、北関東地域で段ボール事業を展開するメーカー数十社と業界団体である「東日本段ボール工業組合」など、関係先に立ち入り検査。立ち入りを受けた会社は大手段ボールメーカーの「レンゴー」「トーモク」など。調査の結果、全国規模でカルテルが行われている可能性が高いと判断、同委員会は9月19日に再度立ち入り検査を実施。全国団体の「全国段ボール工業組合連合会」も立ち入りの対象となった。

　　2014年6月19日、同委員会は独占禁止法違反（不当な取引制限）で61社に対し、再発防止を求める排除措置命令、合計約132億円の課徴金納付命令を出した。2011年10月頃から「東日本段ボール工業組合」の会合で価格引き上げを十数社が協議。2011年の秋から2012年の春にかけて段ボール関連で10%超の値上げに踏み切っていた。また、この会合とは別に、大手5社で校正される「5

社会」の会合では、飲食メーカーへの納入製品について価格引き上げを決定。レンゴー、王子コンテナー、トーモクらメーカー36社は、これらの命令について不服として審判請求を決定、公取委は11月7日に審判手続を開始することを各社に通知した。

(0181) 2012.8.28　防衛医大病院、粉ミルクで談合

　　8月28日、埼玉県警は防衛医科大学病院の乳児用粉ミルクの入札で業者と談合したとして、防衛技官を公契約関係競売等妨害などの疑いで逮捕。9月12日には入札に参加した大手乳製品会社の担当者ら計7人を談合容疑で埼玉県警に書類送検された。2010年3月から2011年9月の間、4回に渡る粉ミルクの入札で、技官から落札金額などを入手、落札する社と価格の指示を受けて談合していたとされ、いずれも容疑を認めた。

(0182) 2012.9.6　貨物船運搬で海運カルテル

　　9月6日、公正取引委員会は自動車などの物資を海外に運搬する貨物船運航をめぐり、独占禁止法違反（不当な取引制限）の疑いが強まったとして「日本郵船」「商船三井」「川崎汽船」など業界大手の各社に対し立ち入り検査を始めたと発表。各社は遅くとも2008年頃から2012年にかけ、自動車の海上輸送について、どの会社が受注するか事前協議を行い、自動車メーカーに提示する金額を調整するなどしたカルテルを行った。

　　2014年3月18日、同委員会は海運4社に対し、総額で約227億円の課徴金納付を命令。内訳は日本郵船が約131億、川崎汽船が約57億、ノルウェー籍のワレニウス・ウィルヘルムセン・ロジスティックスが約35億、日産専用船が約4億。商船三井は課徴金減免制度（リーニエンシー）で違反を最初に申告、命令を逃れた。また、米司法省は川崎汽船に対し、国際輸送船の運賃等を不正操作するカルテルに参加したとして、米独占禁止法（反トラスト法）違反と認め罰金6770万ドル（約74億円）の支払に同意したと発表した。

(0183) 2012.11.27　送電線工事で談合、50社に立ち入り

　　11月27日、公正取引委員会は東京電力・関西電力発注の送電線設備工事をめぐって、業者が繰り返し談合を行っていたとみられるとして、独占禁止法違反

340

（不正な取引制限）の疑いで「きんでん」「弘電社」「かんでんエンジニアリング」など約50社に立ち入り検査を行った。各種工事が電力会社から発注され、受注する業者を話合いで決定するなど、繰り返し談合を行っていた疑いが持たれていたが、談合で不当に高騰した工事価格は、結果として利用者の電気料金に転嫁され負担増となる。12月20日、公取委は電気設備工事会社約60社に対し、課徴金納付命令を出した。

2013年3月13日、公取委は地下ケーブル「地中送電線」においても談合が疑われた疑いがあるとして「関電工」など約30社に立ち入り。各社とも東電・関電が発注の地中送電線工事の入札で、事前の話合いで落札事業者を決定していた疑い。12月20日、同委員会は東電発注の工事対象36社に対し課徴金額7億4662万円納付を、2014年1月31日、関電発注の工事対象61社に対し、課徴金額23億7048万円の納付を命じた。

(0184) 2013.1.29　柔道女子日本代表パワハラ問題

1月29日、柔道女子日本代表選手らが、強化監督らによる暴力・パワーハラスメント行為を受けたとして日本オリンピック委員会（JOC）に告発文を提出していたことが発覚。関係者らに聞き取りを行った結果、大筋で事実関係を認めていた。30日、全日本柔道連盟が会見を開き、当該監督を続投させることを発表。すでに戒告処分を公表しているとしたが、翌31日当該監督が辞意を表明。2月、同連盟は第三者委員会を設置、3月に第三者委員会委員長らが全柔連に報告書を答申した。4月15日、全日本柔道連盟が外部有識者を交えて設置した「暴力の根絶プロジェクト」の初会合。しかしながら助成金不正受給なども明るみに出て、6月24日に執行部全員の引責辞任を決定。7月23に内閣府から全柔連に対し勧告が出された。8月14日、全柔連は綸旨理事会を開催、一連の事件の責任を取り、会長をはじめとした理事23人と監事3人が21日付で辞任することを決定。

(0185) 2013.9.4　北陸新幹線、融雪設備談合

9月4日、公正取引委員会は北陸新幹線の融雪設備工事で、発注元の「鉄道建設・運輸施設整備支援機構」（独立行政法人）に対し、ほとんどの入札で落札率が予定価格の9割超えで非公開の価格が漏えいしていた疑いがあるとして強制捜査に乗り出した。

2014年2月4日、東京地検特捜部は同法人を独占禁止法違反（不当な取引制限）の疑いで家宅捜索した。3月4日、同法人は会見を開き、理事長が謝罪。2012年3月の際の内部調査で、担当職員へ聞き取りをしていなかったと発表、入札業者側の聞き取りを在宅起訴された設備部長が行っていたことを明らかにした。10日、国土交通省は独禁法違反で起訴された高砂熱学工業、ダイダンなど設備工事会社8社に対し建設業法に基づく再発防止と法令順守（コンプライアンス）の徹底などを勧告。国民の信頼を著しく失墜させたとして、社内体制の整備や再発防止策を報告するよう求めた。7月9日、東京地方裁判所は、官製談合防止法違反に問われた元設備部長に対し、「自ら入札について言及しており悪質」として、懲役1年2月、執行猶予3年（求刑・懲役1年2月）を言い渡した。

2015年10月9日、公取委は受注業者7社に対し、計10億3499万円の課徴金納付を命令。他4社と合わせた再発防止を求める排除措置命令も出された。

(0186) 2013.11.19　穀物貯蔵庫設備で談合

11月19日、公正取引委員会は、穀物貯蔵設備の建設工事で繰り返し談合が行われた疑いがあるとして、入札に参加した農業機器メーカーの本社等約30か所を独占禁止法違反（不当な取引制限）容疑で立ち入り。設備全国の農協等が発注したもの。検査を受けているのは井関農機、サタケ、ヤンマーグリーンシステムなど約7社。穀物をサイロで保存するカントリーエレベーターの工事について、各社は数年前から一般競争入札で事前に話合いを持ち、落札事業者を決定していたとみられている。市場規模は年間で100億〜200億ともいわれ、新規参入が限られる分野のため、立ち入りを受けた各社で約90％のシェアを誇る。

2015年3月27日、同委員会はサタケ、クボタ、井関農機など7社に対して合計約11億7千万円の課徴金納付を命じた。

(0187) 2013.12.11　ヤマダ電機、長時間労働で労災

12月11日、家電量販店大手「ヤマダ電機」の店舗に勤めていた男性社員が自殺したのは、長時間労働でうつ病になったためとして、男性の遺族が、同社に対し約1億2000万円の損害賠償を求め、前橋地裁高崎支部に提訴した。男性は新規開店予定だった新潟県柏崎市の店舗で管理職として勤務していた2007年9月19日、同市内の社宅で首つり自殺した。死亡までの1カ月間の時間外労働は

342

「日本型企業風土」関連不祥事

約106時間、11年6月に労災認定。2016年5月19日、前橋地裁高崎支部は原告の請求を棄却。その後、原告らが控訴し、東京高等裁判所において係争中だったが、2017年1月13日に和解が成立した。

(0188) 2013.12.11　住友生命、パワーハラスメントで労災認定

　　12月11日、上司のパワハラでうつ病になり、退職を余儀なくされたとして、大阪の女性が住友生命保険と元上司を相手取り、計約6300万円の賠償を求めた訴訟が大阪地裁で和解した。元上司が女性への行き過ぎた言動を認めて謝罪し、住友生命側が解決金4000万円を払う内容とみられる。女性は2003年に大阪府内の出張所長になった。保険契約の成績が不十分だとして、朝礼で男性上司から叱責され、保険契約の成績を別の社員に付け替えるよう強要されるなどした。違法であるため拒否したところ、叱責や暴言を受けたという。女性はうつを発症し休職、いったん復職したが2009年6月に退職。2010年に労災認定を受けた。

(0189) 2014.1.15　メイコウアドヴァンス、パワハラ自殺

　　1月15日、愛知県のほうろう加工業「メイコウアドヴァンス」の社員が2009年に自殺したのは社長らによる日常的なパワーハラスメントが原因だとして、遺族が損害賠償を求めた訴訟の判決で、名古屋地裁は、パワハラと自殺の因果関係を認め、社長と会社に計約5400万円の支払いを命じた。同社員は、仕事でミスをすると、社長に暴言を吐かれたり、蹴られたりし、ミスによって同社に与えた損害を弁償するよう脅迫されるなどしたという。同社員は2009年1月に自殺した。

(0190) 2014.3.12　ホテル阪神、長時間労働で死亡

　　12月11日、西野田労働基準監督署は、ホテル阪神の料理人に月100時間を超える時間外労働をさせていたとして、ホテルの男性総支配人と運営会社の阪神阪急ホテルズを、労働基準法違反の疑いで書類送検したと発表した。料理人の男性が倒れて死亡し、発覚した。男性は2013年8月上旬に倒れ、脳幹出血で死亡。前月の7月に月101時間の時間外労働をしていた。男性を含め4人が90時間以上の時間外労働をしていた。

343

(0191) 2014.7.31　すき家、従業員の過重労働

　7月31日、ゼンショーホールディングスが運営する牛丼チェーン「すき家」の労働環境を調査した第三者委員会が調査報告書を発表。非管理職社員418人の平均残業時間が、労使協定で定められた月45時間を大幅に上回っていることを明らかにした。2014年3月は月109時間という。同委員会は現場の過重労働を指摘、深夜の1人勤務体制（ワンオペ）の解消などの実現を提言した。同社の小川賢太郎会長兼社長は「拡大路線の成功体験のまま意識が変わらなかった、従業員に負担をかけ経営としても遺憾」と述べた。

(0192) 2014.8.28　たかの友梨ビューティークリニック社員が保護申告

　8月28日、エステ業界大手「たかの友梨ビューティークリニック」の仙台市内の店舗に勤務していた社員が、経営母体の「不二ビューティー」が給料から違法な天引きを行っていると労働基準監督署に内部通報したところ、同社から精神的な圧迫を受けたとして厚生労働省に公益通報者保護の申告を行った。また、「エステ・ユニオン」も宮城県労働委員会に不当労働行為の救済申し立てを行った。社員が労基署に違法状況を申告後、仙台労基署は8月5日に是正勧告を行うものの、高野友梨社長から名指しして指摘されたという。10月4日、同社は高野社長が現場となった支店を訪れ、「労働コンプライアンスに対する知識や意識が未熟だったからであると深く反省している」と謝罪したことを公表した。

(0193) 2014.10.23　広島中央保健生活協同組合、マタハラ

　10月23日、妊娠した女性が勤務先で受けた降格処分が、男女雇用機会均等法に違反するかが争われた訴訟の上告審判決で、最高裁第1小法廷は、「本人の承諾がないような降格は原則として均等法に違反する」との初判断を示した。その上で女性側敗訴とした2審を破棄、審理を高裁に差し戻した。女性は理学療法士として病院で約10年勤務し、2004年に管理職の副主任に就任。08年に第2子を妊娠後、配置転換を求めたところ、異動先で副主任の地位を降ろされた。勤務先だった病院を運営する広島中央保健生活協同組合に慰謝料などの賠償を求め提訴したが、1、2審では要求を棄却されていた。

　2015年11月17日、差し戻し控訴審判決が広島高裁で行われた。判決では、降格を違法とした一審・広島地裁判決を変更し、精神的苦痛による慰謝料も含め

てほぼ請求通り約175万円の賠償を病院側に命じた。女性が逆転勝訴した。

(0194) 2015.2.8　川崎市公園整備で官製談合

　2月8日、神奈川県警は川崎市発注による公園整備事業の入札情報を業者に伝えたとして、市建設緑政局の現役職員と取引先の業者役員を官製談合防止法違反などの容疑で逮捕。職員は2013年7月頃、予定価格などを市内の造園業者に漏らしたとみられる。また、職員が関わった2013年の造園工事で、最低制限価格と同額での落札が相次いでいることが判明した。市は、2015年8月の中間報告で、積算ミスによって設定された最低制限価格と同額落札だったと報告、市側が職員をヒアリングしたが不正を見抜くことができなかったという

(0195) 2015.5.22　積水ハウス、残業代未払

　5月22日、住宅メーカー大手「積水ハウス」の元営業職社員2人が、不払いの残業代などとして、それぞれ271万円と114万円の支払いを求め、東京地裁に労働審判を申し立てた。2013年に入社した元社員は関東の支店に配属され住宅販売の営業を担当。「みなし労働時間」を1日8時間55分とされたが、実際には午前8時15分から午後10時ごろまで働き、1カ月69時間の残業を強いられた。残業代は支払われず、体調を崩し退職した。もう1人も不払いがあったと訴えた。みなし労働時間は、営業など社外での仕事が多い社員の正確な労働時間を会社側が把握できない場合、一定時間を働いたとみなす制度。しかし、2人はスケジュールを管理され、社外でも頻繁に報告を行っていたと主張した。2016年3月4日、元社員らは、会見を開き、同社との和解が成立したことを明らかにした。和解が成立したのは、それぞれ2015年12月と2016年2月。和解内容は不明だが、二人は、満足のいく内容だったと述べた。

(0196) 2015.6.3　日本IBM、不当解雇で賠償

　6月3日、日本IBMに労働組合差別で不当解雇されたとして、元社員が、同社を相手取り、地位確認と未払い賃金など約330万円の支払いを求めて東京地裁に提訴した。労組のJMIU日本IBM支部で中央執行委員を務めていた同元社員は、4月に業務成績が悪いとの理由で解雇された。

2017年9月14日、東京地裁は、解雇は権利の乱用に当たり無効だとして、雇用継続と、未払い給与など約1070万円の支払いを命じた。

(0197) 2015.6.16　JAL、客室乗務員にマタハラ

6月16日、妊娠による地上職への勤務を認めず休職を命じたのは、男女雇用機会均等法などに違反しマタニティーハラスメントだとして、日本航空の客室乗務員が、同社を相手取り、休職命令の無効と未払い賃金など338万円の支払いを求め東京地裁に提訴した。同乗務員は2014年8月に妊娠が判明。日航は規定で客室乗務員が妊娠した場合、母体保護から乗務資格を停止している。そのため、制度に基づき地上勤務を希望したが、空いているポストがないとして2015年9月に休職命令を受け、賃金が支払われなくなった。

2017年6月28日、東京地裁で和解が成立。原則全員が出産前に地上勤務に就けることが和解条項に盛り込まれた。

(0198) 2015.7.2　ABCマート、長時間労働

7月2日、東京労働局は、靴販売大手「ABCマート」の東京都内の2店舗で従業員に違法な長時間労働をさせたとして、運営会社のエービーシー・マートと、人事総務担当役員、店長2人の計3人を労働基準法違反容疑で書類送検した。同社は複数の店舗で従業員に100時間を超える残業をさせていた。労働局は、2013年に本社に3回、2011～13年に16店舗に改善を指導したが、本社と14店舗は改善しておらず、悪質と判断。16年3月2日までに、東京区検が労働基準法違反の罪で、同社を略式起訴したことが分かった。東京簡裁は2月16日に罰金50万円の略式命令を出し、同社は25日に納付した。

(0199) 2015.12.17　滋賀積水樹脂、過労自殺

12月17日、滋賀積水樹脂の工場で働いていた男性課長が2014年7月、長時間労働を苦に自殺していたことが分かった。同日、東近江労働基準監督署は、同課長ら2人に労使協定で定めた上限時間を超える残業をさせたなどとして、同社と前社長を労働基準法違反容疑で書類送検した。男性課長は2014年5～7月、最長で1日に5時間半、1週間に37時間半の違法な残業を課された。2015年7月、労基署は自殺は労働災害と認定した。

「日本型企業風土」関連不祥事

(0200) 2016.1.23　日本語学校で留学生に違法長時間労働

　　1月23日、福岡県警は、外国人留学生に法で定められた制限時間を超えて働かせた疑いで、福岡の日本語学校「JAPAN国際教育学院」を出入国管理法違反容疑で家宅捜索した。県警は同日、理事長の女ら3人を同容疑で逮捕。学校側は留学生に就労先を次々とあっせんし、アルバイト代を得た留学生から授業料や寮費などを受領していた。個々の就労先でのアルバイトの時間は上限である週28時間以内だが、複数のアルバイトを掛け持ちし、総労働時間が上限を超えていた。5月25日、福岡地裁小倉支部は、実質的経営者に対し、懲役2年、執行猶予4年、罰金200万円の有罪判決を言い渡した。経営者の妻で副理事長、理事長の両被告にもそれぞれ執行猶予付きの判決を言い渡した。

(0201) 2016.2.29　震災復旧談合で告発

　　2月29日、公正取引委員会は、東日本大震災で被災した高速道路の復旧工事をめぐり、2011年の夏に東日本高速道路会社東北支社が発注した工事の入札で、入札価格や落札事業者などを事前に話合い調整した疑いがあるとして、道路舗装を担当した10社と営業担当者ら11人を独占禁止法違反（不当な取引制限）容疑で刑事告発した。告発された事業者は業界大手のNIPPO、前田道路、日本道路などの入札に参加した企業と、当時の各社の支店営業担当者ら。9月15日、東京地方裁判所はNIPPOに対し、国の補助金が財源の大半を占める公共性の高い事業で談合を主導、社会経済に与えた影響は大きいとし罰金1億8000万円（求刑・罰金2億円）の判決を出した。10月6日には日本道路に対し同じく罰金1億8000万円（求刑罰金2億円）の判決を言い渡した。また、それに先立ち、9月22日に公取委が日本道路などの5社に対し総額約4億8000万円の課徴金納付を命令した。

(0202) 2016.4.12　仁和寺、長時間労働

　　4月12日、世界遺産・仁和寺が運営する宿坊の元料理長の男性が、過酷な長時間労働で抑うつ状態になったとして、寺を相手取り約4700万円の損害賠償などを求めた訴訟の判決で京都地裁は、仁和寺に総額約4253万円の支払いを命じた。男性は2005年から境内にある宿坊「御室会館」の料理長を務めていたが、2011年には月100時間以上の時間外労働が常態化。月200時間以上になるこ

ガバナンス—経営者関与

ガバナンス—従業員関与

製造物責任・事故・商品サービス瑕疵

日本型企業風土

マスコミ・その他

347

とや349日の連続勤務もあった。男性は2012年に「抑うつ神経症」と診断されて仕事を休むようになり、2013年には労災認定を受けた。

(0203) 2017.6.27　Jリーグ理事がセクハラで辞任

　6月27日、サッカーのJリーグは常務理事の退任を発表。2015年から16年にかけて複数の女性職員らに対するセクハラ、パワハラ行為が確認されたという。相談窓口に通報があり発覚。本人が事実を認め、26日に辞任届を提出した。

(0204) 2017.10.4　NHK記者が過労死、労災認定

　10月4日、NHKは2013年7月に同社記者の女性が亡くなったのは過重労働が原因として、2014年に渋谷労働基準監督署が労災認定したことを発表した。主に東京都所為の取材を担当しており、2013年6月の東京都議選、7月の参議院議員選挙の報道を担当していたという。亡くなる直前の1ヶ月間の残業時間は159時間を超えており、十分な休日が確保できない状況にあったと認定された。6日、NHKの上田良一会長が記者の両親に謝罪。また、同社執行部が、公表するまで経営委員会に正式に報告していなかったことが明らかとなった。

category	マスコミ・その他

CASE 095 関西テレビ、情報番組でねつ造

date	2007年（平成19年）1月20日
commercial name	関西テレビ放送株式会社
scandal type	ねつ造，警告処分

事件の背景

テレビ番組制作現場では放送局ではなく実際には下請けの制作会社、更には孫請けの制作会社（複数の場合もあり）が番組を制作することが常態化している。しかし下請け、孫請けの制作会社は常に人手不足、締切に追われる状況にある。『発掘!あるある大事典2』ねつ造問題も、孫請け制作会社のディレクターがオンエア時期が迫る中、想定した結果に近づけるためデータをねつ造していた。

事件の発端

2007年1月20日、関西テレビは1月7日のフジテレビ系列で全国放送した『発掘!あるある大事典2』（特集:納豆を食べるとダイエットができる）で、事実とは異なる内容が含まれていたと発表した。同日の放送はスーパーで納豆が品薄になるなど社会現象を引き起こしたが、「週刊朝日」より取材を受けたことこと

をきっかけに同テレビが社内に調査委員会を設け調査した結果、研究者のコメントや被験者の検査データがねつ造されたものであることが判った。また他の放送でも複数のねつ造が行われていることが判明し番組は打ち切りとなった。

事件の経過

関西テレビでは1月21日の午後9時からの『発掘!あるある大事典2』の放送を休止し同番組は放送打ち切りとなった。総務省はねつ造発覚を受けて1月30日、関西テレビに電波法に基づいて事実関係の報告を文書で要請した。同番組は関西テレビの社員2人と番組制作会社「日本テレワーク」の4人がプロデューサーを務めていた。報告書によれば実際の番組を作る孫請けの制作会社のディレクターが実験結果が番組オンエアに間に合わないとデータをねつ造したということである。

ねつ造された事柄は以下の通り。

ガバナンス—経営者関与

ガバナンス—従業員関与

製造物責任・事故・商品サービス瑕疵

日本型企業風土

マスコミ・その他

349

（1）痩せた被験者の写真が別人
（2）米国人大学教授の発言（日本語訳の一部）をねつ造
（3）被験者の一部の中性脂肪値が正常値になったとしたが、実際は測定していなかった
（4）納豆を朝2パックまとめて食べた場合と、朝晩1パックずつ食べた場合の比較で、被験者の血中イソフラボン濃度の結果をねつ造
（5）被験者の血中のDHEA（ホルモンの一種）量検査のデータをねつ造

また関西テレビが2月28日に総務省近畿総合通信局に再提出した社内調査の報告書で「有酸素運動の新理論」（05年10月16日放送）、「みかん・りんごダイエット」（2006年10月22日放送）の2件で新たにねつ造の疑いがあることを認めた。日本民間放送連盟は関西テレビを除名とし、千草宗一郎社長（当時）が引責辞任する事態となった。また菅義偉総務相（当時）は関西テレビに対し行政指導としては最も重い「警告」を伝え、さらに電波停止処分に言及した。

4月3日、一連の事件の検証番組「私たちは何を間違えたのか 検証・発掘!あるある大事典」がフジテレビ系列で放送された。

事件のその後

ねつ造事件で日本民間放送連盟（民放連）から除名処分を受けていた関西テレビは2008年10月に完全復帰を果たした。関西テレビをはじめ、多くの放送局がこの事件をきっかけにコンプライアンス（法令順守）強化に乗り出した。一方で下請け、孫請け制作会社と放送局とのコンプライアンスに関する意識に隔たりがあるという声もある。

参考文献

webサイト

◆関西テレビ放送網公式「会社沿革」
https://www.ktv.jp/ktv/outline/history.html#year2000

雑誌・新聞記事

◆奥田良胤「『あるある大事典Ⅱ』のねつ造問題 関西テレビの信頼回復への取り組みと課題」放送研究と調査 2011.2
◆毎日新聞 （2007.1.21）
「あるある大事典：納豆ダイエット、関西テレビがねつ造」
◆同上 （2007.3.30）
「「あるある大事典」ねつ造：関テレに「警告」繰り返せば電波停止ー総務相」

など

category	マスコミ・その他

CASE 096 大相撲、時津風部屋 暴行死事件

date	2007年（平成19年）6月26日
commercial name	時津風部屋，日本相撲協会
scandal type	傷害致死

事件の背景

大相撲・時津風部屋に所属していた序ノ口力士の時太山ことAさん（当時17歳）は、2007年6月26日に、大相撲名古屋場所に向けて愛知県犬山市内で行われていた時津風部屋の稽古後に死亡した。

従来、力士の指導・育成は各部屋に任されており、その指導方針は部屋ごとに異なっていた。力士を痛めつける「かわいがり」を容認する風潮はどの部屋にもあったが、その中でも一定の規律を保つのは親方の役割であった。したがって、親方がその規律を保てなければ「かわいがり」が指導の域を大幅に超えた過度なものとなる危険性をはらんでいた。

事件の発端

被害者であるAさんは同年4月の入門後、数回にわたって部屋から逃げ出したことがあり、その度に兄弟子らがAさん

に暴行を加えたり、煙草の火を押し付けたりしていたといい、死亡後には遺体にやけどの跡も確認されている。死亡した前日である同25日にも部屋を逃げ出し、兄弟子らによって連れ戻され、親方である元小結双津竜の15代時津風（以下、時津風親方とするが、いずれも事件当時の肩書である）は夕食の際にAさんを正座させ説教していた。その際、時津風親方が相撲を続けるかどうか尋ねたところ、Aさんは「続ける」と答えたり沈黙したりと、あいまいな態度を示したことや、正座に耐えかねて足を崩したことなどに時津風親方は激高し、ビール瓶でAさんの額を殴ったほか、腹なども殴ったという。さらに時津風親方は兄弟子らにもAさんへの暴行を指示し、兄弟子らはそれに従い暴行を加えた。

翌26日は午前7時半ごろから稽古の予定だったものの、Aさんは姿を現さず、午前11時過ぎになってようやく稽古を開始した。しかしその約30分後に土俵

351

上で倒れたため、しばらく近くの通路で寝かされていた。その後、兄弟子らがAさんの様子がおかしいことに気付き、午後1時前に119番通報し、病院に運ばれ、死亡が確認された。

死亡直前の稽古でAさんは、兄弟子の胸を借りるぶつかり稽古をしていたが、この前には兄弟子から暴行を受けており、その中では金属バットや木の棒を使われることもあったとみられている。兄弟子らは親方が認めなければ何もできなかったという関係者の証言もあることから、時津風親方はこうした暴行を黙認していたとされている。

Aさんの遺体は自宅のある新潟県内に運ばれ、新潟大学で遺体の一部の組織検査が行われた。その結果、多発外傷によるショック死であったことが分かっている。

事件の経過

事態を受けて日本相撲協会は2007年10月1日に時津風親方から、また同3日にはAさんの兄弟子らを含む時津風部屋の関係者18人全員から事情聴取を行った。その結果も踏まえ、日本相撲協会は同5日に緊急理事会を開催し、満場一致で時津風親方の解雇を決定した。解雇は同協会の賞罰規定の中で最も重い処分であり、時津風親方は角界から追放され、復帰はできない。時津風親方は同協会の事情聴取や出演したテレビ番組の中で、金属バットでの暴行を制止したと述べていたものの、同協会側は関係者からの事情聴取の中で、時津風親方が暴行を黙認していたとの認識を示した。

また、この不祥事の責任を取る形で、北の湖理事長が自主的な減俸50%を4ケ月、その他の理事らが自主的な減俸30%を3ケ月とすることも発表された。

2008年2月7日には、愛知県警はAさんに対する行き過ぎた「ぶつかり稽古」を暴行と判断し、それが死亡につながったとして、傷害致死容疑で時津風親方と、22歳、24歳、25歳（いずれも逮捕当時）の兄弟子3人の計4人を逮捕した。逮捕された4人のうち、時津風親方は弟子が勝手にやったと供述し、兄弟子の一人も教育のつもりだったなどとして犯意を否定しているが、残る兄弟子2人はAさんの脱走に腹が立ったなどと容疑を認めている。また、兄弟子の3人は、Aさんが亡くなる直前の約30分間にわたるぶつかり稽古について、非常に長すぎると思ったなどと、危険性を認識していたことも明らかになっている。一方、時津風親方は遺族に対し、Aさんの死亡直後には「遺体は見ていない」と話していたものの、その後遺族が何度か問い合わせると「遺体を見た」「ずっと遺体に付き添っていた」などと説明を変えたことや、Aさんの火葬までをすべて部屋に任せて欲しいなどと話していた。さらにビール瓶

CASE 096　大相撲、時津風部屋 暴行死事件

で殴ったことについては口止めをしていたことなどから、いずれもAさんへの暴行について隠ぺいを図っていたと見られている。

事件のその後

2008年2月29日、名古屋地検は逮捕されていた時津風親方と兄弟子3人を傷害致死罪で名古屋地裁に起訴した。また同日、愛知県警は逮捕された兄弟子3人らとともに暴行したとして、別の兄弟子2人と元力士1人の合わせて3人を傷害致死容疑で名古屋地検に書類送検した。これを受け、日本相撲協会は同3月6日に理事会を開き、起訴された兄弟子3人について、公判が結審するまでは無期限の出場停止処分とし、有罪が確定した場合は最も重い解雇とし、実質的な角界からの追放処分とすることを決めた。起訴された兄弟子側からは寛大な処分を求める嘆願書が提出されていた。理事会は人命が失われた重大性を鑑み、解雇処分が相当と結論づけたが、弟子が師匠に逆らえないことを加味して判決を待つべきとの慎重論もあったことから、当面の出場停止処分としている。

逮捕された4人は名古屋地裁で公判前整理手続きが進められ、兄弟子3人については同10月7日に初公判が行われた。3人は起訴事実を大筋で認めた一方、動機については「親方の指示に逆らえなかった」などとして、一部を争う姿勢を示した。

裁判は同12月18日に判決公判が行われ、3人に対して懲役2年6ケ月または3年、執行猶予5年の有罪判決を言い渡した。芦沢政治裁判長は熾烈かつ執拗な暴行は甚だ悪質であったなどとした一方で、責任の程度は時津風親方とは顕著な差異があるとして、執行猶予付きの判決となった。兄弟子3人は控訴せず、判決は確定している。

これに対し時津風親方の裁判は2009年2月12日に初公判が行われ、兄弟子らに暴行を指示した事実は無いと起訴事実を否認した上で、ぶつかり稽古は正当なものであったことや、親方本人による暴行とAさんの死亡に因果関係は無いと主張。一方、監督責任については認め、量刑が軽い業務上過失致死罪にあたるとした。同5月29日には判決公判が行われ、名古屋地裁の芦沢政治裁判長は熾烈かつ執拗な暴行は悪質であり、自ら率先して犯行に及んでいたなどとして、懲役6年の実刑判決を言い渡した。

時津風親方側は一審判決に事実誤認があり量刑も重いとして、執行猶予付きの判決を求めて控訴した。2010年4月5日に名古屋高裁で控訴審の判決公判が行われ、懲役6年とした一審判決を破棄し、同5年の実刑判決が言い渡された。裁判所は、死亡直前のぶつかりげいこについ

353

て、通常の稽古の範囲を超えた違法行為とし、力士としての強化を目的としていたとする弁護側の主張を退けた。加えて、時津風親方の責任についても、犯行を主導しており、兄弟子らよりも重いとした。その一方で、時津風親方は遺族に対して6,460万円を弁済したことなどを考慮して一審判決から減刑した。時津風親方はこの判決も不服として最高裁に上告したが、最高裁は2011年8月29日付で上告を棄却し、懲役5年の判決が確定した。

　一方、日本相撲協会はこの事件を受け再発防止策を策定。2008年7月25日に所管官庁である文部科学省の渡海紀三朗大臣（当時）に報告した。

参考文献

雑誌・新聞記事

◆毎日新聞（2007.6.28 朝刊）
「大相撲:時津風部屋力士、けいこ中に倒れ急死--死因「急性心不全」」
◆同上（2007.9.26 夕刊）
「大相撲:時津風部屋力士急死 親方を傷害で立件へ 兄弟子は致死容疑--愛知県警」
◆日本経済新聞　2007/09/27 大阪夕刊
「時津風部屋力士急死、金属バットも使う、親方、兄弟子の暴行黙認か」
◆同上　2007/09/28 朝刊
「時津風部屋、「火葬まで任せて」、急死力士の父、不信募らす」
◆同上　2008/10/07 夕刊
「力士暴行死、初公判、兄弟子3人、罪状認める―「親方の指示逆らえず」」
◆同上　2008/12/18 夕刊
「力士暴行死、兄弟子3人猶予判決、名古屋地裁「責任、前親方とは差」」
◆同上　2011/08/31 朝刊
「元時津風親方、実刑確定へ、力士暴行死で懲役5年、最高裁が上告棄却」

など

category マスコミ・その他

CASE 097 大相撲、賭博・八百長問題

date 2010年(平成22年)5月20日

commercial name 日本相撲協会

scandal type 賭博，八百長

■ 事件の発端・経過（賭博問題）

2010年5月20日発売の『週刊新潮』に、大相撲の大関・琴光喜がプロ野球賭博に関わるトラブルに巻き込まれているという報道がなされた。当初、琴光喜らは関与を否定していたが、警視庁の捜査や日本相撲協会の聞き取り調査が進むにつれ、6月14日までに琴光喜を含む29人が野球賭博をしていたことが日本相撲協会より明らかにされた。さらに、琴光喜は野球賭博の口止め料として約300万円を脅し取られていたことも判明している。同19日からは、警視庁組織犯罪対策3課が日本相撲協会に野球賭博への関与を認めた幕内の豪栄道や豊響など複数の力士からの一斉聴取を始めている。その結果、10人以上が野球賭博に関与したことを認めており、特に阿武松部屋の力士が多く関わっていることが分かった。

同22日からは日本相撲協会の本問題に関する特別調査委員会が力士を含む同協会員への事情聴取を開始し、調査は同委員会に委ねられることになった。36人に対して行われた聴取は同26日までに終了し、27日の会合を経て、28日に同協会理事会への報告を行った。報告では、野球賭博への関与を認めている琴光喜と大嶽親方（元関脇貴闘力），時津風親方（元幕内時津海）への懲戒処分を求めたほか、琴光喜を含む15人の力士や1人の床山、4人の理事、8人の親方に対して謹慎処分を求めた。さらに、調査委員会は全協会員を対象に、同7月2日まで追加調査を進めることも決めている。

調査委員会の報告を受け、日本相撲協会は同7月5日に琴光喜と大嶽親方の解雇処分を決定した。また、武蔵川理事長（元横綱三重ノ海）は直後に迫っていた平成22年名古屋場所の千秋楽に当たる同25日まで謹慎することとなり、同協会の外部理事で元東京高検検事長の村山

弘義氏が理事長代行として選任された。このほか、時津風親方と阿武松親方（元関脇益荒雄）の降格処分も決定された。また、関与が少ないとされた5人を除く、18人の力士については同場所を休場させることも公表された。この決定に対し、琴光喜は解雇処分が不当であるとして、力士としての地位保全を求めて東京地裁に申し立てを行った。しかし2013年9月に同地裁はこの申し立てを棄却している。

　一方、警察による捜査では、同5月以降、琴光喜や大嶽親方を含む約30人の関係者から事情聴取を進めてきた。その結果、同6月24日、野球賭博の口止め料として琴光喜から約350万円を脅し取ったとして、警視庁組織犯罪対策3課が元幕下の古市満朝を恐喝容疑で逮捕した。同7月7日には警視庁が賭博開張図利容疑で千葉県習志野市にある阿武松部屋など約30ケ所の家宅捜索を行い、同12日には同松戸市にある琴光喜の自宅や琴光喜が所属していた佐渡ケ嶽の家宅捜索も行われた。その結果、野球賭博の胴元の役割を担っていたとして、警視庁は1月26日に元十両の古市貞秀（すでに逮捕されていた古市満朝の弟），元幕下の藪下哲也、元幕下の山本俊作を逮捕した。さらに古市兄弟の母である古市米子の4人が逮捕された。その後、2011年3月3日、警視庁は賭博に客として参加していたとして琴光喜や大嶽親方を含む26人を賭博容疑で、また胴元として関与していたとして元トレーナー1人の計27人を新たに書類送検した。この結果、関係者9人について同17日までに東京地検が賭博罪で略式起訴している。一方、琴光喜や大嶽親方など26人は物証が乏しいとして嫌疑不十分で不起訴処分となった。逮捕された4人については、東京地裁から2011年7月までにいずれも懲役6〜10ケ月、執行猶予3年の判決が言い渡されている。

　琴光喜への恐喝容疑では、2010年8月1日山口組系暴力団組員の3人が逮捕されたほか、既に同6月に逮捕されていた元幕下の古市満朝は再逮捕された。なお、古市は同7月15日で最初の逮捕容疑で東京地検に起訴されている。古市については、最高裁まで争ったうえ、2012年9月6日までに懲役4年6ケ月として一審および二審の判決が確定した。

　なお、問題発覚直後の平成22年名古屋場所についてNHKは、1953年の放送開始以降初めてテレビ中継を行わなかった。中継を取りやめた理由として、視聴者の68%が中継に反対していることや、賭博問題に加え、それ以前の時津風部屋での暴行事件などの不祥事があったことも考慮し、日本相撲協会の改革が不十分であることを挙げている。中継の

CASE 097　大相撲、賭博・八百長問題

取りやめに伴い、NHKは18時半ごろから約20分間の短縮番組を放送することで対応した。

事件の発端・背景（八百長問題）

2011年2月2日、上述の賭博問題に関する捜査の中で、警視庁が押収した力士の携帯電話の中に、現役十両力士数人が勝ち星を売買する、八百長を行っていたとみられるメールの記録が見つかった。警視庁はその情報に基づき、メールの内容や、八百長に関わった可能性があるとみられる力士名について、日本相撲協会を所管する文部科学省に伝えるとした。八百長をめぐっては、2000年に元小結板井が八百長の存在を主張しており、同協会は板井に対して抗議文を送付したことがある。また2007年には、2006年名古屋場所で白鵬が朝青龍に勝った相撲は八百長であったと当時の宮城野親方（元十両金親）が語ったとする記事が週刊現代に掲載され、同記事をめぐる損害賠償請求で同協会が勝訴している。

事件の経過（八百長問題）

問題発覚を受け、日本相撲協会は特別調査委員会を設け、メールで名前が挙がった13人と、その他に疑惑の持たれた1人の、合わせて14人の力士に対して2011年2月4日から聞き取り調査を開始した。こうした事態を受け、菅直人首相は大変残念であるとの思いと、同協会による調査の徹底を求めた。また、枝野官房長官は、八百長が蔓延している状況で公益財団法人の認定を与えることは難しいとの見解を示し、高木義明文部科学大臣は、財団法人としての認可を取り消す可能性についても言及した。

日本相撲協会は同2月6日、同3月13日に初日を迎える予定であった平成23年春場所の中止と、年内いっぱいの地方巡業の見合わせを発表した。また、特別調査委員会の調査を行っている14人のうち、十両の千代白鵬、三段目の恵那司、竹縄親方（元幕内春日錦）3人が八百長への関与を認めており、除名などの処分を検討しているとされたが、同委員会が再調査を要するとしたため、処分は先送りとした。また、同委員会は同2月8日から、70人の関取全員を対象とする聞き取り調査を行うことを発表した。その一方で、当初より疑惑の持たれていた14人の力士に対する調査では、携帯電話の提出を求めたものの、機種変更などを理由に提出を拒否したり、電話機が破壊されていたりといった理由により、実態解明に時間が掛かった。

同3月25日、特別調査委員会による一連の調査を受け、力士や親方など合わせて20名程度が八百長に関与したとして、処分案をほぼまとめた。それを受け、同協会が八百長に関与したと認定した力

ガバナンス─経営者関与　ガバナンス─従業員関与　製造物責任・事故・商品サービス瑕疵　日本型企業風土　マスコミ・その他

357

士・親方23人の内22人が、同4月5日までに引退・退職届を提出し、受理された。退職届を提出しなかった谷川親方（元小結海鵬）は翌6日の臨時理事会で、解雇処分となった。また、この日の臨時理事会では、同5月8日から予定されていた平成23年夏場所を「技量審査場所」とし、15日制で土補油入りや弓取り式は従来通り行うものの、天皇賜杯を辞退し、入場料も取らない形で開催することを決定した。

この後、5月4日には日本相撲協会が設置した大相撲新生委員会の提言を受け、同協会は支度部屋に親方を配置して監視体制を強化することや、携帯電話の支度部屋への持ち込みを禁ずるなどの八百長防止対策を決定した。同6月1日には同協会の放駒理事長（元大関魁傑）がこうした対策を高木義明文部科学大臣に報告し、同大臣も了承したことから、同7月10日に初日を迎える平成23年名古屋場所は通常通り開催することとなった。

一方、同4月11日には幕内蒼国来と、十両星風も引退勧告を受けたが、両者は引退届を提出せず、同14日付で解雇処分となった、このため同日、両者は日本相撲協会を相手に、力士としての地位保全を求める訴えを起こす意向を示した。星風については2012年5月24日、東京地裁が八百長への関与を認定し、解雇を有効とする判決を示した。その後、星風は東京高裁、最高裁でも争ったが、2013年10月31日までに敗訴が確定している。

それに対して蒼国来については、2013年3月25日に東京地裁において、問題があったとされる取組で八百長があったとは認められず、解雇は無効であるとの判決が出された。この判決に対し、日本相撲協会は判決を覆すことが難しいと判断し、控訴しないことを決めた。それにより、蒼国来は同年7月に開催された平成25年名古屋場所より、解雇時と同じ西前頭15枚目で復帰を果たした。蒼国来の解雇処分について同協会の危機管理委員会は、同10月3日に当時の解雇処分に関する検証報告書を発表した。報告書では調査が不十分だったことや、調査にあたった弁護士が机をたたくなど脅迫的な行動をとっており、調査の質や方法に問題があったとし、解雇処分が誤りであったことを認めている。

CASE 097　大相撲、賭博・八百長問題

参考文献

webサイト

◆朝日新聞デジタル「野球賭博事件で組員ら逮捕 仲介役元力士を恐喝した疑い」
2010.8.1
http://www.asahi.com/special/08020/TKY201008010131.html
◆同上 2011.2.15
http://www.asahi.com/special/08020/TKY201102140437.html

新聞記事

◆毎日新聞（2010.5.20 朝刊）
「野球賭博:大関琴光喜関に疑い、週刊新潮掲載へ」
◆同上（2011.2.2 朝刊）
「大相撲:力士が八百長メール 十両数人、星を売買 野球賭博・警視庁押収の携帯に記録」
◆同上（2011.2.6 朝刊）
「大相撲:八百長問題 春場所中止へ 協会、3人除名検討」
◆日本経済新聞（2010.5.23 朝刊）
「琴光喜関に説明求める、警視庁、賭博報道受け」
◆同上 （2012.5.25 朝刊）
「元十両星風の解雇は有効、八百長関与、地裁が認定（ピックアップ）」
◆同上 （2013.3.26 朝刊）
「八百長認めず解雇無効、元幕内・蒼国来の地位確認訴訟、東京地裁判決」
◆日経産業新聞 （2010.7.7）
「名古屋場所中継せず、NHK、短縮番組を放送」

など

ガバナンス─経営者関与

ガバナンス─従業員関与

製造物責任・事故・商品サービス瑕疵

日本型企業風土

マスコミ・その他

359

category	マスコミ・その他

CASE 098 NHK報道番組で放送倫理違反

date	2015年（平成27年）4月28日
commercial name	日本放送協会（NHK）
scandal type	放送倫理違反

事件の背景

NHK報道番組「クローズアップ現代」は、1993年の放送開始より「政治・経済・国際・事件事故から、芸術・文化・スポーツまで、幅広いジャンルのテーマを掘り下げて迅速に伝え、NHKを代表する報道番組のひとつという社会的評価をえてきた」。

2014年5月14日、同番組は「追跡 "出家詐欺"～狙われる宗教法人～」を放送した。同番組で取り扱われた「出家詐欺」とは、出家すれば戸籍の氏名を法名に変更できる仕組みにもとづき、多重債務者等を出家させることで別人とさせることである。これによって、金融機関等から住宅ローン等をだまし取るものであり、改名詐欺ともいわれている。同番組の製作者は、宗教法人を舞台にした新手の詐欺に注目し、こうした詐欺を取りあげた。

事件の発端

2015年4月28日、NHKの調査委員会は、過剰な演出や事実関係の確認不足があったとする調査報告書を発表。3月に発売された「週刊文春」において、「出家詐欺」のブローカー役で出演したA氏が、同番組制作者の「過剰演出」を告白した。

NHK記者はA氏に対して、A氏をブローカ役で出演させ、しかも多重債務者という設定で出演させた。A氏は再現VTRを撮影すると思い、引き受けたという。

しかしながら、実際に2014年5月14日に放送された番組の内容では、A氏には顔にモザイクおよび音声を変えられていただけで、出家詐欺にかかわるブローカーとして紹介され、出演していた。

しかも、同番組制作者による過剰演出はこれだけではなかったことが明らかとなった。A氏（ブローカー役）の活動拠

CASE 098　NHK報道番組で放送倫理違反

点とされているオフィスが、実際は同番組制作者側が用意したものであり、A氏とは何ら関係ない場所であったにもかかわらず、A氏のオフィスで取材したという設定となっていたことである。

事件の経過

　NHKは、以上の報道を受けて、調査委員会を設置し、事件の顛末を調べた。その結果、「クローズアップ現代」では番組の過剰な演出や事実関係の確認不足を認めたものの、「やらせ」はなかったことを発表した。しかしながら、NHKの籾井勝人会長は今回の一連の問題及び対応について、謝罪した。

　放送倫理・番組向上機構（通称BPO）に設置された放送倫理検証委員会は2015年11月6日に、「重大な放送倫理違反があった」とする意見書を公表している（放送倫理検証委員会、2015p23）。放送倫理委員会は、NHKで定められた「放送ガイドライン」と反しているという点で違反だと判断した。具体的には、「放送ガイドライン」には①NHKのニュースや番組は正確であること、②ニュースや番組において、わかりやすさのために正確さを欠いてはならないこと、③番組のねらいを強調するために事実を歪曲してはならないことが規

定されているものの、同番組では事実とは著しく乖離した情報を数多く伝えており、正確性に欠けていた。また、同番組の記者は取材や番組制作の段階で真実に迫ろうとする姿勢に欠けていた。

　NHKは、「出家詐欺」の取材を担当した大阪放送局の記者を停職処分とし、これにかかわった人物15人を懲戒処分とすることとした。さらに、籾井勝人会長ら役員は役員報酬の一部を自主返納している。

事件のその後

　放送倫理検証委員会（2015p25）によれば、総務大臣はNHKに対し、2015年4月28日付で文書による厳重注意をおこなった。これを受けて、NHKは再発防止のための具体策を公表。それが、上述の「放送ガイドライン」である。同ガイドラインでは、正確さと事実確認の徹底するため、「匿名での取材・制作の確認シート」を導入するとともに、ジャーナリストの再教育も実施することが定められた。こうした動きをうけて、放送倫理検証委員会は「問題の背後にある要因を取り除くために、いずれも一定の効果は期待できるであろう」との評価をおこなっている。

ガバナンス─経営者関与

ガバナンス─従業員関与

製造物責任・事故・商品サービス瑕疵

日本型企業風土

マスコミ・その他

361

参考文献

webサイト

◆日経電子版 2015.4.29
「NHK、過剰演出認める「クローズアップ現代」関係者処分」
https://www.nikkei.com/article/DGXLZO86277580Z20C15A4CC1000/
◆同上 2015.11.6「NHKクローズアップ現代で「重大な倫理違反」BPO」
https://www.nikkei.com/article/DGXLASDG06HBE_W5A101C1CR8000/

雑誌

◆放送倫理検証委員会（2015）:『NHK総合テレビ『クローズアップ現代』"出家詐欺"
報道に関する意見』23号

など

category | マスコミ・その他

CASE 099 検定中教科書閲覧問題

date | 2015年(平成27年)10月30日
commercial name | 三省堂，大修館書店等 教科書出版社
scandal type | 独占禁止法違反(不当な利益による顧客誘引)

■ 事件の背景

2014年に全国の小中高校と特別支援学校で使われた教科書は計1億2,681万冊。20年前比で4割減、ピーク時の1958年からほぼ半減した。これを受けて、各教科書会社の営業活動が過熱。2015年4月から6月にかけて、教科書会社の営業担当者が教員宅を戸別訪問し、文部科学省が自粛を要請する事態となっていた。

■ 事件の発端

2015年10月30日、文省は、三省堂が検定中の中学校教科書を公立の小中学校の校長らに閲覧させ、謝礼を支払っていたとして、同社を厳重注意し、事実関係と改善策を報告するよう求めた。同社は2014年8月、都内のホテルで中学校英語教科書の「編集会議」を開催。会議には11府県の公立小中学校の校長や教頭ら11名が招かれ、2016年度から

使われる検定中の教科書について意見交換を行った。同社は11名に「編集手当」として現金5万円を支払ったほか、交通費、宿泊費、会議後に開かれた懇親会の費用も負担していた。参加者のうち5名はその後、各教育委員会が教科書を採択する際に参考意見を述べる「調査員」に選ばれるなど、採択に関与していた。文科省の教科用図書検定規則細則では、検定にあたる教科書調査官や教科用図書検定調査審議会委員に圧力が加えられることを避けるため、検定中の教科書を外部の者に見せることを禁じている。また、教科書会社で構成される業界団体の「教科書協会」は、2007年に自主ルールである「教科書宣伝行動基準」を制定し、教員をはじめとする採択関係者への金品の提供を禁止している。

同日、三省堂が記者会見を開き、2009年に小学校教科書について2回、2010年に中学校の英語と国語の教科書について計4回、編集会議を開いて小

ガバナンス—経営者関与

ガバナンス—従業員関与

製造物責任・事故・商品サービス瑕疵

日本型企業風土

マスコミ・その他

363

中学校の関係者に検定中の教科書を見せ、現金を支払ったことを明らかにした。

事件の経過

12月7日、三省堂が文科省に内部調査の報告書を提出した。計7回の編集会議に出席した教員は26都府県の計53名。会議は全て東京都内のホテルで開催され、全員に5万円の謝礼が支払われたほか、会議後の懇親会費、宿泊費、交通費も同社が負担していた。編集会議の開催は役員を含む管理職会議で決定。より良い教科書を作ることが目的だったとして、採択への協力を依頼する意図は否定した。後日、53名のうち21名が採択に関与していたことが判明した。

12月11日、文科省は、三省堂以外で小中学校の教科書を発行する計21社に、同様の事実がないか自主点検し、報告するよう要請した。点検の対象は自主ルールが定められた2007年以降で、この間、2009年度と2013年度に小学校、2010年度と2014年度に中学校の教科書検定が行われた。

2016年1月22日、文科省は、小中学校の教科書会社22社のうち12社が検定中の教科書を教員らに閲覧させ、うち10社が謝礼を渡していたことを発表した。関与していた教員は2009年度から2014年度にかけて延べ5,147名で、うち3,996名が3,000～5万円の現金

や図書カード、あるいは2,000円相当の手土産を受け取っていた。12社の内訳は業界最大手の東京書籍（2,269名）をはじめ、教育出版（1,094名）、学校図書（557名）、光村図書出版（463名）、数研出版（282名）、開隆堂出版（185名）、大日本図書（125名）、三省堂（53名）、育鵬社（35名）、啓林館（32名）、日本文教出版（28名）、教育芸術社（24名）。このうち開隆堂出版と育鵬社は謝礼を支払っていなかった。このほか、数研出版は、教育委員会の教育長7名と教育委員3名の計10名に3,000～4,000円相当の歳暮や中元を贈っていた。その後、啓林館（大阪市）が文科省に報告した32名以外に、公立中学校長ら延べ12名に教科書を見せ、うち10名に現金5,000円を渡していたこと、育鵬社が教科書を見せた35名のうち6名が採択権限を持つ教育長だったことが判明した。

3月31日、文科省は、公立小中学校の教員ら延べ4,472名のうち、990名が教科書の採択に関与する立場だったことを発表した。謝礼が支払われたのは3,454名で、このうち採択に関与する立場だったのは799名。各教育委員会への聞き取り調査の結果、採択への影響は確認されなかったという。検定中の教科書を閲覧した5,159名のうち、校長に採択権限がある国立校や私立校の教

CASE 099　検定中教科書閲覧問題

員、既に調査済みである三省堂の分は、今回の集計には含まれていない。

4月12日、公正取引委員会は、謝礼を支払うなどの行為により公正な取引が歪められた恐れがあるとして、独占禁止法違反（不公正な取引方法）の疑いで小中学校の教科書会社全22社を対象に調査を開始した。

2016年6月10日、大修館書店が、自社の英語教科書を採用した高校に英語問題集を無償で提供していたことが明らかになった。同年3月から4月にかけて、5都県の公立高11と私立校3校の計14校に、1冊286円の問題集計約1,500冊を配布していた。営業担当社員3名が、次年度の教科書改訂に合わせて廃棄する在庫をサービスとして提供したもので、自主ルール違反だとの認識はなかったという。同社の鈴木一行社長はこの2月に教科書協会会長に就任していたが、同職を引責辞任する意向を表明。6月27日に辞任した。本件を受け、文科省は同社に詳細な報告を求めるとともに、高校教科書を発行する他の38社にも同様の問題がないか調査するよう要請した。

6月20日、文科省は、採択関係者への金品提供など公正性が疑われる行為があった場合、市町村教育委員会が採択をやり直し、使用する教科書を変更できるよう省令を改正した。

6月28日、大修館書店が調査結果

を公表し、2013年以降、38都道府県の公私立高計165校に問題集計5万7,302冊を提供していたことが明らかになった。関与したのは高校教科書の営業を担当する社員40名のうち半数にあたる20名で、一部の支店長や営業所長も事実を把握していた。自主ルールに違反しているとの認識はなかったという。2013年以前については調査していないという。

7月6日、公取委は、謝礼を渡していた10社のうち9社に対し、独占禁止法違反（不当な利益による顧客誘引）の恐れがあるとして警告を出した。日本文教出版は、2011年度以降の金品提供が確認されなかったため、警告は見送られた。公取委は、9社が延べ1,845名に計1,644万0,232円相当の金品を提供していたと認定。そのうち4分の1が採択に関与した。各社は教科書の完成度を高めることが目的だったとして、採択が有利になるよう働きかける意図はなかったと説明している。

7月26日、文科省は、各教科書会社の内部調査結果を取りまとめ、計4社が教材や教師用指導書などの無償提供を行っていたことを発表した。教育芸術社、新興出版社、啓林館、第一学習社、大修館書店の4社が、2012年から2016年にかけて、19都府県の高校140校に計約330万円相当を無償提供していた。

365

文科省は、都道府県の教育委員会に対し、採択への影響などを調べるよう要請した。

8月23日、教育芸術社と大日本図書が、小中学校教員らに歳暮を贈っていたことを発表した。教育芸術社は2012年度から2015年度にかけて、18都府県の公立小中学校教員計112名（うち9名は市町村教育長）に最高5,600円相当の歳暮を提供。大日本図書は2012年度から2014年度にかけて、15都府県の国公立小中学校教員計161名に2,000円相当の歳暮を提供していた。不正はいずれも、公取委による調査で発覚した。

9月9日、文科省は、都道府県教育委員会からの報告をまとめた調査結果を公表。新たに判明した明治書院を含め、2012年以降に計5社が40都道府県の270校に対し、計約2,000万円相当を提供していたことが明らかになった。最も大規模だったのは大修館書店で、2013年から2016年にかけて、40都道府県の197校に約1,800万円相当を配布していた。また、日本文教出版は、大阪府立高校の教員1名に検定中の教科書を見せ、謝礼として約1万円を渡していた。各教育委員会からは、採択に影響を与えた事例はないとの報告があったという。

同日、教科書協会は、より厳格化された自主ルールである「教科書発行者行動規範」を策定し、文科省に提出した。

参考文献

webサイト

◆三省堂公式「お詫びとご報告」
https://www.sanseido-publ.co.jp/owabi/
◆大修館公式「お詫び」
https://www.taishukan.co.jp/news/nc2719.html

新聞記事

◆毎日新聞（2015.12.4 夕刊）
「三省堂:教科書謝礼「編集会議」に教員50人、09年以降7回 内部調査で判明」
◆同上（2015.12.7 夕刊）
「三省堂:教科書謝礼 謝礼5万円、53教員参加 文科省に報告書」

など

category マスコミ・その他

CASE 100 大相撲、横綱暴行事件

date 2017年（平成29年）11月14日
commercial name 日本相撲協会
scandal type 暴行問題

事件の発端

大相撲の横綱・日馬富士が、2017年10月25日夜から26日未明に、秋巡業のために滞在していた鳥取市内での酒席において、幕内の貴ノ岩に暴行を加えた。

酒席には日馬富士と貴ノ岩に加えて、白鵬と鶴竜も参加しておりモンゴル出身横綱3人が揃っていたほか、関脇・照ノ富士などのモンゴル出身力士を中心に日本人力士や関係者も含めて10人前後が参加していた。

しかし事件が起きた2次会に参加していたのは3横綱や照ノ富士などモンゴル出身力士のみが参加していた。その席において、白鵬が貴ノ岩と照ノ富士の2人に説諭した。その際、貴ノ岩がスマートフォンを操作したため、日馬富士はそれを注意したところ、貴ノ岩は苦笑いしながら答えたという。日馬富士は大横綱である白鵬の説教に対してそうした態度をとったことに腹を立て、貴ノ岩に謝罪を

させるため、顔面を平手で殴った。殴られた貴ノ岩は謝罪せず睨み返したため、激怒した日馬富士は素手で多数殴ったうえ、カラオケのリモコンでも殴打した。暴行がエスカレートしたため、白鵬が止めに入ると日馬富士の暴行は止まったという。

暴行被害を受けた貴ノ岩は、医療用ホチキスで患部である頭部を縫うけがを負ったほか、頭蓋骨骨折と髄液漏れなどの疑いもあり、全治2週間という診断が出された。しかし、貴ノ岩は事件が起こった翌日以降も巡業に参加し、同29日の最終日まで休場することはなかった。さらに同11月2日には、九州場所で貴ノ岩が所属する貴乃花部屋が宿舎を置く福岡県田川市市長への表敬訪問も行っている。ところが、同5日福岡市内の病院に入院し、同9日、病院は状態が安定したという判断し、貴ノ岩を退院させている。

同12日より始まった大相撲平成29年九州場所では貴ノ岩は初日より休場

367

し、全休となったが、日馬富士は出場した。事件が発覚したのは同14日であり、この日より日馬富士は休場した。

なお、当初、日馬富士は貴ノ岩をビール瓶で殴打したという関係者の証言が報道されたが、その後の調べでは加害者である日馬富士本人および同席していた白鵬や別の関係者は、瓶は手から滑ったため瓶では殴っていないとしており、証言の食い違いも生じている。

※なお、力士の番付はいずれも平成29年九州場所の番付表による。

事件の経過

事件については貴ノ岩の師匠である貴乃花親方が鳥取県警に被害届を提出したことから、同県警は日馬富士を含め、関係者への事情聴取を行うなど、捜査を進めた。日馬富士への聴取は2017年11月17日に東京の両国国技館で行われた。その中で日馬富士は、暴行の事実を認め、カラオケのリモコンで殴ったとした一方、ビール瓶での殴打については否定した。同28日には白鵬も福岡市内のホテルで参考人として聴取を受け、事件について証言した。その内容について捜査関係者は、日馬富士が話した内容と概ね一致していたことを明らかにしている。このほか、鶴竜や照ノ富士などへも聴取を行い、鳥取県警は同日までに現場にいた全員から話を聴いている。

そうした中で日馬富士は同29日にこの事件の責任を取る形で日本相撲協会に引退届を提出し、同協会が受理し、同日付で現役を引退した。日馬富士は同日記者会見を行い、問題が拡大し世間を騒がせたこともあり、横綱としての名に傷をつけないよう責任を取りたいと述べた一方、暴行事件の核心に関わる発言や貴ノ岩への明確な謝罪はなかった。その後、同12月11日に鳥取県警は起訴を求める「厳重処分」の意見を付け、日馬富士を鳥取地検に書類送検し、同28日には鳥取区検が傷害罪で鳥取簡裁に略式起訴している。鳥取簡裁は2018年1月4日、日馬富士に対して、傷害罪の上限額である罰金50万円の略式命令を出し、日馬富士は同15日付で納付している。

その後の経過

日本相撲協会は事件を受け危機管理委員会を立ち上げ、関係者からの聞き取りを行い、事件の経緯についての把握に動いた。そうした聴取を受け、2017年12月20日に臨時理事会を開き、酒席に同席していた横綱・白鵬と鶴竜を減給の懲戒処分とすることと、被害者である貴ノ岩が、初場所で全休した場合も番付を初場所のまま留め置くことを決定した。その他に日馬富士の師匠であった伊勢ケ浜は監督責任を取り理事を辞任し、八角理事長も報酬を返上することが発表され

CASE 100　大相撲、横綱暴行事件

た。一方、貴ノ岩の師匠であり、巡業部長でもあった貴乃花親方は同協会からの聞き取りを拒んでいたことから処分は延期された。

貴乃花親方は事件発生から1ケ月が経過した同25日にようやく同協会からの聞き取りに応じ、協会からの再三の聞き取り要請に応じなかったことなど、事件以降の自身の言動について弁明したとされる。貴乃花親方は前述した同20日の臨時理事会でも自身の正当性を主張する文書を配布していたが、同28日に開かれた臨時理事会では、こうした貴乃花親方の主張を一蹴し、同親方が、理事や

巡業部長として課された同協会への報告義務を怠るなどの対応が、問題を長期化させたとして、評議員に理事解任を提案することで一致した。それを受け、2018年14日に行われた臨時評議員会では、全会一致で理事解任を決議した。

本件は大相撲と言う注目の高い世界で起こった事件であったことから世間の大きな注目を浴び、貴乃花親方と協会の現執行部との間に対立があったことが、貴乃花親方に対する厳重な処分につながったのではないかなど、様々な憶測を呼ぶこととともなった。

参考文献
新聞記事

◆日本経済新聞（2017.11.15 朝刊）
　「日馬富士暴行で被害届、貴ノ岩の親方、鳥取県警が捜査、相撲協会も聞き取り調査」
◆同上　（2017.12.21 朝刊）
　「暴行問題、白鵬・鶴竜を減給、貴乃花親方の処分持ち越し、伊勢ケ浜親方は理事辞任」
◆同上　（2018.1.4 夕刊）
　「元日馬富士に罰金50万円、暴行事件で略式命令」
◆毎日新聞　（2017.11.18 東京朝刊）
　「大相撲:日馬富士、暴行認める 診断医師は重傷否定 県警聴取」

など

ガバナンス—経営者関与　ガバナンス—従業員関与　製造物責任・事故・商品サービス瑕疵　日本型企業風土　マスコミ・その他

「マスコミ・その他」関連不祥事

(0205) 2007.2.1　朝日新聞、記事盗用

　　2月1日、朝日新聞社は、新潟総局に駐在する写真記者が記事を執筆した際に、読売新聞の記事の表現を盗用したと発表した。本人も事実を認めており、朝日新聞は同日付で、この記者を東京本社管理本部付に異動させるとともに読売新聞に謝罪した

(0206) 2007.2.6　新聞各社、記事盗用

　　2月6日、山梨日日新聞社は、1月31日付で掲載した社説執筆者の論説委員長が、30日付の神戸新聞と西日本新聞の社説の計10カ所を盗用したと発表した。大半で内容が酷似し、一部は全く同じ表現だった。同社は、同委員長を編集業務から外し、神戸、西日本新聞の両社に電話で謝罪した。また、21日、新潟日報社は、2006年11月21日付新潟日報に掲載した拉致事件の社説が3日前の朝日新聞社説からの盗用だったと発表した。執筆者の論説委員を論説委員室から総務局付とし、社内に調査委員会を置いた。社内調査に同論説委員は引き写しの意思はないと釈明したが、内容が酷似しているため盗用と断定したという。9月25日、北日本新聞社は、8日付朝刊1面で掲載したコラムで、執筆者の論説委員が草思社の書籍から計4カ所を盗用したと発表した。同社は25日付で同論説委員を総務局付とし、社内に調査委員会を設置した。

(0207) 2007.2.23　毎日記者、録音記録流出

　　2月23日、毎日新聞東京本社の社会部記者が、取材した記録データを第三者に渡し、その取材内容がインターネット上に掲載されていたことが判明。毎日新聞東京本社は記者倫理に反する行為だったと関係者に謝罪し、東京本社編集局長らが記者会見した。データ内容は、記者が国会議員を取材した際の録音記録とみられ、取材協力者が第三者にレコーダーを渡したことで流出したという。編集局長と社会部長が取材対象だった国会議員に対し事実関係を説明、謝罪した。3月12日、同社はこの記者を諭旨解雇処分としたこと、また、監督責任を問い東京

「マスコミ・その他」関連不祥事

本社編集局長、社会部長を役職停止1カ月にするなど関連処分を発表した。

(0208) 2007.6.29　フジテレビ、2億円所得隠し、前報道局長着服

　　6月29日、フジテレビは、国税局から、2006年3月期までの3年間で約2億円の所得隠しを指摘されたことを明らかにした。番組出演者やスタッフらの飲食費が交際費と認定されるなどしたという。また、同調査をきっかけに、約900万円の着服が発覚したとして、前報道局長を同日付で懲戒解雇、上司・報道担当常務を減俸3カ月の処分にしたと発表した。前局長は04年5月ごろから07年3月ごろまで、飲食店の白紙領収書に架空の金額を書き込むなどして交際費名目で経費精算を行い、約900万円を着服した。前局長は不正を認めて全額を返済した。

(0209) 2009.2.24　週刊新潮、誤報道

　　2月24日、朝日新聞社は、1987年の朝日新聞阪神支局襲撃事件を巡り、「実行した」とする男性の手記を掲載した週刊新潮の連載記事について、犯行の「指示役」とされた元米国大使館職員の男性が発行元の新潮社に「記事内容は事実に反する」として抗議したと報じた。

　　3月21日、抗議を受け、新潮社が男性と和解していたことが分かった。4月9日、手記を寄せた「実行犯」が、自らが実行犯だったことを否定。同誌の報道内容の信頼性が失われる形になった。同社は、4月23日号で「手記が誤報であったことを率直に認め、お詫びする」との記事を掲載。5月1日、社長と同誌前編集長の取締役ら役員9人を減俸処分にした。

(0210) 2010.10.8　NHK記者、捜査情報漏えい

　　10月8日、NHKは、報道局スポーツ部の男性記者が、大相撲の野球賭博事件で警視庁が家宅捜索するという情報を、事前に日本相撲協会関係者にメールで知らせていたと発表した。男性記者は7月6日、東京・両国国技館で取材中、他社の記者から家宅捜索の情報を聞いた。男性記者は同7日午前0時ごろ、付き合いのあった相撲部屋の親方の携帯電話に、捜索がある旨のメールを送信したという。10月6日、事件担当の記者が取材の過程でこの話を聞き、NHKが男性記者から事情を聴いたところ事実を認めた。NHKは同日から記者を内勤にし、11月2日、

371

停職3か月の懲戒処分にすると発表した。

(0211) 2014.5.20 「吉田調書」「慰安婦」問題

　　5月20日、朝日新聞は、福島第1原発事故を調べた政府の事故調査・検証委員会による元所長（故人）の調書を入手し、「所員の9割が所長命令に違反し、福島第2原発に撤退した」と報じた。その後、同調書を入手した報道他社から、同記事は事実と異なると指摘が相次ぐ。8月30日、問題を受け、政府が調書を公開。9月11日、朝日新聞社社長が記者会見を開き、「その場から逃げ出したような間違った印象を与える記事と判断した」として記事を取り消すとともに謝罪。また、同社は8月、過去の従軍慰安婦報道の検証記事を掲載し、慰安婦狩りをしたとする証人（故人）の証言を取り消したが、その際に謝罪をしなかった。さらに「謝罪すべきだ」と指摘したジャーナリストのコラム掲載を一時見合わせるなどした。11月14日、これらの問題の責任をとる形で、同社社長が辞任すると発表。「吉田調書」問題で既に編集担当の職を解かれた取締役2人も辞任。取締役と執行役員各1人も降格処分となった。

(0212) 2015.2.9 テレビ朝日報道番組、倫理違反

　　2月9日、放送倫理・番組向上機構の放送倫理検証委員会は、テレビ朝日のニュース番組「報道ステーション」の九州電力川内原発に関する事実誤認報道について、「客観性と正確性を欠き、放送倫理に違反している」とする意見書を公表した。同番組は2014年9月10日、原子力規制委員会委員長が記者会見した安全対策について放送した。しかし、竜巻に関する発言を火山に関する発言と取り違えて原稿を作成。さらに、記者からの質問を拒んだような印象を与える映像に編集した。同局は、番組プロデューサーら7人に減給などの処分を行った。

(0213) 2015.12.3 東愛知新聞、復興広告料未送金

　　12月3日、東愛知新聞社が東日本大震災の街頭募金活動への協力を呼びかけた特集面制作に際し、「広告費の半分を寄付する」として広告掲載料を集めたにもかかわらず、実際には全額を会社の収益として処理していたことが分かった。11月、実際には寄付していないことを告発する文書が出回り、社内調査を開始。告発通りだったことが分かり、約450万円を同25日、公益財団法人「豊橋善意

「マスコミ・その他」関連不祥事

銀行」に寄付した。

　2016年2月1日、紙面で社長ら取締役2人の役員報酬3割減などの社内処分と再発防止策を発表。同17日、日本新聞協会は同社の会員資格を同日から12カ月間停止することを決めた。3月1日、同社長は辞任の意向を表明した。

(0214) 2016.8.15　朝日新聞記者、中傷ツイート

　8月15日、朝日新聞高松総局のツイッター公式アカウントに13日、全国高校野球選手権大会に出場している高校の監督を中傷するツイートが投稿されていたことがわかった。13日午後、結果的に明徳義塾の得点につながったタッチプレーの審判の判断を「不可解」とする他のサイトを引用し、馬淵監督を中傷する文言を投稿。記者の私用スマートフォンから送信されていた。約30分後に記高松総局が気付いて削除。おわびの文章を投稿した。同社は14日午後、監督と学校、日本高校野球連盟に謝罪した。

(0215) 2018.1.6　阪大、入試ミスで追加合格

　1月6日、大阪大学は前年4月入学の受験生を対象にした一般入試前期日程の物理で出題と採点にミスがあったことを認め、本来合格とすべきであった受験生30人を不合格にしていたと発表した。2017年6月以降複数回にわたって外部からミスを指摘されていた。同じミスで、第一志望の学科に不合格となり第二志望の学科に合格した在学生が9人いた。副学長が30人に対し合格通知書と謝罪文を送った。ミスがあったのは音波に関する2問。1問は解答が複数存在するものの正答が一つのみとし、その関連でもう1問は問題として成立しなかった。問題作成の責任者である教授は、6月の時点で高校教員らから複数の解答があることを指摘されていたが、阪大側の解答を支持していた。その後も動揺の指摘が相次ぎ、12月に別の教員も含め検討、ミスを認め全受験生の合否判定をやり直した。大学側は入学する意思がある場合は2018年4月からの入学を認め、他大学に在学している場合は2年次に転入できるか調整する。2018年2月1日、大学側が1月31日時点での入学等の意向確認状況についてを公表した。

373

■事項名索引■

指示先について

・'C' で始まる番号は、本文中の「CASE」記事を指す。

・イタリックで始まる番号は、それぞれのカテゴリーの末尾にまとめられている「関連不祥事」
内にある記事を指す。

0001(p102)～0017(p108) ガバナンス―経営者関与

0018(p151)～0101(p176) ガバナンス―従業員関与

0102(p298)～0161(p307) 製造物責任・事故・商品サービス瑕疵

0162(p332)～0204(p348) 日本型企業風土

0205(p370)～0215(p373) マスコミ・その他

【あ】

あいおい損害保険	C048
赤福	*0111*
秋田書店	*0077*
アクシーズ・ジャパン証券	C015
アクリフーズ	C070
浅井	C008
旭化成建材	C077
朝日新聞社	*0205, , 0209, 0211, 0214*
旭松食品	C003
麻布大学	C031
アスクル	C081
あずさ監査法人	C015
アノニマス	C062
アバスチン	*0080*
アメリカ運輸安全委員会	C067
アンジュ・ド・バージュ	*0148*

【い】

イー・マーケティング	*0050*
イオン	C003, *0156*
育鵬社	C099
イーサリアム	C085
石屋製菓	*0108*
井関農機	*0006, 0186*
伊丹空港	*0046*
一酸化炭素中毒	C047
伊藤ハム	*0125*
イトーキ	C088
異物混入	C053, C070
医薬品医療機器総合機構	C021
医薬品医療機器法	C021, C068, *0095*
医療トラブル	C072, C075, *0020, 0026, 0031, 0032, 0034, 0035, 0036, 0037, 0038, 0041, 0043, 0044, 0045, 0049, 0051, 0052,*

事項名索引

0053, 0055, 0056, 0058, 0060, 0061, 0062,
0064, 0067, 0071, 0072, 0073, 0078, 0079,
0081, 0083, 0084, 0087, 0089, 0090, 0093,
0100, 0101

医療法‥‥‥‥‥‥‥‥‥‥C026
岩井食品‥‥‥‥‥‥‥‥‥‥C066
インサイダー取引‥‥ C036, *0018, 0030*
院内感染‥‥‥‥‥ C057, *0029, 0036*
隠ぺい‥‥‥‥‥‥‥‥‥‥‥C015

【う】

ウエスタン・デジタル‥‥‥‥‥C027
ウェスチングハウス・エレクトリック・
　カンパニー　‥‥‥‥‥‥C027
ウェルク‥‥‥‥‥‥‥‥‥‥C026
魚秀‥‥‥‥‥‥‥‥‥‥‥　*0121*
牛ミンチ‥‥‥‥‥‥‥‥‥‥C003
内田洋行‥‥‥‥‥‥‥‥‥‥C088
ウログラフイン‥‥‥‥‥‥‥　*0083*
運動誘発性アレルギー‥‥‥‥‥C063

【え】

エアバッグ‥‥‥‥‥‥‥‥‥C055
英会話学校‥‥‥‥‥‥‥‥‥C002
エスカレーター‥‥‥‥‥‥‥　*0011*
愛媛県立新浜病院‥‥‥‥‥‥　*0056*
エル・アンド・ジー‥‥‥‥‥C004
エレベーター‥‥‥‥‥‥‥‥　*0103*

【お】

王子コンテナー‥‥‥‥‥‥‥　*0180*
横領‥‥‥‥‥ C002, C005, *0047, 0054*
大洗研究開発センター‥‥‥‥‥C081
大阪エキスポランド‥‥‥‥‥　*0021*
大阪ガス‥‥‥‥‥‥‥‥‥　*0164*
大阪市立総合医療センター‥‥‥　*0075*
大阪市立大付属病院‥‥ *0053, 0073, 0087*
大阪大学‥‥‥‥‥‥‥‥‥　*0215*
大阪府立中河内救命救急センター‥　*0043*
大相撲‥‥‥‥ C096, C097, C100, *0210*
太田産業‥‥‥‥‥‥‥‥‥‥C008
大塚製薬‥‥‥‥‥‥‥‥‥　*0076*
大林組‥‥‥‥‥‥‥‥‥‥‥C094
岡村製作所‥‥‥‥‥‥‥‥‥C088
岡本ホテル‥‥‥‥‥‥‥‥　*0015*
オリエントコーポレーション‥‥‥C019
オリジン東秀‥‥‥‥‥‥‥　*0115*
オリンパス‥‥‥‥‥‥‥‥‥C015
温泉法の一部を改正する法律‥‥‥C049
オンラインシステム‥‥‥‥‥‥C060

【か】

外貨‥‥‥‥‥‥‥‥‥‥‥‥C043
外国貿易法（外為法）‥‥‥‥‥C010
介護報酬不正請求‥‥‥‥‥‥‥C001
改ざん‥‥‥‥‥‥‥‥‥‥‥

375

C018, C038, C041, C046, C052,
C074, C079, C083, *0016, 0028, 0057,*
0063, 0097, 0098, 0108, 0114
開示検査···················C020
会社法······· C014, C037, *0013, 0014*
外食文化研究所···············C058
外部監査···················C020
開隆同出版·················C099
花王·····················C069
化学及血清療法研究所··········C021
架空契約··················· *0099*
架空請求···················C042
架空取引··················· *0022*
架空発注··················· *0096*
化血研····················C021
カゴメ···················· *0149*
火災事故·· C017, C051, C076, C081,
0117, 0123, 0124, 0130, 0131, 0132, 0135,
0138, 0139, 0140, 0141, 0145, 0152
鹿島·················· C065, C094
柏崎刈羽原子力発電所······ C059, *0130*
春日電機··················· *0013*
ガスト···················· *0136*
仮想通貨················ C085, *0016*
過怠金····················C036
片山化学工業研究所············C063
学校図書··················C099
葛飾赤十字産院··············· *0176*

加卜吉····················C032
神奈川県立がんセンター········· *0034*
神奈川県立こども医療センター···· *0055*
カネボウ化粧品···············C069
株主代表訴訟················C015
カルテル·· C091, *0165, 0169, 0178, 0180,*
0182
カレーハウス CoCo 壱番屋 ·····C023
過労死··········· C092, C093, *0204*
川崎汽船··················· *0182*
環境省····················C023
漢検·····················C011
看護師国家試験問題············· *0048*
関西国際空港················· *0027*
関西テレビ·················C095
関西電力·············· C090, *0183*
勘定系システム···············C060
完成検査··················C083
官製談合防止法··············· *0194*
管制ミス··············· *0046, 0070*
かんでんエンジニアリング······· *0183*
監理銘柄·············· C015, C027
カンロ···················· *0154*

【き】

企業統治指数···············C044
企業年金··················C016
偽計業務妨害·········· C070, C094

事項名索引

偽装････ C003, *0009*, *0059*, *0116*, *0119*,
0127, *0143*, *0147*

木曽路･･･････････････････ *0147*

北日本新聞社･･･････････････ *0206*

キッズスクウェア･････････････ C024

器物損壊･･･････････････････ C070

逆ざや･････････････････････ C009

キャセイ食品･･･････････････ *0126*

九州電力･･･････････････ C090, *0131*

九州電力玄海原子力発電所･･ C090, *0068*

キュレーションサイト･･･････････ C026

教育芸術社･･･････････････ C099

教育出版･･････････････････ C099

教科書検定･･･････････････ C099

共同購入サイト･･･････････････ C058

強度偽装････････････････ *0028*

京都大学病院･･･････････････ *0049*

京都第二赤十字病院･････････ *0061*

業務上横領･･･････ C002, *0047*, *0054*

業務上過失傷害･･･････ *0029*, *0034*, *0074*

業務上過失致死･･ *0039*, *0055*, *0071*, *0083*,
0117

業務上過失致死傷･･ C017, C061, *0036*,
0145

近畿日本鉄道･･･････････････ *0143*

緊急着陸･････････････････ C067

銀行法･･･････････ C037, C060, *0008*

近鉄ビルサービス･････････････ *0054*

きんでん･･････････････････ *0183*

金融商品取引法･･ C015, C016, C020,
C027, C036

金融庁･･････ C009, C036, C060, *0008*

【く】

杭打ち･････････････････････ C077

草津総合病院･･･････････････ *0071*

グッドウィル･････････････ C006, *0168*

クボタ･･･････････････ *0165*, *0186*

熊本大学医学部付属病院･･･････ *0079*

クライスラー･･･････････････ C055

栗本鐵工所･･･････････････ *0028*

グループホーム･･･････････････ *0140*

グルーポン・ジャパン･･･････････ C058

グローバル・カンパニー･････････ C015

グローバルサポート･･･････････ C006

群馬大学病院･･･････････ C072, *0020*

【け】

経営破綻････ C002, C009, C028, *0016*

経済産業省･･･ C002, C047, C073,
C079, C090, *0106*

経済産業分野を対象とするガイドライン
C073

経年劣化･･･････････････････ C051

景品表示法･･･････････ *0077*, *0116*, *0143*

啓林館･････････････････････ C099

377

化粧品··············· C063, C069

ケミカルカンパニー鹿島工場······ 0138

健康増進法············· C026

健康被害············· C063, C069

健康保険鳴門病院········· 0041

原子力発電······· C027, C050, C059

建設業法············· C077

建築基準法············ 0009, 0021

幻冬舎················ 0047

【こ】

小糸工業················ 0057

コインチェック··········· C085

降圧剤················ C068

弘栄建技··············· C065

公益通報者保護申告········ 0192

航空自衛隊············· C088

航空トラブル······· C067, 0027, 0070

航空法··············· 0065

弘新建設··············· C065

厚生年金基金············ C016

厚生労働省·········· C006, C021,
　C063, C066, C069, 0048, 0063, 0076,
　　　　　　0080, 0082, 0095, 0110

弘電社················ 0183

交番検査··············· C018

公費受給··············· C029

神戸国際フロンティアメディカルセン

ター ··············· 0090

神戸市立医療センター中央市民病院 0067

神戸新聞··············· 0025

神戸製鋼所············· C041

国際自動車·············· 0179

国土交通省·············
　C012, C038, C055, C067, C077,
　C084, C087, 0011, 0057, 0069, 0097,
　　　　　　　　　　　　　0103

国保旭中央病院·········· 0035

国民生活センター········· C054

コクヨ················ 0059

コクヨノアーチャー······· C088, 0059

国立国際医療研究センター····· 0083

国立循環器病センター······· 0045

国立成育医療研究センター····· 0081

国立病院機構金沢医療センター··· 0072

国立病院機構静岡医療センター··· 0060

国立病院機構長崎川棚医療センター 0100

コシ・トラスト·········· C007

個人情報保護法·········· C073

誤侵入··············· 0027

コースター··········· 0021, 0074

誤操作··············· 0069

子ども・子育て支援新制度····· C029

コナカ················ 0162

誤入力··············· 0068

誤認················ 0116

事項名索引

小林製薬・・・・・・・・・・・・・・・・・・・・ *0063*

小林メディカル・・・・・・・・・・・・・・・・ *0063*

御福餅本家・・・・・・・・・・・・・・・・・・ *0113*

誤報道・・・・・・・・・・・・・・・・・・・・・・ *0209*

コーポレートガバナンス・コード・・C044

コマツ・・・・・・・・・・・・・・・・・・・・・・・ *0018*

小麦加水分解物含有石鹸・・・・・・・・・C063

コムスン・・・・・・・・・・・・・・ C001, C006

コロナ・・・・・・・・・・・・・・・・・・・・・ *0124*

【さ】

債務超過・・・・・・・・・・・・・・・・・・・・C027

佐賀県立病院好生館・・・・・・・・・・・・ *0064*

佐川印刷・・・・・・・・・・・・・・・・・・・・ *0092*

佐川グローバルロジスティクス・・・・C006

詐欺・・・・・・・・・・・・・・・・・・・・・・・・・・・・

   C007,　C016, C028, C029, C030,

   C034, C042, C043, *0005, 0012, 0015,*

   0017, 0040, 0050, 0066, 0099, 0112

先付け・・・・・・・・・・・・・・・・・・・・・ *0113*

サクシゾン・・・・・・・・・・・・・・・・・・ *0041*

詐取・・・・・・・・・・・・・・・・・・・・・・・ *0099*

サタケ・・・・・・・・・・・・・・・・・・・・・ *0186*

殺人・・・・・・・・・・・・・・・・・・・・・・・C045

サブプライムローン・・・・・・ C009, C022

サルモネラ・・・・・・・・・・・・・・・・・・C061

残業代不払　*0162, 0166, 0167, 0168, 0179,*

                                 0195

サン商事・・・・・・・・・・・・・・・・・・・・C008

三省堂・・・・・・・・・・・・・・・・・・・・・・C099

三波食品・・・・・・・・・・・・・・・・・・・・ *0110*

三洋電機・・・・・・・・・・・・・・・ C051, *0013*

サンリオピューロランド・・・・・・・・・ *0094*

【し】

ジェイアール東海パッセンジャーズ *0119*

ジェイティフーズ・・・・・・・・ C003, C053

ジェイテクト・・・・・・・・・・・・・・・・・・C091

滋賀積水樹脂・・・・・・・・・・・・・・・・・ *0199*

資金流用・・・・・・・・・・・・・・・・・・・・ *0092*

ジクロルボス・・・・・・・・・・・・・・・・・C053

試験・・・・・・・・・ C031, C064, *0048, 0215*

資源エネルギー庁・・・・・・・・・・・・・・C090

事故・・・　C065, *0011, 0021, 0074, 0094,*

    0103, 0105, 0106, 0129, 0134, 0146

四国電力伊方原発・・・・・・・・・・・・・・C090

事故米・・・・・・・・・・・・・・・・・・・・・・C008

自殺・・・・　C092, C093, *0189, 0199, 0204*

事実誤認・・・・・・・・・・・・・・・・・・・・ *0212*

自主回収・・C053, C063, C069, C070,

      0125, 0149, 0153, 0154, 0161

市場ずし・・・・・・・・・・・・・・・・・・・・ *0158*

地震・・・・・・・・・・・・・・・・・・ C050, C059

システム障害・・・・ C060, *0086, 0118, 0128*

施設内事件・・・・・・・ C024, C040, C045

下請代金支払遅延等防止法・・・・・・・・C078

379

シートリング・・・・・・・・・・・・・・・・・C038
シバタテクラム・・・・・・・・・・・・・・・・・0145
ジブラルタ生命保険・・・・・・・・・・・・0099
島田化学工業・・・・・・・・・・・・・・・・・C008
清水建設・・・・・・・・・・・・・・・・・・・C094
社内情報開示・・・・・・・・・・・・・・・・・C056
ジャパン総研・・・・・・・・・・・・・・・・・C023
獣医師国家試験・・・・・・・・・・・・・・・C031
週刊新潮・・・・・・・・・・・・・・・・・・・0209
重大インシデント・・C067, C084, 0085,
0150

集団食中毒・・・・・・・C061, C066, C080
集団訴訟・・・・C055, C056, C069, C073
住電日立ケーブル・・・・・・・・・・・・・・0174
手術・・・・・・・・・・・・・・C072, C075, 0101
出資法・・・・・・・・・・・・・・・・・C004, 0015
循環取引・・・・・・・・・C013, C032, 0007
傷害致死・・・・・・・・・・・・・・・・・・・C096
証券取引等監視委員会・・C020, C022,
C027, C036, 0030

証券取引法・・・・・・・・・・・・・C013, 0018
商工組合中央金庫・・・・・・・・・・・・・C079
商船三井・・・・・・・・・・・・・・・・・・・0182
松濤温泉シエスパ・・・・・・・・・・・・・C049
消費者庁・・C051, C053, C054, C063,
0077, 0143, 0155

消費生活センター・・・・・・・・・C069, 0066
消費生活用製品安全法・・・・・・・・・・0137

情報紛失・・・・・・・・・・・・・・・・・・・C033
消防法・・・・・・・・・・・・・・・・・C081, 0135
情報流出・・C035, C039, C062, C073,
C085, 0018, 0019, 0207

乗務前飲酒・・・・・・・・・・・・・・・・・0042
職業安定法・・・・・・・・・・・・・・・・・C006
食中毒・・C061, C066, C080, 0110, 0136
食品衛生法・・・・・・・・C008, C052, 0113
食品偽装・・・・・・・・・・・・・・0143, 0147
所得隠し・・・・・・・0002, 0004, 0022, 0208
新幹線・・・・・・・・・・・・・・・・・・・・0128
新銀行東京・・・・・・・・・・・・・・・・・0040
神港魚類・・・・・・・・・・・・・・・・・・・0121
神鋼鋼線工業・・・・・・・・・・・・・・・・C041
神鋼鋼線ステンレス・・・・・・・・・・・・C041
新興出版社・・・・・・・・・・・・・・・・・C099
申告漏れ・・・・・・・・・・・・・・・・・・・0004
人材派遣・・・・・・・・・・・・・・・・・・・C006
新生銀行・・・・・・・・・・・・・・・・・・・C019
新日鉄八幡製鉄所・・・・・・・・・・・・・0123
新日本監査法人・・・・・・・・・C015, C020
新日本製鐵・・・・・・・・・・・・・・・・・0164
新日本電気・・・・・・・・・・・・・・・・・C051

【す】

水質汚濁防止法・・・・・・・・・・・・・・・0088
水利権・・・・・・・・・・・・・・・・・・・・C087
数研出版・・・・・・・・・・・・・・・・・・・C099

事項名索引

すかいらーく・・・・・・・・・・・・・・・・・ *0136*

すき家・・・・・・・・・・・・・・・・・・・・・ *0191*

スチバーガ・・・・・・・・・・・・・・・・・・ *0080*

スパコン・・・・・・・・・・・・・・・・・・・・ CO030

スーパーコンピューター・・・・・・・・・ CO030

スバル・・・・・・・・・・・・・・・・・・・・・ CO083

住友化学愛媛工場・・・・・・・・・・・・・ *0132*

住友金属工業・・・・・・・・・・・・・・・・・ *0164*

住友金属工業鹿島製鉄所・・・・・・・・ *0138*

住友金属パイプエンジ・・・・・・・・・ *0164*

住友生命保険・・・・・・・・・・・・・・・・・ *0188*

住友電気工業・・・・・・・・・・・・・・・・・ *0178*

【せ】

政治資金規制法・・・・・・・・・・・・・・・ CO010

政治団体・・・・・・・・・・・・・・・・・・・ CO010

成城石井・・・・・・・・・・・・・・・・・・・・ *0161*

製造物責任法・・・・・・・・・ CO051, CO054

生体肝移植・・・・・・・・・・・・・・・・・・ *0090*

性能評価試験・・・・・・・・・・・・・・・・・ CO038

製品事故・・・・・・・・・・・・・ CO047, CO051

聖マリアンナ医科大学病院・・・・ *0052, 0091*

積水化学工業・・・・・・・・・・・・・・・・・ *0165*

積水ハウス・・・・・・・・・・・・・・・・・・ *0195*

赤痢・・・・・・・・・・・・・・・・・・・・・・・ *0136*

セクシャル・ハラスメント・・ *0163, 0171,*
0175, 0203

施工記録データ・・・・・・・・・・・・・・・ CO077

施工不良・・・・・・・・・・・・・・・・・・・・ CO077

ゼネラル・・・・・・・・・・・・・・・・・・・・ CO051

セブン・イレブン・ジャパン・・・・・・ CO079

ゼンショーホールディングス・・・・・ *0191*

仙台空港・・・・・・・・・・・・・・・・・・・・ *0065*

川内原発・・・・・・・・・・・・・・・・・・・・ *0131*

全日空・・・・・・・・・・・ CO067, *0042, 0069*

全日本柔道連盟・・・・・・・・・・・・・・・ *0184*

船場吉兆・・・・・・・・・・・・・・・・・・・・ CO052

【そ】

総務省・・・・・・・・・・・・・・・・・・・・・ CO098

組織犯罪処罰法（組織的詐欺）・・・・ CO004

ソニー・・・・・・・・・・・・・・・・・・・・・ *0137*

ソニー・オンラインエンタテインメント
CO062

ソニー・コンピュータエンタテインメン
ト ・・・・・・・・・・・・・・・・・・・・・・・ CO062

損害保険ジャパン・・・・・・・・・・・・・ CO048

【た】

第一学習社・・・・・・・・・・・・・・・・・・ CO099

第一三共ヘルスケア・・・・・・・・・・・・ *0153*

大王製紙・・・・・・・・・・・・・・・・・・・・ CO014

大学入試センター・・・・・・・・・・・・・ CO064

代官山整形外科医院・・・・・・・・・・・・ *0039*

大気汚染防止法・・・・・・・・・・・・・・・ *0098*

大気社・・・・・・・・・・・・・・・・・・・・・ *0001*

381

大修館書店・・・・・・・・・・・・・・・C099

大成建設・・・・・・・・・・・C049, C094

ダイダン・・・・・・・・・・・・・・・・・0185

大東化成・・・・・・・・・・・・・・・・0135

大日本印刷・・・・・・・・・・・0019, 0125

大日本図書・・・・・・・・・・・・・・・C099

大和ハウス工業・・・・・・・・・・・・0173

高砂熱学工業・・・・・・・・・・・・・0185

高島屋・・・・・・・・・・・・・・・・・・0004

タカタ・・・・・・・・・・・・・・・・・C055

たかの友梨ビューティークリニック　0192

タクシー適正化・活性化法・・・・・・・0177

たけノ子屋・・・・・・・・・・・・・・・0127

タケフーズ・・・・・・・・・・・・・・・0160

多剤耐性菌・・・・・・・・・・・・・・・C057

ダスキン・・・・・・・・・・・・・・・・C003

辰之巳・・・・・・・・・・・・・・・・・C008

谷本整形・・・・・・・・・・・・・・・・0036

談合・・C088, C094, 0172, 0181, 0183,
　　　　　　　　0186, 0194, 0201

探傷検査・・・・・・・・・・・・C084, 0021

男女雇用機会均等法・・・・・・・・・・・0197

【ち】

窒息事故・・・・・・・・・・・・・・・・C054

千葉銀行・・・・・・・・・・・・・・・・C007

千葉県がんセンター・・・・・・C072, C075

着服・・・・・・・・・C042, 0033, 0054, 0208

茶のしずく石鹸・・・・・・・・・・・・・C063

中越沖地震・・・・・・・・・・・・・・・C050

中学製薬・・・・・・・・・・・・・・・・0080

中国産食品・・・・・・・・・・・C053, C074

中国電力・・・・・・・・・・・・・・・・C090

中部電力浜岡原発・・・・・・・・・・・・C090

腸管出血性大腸菌・・・・C061, C066, 0160

長時間労働・・・・・・C086, 0187, 0190, 0191,
　　　　　　　　0198, 0199, 0200, 0202

著作権侵害・・・・・・・・・・・・・・・C026

鎮痛剤・・・・・・・・・・・・・・・・・C071

【つ】

筑波メディカルセンター病院・・・・・・0032

【て】

ディオバン・・・・・・・・・・・・・・・C068

帝京大学病院・・・・・・・・・・・・・・C057

提携ローン・・・・・・・・・・・・・・・C019

停電・・・・・・・・・・・・・・・・・・0159

デイリーヤマザキ・・・・・・・・・・・・C079

鉄道安全孝道計画・・・・・・・・・・・・C084

鉄道建設・運輸施設整備支援機構・・0185

鉄道トラブル・・・・・・・・・・・・・・0023

テーブルマーク・・・・・・・・・・・・・C032

てるみくらぶ・・・・・・・・・・・・・・C028

テレビ朝日・・・・・・・・・・・・・・・0212

電子計算機使用詐欺・・・・・・・・・・・C043

事項名索引

デンソー·····················　*0178*

電通·······················C093

天然ガス·····················C049

電波法······················C095

天洋食品工場··················C053

【と】

東亜建設工業··················　*0097*

東海大学医学部付属八王子病院····　*0062*

東海屋······················C080

東京医科大学病院···············　*0093*

東京海上日動火災保険···········C048

東京ガス·····················　*0164*

東京ガスリビング···············C047

東京国際展示場················　*0011*

東京慈恵会医大青戸病院·········　*0051*

東京証券取引所················　*0118*

東京女子医科大学···············C071

東京書籍·····················C099

東京大学医学部付属病院·········　*0037*

東京電力··　C059, C090, *0130, 0159,*
　0183

東京電力柏崎刈羽原発···········C050

東芝·······C020, C022, C027, C034

東芝メモリ····················C027

東北大学病院··················　*0058*

東北電力女川原発···············C090

盗用·······················*0205, 0206*

東洋ゴム工業··················C038

東横イン·····················　*0010*

東レ·······················C046

東和リース····················C006

時津風部屋···················C096

特設注意市場銘柄········　C020, C027

独占禁止法··················　C088,
　C089, C091, C093, *0164, 0165, 0169,*
　0172, 0173, 0177, 0178, 0180, 0182, 0183,
　0185, 0186

特定継続的役務提供契約·········C002

特定商取引法··················C002

特別採用····················C046

特別背任······C014, C037, *0013, 0014*

賭博·····················　C097, *0210*

トーホー··················　*0116*

トーモク··················　*0180*

トヨタ·············　C055, C056, *0144*

鳥貴族·····················　*0157*

取り違え····　*0043, 0045, 0058, 0079, 0081*

トリミング処理················C061

トルエン··················　*0125*

トルバプタン················　*0076*

【に】

新潟日報社···················　*0206*

西原環境テクノロジー···········　*0002*

西松建設·····················C010

383

二重派遣による労働派遣法‥‥‥ C006
ニチアス‥‥‥‥‥‥‥‥‥‥‥ *0009*
ニチイケアパレス‥‥‥‥‥‥‥ C045
ニチイホーム鷺ノ宮‥‥‥‥‥‥ C045
日産‥‥‥‥‥‥‥‥ C055, C083
日産専用船‥‥‥‥‥‥‥‥‥‥ *0182*
日新製鋼‥‥‥‥‥‥‥‥‥‥‥ *0169*
日鉄住金鋼管川崎製造所‥‥‥‥ *0152*
日鉄住金鋼板‥‥‥‥‥‥‥‥‥ *0169*
日本IBM ‥‥‥‥‥‥‥‥‥ *0196*
日本オーチス・エレベーター‥‥‥ *0103*
日本オラクル‥‥‥‥‥‥‥‥‥ *0025*
日本漢字能力検定協会‥‥‥‥‥ C011
日本銀行‥‥‥‥‥‥‥‥‥‥‥ C035
日本検査‥‥‥‥‥‥‥‥‥‥‥ C007
日本原子力研究開発機構‥‥‥‥ C082
日本興亜損害保険‥‥‥‥‥‥‥ C048
日本航空‥‥‥‥‥‥‥‥ *0086, 0197*
日本触媒‥‥‥‥‥‥‥‥‥‥‥ *0139*
日本相撲協会‥‥‥‥ C096, C097, C100
日本精工‥‥‥‥‥‥‥‥‥‥‥ C091
日本製紙‥‥‥‥‥‥‥‥‥‥‥ *0098*
日本たばこ産業‥‥‥‥‥‥‥‥ C003
日本テレワーク‥‥‥‥‥‥‥‥ C095
日本トイザらス‥‥‥‥‥‥‥‥ C089
日本統計事務センター‥‥‥‥‥ C011
日本道路‥‥‥‥‥‥‥‥‥‥‥ *0201*
日本年金機構‥‥‥‥‥‥‥‥‥ C039

日本文教出版‥‥‥‥‥‥‥‥‥ C099
日本マクドナルド‥‥‥ C074, *0114, 0166*
日本ミライズ‥‥‥‥‥‥‥‥‥ C005
日本郵船‥‥‥‥‥‥‥‥‥‥‥ *0182*
乳幼児突然死症候群‥‥‥‥‥‥ C024
認可外施設‥‥‥‥‥‥‥ C024, C029
認定こども園‥‥‥‥‥‥‥‥‥ C029
仁和寺‥‥‥‥‥‥‥‥‥‥‥‥ *0202*

【ね】

ねつ造‥‥‥‥‥‥‥‥‥ C095, *0057*
年金‥‥‥‥‥‥‥‥‥‥‥‥‥ C016

【の】

農林水産省‥‥‥ C003, C008, C021,
　　　　　　　C031, *0120, 0126, 0127*
農林水産相‥‥‥‥‥‥‥‥‥‥ *0111*
ノキア‥‥‥‥‥‥‥‥‥‥‥‥ *0109*
ノノガキ穀販‥‥‥‥‥‥‥‥‥ C008
ノバルティスファーマ‥‥‥‥‥ C068
野村証券‥‥‥‥‥‥‥‥‥‥‥ C036
ノーリツ‥‥‥‥‥‥‥‥‥‥‥ *0107*
のれん減損損失‥‥‥‥‥‥‥‥ C027
ノロウィルス‥‥‥‥‥‥‥‥‥ C080

【は】

バイエル薬品‥‥‥‥‥‥‥ *0080, 0082*
廃棄物処理法‥‥‥‥‥‥ C023, *0010*

事項名索引

バイセル取引	C022
背任	C011, C014, C037, 0013, 0014
派遣労働者	C006
長谷工コーポレーション	0033
ハッカー	C062
パナソニック	0146
羽田空港	0097
パラチオン	C053
パラチオンメチル	C053
バルスミート	C003
はれのひ	0017
パロマ	C047
パワー・ハラスメント	0077, 0170, 0176, 0184, 0188, 0189, 0203
阪急トラベルサポート	C086
阪急阪神ホテルズ	0143, 0190
バンコマイシン	0078
反社会的勢力	C019, C037
阪神ホテルシステムズ	0143

【ひ】

東愛知新聞	0213
東日本高速道路会社東北支社	0201
東日本大震災	C059
東レハイブリッドコード	C046
日立金属	0165
日立ハイテクノロジーズ	C077
日立ビルシステム	0103

ピーチ・アビエーション	0085
ビットコイン	C085, 0016
比内鶏	0112
被ばく	C059, C082
飛ばし	C015
ヒマラヤ	0007
秘密保持契約	C056
百十四銀行	C037
兵庫県立こども病院	0078
兵庫県立尼崎病院	0026
兵庫県立淡路医療センター	0084
兵庫県立西宮病院	0038
広島中央保健生活協同組合	0193

【ふ】

ファイザー	0095
ファミリーマート	C082
ファンシー	0116
フェニックス	C063
フェンタニル	0089
フォード	C055
不具合	0144, 0151
副作用	0076, 0080, 0082, 0095
福島第一原子力発電所	C059
福島第一原発事故	C027, C050
含み損	C015
フジクラ	0174, 0178
不二越	C091

385

不二サッシ・・・・・・・・・・・・・・・・ 0088

富士ゼロックス・・・・・・・・・・・・・ C044

富士通ゼネラル・・・・・・・・・・・・ C051

フジテック・・・・・・・・・・・・・・・・・ 0103

フジテレビ・・・・・・・・・・・・ 0171, 0208

富士バイオメディックス・・・・・・・・ C013

富士フイルムHD・・・・・・・・・・・・ C044

不正アクセス・・・・・・・・・・ C039, C085

不正会計・・・・・・・・・・・・・ C025, C044

不正競争防止法・・ C008, C038, C052,
0112, 0121, 0122, 0126, 0127, 0147

不正経理・・・・・・・・・・・・・・・・・ C013

不正検査・・・・・・・・・・・・ C041, C046

不正行為・・・・・・・・・・・・・・・・・ C064

不正取水・・・・・・・・・・・・・・・・・ C087

不正取得・・・・・・・・・・・・ 0009, 0091

不正請求・・・・・・・・・・・・・・・・・ C001

不正取引・・・・・・・・・・・・ C022, 0022

不正融資・・・・・・・・ C037, C079, 0040

不正流用・・・・・・・・・・・・・・・・・ 0014

不適切会計・・・・・・・・・・・・・・・ 0006

不当解雇・・・・・・・・・・・・・・・・・ 0196

不当勧誘・・・・・・・・・・・・・・・・・ C004

不当景品類及び不当表示防止法・・・・ 0077

不二ビューティー・・・・・・・・・・・・ 0192

不二ライトメタル・・・・・・・・・・・・ 0088

プラス・・・・・・・・・・・・・・・・・・・ C088

ブリヂストン・・・・・・・・・・・・・・・ 0133

古河エレコム・・・・・・・・・・・・・・ 0174

フルキャスト・・・・・・・・・・・・・・ C006

ふるさと牧場・・・・・・・・・・・・・・ 0012

プルデンシャル生命・・・・・・・・・・ C009

プレイステーション3・・・・・・・・・・ C062

プロポフォール・・・・・・・・・・・・・ C071

粉飾決算・・・・・・・・ C013, 0001, 0013

【へ】

ベアリング・・・・・・・・・・・・・・・・ C091

米国キー・セイフティー・システム・・・・
C055

平成電電・・・・・・・・・・・・・・・・・ 0005

米道路交通安全局・・・・・・・・・・・ C055

米独占禁止法（反トラスト法）・・・・ 0178

ペジー・コンピューティング・・・・・ C030

ベネッセコーポレーション・・・・・・・ C073

ベバシズマブ・・・・・・・・・・・・・・ 0080

ベルハウス東山手・・・・・・・・・・・ 0140

【ほ】

保育事故・・・・・・・・・・・・・・・・・ C024

ボーイング社・・・・・・・・・・・・・・ C067

防衛医科大学病院・・・・・・・・・・・ 0181

防衛省・・・・・・・・・・・・・ C005, C088

暴行・・・・・・・・・・・・・・ C096, C100

防振ゴム・・・・・・・・・・・・・・・・・ C038

放送倫理検証委員会・・・・・・・・・・ C098

事項名索引

北越紀州製紙	C014
ホクト	C076
北陸新幹線	0185
保険自由化	C048
母体保護法	0101
ホーチキ	0151
北海道電力泊原発	C090
ホテル阪神	0190
ホテルプリンス	C017
ホンダ	C055

【ま】

毎日新聞	0207
マウントゴックス	C085, 0016
前田道路	0201
マクドナルド	C074
マタハラ	0193, 0197
松下電器	0106
マツダ	C055
丸明	0122
マルシェ	0116
マルハニチロ HD	C070
マルハニチロホールディングス	0121
マルモ商事	C008
マンナンライフ	C054

【み】

味覚糖	0175

三笠フーズ	C008
未公開株	0050
水口病院	0101
みずほ銀行	C019, C060
みずほフィナンシャルグループ	C060
三井化学	0165
三井住友海上火災保険	C048
三井住友銀行	C007, C043
三井住友建設	C077
三井不動産	C025
三井不動産リフォーム	C025
三井不動産レジデンシャル	C077
三井ホーム	C025
三菱化学	0117
三菱電機	C042
三菱電機インフォメーションテクノロジー	C042
三菱東京 UFJ 銀行	C007, 0008
光村図書出版	C099
ミートホープ	C003
みなし労働	C086
南関東ガス田	C049
南日本造船	0129
みのりフーズ	C023
民事訴訟	C056

【む】

無償点検	0151

387

無担保融資 · C007	ヤーズ配合錠 · · · · · · · · · · · · · · · · · · · *0082*
村さ来 · *0116*	ヤマダ電機 · *0187*
無料交換 · *0156*	山田洋行 · C005
	大和屋商店 · C061
【め】	大和生命 · C009
メイコウアドヴァンス · · · · · · · · · · · *0189*	山梨大学医学部付属病院 · · · · · · · · *0089*
明治書院 · C099	山梨日日新聞社 · · · · · · · · · · · · · · · · · *0206*
明治安田生命 · · · · · · · · · · · · · · · · · · · *0170*	ヤマハ発動機 · · · · · · · · · · · · · · · · · · · *0104*
メタミドホス · · · · · · · · · · · · · · · · · · · C053	やらせ · · · · · · · · · · · · · · · C090, C098
免震ゴム · C038	ヤンマーグリーンシステム · · · · · · · *0186*
持分法適用会社 · · · · · · · · · · · · · · · · · C014	
	【ゆ】
【も】	有印私文書偽造 · 同行使 · · · · · · · · · C034
森ビル · *0103*	遊園地 · · · · · · · · · · · · · · · *0021, 0074, 0094*
もんじゅ · *0134*	悠香 · C063
モンテローザ · · · · · · · · · · · · · · · · · · · *0116*	友紘会総合病院 · · · · · · · · · · · · · · · · · *0044*
文部科学省 · · · · · · · C096, C097, C099	有償支給取引 · · · · · · · · · · · · · · · · · · · C022
	輸血 · *0043*
【や】	ユッケ · C061
八百長 · C097	ユニマットビューティーアンドスパC049
八尾徳洲会総合病院 · · · · · · · · · · · · · *0031*	ユニマット不動産 · · · · · · · · · · · · · · · C049
焼肉酒家えびす · · · · · · · · · · · · · · · · · C061	夢大陸 · · · · · · · · · · · · · · · · · · · C047, *0066*
薬害エイズ事件 · · · · · · · · · · · · · · · · · C021	
薬事法 · · · · · · · · · · · · C026, C068, *0095*	**【よ】**
薬品 　· · C068, C071, *0026, 0041, 0076,*	溶血性尿毒症症候群 · · · · · · · · · · · · · C061
0078, 0080, 0082, 0083, 0089	横浜市立脳血管医療センター · · · · · · *0024*
薬物中毒 · *0026*	吉野家 · *0120*
矢崎総業 · · · · · · · · · · · · · · · · · · *0174, 0178*	淀川製鋼所 · *0169*

事項名索引

米久 ································· *0160*

【ら】

ライオン事務器 ················· C088

ラディアホールディングス ········ C006

【り】

利益水増し ·········· C020, *0001, 0007*

リコール ·····························

　C055, C056, C083, *0102, 0104, 0107,*

　0124, 0133, 0137, 0140, 0144, 0146, 0155

りそな銀行 ····················· C033

リニア中央新幹線 ··············· C094

リーマンショック ······· C009, C022

留学生 ························· *0200*

硫化水素 ······················ *0010*

リンナイ ······················ C047

倫理違反 ······················ *0212*

【れ】

レゴラフェニブ ················· *0080*

レンゴー ······················· *0180*

レンタル ······················· *0017*

【ろ】

ロイヤルホームセンター ·········· *0173*

漏えい ······· C012, C031, *0048, 0210*

老人ホーム ········· C040, C045, *0140*

労働安全衛生法 ············ C065, *0129*

労働基準法 ······ C093, *0179, 0190, 0198*

労働災害··　　C092, C093, *0170, 0175,*

　0176, 0187, 0188, 0199, 0202, 0204

労働者派遣法 ··················· C006

ローソンエンターメディア ········ *0014*

【わ】

和解　C056, C061, C069, C092, *0077,*

　0168, 0170, 0172, 0195

ワタミ ························· C092

ワレニウス・ウィルヘルムセン・ロジス

　ティックス ··············· *0182*

わんずまざー保育園 ············· C029

ワンダーランド ················· *0074*

【ABC】

A&G ······················· *0050*

ABC マート ··················· *0198*

AIJ 投資顧問 ··················· C016

ANA ············· C067, *0042, 0069*

BMW ······················· C055

C 型肝炎 ······················ *0029*

DeNA ······················· C026

GS ユアサ ····················· C067

HUS ························· C061

JAEA ························· C082

389

JAL	0086, 0197	PEZY	C030
JAPAN 国際教育学院	0200	PL 法	C054
JAS 法	0108, 0111, 0113, 0121, 0126, 0127	PMDA	C021
JFE エンジニアリング	0164	PwC あらた監査法人	C020
JIS マーク	C041	SESC	C020, C022, C027, C036
JR 宇都宮線	0023	SHOP99	0167
JR 神田駅	0105	SIDS	C024
JR 石勝線	0141	SII	0050
JR 東海	C084, C094, 0119	SIS	0155
JR 西日本	C012, C084	S アミーユ川崎幸町	C040
JR 函館線	C018	TDK	0140
JR 東日本	C087, 0023, 0128	TOTO	0102
JR 福知山線	C012	WD	C027
JR 北海道	C018, 0141	WEC	C027
JR 山手線	0105, 0150	WELQ	C026
JT	C003, C032		
JX 日鉱日石エネルギー水島製油所	C065		
J リーグ	0203		
L&G	C004		
NEC	0022, 0025		
NEM	C085		
NHK	C097, C098, 0030, 0163, 0204, 0210		
NHK アイテック	0096		
NIPPO	0201		
NOVA	C002		
NTN	C091		
O111	C061		
O157	C061, C066, 0160		

監修者略歴

結城 智里（ゆうき・ちさと）

慶應義塾大学図書館情報学科卒。機械振興協会経済研究所情報
創発部調査役。
ビジネス支援図書館推進協議会理事。編著に『企業名変遷要覧2』
（日外アソシエーツ 2015）などがある。

企業不祥事事典 II
─ケーススタディ 2007-2017

2018年5月25日　第1刷発行

監　　修／結城智里
発 行 者／大高利夫
編集・発行／日外アソシエーツ株式会社
　　　　　　〒140-0013 東京都品川区南大井6-16-16 鈴中ビル大森アネックス
　　　　　　電話 (03)3763-5241（代表）FAX(03)3764-0845
　　　　　　URL http://www.nichigai.co.jp/
発 売 元／株式会社紀伊國屋書店
　　　　　　〒163-8636 東京都新宿区新宿 3-17-7
　　　　　　電話 (03)3354-0131（代表）
　　　　　　ホールセール部（営業）電話 (03)6910-0519

　　　　　組版処理／有限会社デジタル工房
　　　　　印刷・製本／株式会社平河工業社

不許複製・禁無断転載　　　　　　　　《中性紙三菱クリームエレガ使用》
<落丁・乱丁本はお取り替えいたします>
ISBN978-4-8169-2717-1　　　　　**Printed in Japan,2018**

企業名変遷要覧2　　機械振興協会経済研究所 結城智里 編

B5・800頁　定価（本体30,000円＋税）　2015.12刊

国内主要企業の社名変遷が一覧できるツール。2006年以降の新規上場を含む、商号・社名変更や持株会社・海外子会社の設立など、変遷のあった企業3,200社を収録。「業種別一覧」「社名索引」付き。

白書統計索引

各種白書に収載された表やグラフなどの統計資料の総索引。主題・地域・機関・団体などのキーワードから検索でき、必要な統計資料が掲載されている白書名、図版番号、掲載頁がわかる。

白書統計索引2016
A5・950頁　定価（本体27,500円＋税）　2017.2刊

白書統計索引2013
A5・920頁　定価（本体27,500円＋税）　2014.2刊

白書統計索引2007
A5・810頁　定価（本体25,000円＋税）　2008.3刊

白書統計索引2004
A5・710頁　定価（本体25,000円＋税）　2005.4刊

国政選挙総覧 1947〜2016

B5・690頁　定価（本体19,000円＋税）　2017.7刊

戦後の国政選挙の候補者と当落結果を都道府県別に一覧できる資料集。各県の選挙結果を実施年順に並べ、候補者氏名・当落結果・党派・得票数を明記。調査しづらい補欠選挙の結果も網羅。全候補者延べ約4万人を五十音順で引ける「候補者氏名索引」付き。

スキルアップ！ 情報検索—基本と実践

中島玲子・安形輝・宮田洋輔 著
A5・200頁　定価（本体2,300円＋税）　2017.9刊

情報検索スキルを高め、検索時間の短縮と楽しさを実感できるテキスト。豊富な例題を通じて検索方法の考え方を易しく解説。的確な情報を、最適な情報源で素早く見つけられるスキルが身につく。

データベースカンパニー
日外アソシエーツ　　〒140-0013　東京都品川区南大井6-16-16
TEL.(03)3763-5241　FAX.(03)3764-0845　http://www.nichigai.co.jp/